保护的责任及其困境研究

李 丽/著

复旦大学出版社

摘要 ——————— ABSTRACT

冷战结束后，国内战争逐渐成为冲突的主要表现形式。尽管这类冲突本质上属于主权国家的内部事务范畴，但其影响却不可避免地跨越国界，产生了广泛的外部效应。具体而言，这一现象可以从两个维度进行深入剖析：首先，在全球化不断深入的今天，国内冲突通过经济相互依存关系的错综复杂、难民潮的跨国流动以及族群纽带的跨国联系等渠道，产生了显著的溢出效应。这些效应不仅影响特定区域的经济发展，甚至影响全球经济的稳定与繁荣，对区域乃至国际和平与安全构成潜在风险。其次，国内冲突往往伴随着大规模的人道主义危机，这些危机通过现代媒体与通讯技术的即时传播，迅速成为全球关注的焦点。信息的无界流通使人道主义灾难的惨状能够传播到世界的每一个角落，激发了国际社会对于人道主义援助与保护的迫切需求。频繁爆发的国内冲突及其引发的人道主义灾难，对传统国际关系理论构成了严峻挑战。传统国际关系理论的核心在于强调国家作为国际关系主要行为体的地位，以及主权平等与不干预原则在维系国际秩序中的基石作用。然而，随着人权观念的全球普及和人权规范的国际传播，主权平等原则与不干预原则在应对主权国家内部人道主义灾难时的局限性愈发明显。如何在尊重国家主权的同时，有效保护人权不受国内冲突侵害，已成为亟待解决的重要议题。

作为协调路径之一，人道主义干预在冷战后得到了广泛讨论。然而，这一路径在实践中并未能完美平衡主权与人权之间的张力，反而因西方国家的诸多干预行动，在实践过程中逐步走向异化，进而被打上"污名"，演变成为新干涉主义。尽管如此，人道主义干预所试图解决的核心问题——即国际社会如何有效应对并缓解一些国家内部发生的大规模人道主义灾难——并未因此而消失,反而随着全球化进程的加速和地缘政治的复杂化而日益严峻。在此背景下,保护的责任(Responsibility to Protect, R2P)以"拯救者"姿态出现。

自保护的责任被提出以来,学者们对它的态度一直褒贬不一。无论是支持还是批评保护的责任,人们都始终无法绕开保护的责任与人道主义干预的关系问题。围绕两者的关系,一种观点认为,保护的责任对人道主义干预实现了本质的突破。本质的突破体现为:人道主义干预强调主权是一种权利,而保护的责任不再将主权视为权利,而是将其视为责任。这种从权利到责任的重新框定,使保护的责任获得了国际社会的基本认同,成为或正在成为一种国际规范;另一种观点认为,保护的责任与人道主义干预具有本质上的一致性。这种一致性体现为:同人道主义干预一样,保护的责任也是大国在"人道主义"的幌子下隐藏国家利益干预小国的借口。

本书从理论与实践的双重维度出发,深入阐述了西方国家提出的"人道主义干预"与"保护的责任"这两个核心概念。进一步地,本书致力于对"保护的责任"与"人道主义干预"之间的内在联系进行深入的探究与比较。通过对比分析这两个概念在理论构建、实践应用以及国际法律框架中的地位与影响,本书旨在明确两者之间的关系:是构成了质的飞跃,即代表着国际社会对干预行为认知与实践的根本性转变;还是仅仅是对既有概念的重新框定,即在保留原有理念的基础上进行了新的诠释与调整。基于这一立场,本书着重阐释了以下几点:首先,若将保护的责任视为重新框定,那么其得以稳步推进的动因何在?其次,这两个概念在何种层面上体现了本质的一致性?最后,为何保护的责任在实践中始终难以实现质的突破,以彻底超越"人道主义干预"的局限?

在深入探讨上述问题的过程中,本书综合采用了定性与定量的研究方法,以世界主义与集体身份构建理论为坚实的理论基石,指出保护的责任只是"新瓶装旧酒"。具体而言,保护的责任之"新瓶"维度,即其与人道主义干预的差异,显著体现在其通过重新框定,成功地将自身嵌入到既有的国际规范体系之中,并得到了联合国安理会及联合国相关决议的认可与包容。而"旧酒"的维度，则是两者在本质上的高度一致性，这种一致性不仅体现在实践操作层面，也体现在背后的支撑性理念层面。从实践视角审视，无论是人道主义干预还是保护的责任，均致力于在应对国内大规模人道主义灾难的紧迫议题上，弥补既有国际规范的空白，并努力确立自身在这一领域的规范地位。同时，两者在规范化的进程中，均不可避免地需要面对并妥善处理主权与人权之间的复杂冲突与紧张关系。从理念层面来看，之所以人道主义干预和保护的责任中的"支柱三"未能确立自身的法律规范地位，是因为两个概念背后的支撑理念具有一致性，即世界主义的理念。

由于两者本质的一致性，本书认为保护的责任无法对人道主义干预实现质的突破，究其原因在于：世界主义理念的缺陷、实践的双重标准和国际社会的复杂态度。首先，世界主义虽强调"拯救陌生人"的普遍责任，但其理想化的追求与以主权国家为基石的现实国际秩序之间存在着难以调和的矛盾。集体身份的构建本质上依赖于自我与他者的清晰界限，这使得世界主义理念难以突破国家边界的限制，并难以赢得个体的直接忠诚与支持。其次，实践中的双重标准体现为：一方面国际法对主权和人权的规定相互冲突；另一方面，人道主义干预和保护的责任也可能面临着合法性与合理性的冲突。《联合国宪章》规定只有在两种情形下武力可以被使用，即自卫和获得联合国安全理事会（安理会）的授权。但是，在应对主权国家内部的大规模人道主义灾难时，如果安理会不愿意授权，那么干预就面临着合法性与合理性矛盾。最后，国际社会对保护的责任的复杂态度使其缺少关键行为体的支持，难以到达倾斜点，规范化进程也充满波折。

人道主义干预与保护的责任均主张，国内人道主义灾难的严重程度应被视为国际社会承担相应义务、采取必要行动，乃至对主权国家实施强制性干预以保护人权的触发因素。在全面审视冷战后发生的国内人道主义灾难案例，并特别聚焦于利比亚危机与叙利亚危机的对比分析中，本书深刻揭示了国内大规模人道主义灾难与国际社会干预之间错综复杂的关联。通过详尽的全样本分析以及正面与负面案例的对比研究,本书明确指出,人道主义灾难的严重程度本身并不足以构成国际社会实施干预的充分条件,更非必要条件。因此,仅凭保护的责任与人道主义干预,国际社会还难以全面、有效地解决国内大规模人道主义灾难中亟待解决的人权保护问题。

西方干预话语的演变及其背后的意图,对中国外交产生了多方面的启示:首先,中国必须坚定不移地重申并坚守自身立场,即坚决维护以国家主权为核心构建的国际秩序,同时,中国也始终秉持尊重和保护人权的理念。在此基础上,中国应积极主动,依据自身国家利益与国际责任,塑造并引领相关概念的规范化进程,通过对西方概念的重新解读与创造性转化,赋予其"中国式"的独特内涵与价值。其次,鉴于西方干预话语在实际应用中的不一致性与复杂性,中国的学者与政府机构应积极发声,提出符合时代潮流、体现中国智慧与方案的新话语体系,以应对全球治理中的挑战与需求。最后,中国必须保持高度警惕,防止西方干预话语的概念被滥用或曲解,成为针对中国的"政治工具"或"舆论利刃"。

目录 ——————— CONTENTS

摘要

导论 ··· 1
  第一节　研究问题与选题意义 ·· 1
  第二节　研究现状与创新 ·· 7
  第三节　研究方法 ·· 35
  第四节　理论基础与技术路线 ·· 37

第一章　人道主义干预及其异化 ·· 45
  第一节　人道主义干预的概念与困境 ··· 45
  第二节　人道主义干预的污名化及其批判 ··································· 59
  第三节　全球化时代干预的必要性和可能性 ································ 73
  本章小结 ··· 83

第二章　作为"拯救者"的保护的责任及其困境 ······························· 85
  第一节　以"拯救者"姿态问世的保护的责任 ······························· 86
  第二节　保护的责任的概念界定 ··· 93
  第三节　国际社会的批判 ··· 104
  本章小结 ·· 115

第三章　保护的责任与人道主义干预的异同 ……………… 116
第一节　"新瓶":嵌入既定国际规范 ………………………… 117
第二节　"旧酒":解决的问题与方式的一致性 ……………… 132
第三节　"旧酒":理念的一致性 ……………………………… 144
本章小结 …………………………………………………………… 157

第四章　保护的责任无法突破的根由 …………………………… 160
第一节　身份理论视域下保护的责任支柱三的可行性 …… 161
第二节　国际法与国际政治的鸿沟 …………………………… 178
第三节　国际社会的态度分歧 ………………………………… 189
本章小结 …………………………………………………………… 213

第五章　干预实践:保护的责任应用的非一致性 ……………… 215
第一节　国内人道主义危机与国际干预 ……………………… 215
第二节　利比亚危机与保护的责任 …………………………… 227
第三节　叙利亚危机与保护的责任 …………………………… 239
本章小结 …………………………………………………………… 265

结论　保护的责任及其困境对我国外交的启发 ……………… 268

附录一　国内冲突中的人道主义灾难 …………………………… 284

附录二　人道主义灾难中的国际干预 …………………………… 321

参考文献 …………………………………………………………… 330

导 论

第一节 研究问题与选题意义

一、研究问题

冷战后,国内冲突取代国家间战争成为冲突的主要表现形式。国内冲突形式多样、性质复杂,其影响也各不相同。与国内冲突相伴的是违反人权,甚至是大规模人道主义灾难的爆发。由于全球化与相互依赖,一些人道主义灾难会产生跨国界的溢出效应,比如难民危机、大规模杀伤性武器的扩散以及恐怖主义的蔓延等;另一些人道主义灾难,例如族裔清洗、大屠杀和国内"流离失所者"问题,由于行动的迅速与隐蔽,加之主权边界的"庇护",这些灾难可能并没有对他国产生实质性的外溢影响。面临人道主义灾难在一国出现,国际社会始终无法回避是否应当干预和如何干预等问题。

1821年,英法俄三国以保护土耳其境内的基督徒免受宗教迫害为由,出兵干预希腊独立战争,这一事件通常被视为国际人道主义干预的先驱。① 自此以后,人道主义干预在国际关系的广阔舞台上频繁上

---

① Martha Finnemore, *The Purpose of Intervention: Changing Beliefs about the Use of Force*, New York: Cornell University Press, 2003.

演,并屡屡陷入争议的漩涡,引发了广泛的讨论与激烈的辩论。这场辩论的焦点集中在人道主义干预的正当性与合法性上,以及当国际社会面临人道主义灾难时,其他国家应当采取何种立场与行动。争议之所以如此激烈,根源在于两个方面的深刻矛盾与冲突。一方面,现代国际社会的基本架构,是由一系列主权国家共同构建的。主权原则,作为这一架构的基石,既赋予了各国在其领土内至高无上的统治权,又彰显了国家间的平等与互不干涉内政的崇高准则。这一原则无疑是维护国际关系稳定的坚固基石,但同时也为人道主义干预的合法性设置了一道难以逾越的天然屏障。另一方面,随着全球化进程的加速推进,人们逐渐认识到,主权原则在实际应用中并非不可动摇,而是可能面临诸多挑战与困境。在某些极端情形下,国家的主权行为非但未能成为国民的庇护所,反而沦为了侵害人权、制造人道主义灾难的工具。这种对主权原则初衷的严重背离,迫使国际社会不得不进行深入反思:在特定情境下,是否有必要且合理地对主权国家进行适度的外部干预,以挽救无辜生命、捍卫基本人权与人类的尊严?

人类社会,作为一个复杂多元的系统,承载着众多交织并行的价值规范与实现这些规范的诉求。这些价值与诉求,有的能够相互融合,共同促进社会的和谐与进步;而有的则可能因立场不同、利益冲突而陷入紧张对峙的状态,如主权与人权这一对看似矛盾的价值规范。尽管从本质上看,主权与人权并非必然相斥,但在具体实践中,两者的冲突却时常令国际社会陷入"两难"的抉择之中。在主权与人权的权衡中,各国根据其独特的历史、文化和政治背景,做出了不同的选择。有的国家选择人权的优先性,例如冷战后西方国家宣扬"人权应当高于主权"。当然,说辞和实际的动机与意图或一致、或部分重合、或完全背离,人们不能仅仅根据说辞来推断出一国的实际立场;也有国家固守主权的坚不可摧。正是因为不仅考虑言辞,也要考虑行动,人们会发现本来一个在伦理和道德意义上具有良好夙愿的积极概念——人道主义干预,由于西方国家的行动而产生异化。① 人道主义干预的概念本身无可厚非。许多学者对"它"的批评,实质上并非是对本意的"人道主义干预"的批评,而是对被异化后的"人道主义干预"的批评。

人道主义干预的异化现象,其最直观的表现是西方国家在多数情况下,无论其初衷如何,最终干预的目标往往指向了政权颠覆。这一现象不仅挑战了人道主义干预的初衷——即保护无辜民众免受战争、暴政或其他人道主义灾难的侵害,也引发了发展中国家的深切忧虑与强烈反对。在这些国家眼中,"人道主义干预"一词几乎成为了西方霸权与粗暴干涉他国内政的代名词。面对这一困境,国际社会开始反思并寻求新的解决方案。在卢旺达大屠杀和斯雷布雷尼察大屠杀等悲剧事件发生后,联合国及国际社会因未能及时有效采取行动而备受指责。正是在国际社会对人道主义危机应对机制进行深刻反思的背景下,保护的责任(Responsibility to Protect,简称 R2P)这一新概念应运而生,旨在为人道主义干预提供更为明确和规范的框架。

自保护的责任被提出以来,它作为国际社会对人道主义危机应对机制的新探索,已经广泛获得了国际社会的关注与支持,并被正式纳入联合国安全理事会的议程及相关决议之中。然而,在实际应用中,保护的责任的规范地位却引发了广泛的争议和分歧。既有学者主张保护的责任已经成为规范,也有学者和国家主张保护的责任仅是概念而已。关于保护的责任的规范化地位及在实践中适用的场景又重回到关于人道主义干预的辩论中,尤其是有一种流行的观点认为保护的责任是"新

---

① 本书第一章详细论述了人道主义干预的概念及其异化,关于人道主义干预可参见:J. L. Holzgrefe, Robert O. Keohane, *Humanitarian Intervention: Ethical, Legal and Political Dilemmas*, Cambridge: Cambridge University Press, 2003; Jennifer M. Welsh ed., *Humanitarian Intervention and International Relations*. Oxford: Oxford University Press, 2004; Anne Orford, *Reading Humanitarian Intervention*, Cambridge: Cambridge University Press, 2003; Rajan Menon, *The Conceit of Humanitarian Intervention*. Oxford: Oxford University Press, 2016; Brian D. Lepard. *Rethinking Humanitarian Intervention*. University Park: Pennsylvania State University Press, 2002 等。

瓶装旧酒"。那么是否如人道主义干预一样，保护的责任也会逐步走向异化？保护的责任与人道主义干预的关系究竟如何？本书首先将从理念维度出发，深入探讨西方干预话语从人道主义干预向保护的责任转变的内在逻辑。在厘清人道主义干预的概念、异化、保护的责任的概念及其保守化演变趋势之后，在理念维度上比较人道主义干预和保护的责任，借此揭示西方干预话语的演变。这种理念维度的比较围绕下述问题：就时间维度而言，保护的责任的提出晚于人道主义干预，那么保护的责任究竟仅是概念上的重新框定，还是在本质上有别于人道主义干预？通过对比研究，本书主张两者在本质上具有一致性。要支撑该论断，又必须先要回答：第一，作为对人道主义干预的重新框定，保护的责任为何就能够被写入安理会与联合国相关决议？第二，以何种方式界定这两个概念的本质一致性？以及相较于人道主义干预，为何保护的责任无法实现质的突破？在理念上揭示西方干预话语如何以及为何会从人道主义干预走向保护的责任之后，本书最后在实践中通过全样本分析和正负面案例比较的结果显示，人道主义灾难程度本身并不能成为国际社会干预的充分条件。因此，尽管西方社会对干预话语进行了不断的框定和重塑，但仅凭保护的责任与人道主义干预这两大概念，国际社会仍难以有效应对国内大规模人道主义灾难中的人权保护挑战。

二、选题意义

首先，从现实意义来说，厘清西方干预话语的变迁，比较人道主义干预与保护的责任之间的异同，可能会让本书初看上去略显"学究气"，似乎它的目的仅仅停留在概念的辨析层面。然而，这绝非本书的旨趣。本书的出发点是解决国际关系中某些棘手的现实问题。简言之，本书从现实中来，也将回到现实中去。其现实问题主要是：当主权国家内部发生大规模人道主义灾难，所有和平解决手段都已尝试且失败时，以军事干预保护平民免于遭受大规模暴力的伤害是否可以被国际社会接受？

对上述问题的回答在冷战后极具迫切性。冷战结束后国际安全形势的转变，将焦点集中于用军事手段干预以拯救平民免遭大规模暴力侵害的议题之上。这一转变深刻揭示了国内冲突已逐渐取代国际战争，成为当代和平与安全面临的主要威胁。尤为严峻的是，此类冲突往往伴随着大量无辜平民的伤亡，加剧了人道主义灾难的严重程度。与此同时，"人的安全"理念在国际议程中的地位显著提升，成为国际社会不容忽视的重要议题。面对国内大规模人道主义灾难中平民保护的严峻挑战，国际社会虽普遍认同其紧迫性，但在应对策略上却呈现出明显的分歧。这一困境的根源深植于当前国际体系的基石——主权国家原则之中。主权国家架构作为维系国际秩序稳定的基石，对其进行的任何根本性改变均可能引发不可预知的连锁反应，进而对全球稳定造成影响。因此，如何在尊重并维护主权国家秩序的前提下，有效保护平民并妥善应对人道主义危机，便成为了保护的责任原则提出的初衷与核心议题。

国际社会通过努力推动保护的责任原则走向规范化，旨在将其塑造为一项具有法律约束力的国际义务，以便在应对国内大规模人道主义危机时，能够更为有效地庇护平民免受暴力侵害。这一原则的规范化进程以及它在实际践行中能否克服种种障碍，将直接关系到其能否推动国际社会在此议题上形成统一行动，进而实质性解决当前面临的现实问题。鉴于人道主义干预也曾是解决同样问题的途径之一，比较保护的责任与它之间的关系，可以探明保护的责任规范化进程的前景，为解决这一现实问题提供思路。

其次，除了现实意义外，本书的研究也具有理论意义，主要体现在：其一，冷战后关于人道主义干预与保护的责任的著作虽多，但是许多著作在比较它们的关系时，没有清晰界定人道主义干预和保护的责任的概念。就人道主义干预而言，它们混淆了概念最初被提出的含义，和被西方国家实践扭曲了的含义。就保护的责任而言，它们没有看到保护的责任的含义经历了一个变化的发展进程。然而，真正地厘清概念对比较的顺利展开至关重要。概念的厘清有助于回答为何保护的责任与人道主义干预具有一致性,为何保护的责任会被国际社会接受,以及保护的责任是否有异化的可能性。其二,虽然本书花费大量篇幅比较人道主义干预和保护的责任,但并非"为比较而比较",而是通过这种比较,试图探明保护的责任的规范化进程,以及试图回答保护的责任能否解决在大规模人道主义灾难中的人权保护问题。比较两个概念对继续推进保护的责任的规范化进程,或反驳和修正此概念都十分关键。只有对概念本身理解透彻,才能分析实践中以此概念为名实施的外交政策或干预行动是否偏离了概念的原意。其三,当下西方主要的政治思潮之争包括社群主义和世界主义之争。[①] 人道主义干预和保护的责任的本质理念属于世界主义,近年来关于保护的责任的研究也将其放在世界主义的范式下予以考察。[②] 因此,比较两者之间的关系,尤其是审视世界主义理念,有助于理解世界主义理念在实践中被践行的可行性,以及世界主义和社群主义理念的互补之处。

最后,研究此问题也具有政策意义。其一,人道主义干预在冷战后发生异化,演变为新干涉主义,成为发达国家干预他国内政的借口。因此,明晰保护的责任与人道主义干预之间的关系,对于揭露西方国家政策的真实面目、揭穿其虚假言辞、阻止其以保护的责任为幌子干涉中国及其他国家内政,具有至关重要的作用。其二,厘清这一区别同样有益于中国根据自身国家利益来塑造并发展这一概念。虽然概念是西方的,但是概念的内涵解释却可以是中国的,中国可以按照自己的价值观、利益等赋予此概念鲜活的内容,从而在有效防范外部势力干预的同时,积极探索符合中国特色的地区热点问题解决方案,为区域乃至国际社会的和平与稳定贡献力量。随着全球化进程的加速推进,各国间的

---

① Richard Shapcott, *Justice, Community, and Dialogue in International Relations*, Cambridge: Cambridge University Press, 2001.
② Samuel James Wyatt ed., *The Reponsibility to Protect and a Cosmopolitan Approach to Human Protection*, Palgrave Macmillan, 2019.

相互依赖程度不断加深，国家界限日益模糊。在此背景下，一国内部的人道主义灾难如何解决已成为国际社会无法回避且亟待共同应对的重大议题。这类灾难不仅严重威胁着本国人民的生命财产安全，更可能通过多种途径对国际社会产生深远影响，动摇全球和平与稳定的根基。作为负责任的大国，中国在人道主义灾难问题上的积极行动，对于维护世界和平与稳定具有不可估量的重要价值。

第二节 研究现状与创新

一、国外研究现状

国外学界关于保护的责任的研究材料较多，这里无法详尽列举，只能选取与本文相关和比较有代表性的观点加以评论。国外研究主要围绕以下方面展开：梳理保护的责任的概念；讨论保护的责任的应用范围；探讨保护的责任的规范化地位；以区域和国别为基础，研究保护的责任的传播与扩散，以及各个国家在此概念上的立场。

（一）界定和梳理保护的责任的概念

梳理保护的责任（Responsibility to Protect，简称 R2P）的概念，关键在于把握与其诞生紧密相关的几个关键文本。这些文本不仅清晰地界定了 R2P 的适用范围，还为其奠定了坚实的理论基础。在此基础之上，将 R2P 与其他相关但容易混淆的概念，如主权、军事干预或强制性干预、正义战争以及人道主义干预，进行深入细致的比较研究显得尤为重要。这一领域内，特雷莎·赖诺尔德（Theresa Reinold）的《主权与保护的责任：规范的权力与强权的规范》、亚历克斯·贝拉米（Alex J. Bellamy）的《保护的责任与军事干预问题》及《保护的责任的衰退？人道主义干预与 2005 年世界首脑会议》、图可·皮帕尼恩

(Touko Piiparinen)的《保护的责任:主权构建时代的到来》,以及罗宾·邓福德(Robin Dunford)和迈克尔·诺伊(Michael Neu)合著的《正义战争和保护的责任》等著作和论文,均提供了深刻的见解和有价值的分析。

《主权与保护的责任:规范的权力与强权的规范》一书深入剖析了全球秩序的基石——主权原则,在权力与规范、政治与国际法的交织作用下所经历的深刻变革。该书通过分析科索沃、达尔富尔及阿富汗等军事干预案例,揭示了这些干预行动如何重塑了武力使用的规则,并对传统的主权平等原则构成了严峻挑战。作者主要探讨的问题是主权的核心规范——平等、不干预、不使用武力——受到了新兴规范何种程度的冲击、限制乃至替代。在这一过程中,联合国及其安全理事会发挥了至关重要的作用,它们不仅确认了保护的责任的原则,还通过实践推动了该原则性质的演变,将平民保护纳入维和行动的范畴,并对国际和平所面临的威胁进行了更为宽泛的界定,涵盖了内部人道主义危机。然而,多数国家依然对国际共同体执行保护的责任的权限持谨慎态度。叙利亚危机便是一个典型的例证,它表现出国家间在保护的责任的法律地位上的深刻分歧。许多国家更倾向于将保护的责任视为一种基于个案的干预建议,而非普遍适用的法律义务。此外,在将保护的责任应用于实践的过程中,操作层面的难题也不容忽视。预防暴力要求迅速有效的反应机制,但联合国常备军队的缺失以及国家间在干预资源调动上的迟缓与困难,都构成了巨大的障碍。尽管如此,保护的责任的概念并未因此黯然失色,它已改变了人们对主权与人权关系以及国家责任范畴的认知,为国际社会在面对大规模暴行时提供了新的思考方式与行动指南。[①] 赖诺尔德指出了保护的责任的不足之处,阐述了保护的责任的规范地位以及在实际操作中遇到的困难。然而,该书的分析也存在一个明显的局限,那就是没有分别探讨保护的责任所包含的三个

[①] Theresa Reinold, *Sovereignty and the Responsibility to Protect: The Power of Norms and the Norms of the Powerful*, New York: Routledge, 2013.

支柱。① 这三个支柱在规范地位、实践执行等多个方面都存在显著的差异,因此国际社会对它们的接受程度也各不相同。

《保护的责任与军事干预问题》一书深入剖析了保护的责任的原则与军事干预之间的复杂关系,旨在阐明保护的责任的原则在指导军事行动、预防大规模暴行及捍卫人权方面的潜在价值与实践路径。作者通过设定三个核心目标,为军事干预的决策构建了一个明晰的指导框架。一是防止类似卢旺达大屠杀的悲剧再次发生,明确国际干预的预期情境与标准;二是针对科索沃战争期间安理会决策受阻的问题,探讨如何合法化未经授权的干预行动;三是限制政府滥用保护的责任的原则,确保干预行动的正当性与合法性。为了有效落实保护的责任并应对军事干预带来的挑战,作者提出了一系列切实可行的解决措施。这些措施包括:制定相关政策以降低道德风险,明确除非政府行为严重侵犯人权,否则应避免外部军事干预;外部行为体应投入大量资源,说服国家合理应对非暴力运动的诉求;外部行为体不应通过干预强迫政权更迭;在人道主义救济过程中,应尽量减少叛乱者从中获益的可能性;政府应就自身实际准备采取的行动做出明确承诺;同时,应克服过度依赖军事手段的倾向,强调采取广泛而多元的执行措施。② 无疑,军事干预是执行保护的责任过程中的一大难点。作者提出的建议虽然具有启发性,但深入探究后不难发现,这些措施更多地体现为一种规劝和指导,要将它们真正落实到实践中去,仍将面临重重困难和挑战。

《保护的责任的衰退?人道主义干预与 2005 年世界首脑会议》一文深刻反思了 2005 年世界首脑会议成果文件中纳入保护的责任(R2P)这一举措对人道主义干预规范产生的复杂影响。文章的核心论点是,尽管 R2P 原则的引入在国际社会掀起了广泛的讨论与关注,但这份成

---

① 保护的责任的三个支柱为:国家的保护责任;国际社会的援助与能力建设;及时果断的集体反应。
② Alex J. Bellamy, "The Responsibility to Protect and the Problem of Military Intervention", *International Affairs*, vol.84, no.4(2008), pp.615-639.

果文件并未能有效降低类似卢旺达或科索沃悲剧再次发生的可能性。相反,为了达成共识,R2P 的支持者在某种程度上对其初始的核心要素做出了妥协,这种妥协反而在一定程度上阻碍了人道主义干预规范的进步与发展潜力。[1] 尽管作者认识到保护的责任(R2P)是以保守化的发展为代价来换取国际社会的广泛共识,但他所基于的一个前提假设却是有问题的,那就是他认为人道主义干预已经具备了规范的地位。

《保护的责任:主权构建时代的到来》一文深入剖析了保护的责任(R2P)原则下所蕴含的主权构建范式,并探讨了其潜在的深远影响与挑战。文章首先提出了两种关于负责任主权的模式——不丹(Bodian)模式与洛克(Lockean)模式。这两种模式分别代表了 R2P 原则在不同层面的应用与理解。不丹模式着重于内战国家的制度建设、重建与授权,强调通过激发内部力量来推动国家的稳定与发展。相比之下,洛克模式则显得较为激进,它将国家置于全球人权文化的广阔框架之中,借助集体的同代压力、政治和外交手段,乃至强制武力,来促使国家遵守人权标准。文章还指出了 R2P 原则所体现的主权构建范式存在的潜在弊端。一方面,这一范式可能为次国家行为体(如叛乱组织、非政府组织等)提供操纵 R2P 的契机,进而实现其在内战中的政治图谋。这种操纵行为不仅可能对国家的主权与稳定构成严重威胁,还可能进一步加剧冲突与分裂。另一方面,R2P 的目标似乎已超越了最初设定的保护人民免于四种国际罪行(战争罪、反人类罪、种族灭绝罪和种族隔离罪)的范畴,而是向改变目标国家的条件和结构,甚至更迭政权的方向扩展。这种目标的泛化无疑增加了 R2P 原则被滥用与误读的风险,使其有可能成为外部势力干涉他国内政的借口。因此,作者强烈呼吁在主权构建的背景下重新审视 R2P 原则。他认为,R2P 不应被简单地视为人道主义干预的依据,而应被定位为一种促进国家负责任行为、维护国

---

[1] Alex J. Bellamy, "Whither the Responsibility to protect? Humanitarian Intervention and the 2005 World Summit", *Ethics & International Affairs*, vol. 20, no. 2(2006), pp. 143-169.

际和平与安全的手段。在实践中,国际社会应更加尊重国家的主权与领土完整,通过对话、合作与协助等和平手段来促进国家内部的稳定与发展。同时,为了确保 R2P 原则得到正确、有效的实施,国际社会还应加强对其实施过程的监督与评估机制。①

本书敏锐地捕捉到了保护的责任(R2P)背后潜藏的道德风险,这一议题同样引起了学者们的广泛关注,如艾伦·库普曼(Alan J. Kuperman)与蒂莫西·克劳福德(Timothy W. Crawford)在其著作《人道主义干预的赌注:道德风险、叛乱与内战》中所探讨的那样。② 然而,作者所倡导的将 R2P 适用范围扩大至政权颠覆与改造政权,实际上是对主权概念本质的挑战,而非简单的重构或调整。首先,这一主张似乎忽略了 R2P 原则的核心基石——即主权国家自身在保护其人民免受极端暴行方面承担着首要责任。R2P 的前两个支柱——预防与反应——都是建立在主权国家对自身职责的明确认同与积极履行之上的。将 R2P 的边界无限制地拓展至政权更迭领域,无疑是对这一核心基石的严重动摇。其次,作者的主张可能过于乐观地评估了国际社会在承担额外责任方面的意愿与能力。在当前复杂多变的国际环境中,各国在维护自身安全与利益的同时,对于外部干预往往持谨慎态度。强行将 R2P 推至政权变革层面,很可能会引发广泛争议与抵制,削弱国际社会在应对真正紧急的人道主义危机时的团结与行动效率。最后,从实践层面来看,作者的主张在当前国际秩序下难以得到有效的执行,更难以获得国际社会的普遍认可。国际关系的现实复杂性、国家利益的多样性以及国际法的严格限制,都使得直接干预他国内政、颠覆或改造政权成为一项极具风险与不确定性的行动。因此,若对 R2P 原则进行过度宽泛的应用,不仅可能背离其保护人民免受极端暴行的初衷,还可能对

---

① Touko Piiparinen, "Responsibility to Protect: The Coming of Age of Sovereignty-Building", *Civil Wars*, vol.15, no.3(2013), pp.380-405.
② Alan J. Kuperman, Timothy W. Crawford, *Gambling on Humanitarian Intervention: Moral Hazard, Rebellion and Civil War*, New York: Routledge, 2006.

国际秩序的稳定构成威胁。

《正义战争与保护的责任:幻想与现实的鸿沟》一文深刻剖析了将保护的责任视为当代版本正义战争所蕴含的根本性问题,并深入揭示了两者在应对大规模暴行时面临的诸多局限与挑战。作者通过细致的论证,揭露了人道主义战争理想化背后的残酷现实,以及R2P原则在实际操作中暴露出的种种不足。文章首先指出,无论是正义战争理论还是R2P原则,都未能全面审视其倡导的人道主义干预行动所带来的深远且易被忽视的负面影响。作者以2011年北约对利比亚的军事干预为例,尽管这场行动获得了联合国安理会的授权,并被视为R2P原则的一次实践尝试,但其结果却令人扼腕叹息:平民伤亡惨重、流离失所者众多、地区动荡加剧,以及人权侵犯问题层出不穷。然而,R2P的倡导者却将此视为"胜利",这种盲目乐观的论调在作者看来,是对残酷的战争事实的有意回避,更是对战争伦理的扭曲与幻想。进一步地,作者批判了R2P原则在构建国际行动框架时的狭隘与僵化。它简单地将国际社会划分为两类角色:一类是救世主般的主动干预者,另一类则是冷漠的旁观者。这种二分法不仅忽视了国际干预的复杂性与多样性,而且没考虑到,有时候那些已经采取的干预办法,可能反而会成为引发人道主义灾难的原因之一。卢旺达的悲剧性案例便是最好的证明,那些自诩为正义使者的行动者,其干预行为非但未能有效平息冲突,反而成为了长期动荡的催化剂。更为严重的是,R2P原则在评估既存干预对后续行动的影响时显得尤为盲目。它未能认识到,已经进行干预的国家或组织,在再次以保护之名采取行动时,其动机与效果都可能受到先前干预经历的影响,甚至有可能进一步加剧冲突与暴行。这种对现实干预环境的无知与漠视,使得R2P原则在预防和应对大规模暴行时显得力不从心。[①]

在关于保护的责任的概念对比研究中,学者们重点关注的是保护

---

① Robin Dunford and Michael Neu, *Just War and the Responsibility to Protect*, London: Zed Books, 2019.

的责任与人道主义干预的关系。无论提倡还是反对保护的责任,一个无法绕开的主题是保护的责任与人道主义干预的关系。前者的代表人物是加雷思·埃文斯(Gareth Evans)、托马斯·韦斯(Thomas Weiss)等①,后者的代表人物是艾丹·赫尔(Aidan Hehir)、诺姆·乔姆斯基(Noam Chomsky)等。② 反对保护的责任的观点通常将保护的责任看作是"特洛伊木马",认为它的实质是西方国家扩张自己的权力。然而,在现实政治的层面上,很难清晰区分保护的责任的支持者及反对者。简单地以东西国家之分进行概括并不准确,也有西方国家对保护的责任并不特别感兴趣,例如美国,也有许多发展中国家要么持中间立场,要么因案例而异,选择与西方国家或与东方国家联合。③

关于保护的责任与人道主义干预之间的关系,已有的研究可以分为两种立场:第一,认为保护的责任与人道主义干预具有本质的区别,典型地体现在保护的责任被接受,已经成为国际规范。④ 这一方面代表性的学者有干预与国家主权国际委员会(International Commission on Intervention and State Sovereignty, ICISS)的一些成员以及保护的责任的推崇者,例如加雷思·埃文斯、亚历克斯·贝拉米、卢克·格兰维

---

① Gareth Evans, *The Responsibility to Protect: Ending Mass Atrocity Crimes Once and for All*, Washington D. C.: Brookings Institution Press, 2009; Thomas G. Weiss, *Humanitarianism Intervention: Ideas in Action*, Cambridge: Polity Press, 2012; Ramesh Thakur, Thomas G. Weiss, "R2P: From Idea to Norm—and Action?", *Global Responsibility to Protect*, vol.1, no.1(2009), pp.22—53.
② Aidan Hehir, "The Permanence of Inconsistency: Libya, the Security Council, and the Responsibility to Protect", *International Security*, vol. 38, no. 1(2013), p. 137; Aidan Hehir, Robert Murray, *Libya, the Responsibility to Protect and the Future of Humanitarian Intervention*, London: Palgrave Macmillan, 2013; Noam Chomsk, "Dialogue on the Responsibility to Protect", https://zeroanthropology.net/2009/09/06/noam-chomsky-dialogue-on-the-responsibility-to-protect/,上网时间:2023-8-11.
③ Yang Razali Kassim, *The Geopolitics of Intervention: Asia and the Responsibility to Protect*, Singapore: Springer, 2014.
④ 李丽:《保护的责任与安理会强制性干预决议》,《战略决策研究》2017年第1期,第3—27页。

尔、雷米什·撒克(Ramesh Thakur)、托马斯·韦斯、詹姆斯·帕蒂森(James Pattison)等。① 保护的责任的推崇者认为,保护的责任有别于人道主义干预:首先,前者强调主要的责任在于国家保护本国人民;其次,保护的责任不那么注重军事干预的作用。

埃文斯指出,保护的责任(R2P)与人道主义干预权利之间存在一个关键差异:相较于后者可能带有的对抗性和极端性,R2P显得更为温和且易于接受,这为常常处于分裂状态的南北国家之间提供了达成共识的可能。同时,他也重新梳理并阐述了关于保护的责任内容的相关讨论与争议。② 帕蒂森认为,人道主义干预已经不需要再回答"干预是否以及为什么是正当的"等问题,更应关注"谁应当进行人道主义干预与何时进行干预是正当的"。问题的变化源于主权观念的转变。传统的观念是把主权作为一种权威,它为小国提供法律和规范上的依据以防止大国的干预,同时小国可以在国内违反人民的权利而不受惩罚。如今,人们更多的是把主权看作是一种维护公民人权的责任。在这个观念转变的背景下,2001年ICISS发表的关于保护的责任的报告,成为了一个至关重要的进展。③

第二,认为保护的责任与人道主义干预是"新瓶装旧酒",代表性的学者是艾丹·赫尔(Aiden Hehir)。有些学者虽然认识到人道主义干预与保护的责任在本质上的一致性,认为保护的责任只是对人道主义干预概念上的重新框定,但他们仍然支持保护的责任。他们认为由于国际社会强烈反对人道主义干预,为了推进保护的责任的规范化进程,当前不应过度强调两个概念的本质一致;而另一部分学者则是持有悲

---

① 李丽、沈丁立:《保护的责任与人道主义干预的异同》,《国际关系研究》2016年第6期,第122—137页。
② Yang Razali Kassim, *The Geopolitics of Intervention: Asia and the Responsibility to Protect*, Singapore: Springer, 2014.
③ James Pattison, *Humanitarian Intervention and the Responsibility to Protect, Who Should Intervene?*, Oxford: Oxford University Press, 2010.

观且不赞成保护的责任的观点。① 这一方面的学者和著作包括:艾丹·赫尔的《保护的责任:言论、现实与人道主义干预的未来》;利利安娜·朱布拉特(Liliana L. Jubilut)《保护的责任是对人道主义干预的真正改变》等。

《保护的责任:言论、现实与人道主义干预的未来》一书的核心论点是,保护的责任在国际共同体干预国家内部冲突方面可能难以发挥实质性作用,甚至有可能阻碍该领域已经取得的进步。② 作者对保护的责任较为悲观的论断是基于利比亚战争的分析。为了更好地执行人权保护任务,作者艾丹·赫尔强调了对联合国进行根本性改革的必要性。他提出的改革建议包含两个特征:一是创建一个司法实体,负责判断如何应对国家内部特定的人道主义危机;二是建立一个由该司法实体直接部署的、常任且独立的联合国军事力量。③ 虽然艾丹·赫尔指出了现有的执行保护的责任的不足之处,且给出的联合国改革建议在一定程度上具有合理性,但这些建议却并不具有现实性。首先,五常是否允许设立独立的司法机构和军事力量?如果支持,联合国建立起的独立的司法与军事机构是否具有合法性,以及如何保证它的资金来源与正常运转?其次,如果得到五常的允许,如何确保这两个机构不为大国所控制或所用?作为保护的责任概念的批判者,艾丹·赫尔在2019年出版的最新著作中,进一步对比了保护的责任的支持者所宣称的该规范已经取得的成就与实践中人权保护的实际差距,直言不讳地指出保护的责任不过是"空洞的规范(hollow norms)"。④

---

① 李丽:《保护的责任与安理会强制性干预决议》,《战略决策研究》2017年第1期,第3—27页。
② Aidan Hehir, *The Responsibility to Protect: Rhetoric, Reality and the Future of Humanitarian Intervention*, London: Palgrave Macmillan, 2012.
③ Aidan Hehir, *The Responsibility to Protect: Rhetoric, Reality and the Future of Humanitarian Intervention*, London: Palgrave Macmillan, 2012.
④ Aidan Hehir, *Hollow Norms and the Responsibility to Protect*, London: Palgrave Macmillan, 2019.

在利比亚案例的基础上,《保护的责任是对人道主义干预的真正改变》分析保护的责任在教义、实践与伦理方面是否发生真正改变。作者的结论为从教义方面而言,保护的责任是否有实质变化存在不确定性;从实践方面来看,保护的责任并没有改变人道主义干预的选择性问题。对比利比亚与叙利亚可见,干预的依据仍是基于政治利益,而不是法律教义,且干预是否发生是因案例而异的。从伦理视角而言,保护的责任也并没有解决人道主义干预的根本问题,即主权与人权之争。[①] 作者虽认识到保护的责任与人道主义干预在实践上的一致性,但却未给出充分的论证。

(二) 保护的责任的应用范围

关于保护的责任应用范围的讨论,可以从议题领域和区域国别两个维度进行二分分析。一部分学者偏好于讨论保护的责任的应用议题。随着研究的推进和深入,关于保护的责任可适用的议题也出现了进一步的拓展,主要包括:国内大规模人道主义灾难、安全区(safe zones)与对流离失所者的保护、气候变化、孩童保护和难民等,代表性的著作和论文包括:萨拉·戴维斯(Sara. E. Davies)与卢克·格兰维尔(Luke Glanville)主编的《保护流离失所者:深化保护的责任》、鲁特格·比尔尼(Rutger Birnie)和珍尼弗·威尔士(Jennifer Welsh)的《流离失所、保护和责任》、弗兰齐斯卡-卡罗琳·克林(Franziska-Carolin Kring)的《重新审视保护的责任》等。

《保护流离失所者:深化保护的责任》一书深入探讨了将保护的责任原则应用于个人层面时,国际共同体所遭遇的概念性挑战与实践难题。书中明确指出,在流离失所者这一议题上,实施保护的责任面临多重困境,具体表现为:实践应用的局限性、对原则解释的狭隘性、对指导

---

① Liliana L. Jubilut, "Has the 'Responsibility to Protect' Been a Real Change in Humanitarian Intervention? An Analysis from the Crisis in Libya", *International Community Law Review*, vol.14, no.4(2012), pp.309-335.

原则的规避、将因自然灾害导致的流离失所者排除在外、将保护的责任简单等同于军事干预,以及对军事行动效果持有限信心等。针对这些挑战,作者提出了一系列协调措施与具体步骤,旨在更有效地将保护的责任落实到流离失所者的保护工作中:首先,在应用保护的责任时,应明确将内部流离失所者的特别保护纳入整体战略之中,确保他们得到应有的关注和照顾。其次,需要清晰阐述保护内部流离失所者的具体含义。最后,保护行动不应仅限于紧急救援阶段,而应涵盖预防流离失所、提供即时保护以及促进流离失所者能力建设等多个层面,形成全方位、多层次的保护体系。虽然内部流离失所者理应首先得到本国政府的保护,但在政府不愿或无力提供保护的情况下,国际社会必须承担起保护的责任,通过国际合作与援助,确保流离失所者的基本权益得到保障。① 总体而言,本书指出了解决内部流离失所者问题的迫切性。回溯至保护的责任的概念起源,弗朗西斯·邓(Francis Deng)提出的"主权作为一种责任"这一思想,原本旨在为解决内部流离失所者的困境提供一种新的视角和路径。② 然而,随着保护的责任的理念的演变,戴维斯与格兰维尔等人对其应用范围的拓展,显然已经超出了国际社会就保护的责任所达成的初步共识。这一共识的形成过程充满了曲折与妥协,是各国在利益与责任之间寻求平衡的结果。若无视这一既定框架,随意扩大或改变保护的责任的应用范围,不仅会破坏已经达成的脆弱共识,更可能阻碍保护的责任在全球范围内的推广与规范化进程。因此,对于保护的责任的应用,必须保持谨慎与克制,确保其在国际法的框架内得到合理、有效的实施。

与此同时,《流离失所、保护和责任》一文则提出了不同的见解。该文主张,在面临强制性的流离失所危机时,安全区(safe areas)可以作为

---

① Luke Glanville, Sara E. Davies, *Protecting the Displaced*, Leiden: Brill Publishers, 2010.
② Roberta Cohen, Francis M. Deng, *Masses in Flight: The Global Crises of Internal Displacement*. Washington D.C.: Brookings Institution Press, 1998.

一种有效的应对策略，以保护身处危境中的平民。这些流离失所者虽然仍身处主权国家的领土范围内，但由于局势的不稳定与动荡，他们的安全无法得到有效保障。在此情况下，国际社会应当依据保护的责任的原则，承担起补救责任，为流离失所者提供必要的保护与援助。这种保护不仅限于提供临时的庇护所，还包括预防流离失所的发生、促进流离失所者的返乡以及帮助他们重建生活等多方面的努力。而安全区，作为实现这些目标的重要手段之一，可能为解决内部流离失所者问题提供新的思路与方案。①

《重新审视保护的责任》一书深入探讨了保护的责任的概念是否以及如何能够扩展至应对气候变化这一21世纪最严峻的人道主义挑战。气候变化对全球各国的影响广泛而深远，但其影响分布并不均匀，发展中国家的人民往往承受比工业化国家的人民更为严重的负面后果，这不仅加剧了全球不平等，也凸显了气候变化的差异性影响。本书作者提出了一个更具前瞻性的问题：保护的责任的概念是否能成为应对气候变化所带来的自然灾害威胁的新途径？作者认为，保护的责任所蕴含的"预防、反应、重建"三阶段框架，完全有能力将国际社会应对气候变化的责任纳入其中。②

另一部分学者更偏向于讨论保护的责任在具体的区域或国内的适用性。这些区域和国家往往具有一个共同特征，即它们或是被视为失败国家，或是处于脆弱状态，国内频繁发生大规模的人道主义灾难。因此，这一维度的研究往往紧密围绕国内人道主义灾难的发生、发展及应对过程而展开。在这一研究领域内，多个国家和地区因其严峻的人道主义形势而备受瞩目，如达尔富尔问题、缅甸的罗兴亚人危机、利比亚的动荡、叙利亚的内战以及卢旺达的过往悲剧等，代表性的著作和论文

---

① Rutger Birnie, Jennifer Welsh, "Displacement, Protection and Responsibility: A Case for Safe Areas", *Global Responsibility to Protect*, vol.10(2018), pp.332-361.
② Franziska-Carolin Kring, *Responsibility to Protect (R2P) Revisited*, Berliner Wissenshafts-Verlag, 2020.

包括：亚历克斯·贝拉米(Alex J. Bellamy)的《保护的责任或特洛伊木马》、吉德·马丁斯·奥基(Jide Martyns Okeke)的《达尔富尔情境下的保护的责任》、大卫·兰兹(David Lanz)的《保护的责任在达尔富尔》、皮纳尔·格桑·埃尔坎(Pınar Gözen Ercan)主编的《二十年以来的保护的责任》、亚斯明·纳哈维(Yasmine Nahlawi)《保护的责任在利比亚和叙利亚》等。

《保护的责任或特洛伊木马》一文剖析了2003年伊拉克战争后，保护的责任原则在达尔富尔地区的实际运用情况，并由此揭示了诸多关于人道主义干预的深刻见解。该文的核心议题在于：这场战争及其后续影响如何改变了国家与区域组织对于保护的责任的认知与实践？保护的责任是否仅仅成为了强国干预弱国的合理化借口？伊拉克战争是否导致了国际立场平衡的微妙变化，进而影响了全球对于保护的责任的共识？作者首先阐述人道主义干预的规范框架，特别关注了保护的责任这一概念的兴起，以及反恐战争和伊拉克战争对人道主义干预规范产生的深远影响。在此基础上，作者详细分析了国际社会在面对达尔富尔危机时的反应与应对。文中指出，达尔富尔危机揭示了人道主义干预规范的两个重要变化。首先，尽管国际社会对人道主义干预的共识程度并未发生根本性改变，但围绕达尔富尔的辩论却显著削弱了美国和英国作为这一规范主要倡导者的地位。其次，尽管在达尔富尔的争论中，保护的责任的言辞被频繁使用，但这一概念的具体含义却变得愈发模糊和争议不断。针对当前仍具有高度争议性的两个问题，即当安全理事会因否决权而未能通过相关决议时，谁有权力进行人道主义干预；以及人道主义危机达到何种程度时应当触发潜在的军事干预，作者进行了深入的剖析。作者指出，对于前者，国际社会确实存在某种程度的共识，即未经安全理事会授权的干预在某些情况下可能是合法的。然而，这种合法性的具体条件和边界仍然模糊不清。对于后者，作者强调了大规模人道主义危机作为触发军事干预的潜在门槛，但如何界定"大规模"，以及根据谁的叙述来确定是否出现了这样的人道主义危机,同样是争议不断的焦点。①

《达尔富尔情境下的保护的责任》旨在通过深入的情境分析,全面考察苏丹地方、区域及国际政治经济网络对达尔富尔危机的影响,进而审视保护的责任的原则在该危机中适用的复杂性与前景。当前围绕达尔富尔危机的讨论,虽然频繁提及 R2P 原则作为检验其适用性的案例,但这些讨论往往停留于表面,未能触及问题的核心。具体而言,它们忽视了 R2P 概念本身的模糊性,以及过度依赖外部视角分析危机,从而忽视了导致和加剧达尔富尔冲突的根本性的政治经济结构因素。要准确评估 R2P 在达尔富尔危机中的相关性与有效性,必须超越单一维度的分析框架,将本地、区域和国际三个层面紧密结合起来。②

《保护的责任在达尔富尔》一文剖析了达尔富尔冲突背景下保护的责任的应用与演变。该冲突历经显著变迁,最初被国际社会所忽视,随后逐步成为全球关注的焦点。自 2004 年以来,国际社会广泛介入达尔富尔地区的事务,其中涌现了许多具有深远影响的国际倡导行动,并且联合国在该地区部署了史上规模空前的维和任务之一。然而,2011 年之后,达尔富尔又再度淡出国际视野,尽管此后该地区的平民仍持续遭受暴力侵害。特别是在近年来,暴力事件更是呈现升级态势,但国际社会的关注度却有所下降。以此为案例,作者旨在深刻探讨保护的责任领域一个亟待解答的核心问题:为何某些大规模暴行能够迅速引发国际社会的强烈反响,而另一些则遭漠视?作者指出,这一问题的关键在于是否存在一个强有力的叙事框架,该框架能够以道德语言明确界定冲突情境,清晰指出责任归属、受害者身份及应采取的行动,从而激发足够的共鸣与紧迫感,促使国际社会采取有力的 R2P

---

① Alex J. Bellamy, "Responsibility to Protect or Trojan Horse? The Crisis in Darfur and Humanitarian Intervention after Iraq", *Ethics & International Affairs*, vol.19, no.2 (2005), pp.31-53.
② Jide Martyns Okeke, "Contextualising the Responsibility to Protect in Darfur", *International Journal of African Renaissance Studies*, vol.5, no.1(2010), pp.65-81.

响应。①

《二十年以来的保护的责任》不仅对保护的责任进行了重新的界定，而且审视了保护的责任在实践中被适用或可能被适用的具体情境，包括达尔富尔、肯尼亚和圭亚那、科特迪瓦、利比亚、叙利亚等国家，通过对实践中诉诸保护的责任的分析，作者们揭示了保护的责任在实践中适用的选择性、保护的责任面临的僵局和在执行时遇到的困境等。②《保护的责任在利比亚和叙利亚》前半部分重点分析了保护的责任的概念本身，剖析了R2P的三个支柱，及其涉及的不同的法律框架，包括联合国的法律、国际法、国际人权法、国际人道主义法、国际刑法、国际环境法和国家责任法等。该书的后半部分利用法律基础来批判性地审查利比亚和叙利亚两个案例。这两个案例具有共性，两者均为阿拉伯国家且都面临着紧急的人道主义问题，但国际社会却在两个案例中采取了不一致的行动。对这些不同反应的分析可以推断出关于保护的责任的原则的优势、局限性、执行的短板、被国家接受的程度，以及未来的发展轨迹。③

（三）保护的责任的规范化地位

保护的责任是否已经成为一种规范，以及它与既定的国际法或国际规范之间的关系，是近年来国际社会广泛关注的话题。这一方面代表性的学者和著作包括：亚历克斯·贝拉米、萨拉·戴维斯以及卢克·格兰维尔主编的《保护的责任与国际法》；安格斯·弗朗西斯（Angus Francis）、维瑟林·波波维斯基（Vesselin Popovski）与查尔斯·桑普福德（Charles Sampford）主编的《保护的规范：保护的责任、平民保护及其

---

① David Lanz, *The Responsibility to Protect in Darfur: from Forgotten Conflict to Global Cause and Back*, London: Routledge, 2020.
② Pınar Gözen Ercan, *The Responsibility to Protect Twenty Years On*, London: Palgrave Macmillan, 2022.
③ Yasmine Nahlawi, *The Responsibility to Protect in Libya and Syria: Mass Atrocities, Human Protection and International Law*, London: Routledge, 2020.

互动》。①

《保护的责任与国际法：法律框架、效力与执行》一书深入剖析了保护的责任(R2P)的原则与国际法之间的复杂交织，为读者呈现了一幅全面深刻的理论图景。该书通过精心构建的三个核心议题，不仅揭示了 R2P 原则的法律内涵，还探讨了其法律效力及对国际法体系的实际影响，为理解这一重要国际规范提供了宝贵的视角。首先，在探讨 R2P 原则的法律内容时，该书强调了这一原则所蕴含的法律主张如何巧妙地融入并丰富了国际法的既有框架。R2P 并非孤立存在，而是基于国际人权法、国际人道主义法以及国家责任原则等广泛法律基础之上的发展与创新。其次，关于 R2P 是否具有法律效力的问题，该书给出了审慎而中肯的分析。作者指出，虽然 R2P 原则本身并未直接创造新的法律义务和责任，但它却以一种独特的方式强化了国际社会对于保护人民免受极端暴行的责任的共同认知。这种共识不仅体现在国家间政治承诺的加强上，也反映在国际法实践的逐步演变之中。最后，该书深入探讨了 R2P 原则的执行对国际法产生的多方面影响，并提出了利用法律手段辅助其执行的具体路径。作者认为，R2P 原则的执行并非易事，它不仅仅依赖于国家间加强合作与协调这一单一层面。为了确保 R2P 原则能够得到有效遵循，要求充分利用国际法的多种机制，包括但不限于监督机制、争端解决机制以及责任追究机制。同时，作者也指出了当前在 R2P 与国际法关系方面存在的一些模糊地带，并呼吁国际社会通过进一步的对话与协商，明确界定相关概念的边界，以推动 R2P 原则在实践中更好地发挥

---

① 还可参见：Susan Breau, *The Responsibility to Protect in International Law: A Emerging Paradigm Shift*, London and New York: Routledge, 2016; Daniel Fiott, Joachim Koops ed, *The Responsibility to Protect and the Third Pillar*, London: Palgrave Macmillan, 2015; Peter Hilpold ed., *Responsibility to Protect: A New Paradigm of International Law*, Leiden: Brill Nijhoff, 2015; 关于保护的责任与国际法关系的探讨，许多著作的观点具有一致性，因而本文列举了两本代表性的著作。

作用。① 总体而言,本书厘清了保护的责任的层次,对它不同层次的规范地位及与国际法的关系做了详细的论述。

《保护的规范:保护的责任、平民保护及其互动》既探讨了保护的责任的规范地位,也比较了它与"在武装冲突中保护平民"的相似与差异。总体而言,围绕保护的责任是否具有规范地位这一问题,学者们众说纷纭。有学者主张保护的责任本身不具备规范地位,无法创造出法律义务,仅仅只是一个动员性因素,没有成为新的规范,是建立在既定法律之上的协调行动的政策工具,具有战略重要性;也有学者主张保护的责任包含法律义务,这种义务的产生是基于保护的责任与既定国际法之间的关系。②

(四) 以区域和国别为基础研究保护的责任的传播与扩散

在该领域,一部分学者探讨干预规范内化以及践行的可能性。他们探讨的都是东南亚国家联盟与非洲联盟。在关于保护的责任的讨论中,这两个区域具有特殊的地位。非盟在继续遵循和坚持国家主权平等和不干涉内政原则的同时,确立了所谓的"干涉权",《非盟宪章》第4条第(h)款规定:"根据非盟首脑会议决定,非盟有权'干涉战争罪行、种族灭绝罪行和反人类罪行'"。而在第4条第(j)款里又规定:"非盟成员国为了恢复国内和平与安全有权请求联盟进行干涉的权利。"这说明,非盟宪章既规定了不干涉内政的原则,又规定了"非漠视原则"(Principle of Non-indifference)。③ 就东盟而言,由于成员国具有被殖民的历史过往,因而,在本区域推行人道主义干预或保护的责任困难重

---

① Alex J. Bellamy, Sara E. Davies, Luke Glanville, *The Responsibility to Protect and International Law*, Leiden: Martinus Nijhoff, 2010.
② Angus Francis, Vesselin Popovski and Charles Sampford ed., *Norms of Protection: Responsibility to Protect, Protection of Civilians and their Interaction*, Tokyo: United Nations University, 2012.
③ 李伯军:《非洲民族国家建构面临的挑战与国际法》,《法治研究》2011年第3期,第88—98页。

重。学者们集中探讨东盟区域内化该原则的可能性,以及如何推动它们成功地内化保护的责任的原则。代表性的学者和著作包括:伊金·耶密西·奥穆罗格伯(Eki Yemisi Omorogbe)的《非洲联盟、保护的责任与利比亚危机》;里扎尔·鲁克玛(Rizal Rukma)《东盟政治与安全共同体:保护的责任在东南亚的机遇与限制》;戴维·卡皮(David Capie)的《保护的责任规范在东南亚:框定、抵制与地区化神话》等。①

《非洲联盟、保护的责任与利比亚危机》一文论述了在保护的责任框架下非盟的干预行为。该文认为,非盟不支持军事干预利比亚,原因在于它缺乏应对在任领导人的坚定意志,而这会削弱非盟有效应对非洲危机的能力。②《东盟政治与安全共同体》审视东盟政治-安全共同体(APSC)与保护的责任的原则的相关性,以及在东南亚推广保护的责任的机会与限制。作者认为,在该区域推广保护的责任面临五个机遇:APSC包含为东盟建立早期预警机制的条款;APSC提供了冲突后和平构建的基础;东盟承认和拥护在该区域促进和保护人权;区域市民社会接受保护的责任,可以充当"内部的支持者(insider proponents)",以促进规范的推广;东盟宪章可以被修改。然而,认为APSC可以促进保护的责任的乐观主义者忽略了四个限制性因素:误解了APSC的性质及其试图实现的目标,即关注国家间的冲突;APSC仍是东盟基于不干涉原则建立起的一个重要合作平台;APSC只是政治文件,并不具有法律上的约束力;在APSC的框架下处理问题似乎与保护的责任不相关。概言之,尽管在广义上,APSC有助于在东南亚促进保护的责任的执

---

① 还可参见:Alex De Waal, "Darfur and the Failure of the Responsibility to Protect", *International Affairs*, vol.83, no.6(2007), pp.1039-1054; Alex J. Bellamy, Paul D. Williams, "The New Politics of Protection Cote d'Ivoire, Libya and the Responsibility to Protect", *International Affairs*, vol.87, no.4(2011), pp.825-850; Herman Kraft, "RtoP by Increments: the AICHR and Localizing the Responsibility to Protect in Southeast Asia", *The Pacific Review*, vol.25, no.1(2012), pp.27-49.
② Eki Yemisi Omorogbe, "The African Union, Responsibility to Protect and the Libyan Crisis", *Netherlands International Law Review*, vol.59, no.2(2012), pp.141-163.

行,但它增强东盟应对四种罪行的能力有限。在该区域推进原则上,保护的责任的支持者应当探讨其他途径与替代性战略,而非仅仅依靠APSC。此外,在东南亚区域推进保护的责任还会遭遇以下挑战:区域的多样性,例如国家的不同发展程度,异质的文化背景,不同的历史轨迹和独立道路等;本区域国家对主权的拥护,任何可能削弱主权以及干涉内政的规范均难以在此区域推广;此区域或许不会出现大规模违反人权的情形,即使一些成员国有国内冲突,但它们也不会诉诸保护的责任。①

《保护的责任规范在东南亚》以阿米塔夫·阿查亚(Amitav Archaya)的框架分析保护的责任在区域层面的推广②,指出保护的责任的规范在东南亚并没有地区化。地区化需要地区或区域行为体积极地引入规范,并且地方实践要与规范保持一致。尽管东南亚的支持者强调共识和能力建设,但许多区域国家仍对保护的责任持谨慎的态度,认为它对主权和政权安全构成潜在威胁。③ 显然,作者错误地拔高了保护的责任的地位,认为其已成规范,随后在此前提下讨论规范的区域内化。然而,实际的路径却与作者的分析思路相反,不同区域和国家对保护的责任的不同态度使它仍然只是一个概念,未成规范,而并非是规范未能实现区域化。

也有学者关注个别国家对保护的责任的态度或在特定国家执行保护的责任的可能性,包括俄罗斯、中国、印度、日本、泰国与朝鲜等。④ 通

---

① Rizal Sukma, "The ASEAN Political and Security Community (APSC): Opportunities and Constraints for the R2P in Southeast Asia", *The Pacific Review*, vol. 25, no. 1 (2012), pp.135-152.

② Amitav Acharya, *Whose Ideas Matter? Agency and Power in Asian Regionalism*, New York: Cornell University Press, 2011.

③ David Capie, "The Responsibility to Protect Norm in Southeast Asia: Framing, Resistance and the Localization Myth", *The Pacific Review*, vol. 25, no.1(2012), pp.75-93.

④ Alison Mccormick, "From Sovereignty to Responsibility: An Emerging International Norm and Its Call to Action in Burma", *Indiana Journal of Global Legal Studies*, vol. 18, no.1(2011), pp.563-591; Alex J. Bellamy, "A Chronic Problem: the DPRK and the Responsibility to Protect", *International Affairs*, vol.91, no.2, 2015, (转下页)

过审视俄罗斯对保护的责任的规范内化的抵制,查尔斯·齐格勒(Charles E. Ziegler)《围绕保护的责任的争辩》说明国内和全球规范的建立和推广是高度情境化的,且受到文化的影响。[①] 莉娜·亚历山德拉(Lina Alexandra)《印度尼西亚与保护的责任》指出了在印度尼西亚执行保护的责任的优势等。[②] 丹尼尔·彼得斯(Daniel Peters)和丹·高斯(Dan Gause)编辑的《南方民主和保护的责任》认为来自全球南方的一些新兴大国(印度、南非和巴西)成为了保护的责任的重要的新参与者,他们呼吁在塑造全球治理的基本规范方面发挥保护的责任的更大影响力,R2P 也成为规范推广和创新研究的重要焦点。

二、国内研究现状

国内学者对保护的责任的研究主要围绕以下主题展开[③]:保护的责

(接上页) pp. 225 - 244; Gareth Evans, "Russia, Georgia and the Responsibility to Protect", *Amsterdam Law Forum*, vol. 1, no. 2 (2012), pp. 1 - 25; Keokam Kraisoraphong, "Thailand and the Responsibility to Protect", *Pacific Review*, vol. 25, no. 1 (2012), pp. 1 - 25; Birsen Erdogan, *Humanitarian Intervention and the Responsibility to Protect: Turkish Foreign Policy Discourse*, London and New York: Palgrave Macmillan, 2017; Jun Honna, "Japan and the Responsibility to Protect: Coping with Human Security Diplomacy", *Pacific Review*, vol. 25, no. 1(2012), pp. 95-112; Tim Dunne, Sarah Teitt, "Contested Intervention: China, India, and the Responsibility to Protect", *Global Governance*, vol. 21, no. 3(2015) pp. 371-391.

① Charles E. Ziegler, "Contesting the Responsibility to Protect", *International Studies Perspectives*, no. 1(2016), pp. 1-23.

② Lina Alexandra, "Indonesia and the Responsibility to Protect", *The Pacific Review*, vol. 25, no. 1(2012), pp. 51-74.

③ 国内对保护的责任的研究最初始于国际法领域,代表性的学者和著作包括:赵洲:《保护的责任与"不干涉内政原则"》,《求索》2015 年第 9 期,第 4—9 页;赵洲,程保志:《"保护的责任"语境下避难人权保护问题》,《太平洋学报》2014 年第 6 期,第 21—31 页;何志鹏:《保护的责任:法治黎明还是暴政重现》,《当代法学》2013 年第 1 期,第 145—153 页;张磊:《解析国际法上"保护的责任"理论的发展态势》,《苏州大学学报》,2012 年第 6 期,第 116—120 页;杨永红:《论保护责任对利比亚之适用》,《法学评论》2012 年第 2 期,第 120—126 页等。

任与中国;国际社会各国和区域组织对保护的责任的态度;保护的责任的概念与规范化地位,或以规范化进程分析保护的责任的演进;保护的责任与人权、人道主义干预的关系等。

首先,关于保护的责任与中国的研究。一部分学者关注中国对此概念的态度,指出中国支持保护的责任体现出的道德共识,但对保护的责任在实践中的执行持有谨慎的态度。从中国学者的角度出发,刘铁娃主编的《保护的责任:国际规范建构中的中国视角》一书探讨了保护的责任概念的产生与发展,并分析了中国可能在此领域做出的贡献。① 此外,刘铁娃也分析了中国对保护的责任的核心原则和执行的态度。她指出,中国总体上支持此概念,参与国际人权活动,修改人权条约。但中国政府对保护的责任也表现出两点主要分歧:首先,中国着重强调主权国家在人权保护中的首要责任,主张人权应置于国家主权之下,并积极支持保护的责任的第一支柱,即通过国内善治来促进人权状况的改善。其次,中国在坚持主权与不干预原则的同时,其立场也有所微调,从原先的"绝对主权"和"绝对不干预"转变为"有条件的主权"和"有条件的不干预"。②

通过分析中国在冷战后对卢旺达、科索沃与达尔富尔地区等人道主义危机的参与情况,吴澄秋指出,中国在人道主义危机应对上的态度已发生显著转变。尽管如此,中国官方在人权对话中仍坚持其立场未变,即维护主权是国家首要任务,认为主权是人权得以实现的前提。中国强调,任何形式的国家干预都必须通过联合国授权,并需获得相关国家的明确同意和支持。在维和行动中,中国坚持主权和不干预内政的原则,旨在帮助恢复受影响国家的主权与领土完整。因此,可以说中国在对人权与主权的权衡中,更侧重于维护主权。③ 潘亚玲分析了中国在

---

① 刘铁娃主编:《保护的责任国际规范建构中的中国视角》,北京大学出版社 2015 版。
② Liu Tiewa, "China and Responsibility to Protect: Maintenance and Change of Its Policy for Intervention", *The Pacific Review*, vol. 25, no. 1(2012), pp. 153-173.
③ Chengqiu Wu, "Sovereignty, Human Rights, and Responsibility: changes in China's Response to International Humanitarian Crises", *Journal of Chinese Political Science*, vol. 15, no. 1(2010), pp. 71-97.

保护的责任的发展过程中的贡献。她指出中国支持保护的责任体现出的道德共识,以及对该原则的具体适用采取的严格标准。中国反对西方在推行保护的责任的过程中奉行的道德极端主义,倡导有中国特色的热点问题解决之路。中国提倡的方法具有如下优势:有效抵制西方的道德极端主义,倡导客观公正的问题解决办法;有利于更为积极主动地倡导不干涉内政的原则;确保在解决问题时,政治和外交手段居于首位;推动实现标本兼治。① 陈拯与朱宇轩注意到中国对保护的责任的态度发生了变化,中国的基本立场是有条件的支持,强调应当适当约束保护的责任的应用。② 袁武则认为,保护的责任比较符合中国的利益与外交战略,因为其给予和平协商解决危机较大空间,并给出诸多条件限制军事干预。③ 阙天舒则认为中国在反对"人道主义干预"的同时,积极参与了保护的责任的规范建构与实施。④

其次,关于国际社会各国或区域组织在保护的责任上的立场和态度分析。一部分学者给出框架,分析西方国家对此概念的态度。曾向红与霍杰指出,西方国家对保护的责任进行选择性应用。它们政策的影响因素为"干预成本与收益的比较以及干预能否获得国际社会的支持"。⑤ 许蓓蕾主张,保护的责任是一个西方构建的概念,具有浓重的"人权高于主权"的色彩,冲击了主权原则。⑥ 卢静直接指出,个别西方国家假借保护的责任干涉他国内政,因而国际社会应当谨慎此概念被

---

① 潘亚玲:《中国与"保护的责任"原则的发展》,《国际展望》2016 年第 6 期,第 44—57 页。
② 陈拯,朱宇轩:《中国政府与"保护的责任"辩论》,《当代亚太》2015 年第 5 期,第 130—155 页。
③ 袁武:《试论中国在非洲内部冲突处理中的作用:从"保护的责任"理论谈起》,《西亚非洲》2008 年第 10 期,第 58—62 页。
④ 阙天舒:《论中国对国际规范的塑造》,《国际观察》2017 年第 6 期,第 29—44 页。
⑤ 曾向红,霍杰:《西方国家对"保护的责任"的选择性适用:影响因素与案例分析》,《欧洲研究》2014 年第 5 期,第 14—32 页。
⑥ 许蓓蕾:《从"失败国家"到"保护的责任"国际干预对主权规范的挑战》,复旦大学博士论文,2009 年。

用作"人道主义干预"的翻版。① 顾炜分析了俄罗斯对保护的责任的态度,指出俄罗斯虽然支持此概念对人权保护的意义,但反对部分国家滥用以进行干涉。在实践中,俄罗斯的立场具有实用性,突出体现在其对利比亚和叙利亚持有不同的立场。② 而陈拯则指出不能简单地以支持和反对的二分视角审视国际社会对保护的责任的立场,对中俄等国而言,规范阻滞更有利于用于理解它们的立场和策略。③

再次,关注保护的责任的概念与规范化地位。除却关注中西方国家的立场,也有学者对此概念的内涵、规范化定位和实践应用做出探讨。贾庆国编著的《全球治理:保护的责任》关注的议题包括"保护的责任:起源与理念""保护的责任:良心与现实""保护的责任:目标和手段""保护的责任:中国的作用""对国际发展援助的回顾与思考"。④ 王琼准确定位了保护的责任,指出它并不是有约束力的规范,而"禁止使用武力"和"不干涉内政"则是公认的国际法基本原则。通过利比亚与叙利亚的对比,作者指出保护的责任在实践中往往成为谋求国家利益的工具,而并非是目的。⑤ 刘毅说明应用保护的责任存在潜在的道德风险。他指出可以通过"结果导向"与"行动导向"规避风险。结果导向强调武力规范与根源治理,而行动导向则需要协调保护的责任的手段与目的,可取思路为诉诸常规或常识。⑥ 邱美荣和周清指出,保护的责任并未成为一种国际规范,因为其试图突破安理会的授权和当事国的同意,引起了发展中国家的担忧和质疑。⑦ 祝湘辉则比较了在缅甸若开邦发生的罗兴亚人危机中,美国和中国对应用保护的责任的不同态度。其中相

---

① 卢静:《"保护的责任":国际关系新规范》,《当代世界》2013年第2期,第46—48页。
② 顾炜:《"保护的责任":俄罗斯的立场》,《国际政治研究》2014年第3期,第50—60页。
③ 陈拯:《规范阻滞及其策略》,《世界经济与政治》2019年第6期,第65—90页。
④ 贾庆国主编:《保护的责任:全球治理》,北京大学出版社2014版。
⑤ 王琼:《国际法准则与"保护的责任"》,《西亚非洲》2014年第2期,第95—113页。
⑥ 刘毅:《"保护的责任"可能产生的道德风险及其规制》,《国际问题研究》2013年第6期,第122—133页。
⑦ 邱美荣,周清:《"保护的责任":冷战后西方人道主义介入的理论研究》,《欧洲研究》2012年第2期,第122—138页。

较于美国和西方国家强调采取非军事干预手段和国际刑事法院的作用,中国的态度更为谨慎,强调当事国的主体地位和安理会的权威,建设性地介入了罗兴亚人危机。① 许婉贞从规范推广的视角出发,探讨了保护的责任在东盟地区的本土化过程以及东盟国家对该规范的选择性应用。她指出,保护的责任与东盟自身规范之间构成了一种独立且平行的关系,而非必然的联系。这种关系导致东盟在追求效用最大化方面缺乏足够的动力。因此,在应对2008年"纳尔吉斯"风灾和2012年罗兴亚难民危机时,东盟对保护的责任的应用展现出了显著的差异性。②

最后,保护的责任与人权、人道主义干预的研究。一部分学者主张保护的责任不同于人道主义干预。黄超《框定战略与"保护的责任"规范扩散的动力》指出,从人道主义干预到保护的责任的重新框定是推动保护的责任规范扩散的重要因素。③ 邱昌情的博士学位论文《"保护的责任"与国际人权规范建构》是在人权规范建构的框架下讨论保护的责任,认为人道主义干预使人权保护异化,但保护的责任重新使得人权保护规范化。④ 汪舒明也指出,保护的责任不同于"人道主义干预"。它包含了国际社会约束西方强权干涉因素的努力,一定程度上体现了主权与强权、西方国家与非西方国家之间的妥协。⑤

但也有学者认为两者本质相同,都是西方国家干涉他国内政的工具。陈小鼎和王亚琪认为,"干涉的权利"和"保护的责任"是以美国为首的西方国家构建出来的两套干涉话语体系,以强化人道主义干涉的

---

① 祝湘辉,《"保护的责任"中的非军事干预新模式》,《南亚研究》,2019年第1期第117—149页。
② 宋婉贞:《规范争论与东盟对"保护的责任"的不同应对》,《东南亚研究》2020年第6期,第71—92页。
③ 黄超:《框定战略与"保护的责任"规范扩散的动力》,《世界经济与政治》2012年第9期,第59—72页。
④ 邱昌情:《"保护的责任"与国际人权规范建构》,复旦大学博士论文,2014年。
⑤ 汪舒明:《"保护的责任"和中国的选择》,《国际论坛》2014年第6期,第36—40页。

合法性与正义性,对现有国际秩序造成冲击。① 虽然提出保护的责任的初衷是解决国内人道主义灾难问题,但在实践中它十分容易沦落为发达国家干涉他国内政的工具。曲星指出,因其宽泛的理论解释空间,保护的责任极易被滥用,冷战后西方国家发动的几次干涉主义战争的后果都背离了保护的责任的初衷。② 因此,在联合国安理会涉及叙利亚的投票中,中国行使否决权实质上是为了保护阿拉伯国家成为干涉主义战争的牺牲品。③ 付海娜与姜恒昆指出,保护的责任试图在人权与主权之间架起桥梁,但国际社会复杂交织的利益往往会阻碍其执行。④

三、本文创新

虽然已有文献对保护的责任的概念、规范化地位与人权、人道主义干预的关系等都进行了相关的研究,但在理论和现实的双重维度中,该领域仍有许多问题没有解决。在此领域的研究仍有可突破之处,进一步的研究对解决诸如大规模暴力、难民、流离失所者等问题也具有现实意义。

首先,上述支持保护的责任是人道主义干预的"质的突破"的观点,他们的论证是基于主权概念的重新框定。他们指出在人道主义干预的话语中,主权是一种权利,而在保护的责任的话语中,主权则是一种责任。这种论证没有看到人道主义干预与保护的责任在本质理念上的一致性,因而做出了错误的判断。此外,在该领域,部分学者显然提升了

---

① 陈小鼎,王亚琪:《从"干涉的权利"到"保护的责任":话语权视角下的西方人道主义干涉》,《当代亚太》2014 年第 3 期,第 97—119 页。
② 曲星:《联合国宪章、保护的责任与叙利亚问题》,《国际问题研究》2012 年第 2 期,第 6—18 页。
③ 曲星:《联合国宪章、保护的责任与叙利亚问题》,《国际问题研究》2012 年第 2 期,第 6—18 页。
④ 付海娜,姜恒昆:《保护的责任与国家主权的实质:兼论达尔富尔冲突及其出路》,《国际关系学院学报》2012 年第 2 期,第 99—107 页。

保护的责任在国际法上的地位,认为保护的责任已然成为规范。① 但事实并非如此,对保护的责任的正确定位是"正在形成的规范(emerging norm)"。而根据规范理论,规范从出现到最终形成并非是不可逆的线性过程,②保护的责任最终是否能够形成规范仍具有不确定性。因而,他们对保护的责任的发展以及它对实践的指导作用过于乐观。

其次,主张"新瓶装旧酒"的观点虽然触及到了两者的相同之处,但其一,他们对这种相同的论述并不全面,已有的论述基本上都是看到了保护的责任的最困难之处在于执行,而这与人道主义干预是一致的,据此他们得出结论,指出保护的责任与人道主义干预在本质上具有一致性。其二,虽然他们看到了一致性,但是却没有解释一个至关重要的问题,即如果二者具有本质的一致性,为什么相较于人道主义干预,保护的责任更容易被国际社会接受?③

围绕保护的责任这一主题,国内的研究已经取得了一系列佳作,但同时也存在一些可以进一步拓展研究的空间,体现为:首先,关于保护的责任这一概念,其界定上的模糊性确实是一个值得深入探讨的问题。自2005年世界首脑会议成果文件正式提出以来,保护的责任经历了一个从理论探讨到实践应用的逐步保守化发展趋势。尽管该原则的权威定义已在上述文件中明确,但学术界与实务界仍不乏学者继续围绕干预和国家主权国际委员会报告中的定义展开讨论,并将保护的责任与人道主义干预、负责任的保护等其他相关概念进行比较分析。其次,对于保护的责任的规范地位,目前仍存在界定不清的情况。许多文章在未加深入探究的情况下,便理所当然地认为保护的责任或人道主义干

---

① 李丽,沈丁立:《保护的责任与人道主义干预的异同》,《国际关系研究》2016年第6期,第122—137页。
② 玛莎·芬尼莫尔,凯瑟琳·斯金克:《国际规范的动力与政治变革》载于[美]彼得·卡赞斯坦,罗伯特·基欧汗,斯蒂芬·克拉斯纳编:《世界政治理论的探索与争鸣》,秦亚青等译,上海人民出版社2006版,第295—332页。
③ 李丽,沈丁立:《保护的责任与人道主义干预的异同》,《国际关系研究》2016年第6期,第122—137页。

预已经成为国际规范,并在此基础上展开讨论。再次,没有清晰地讨论人道主义干预与保护的责任的关系。国际社会接受与怀疑保护的责任均需要在它与人道主义干预关系的背景下进行讨论。目前仍有学者简单地将保护的责任与人道主义干预对立,认为前者意味着人权保护的规范化与胜利,这显然忽略了保护的责任与人道主义干预的本质一致性。实质上,无法厘清保护的责任与人道主义干预关系的原因之一是,保护的责任的规范定位和国际社会对它的接受程度无法被清楚地识别。最后,缺少清楚澄清与分析国际社会对保护的责任不同立场的文章。

本书立足于前人研究,同时力图有所突破,创新之处在于:(1)详细地阐述保护的责任的概念、保守化发展趋势与规范地位。已有的研究认为保护的责任的一个创新之处在于将"干预的权利"框定为"干预的责任"。但本研究通过梳理主权的哲学起源与发展演变指出,保护的责任并没有实现对主权的革命性重构与创新,在对主权的阐述中,主权一直包括责任的维度,尤其是契约论传统对主权的论述。① 保护的责任只是重新发现和凸显主权的责任维度。② 当前学界的部分研究对保护的责任的概念与规范地位存在误解,针对此本研究也通过追踪、对比分析保护的责任的重要文件,指出保护的责任的概念经历了一个保守化的发展过程。这一发展过程的不足在于最初被提出的保护的责任概念的许多要旨被抛弃,例如 ICISS 报告提出绕过安理会,通过"团结一致以策和平"的渠道做出决策等,但取得的最大成果是获得国际社会的共识,并被写入 2005 年的世界首脑会议成果文件。通过清晰描述、分析与批判保护的责任在不同时期的发展,本研究澄清了保护的责任的概念与规范地位。

---

① 可参见:[英]霍布斯:《利维坦》,黎思复、黎廷弼译,商务印书馆 1985 年版;[法]卢梭:《社会契约论》,商务印书馆 2010 年版。
② 对负责任主权的理论缘起与演化脉络的详细分析可参见:毛维准、卜永光:《负责任主权:理论缘起、演化脉络与争议挑战》,《国际安全研究》2014 年第 2 期,第 42—63 页。

（2）中外研究均未曾充分探讨的领域是：对国际社会关于保护的责任所持立场的全面介绍与分析。现有研究往往侧重于特定国家和区域，且主要停留在对各方立场和态度的描述层面。为弥补这一不足，本研究构建了一个独特的分析框架，并在该框架下对各国和区域的立场进行解释性分析。本书的研究的分析框架特别关注规范因素、干预的可能性以及被干预的可能性这三个核心方面。进一步地，本书从干预的可能性和被干预的可能性进行了细致的分层探讨。具体而言，本研究选定的核心变量包括：影响干预可能性的因素——国家的海外利益及其受消极外部性影响的程度；以及影响被干预可能性的因素——国家的综合实力与国内政治分裂的程度。

（3）借鉴其他学科的思想以深入研究保护的责任与人道主义干预的关系。本书的核心问题是解释保护的责任是否实现了对人道主义干预的质的突破。在探讨这一问题的过程中，与既定研究的不同之处在于，本书不仅关注实践层面的一致性，还深入探究了其背后的理念支撑。本书在理论上的突破是，在解释二者一致性的同时，本书借鉴了政治哲学的思想，指出二者背后的支撑理念均为世界主义。在回答为何人道主义干预走向异化时，本书借鉴社会学的"污名"理论，以人道主义干预的"污名化"为解释原因之一。在回答为何国际社会围绕保护的责任能够达成初步共识时，本书借鉴社会学的框定理论指出，对相同社会现象或问题的诠释、阐述与呈现方式会影响到人们的认知，继而可能影响到政策制定。

（4）将保护的责任剖析开来，分析保护的责任三个支柱与既定国际规范的关系，以回答为何保护的责任能够获得国际社会的基本共识。本书的核心主张是人道主义干预和保护的责任具有本质一致性。虽然已有研究指出两者的本质一致，但是他们并没有回答的关键问题是，为何在具有这种本质一致性的前提下，只有保护的责任被联合国安理会的相关决议纳入其中。在回答这一问题时，本书的创新点是将保护的责任作为一个概念剖析开来，指出虽然保护的责任的支柱三与人道主义干预具有本质的一致性，但是通过重新框定，支柱一与支柱二能够将自身嵌入既定的国际法与国际规范中，获得国际社会的基本认可。相较于人道主义干预，这是保护的责任的进步之处，也是为何虽然两个概念本质一致，但保护的责任却仍然可以激起学界的研究和讨论。

(5) 研究方法的创新。除了上述跨学科的理论借鉴与融合，研究方法创新也表现在定量分析法的运用上。本书的多处论证都力图做到有数据支撑，例如在第一章以现实的发展情况解释当前新形势下的干预必要性时，借鉴了"战争相关计划（Correlates of War，COW）"数据库，并对数据库进行整理与分析，从数据中得出结论以支撑本研究的论点，即冷战后国内人道主义灾难对主权形成了强烈挑战。应对国内人道主义灾难被摆在议事日程的突出位置，因而现实的发展情况需要寻找一个能够解决问题的中庸之道。第五章第一节在以全样本分析证明国内人道主义灾难程度并不能成为安理会授权的充分甚至必要条件时，综合了既定的数据库，包括 PITF（Political Instability Task Force）、FDP（Forced Displaced People）、联合国难民署（UNHCR）以及《国际安全研究开源大数据·全球难民统计（2009—2014）》，同时通过文本阅读和查找互联网资料补充了现有数据库缺失年限的数据。

第三节 研 究 方 法

本书的研究采用定性与定量相结合的方法。全书以定性分析方法为主，体现为案例的过程追踪与求同求异并用，跨学科的理论借鉴和话语分析的方法。首先，案例的过程追踪与求同求异并用：采用数据库进行全样本分析虽然可以揭示出相关变量之间的相关关系，但却无法给出具体的解释机制与确定因果关系。这可以通过过程追踪与求同求异并用的方法予以弥补。本书第五章的案例分析不仅通过全样本分析，也通过详细比较利比亚与叙利亚两个案例，说明大规模人道主义灾难是否可以促成安理会通过强制性干预的决定，从而论证保护的责任在实践中是否可以突破人道主义干预的局限性。相较于利比亚，叙利亚国内的人道主义灾难有过之而无不及，且通过难民外逃和恐怖主义事件，叙利亚冲突给世界的和平与安全带来了更严重的威胁。在利比亚危机中，安理会通过了设立"禁飞区"的1973号决议，但在叙利亚冲突中，安理会却无法立刻通过强制性决议。两个案例之间的对比分析既可以揭示人道主义灾难程度与安理会做出强制性干预决议的关系，又可以分析出真正促使安理会通过强制性决议的影响因素。

其次，鉴于人道主义干预和保护的责任不仅涉及政治层面，还深嵌于法律领域，本书的研究特此立足于跨学科的视角进行深入探讨。关于主权和人权之争，保护的责任与既定国际规范的关系，本书参考和借鉴了政治学和国际法的大量文献。就人道主义干预与保护的责任背后的支撑理念——世界主义，本文借鉴了政治哲学方面的大量文献。此外，本书的一些理论基础，例如框定理论、污名理论都是从社会学领域借鉴而来的。

最后，话语分析方法的研究重点是"对超句结构、对使用中的语言（话语）的功能、变异及其使用情境予以分析，目的在于找出带有相似语境的话语系列并确定其分布规律"。① 本书使用话语分析的方法澄清了人道主义干预的原有含义，以及异化后的新干涉主义。针对国际社会关键行为体对保护的责任的立场，本书给出了统一的解释框架。在检验这一解释框架时，本文也使用话语分析归纳和总结了国际社会关键行为体的立场。

定量的方法体现在对案例的归纳总结。在解释当前形势下干预的必要性时，本书第一章给出的原因是国家内部人道主义灾难的凸显。为证明冷战后相较于国家间战争，在频率与程度上，国家内部冲突都占据主导，本书根据"战争相关计划（The Correlates of War Project, COW）"数据库对案例进行归纳总结。在通过全样本分析验证保护的责任与人道主义干预在实践层面具有本质一致性时，即仅凭人道主义

---

① 胡春阳：《传播研究的话语分析理论述评》，《西南大学学报》2007年第5期，第152—155页。

灾难的严重程度本身,并不足以促使安全理事会采取强制性干预行动,第五章第一节利用了既定的数据库,PITF(Political Instability Task Force)、FDP(Forced Displaced People)、联合国难民署的(UNHCR)以及《国际安全研究开源大数据·全球难民统计(2009—2014)》,同时通过文本阅读和互联网资料,补充现有数据库缺失年限的数据。全样本观察与分析可以找出变量之间的关系并得出结论。归纳方法的一个最大好处在于它避免了案例的选择偏见,即只选择符合本研究立场的案例,而忽略不支持自己结论的案例。此外,全样本分析还可以确保通过案例所得结论的可靠性。

第四节 理论基础与技术路线

一、理论基础

(一) 世界主义与社会身份理论

本书的核心理论框架紧密围绕世界主义与社会身份理论展开,两者相互交织,共同揭示了社会身份构建中,自我与他者界限对世界主义理念影响的局限与不足。世界主义作为一种道德哲学,倡导的是一种超越国界与族群界限的道德忠诚,其核心并非是对抽象人类共同体的盲从,而是对每一个具体个体的尊重与关怀,无论他们是亲密的朋友、素未谋面的陌生人,还是敌对的对方。这一理念鼓励人们在实践中,不仅要对同胞展现人性、正义与宽容,更需将这份情怀拓展至更为广泛的社会群体中,包括陌生人、潜在敌人、不同信仰的个体。在世界主义的视阈下,共同人性构成了构建国内秩序、国际关系乃至全球治理体系的基石。国家主权与不干预原则虽为国际法的基石,但其正当性根源于对人权的尊重与保护。一旦国家成为侵犯其国民人权的源头,世界主义便质疑其继续享有主权的合理性,并主张国际社会有权介入并纠正此类行为。① 进一步地,人道主义干预与保护的责任框架下的支柱三原则,均体现了国际社会在特定情境下超越国家主权界限,为处于人道危机中的陌生人提供必要援助的迫切需求。这些原则不仅要求国际社会,尤其是民族国家,采取积极行动以阻止主权国家内部的人权侵犯,更在发生大规模人道主义灾难时,通过包括强制性手段在内的适当措施,为无辜平民提供及时有效的保护。这一过程,实质上是世界主义理念的一次生动践行,它彰显了国际社会在应对全球性问题时所展现出的道德勇气与责任担当。② 这说明了人道主义干预与保护的责任的本质理念具有一致性。

然而,世界主义理念存在的局限性导致保护的责任难以实现根本性突破,同时,保护的责任与人道主义干预都未能触及问题的根本。这个根本问题在于,当主权国家内部发生大规模人道主义灾难时,国际社会是否应该以及如何以强制性干预行动来进行平民保护。以集体身份构建理论中的自我与他者的区分为切入点,可以透视世界主义理念的缺陷。根据该理论,社会身份主要由归类(categorization)、认同(categorization)和比较(comparison)三个核心要素构成。归类是指对人进行分类的过程,通过这一过程,个体被赋予特定的标签。认同则是个体将自己与某个特定团体相联系的过程,其中,人们认同的团体被称为内团体(ingroups),而相对不认同的团体则被称为外团体(outgroups)。比较则涉及将自己所在的内团体与其他外团体进行对比,这种对比往往导致一种倾向于自己团体的有利偏见。③ 集体身份构建理论指出在"自我"的形成过程中,暗含着一个"他者"的存在,但世界

---

① Catherine Lu. Macmillan P, *Just and Unjust Interventions in World Politics*, London: Palgrave Macmillan, 2011.
② 张旗:《道德的迷思与人道主义干预的异化》,《国际政治科学》2014 年第 3 期,第 61—73 页。
③ Yan Chen Y, Sherry Xin Li, "Group Identity and Social Preferences", *American Economic Review*, vol.99, no.1(2009), pp.431-457.

主义扭曲了现实中自我与他者的构建与区分。世界主义以人类共同体为单位,以共同人性为纽带,通过理性建立起人类共同体。在此共同体内,每个人对陌生人都背负着拯救的道德义务与责任,因而,他者被纳入和消融进自我之中,国家的边界消解在违反人权的灾难之中。世界主义理念是建立起一个人性共同体,但问题在于现实中自我的构建并不是以人类共同体为单位,而是以国家为单位。通过归类的过程,个体被嵌入到国家之中,忠诚的对象并非是人类共同体,而是自己的国家。通过社会比较的过程,个体将本国与他国相区分。

(二)"污名"理论与框定理论

本书试图回答的核心问题之一:既然保护的责任与人道主义干预具有本质一致性,为何要进行以及如何进行重新框定。对此问题的回答,本研究首先以"污名"理论解释为何需要重新框定,原因之一是人道主义干预被打上"污名"。人道主义干预被"污名化"主要源于冷战后西方国家追求颠覆政权的干预实践。

在回答保护的责任与人道主义干预具有本质一致性的前提下,为何只有保护的责任可以被国际社会接受时,本书的研究借鉴框定理论予以分析。尽管已有研究将框定理论用至保护的责任的研究中,但本书采用的视角不同。例如黄超的《框定战略与"保护的责任":规范扩散的动力》主张,重新框定是将国际社会的焦点从干预者转向干预对象。通过将主权重构为蕴含责任的概念,国际社会可以化解主权与人权、干预者权力与受保护者权利相冲突的困境,从而推动保护的责任的规范在全球的扩散。① 本书认为,不仅新规范在区域的引入需要与既有的主导规范保持一致,国际社会新规范的产生也需要与既有规范相协调,完全突破、摒弃既有规范会导致新规范在形成之初难以获得合法性。因而,重新框定保护的责任的核心是在保护的责任与既定国际规范之间

---

① 黄超:《框定战略与"保护的责任"规范扩散的动力》,《世界经济与政治》2012年第9期,第59—72页。

建立联系。

(三) 规范理论

由于目前学术界关于保护的责任的大部分研究都以规范理论作为理论基础,因而,本研究并没有以规范理论为主要的理论核心,对它的使用只是零散地穿插在全书之中。在分析保护的责任的规范地位时,本研究借鉴了芬尼莫尔与斯金克的规范理论,指出保护的责任仍然是一个概念,尚不足以成为国际规范,也没有成为国际法。规范的最终形成需要经历三个阶段,即兴起、扩散与内化。规范形成的三个阶段可能随时被打破,并不能确保这一过程一定能够完成。保护的责任的发展仅至扩散阶段,其规范形成之路漫长且充满变数,能否最终成为国际规范尚不确定。[①] 为了重新框定保护的责任,人们需要协调它与既定主导规范之间的关系。为何必须要协调这两者的关系?本书从阿查亚的规范理论扩散中获得洞见。阿查亚关注国际规范在区域的内化,而本书获得的洞见则是:如同国际规范在区域的内化,新规范的产生并非是发生在规范真空的环境之下。[②] 如果能够在既定的国际规范中找到来源或基础,新的规范往往更容易被接受,反之亦然。因而,对保护的责任的重新框定强调了它在既有国际规范中的基础与来源,尤其是保护的责任的支柱一、支柱二,与保护的责任适用的四种罪行。

(四) 主权与人权理论

除了上述的主要理论基础,本书在分析人道主义干预和保护的责任的定义、历史发展脉络等时,还涉及到主权理论与人权理论。本书着重强调追究主权概念的哲学起源,结论虽然是主权意味着最高与独立,

---

[①] 玛莎·芬尼莫尔,凯瑟琳·斯金克:《国际规范的动力与政治变革》载于[美]彼得·卡赞斯坦,罗伯特·基欧汗,斯蒂芬·克拉斯纳编:《世界政治理论的探索与争鸣》,秦亚青等译,上海人民出版社 2006 年版,第 295—332 页。

[②] Amitav Acharya, *Whose Ideas Matter? Agency and Power in Asian Regionalism*, New York: Cormell University Press, 2011.

但它却并不意味着不受制约。究其根本,主权应受到其所服务的目的的制约。这种目的是保护生活在其下的人民,包括他们的生命权、财产权等。从概念的起源与演变中可见,认为"主权作为一种责任"或保护的责任概念是主权的革命性重构的主张并不十分正确。主权中原本就蕴含着责任,只是在实践中,主权的责任维度被淹没或扭曲,如今又被重新发现。

二、技术路线

本书以五章来回答与解释核心问题,即(1)西方干预话语为何会从人道主义干预演变成保护的责任?(2)保护的责任与人道主义干预是否在本质上具有一致性?如果具有本质一致性,为何保护的责任能被写入安理会与联合国相关决议?(3)保护的责任与人道主义干预的本质一致性体现在什么方面?(4)为何针对人道主义干预,保护的责任始终无法实现质的突破?(5)从实践维度来看,现实中的案例,尤其是利比亚与叙利亚危机是否能够支撑二者在本质上具有一致性的论点?

鉴于人道主义干预与保护的责任是本书的两个核心概念,前两章主要澄清这两个概念,和解释西方干预话语为何会从人道主义干预走向保护的责任。第一章第一节首先综述人道主义干预的定义,指出围绕此概念,国际社会存在的共识与分歧。通过定义可见,人道主义干预的原意蕴含一种积极的道德和伦理理念,这种理念是基于对人之为人的尊重和保护。然而,人道主义干预概念内含主权规范与人权规范的张力关系。未能对此困境做出恰当的处理使人道主义干预被部分国家的实践异化,打上"污名",演变为新干涉主义。对以主权国家为基础的国际秩序的和平与稳定而言,新干涉主义具有破坏作用,是部分国家对外追求自身利益和颠覆他国政权的工具,激起了国际社会的谴责与批评。

尽管人道主义干预发生了异化,但它试图解决的核心问题——即国际社会如何有效应对一些国家内部爆发的大规模人道主义灾难——

在冷战结束后不仅没有得到缓解,反而因为国内冲突成为冲突的主要表现形式而变得更加突出和紧迫。一方面,国内冲突往往伴随着严重的人道主义灾难,对民众的生命和财产安全构成巨大威胁;另一方面,冷战后经济全球化的加速和全球问题的涌现,挑战了传统的绝对主权观念,使得主权概念开始松动,为国际社会介入国内人道主义灾难提供了新的可能性和空间。因此,以新的形式和理念解决国内人道主义灾难问题显得尤为必要。在此背景下,保护的责任理念应运而生,它以更加积极、正面的姿态出现在国际舞台上,旨在更有效地应对和缓解人道主义灾难。

然而,自被提出以后,保护的责任经历了保守化的发展历程。第二章首先讨论保护的责任提出的理念和实践背景,尤其是在主权的历史哲学起源与发展脉络中进行讨论。其次,指出保护的责任的保守化发展趋势与最新的定位。在论述保护的责任的发展趋势中,同时澄清概念的定义、规范地位等。获取国际社会广泛共识,是保护的责任的保守化发展模式的一个核心驱动力。最后澄清在保护的责任概念诞生后,国际社会对它的批判。国际社会对保护的责任的态度分歧集中表现在支柱三上。它们的分歧主要源于保护的责任的内涵矛盾。这使保护的责任虽然被安理会和联合国的相关决议纳入其中,但仍然被国际社会诟病,尤其是在利比亚危机之后,国际社会对保护的责任的态度分为两派:一派力图继续推进保护的责任的规范化进程;另一派则提出了替代性的概念,试图取代保护的责任。

保护的责任的概念的矛盾性与对它的批评,根源于它与人道主义干预的关系,即"新瓶装旧酒"。本书第三章就回答人道主义干预与保护的责任之间到底关系如何。第一节分析保护的责任的"新瓶"的维度,即保护的责任与人道主义干预的差异。两个概念的差异体现为:首先,虽然保护的责任的支柱一和支柱二在既定国际法中已有所体现,但由于其涵盖三个支柱,从概念所触及的问题范围来看,保护的责任相较于人道主义干预更为广泛和深入;其次,保护的责任将人道主义干预应对的大规模人道主义灾难具体化为四种罪行;最后,人道主义干预保留了绕过安理会进行干预的可能性,而保护的责任则将安理会的授权视作干预的必要条件。保护的责任以"新瓶"的形式出现,将自己嵌入既定的国际规范之中,能够为安理会与联合国的相关决议所囊括。

虽然保护的责任嵌入国际规范可以使自身获得合法性,从而相较于人道主义干预,更容易被国际社会接受,但这恰好说明了保护的责任创新的有限性。保护的责任与人道主义干预的差异主要是形式上的,两个概念在本质上具有一致性。第三章第二节和第三节将从理念与实践两个层面分析和澄清人道主义干预与保护的责任支柱三的本质一致性。从实践维度而言,二者都试图在解决国内大规模人道主义灾难的议题中,填补既有的规范缺失,确立自己的规范地位。在二者规范化的进程中,它们都需要妥善平衡主权与人权之间的复杂关系。由于人道主义干预和保护的责任支柱三都没有妥善解决此问题,所以它们没有成为法律和规范义务,而是演变为道德义务。在执行这种道德义务的过程中,人道主义干预和保护的责任面临两个根本障碍,即干预主体的私利导向与干预意愿的不足。从理念维度而言,之所以人道主义干预和保护的责任支柱三未能妥善解决人权与主权的关系,演变为道德义务,源于两个概念背后支撑理念的一致性。两个概念背后都是世界主义的理念,即一种伦理和道德的理念,该理念假设了一个以人为单位的共同体的存在。世界主义对主权边界的超越与现实世界中以主权国家为主要行为体构建而成的国际秩序相冲突。因而,人道主义干预与保护的责任支柱三的规范化会违背现有的国际秩序,两个概念的规范化进程道阻且长。

第四章将回答为什么相较于人道主义干预,保护的责任仍然无法实现质的突破。第一节将追溯到二者的本质理念,指出世界主义的理念与现实世界中以主权国家为基础所构建的国际秩序具有冲突,世界主义的理念无法突破国家边界的限制,也无法直接获得来自个体的忠诚。第二节将通过国际法与国际政治的鸿沟说明保护的责任无法实现突破的原因。《联合国宪章》内含许多缺陷,最主要体现为主权与人权的争端。实践中的方法是按照《联合国宪章》第七章的框架处理这一争端,即审视人道主义灾难是否对地区或国际和平与安全构成威胁。这一折衷方法虽然加强了联合国对冷战后一些主权国家内部人道主义危机的应对措施,但同时也呈现与加剧了国际法与国际政治的鸿沟,反映到现实的干预案例中就是合法性与合理性可能出现脱节。第三节从国际政治的现实状况出发,构建了一个框架来解释不同国家对保护的责任这一概念所展现的复杂态度。通过分析发现,该理念在推进过程中缺乏某些关键行为体的坚定支持,因此难以达到推动其广泛接受和实施的"倾覆点(tipping point)"。这导致保护的责任的规范化进程充满了曲折与挑战,最终仍有可能回到人道主义干预的旧路上。

第五章以案例研究论证人道主义干预与保护的责任的本质一致性。人道主义干预和保护的责任均试图根据国内人道主义灾难程度本身确保国际社会承担义务。然而,现实中的案例却说明人道主义灾难程度本身并不能成为国际社会干预的充分甚至必要条件。第一节是全样本分析,对冷战后国内人道主义灾难的案例进行分析,探讨国内人道主义灾难程度与国际干预,尤其是经由安理会授权的强制性干预之间的关系。第二节与第三节对比分析利比亚与叙利亚的正负面案例,通过过程追踪和解释机制,再次揭示国内大规模人道主义灾难程度和国际干预的关系,从而说明仅凭保护的责任与人道主义干预,国际社会无法根本解决国内大规模人道主义灾难中的平民保护问题。

在全书厘清了西方干预话语的演变,解释了话语变迁的缘由,并批判了干预话语如何变迁,最终在实践中难以跳出旧的窠臼后,最后一章的结论部分站在前人的肩膀上,尝试就西方干预话语的变迁与内在困境对我国外交的启发阐明自己的观点。

第一章　人道主义干预及其异化

1999年,北约以"捍卫人权超越国家主权"之名,绕开联合国安理会的授权,对南斯拉夫采取了军事行动,此举如同一块巨石投入平静的湖面,激起了国际社会对人道主义干预原则的深刻质疑与广泛谴责。一方面,严厉的批评声指出,人道主义干预已成为某些西方国家追求自身地缘政治利益,甚至颠覆他国政权的隐蔽手段;另一方面,以美国为首的西方国家内部也不乏为其辩护的声音,强调在极端情况下,人道主义干预对于制止国内人道主义灾难、拯救无辜平民生命的重要性。在此背景下,本章旨在深入探讨人道主义干预的核心理念、其面临的异化挑战以及国际社会对此的多元反应,进而为理解保护的责任这一新兴概念提供必要的背景与视角。

第一节　人道主义干预的概念与困境

人道主义干预的界定问题历来纷繁复杂且充满争议,其核心在于缺乏一个普遍认可的明确界限。由于该概念内在地蕴含了规范性假定,不同价值观之间的冲突导致了对"人道主义"理解的多样性。同时,主权与不干预原则和人道主义责任之间的张力,以及干涉手段本身的多样性,进一步加剧了界定的难度。然而,明确界定人道主义干预对于评估其行为的合法性、正当性及有效性具有至关重要的意义。历史上,人道主义干预与正义战争的理念紧密相通,强调基于自然法与国际法原则的正义行动。当前,尽管国际法学界与国际政治学者不断尝试通过构建理论框架、设定判断标准等方式来界定人道主义干预,但至今仍未形成统一共识。这一现象深刻反映了国际社会在平衡国家主权与人道主义责任之间所面临的复杂挑战与持续探索。

一、人道主义干预概念:共识与分歧

从理论和实践来说,人道主义干预都不是国际政治中的一个新现象。从理论上看,人道主义干预的概念可以向前追溯到中世纪,它在当时与正义战争理念直接相关。从实践上来看,国际政治学者,例如玛莎·芬尼莫尔①与彼得·希尔波德(Peter Hilpold)②认为,1821年英法俄以保护土耳其境内的基督徒免受宗教迫害为由,对希腊独立战争(1821—1830)的干预是人道主义干预的首例。希腊独立战争体现出来的诸多元素也被作为衡量人道主义干预的指征。对希腊的干预为19世纪的一系列干预行动指明了方向。在该案例中,推动干预的因素或许甚多,人道主义原因只居其一,但在此案例中具有突破性的结果是人道主义受到承认,成为干预的一个可能性原因,从而推动了概念的进一步发展。与干预希腊独立战争相比,英法于1860和1861年对黎巴嫩的干预表现出更为纯粹的人道主义动机。在他们看来,在这次干预中,尽管干预国家会追求一己私利,但相较于人道主义意图和动机,个别国家的私利居于附属地位。③ 因而,在一些文献中,这一实践被看作

---

① Martha Finnemore, *The Purpose of Intervention: Changing Beliefs about the Use of Force*, New York: Cornell University Press, 2003.
② Peter Hilpold, "R2P and Humanitarian Intervention in a Historical Perspective", in Peter Hilpold ed., *Responsibility to Protect: A New Paradigm of International Law*, Leiden: Brill Nijhoff, 2015, pp.60-122.
③ Peter Hilpold, "R2P and Humanitarian Intervention in a Historical Perspective", in Peter Hilpold ed., *Responsibility to Protect: A New Paradigm of International Law*, Leiden: Brill Nijhoff, 2015, pp.60-122.

是现代意义上第一次真正的人道主义干预。

尽管学者们偏向追溯过往人道主义干预的概念,认为19世纪的系列干预行为已经是公认的人道主义干预实践,然而,对概念的界定却困难重重。这源于:首先,缺乏对概念内容与行动界限的明确限定。人道主义干预的术语通常被用来指涉一系列的国际行动,从人道主义援助的发放到实践中任何形式的军事干预,且不论采取这些行动是否出于应对严重的人道主义危机的动机。[1] 其次,任何对它的定义都内含规范性的假定,"干涉作为一个非常容易令人引起混淆的概念,部分原因在于,它既是一个描述性概念,同时也是一个规范性的概念。它不仅描述正在发生的事情,也做出价值判断"。[2] 而在涉及到价值判断的问题上,鉴于价值观难以用一把标尺衡量,且无法准确判定对错,对人道主义干预的界定也会沾染上已有的价值观,难以达成一致。再次,一方面联合国大多数成员国不接受人道主义干预的概念,而是秉持"主权"与"不干预"原则是国家间交往的基石性原则;另一方面,人们日益相信,国际共同体有义务保护人民免于大规模暴行和屠杀,人道主义干预陷入一个两难困境中。[3] 最后,不仅对干涉的界定容易涉及政治与道德判断,而且由于干涉手段的多样性,学者无法给出一个统一的标准,只能宽泛地将其界定为对他国事务的干预。当然学者们指出,从狭义上界定干涉,可以将其仅仅局限为军事强制手段的使用。

尽管关于人道主义干预的界定莫衷一是,但清晰界定人道主义干预非常重要,尤其是当人们需要对人道主义干预的行为进行评估和判

---

[1] James Pattison, *Humanitarian Intervention and the Responsibility to Protect: Who Should Intervene?*, Oxford: Oxford University Press, 2010, p.24.
[2] [美]小约瑟夫·奈:《理解国际冲突:理论与历史》,张小明译,上海人民出版社2002年版,第224—225页。
[3] Dorota Gierycz, "From Humanitarian Intervention to Responsibility to Protect", *Criminal Justice Ethics*, vol.29, no.2(2010), pp.110-128.

断之时。① 作为一个历史概念,人道主义干预与正义战争的理念及传统相关。格劳修斯区分了正义战争与非正义战争。他指出,没有在严格的正义基础上所发起的战争为非正义战争,正义的原因(just cause)是基于自然法与国家之间的法律,主要为:(1)针对实际伤害或威胁,而并非对预期伤害的防御;(2)恢复法律上应当属于自己之物;(3)对犯错误国家实施惩罚。② 在《奥本海国际法》中,劳特派特对人道主义干预进行了界定:"当一国国内存在着有组织地践踏基本人权的行为,而该国政府无力或不愿承担保障国内广大人民最基本的生存需要方面的应有责任时,国际社会未经该国同意所采取的针对该国政治权力机构(即该国政府或国内其他政治权力组织),旨在制止这类践踏人权行为和满足该国人民最基本生存需要的强制性干预行动。"③

国际政治的学者也尝试对人道主义干预进行界定。詹姆斯·帕蒂森(James Pattison)认为需要根据四个条件界定人道主义干预:(1)干预的活动:是军事性与强制性的,由于政府可能在外部压力等情形下发出邀请,所以强制干预未必一定是在没有当事国政府邀请的情形下进行的;(2)干预的情形:已经发生或即将发生的严重的人道主义灾难;(3)干预的主体:必须是跨越边界的外部行为体;(4)干预的动机:具有人道主义动机,干预的主要目的必须是预防、减少或终止实际的或即将发生的人道主义灾难。结合上述条件,帕蒂森认为人道主义干预是:外部行为体对相关的政治共同体采取的强制性军事行动,主要目的是预防、减少、终止正在进行或即将到来的严重

---

① Anthony F. Lang Jr, "Introduction: Humanitarian Intervention-Definitions and Debates", in Anthony F. Lang Jr ed., *Just Intervention*, Washington D. C.: Georgetown University Press, 2003, pp. 1-10.

② G. I. A. D. Draper, "Grotius' Place in the Development of Legal Ideas about War", in Hedley Bull Benedict Kingsbury, Adam Roberts eds., *Hugo Grotius and International Relations*, Oxford: Clarendon Press, 1990, pp. 177-207.

③ Robert Jennings, Arthur Watts eds., *Oppenheim's International Law* (9th Edition), London: Harlow Essex, 1992, pp. 430-432;刘波:《秩序与正义之间:国际社会人道主义干预问题研究》,中国社会出版社 2011 年版,第 31 页。

第一章 人道主义干预及其异化

的人身灾难或生命损失。①

比克胡·帕瑞克(Bhikhu Parekh)认为人道主义干预是"一种完全或主要受人性、怜悯或同情心指引的无私行为"。② 理查德·米勒(Richard Miller)将这一逻辑推到极致,认为人道主义干预是扩大的利他主义,一种自我牺牲的爱。③ 玛莎·芬尼莫尔给出的界定是,外国使用军事力量以控制目标国家的国内政治,且这种方式明显是违反主权的。④ 罗伊·艾利森(Roy Allison)认为,人道主义干预是军事干预的子集或分支,旨在保护国外公民的生命和福利。在人道主义干预中,为了自我利益的物质目标或改变另一个国家内部的政治平衡可能不是最重要的,重要的是对人、伦理原则与动机的关注,或至少存在支持这种干预的话语,但在实践中,很难说人道主义干预中不存在政治或物质目标。⑤ 萨卡·莫拉克瓦(Sarka Moravcova)认为,人道主义干预的基本属性是,在没有对象国同意的情形下保护其域内平民免于严重的灾难。这种行为不一定需要经过安理会授权,但必须被维持,否则无从谈及人道主义干预的规范。⑥

卢克·格兰维尔(Luke Glanville)认为,人道主义干预是,如果一国对其国民施以专制、持续性的虐待已超越主权权威的界限,那么(他国)

---

① James Pattison, *Humanitarian Intervention and the Responsibility to Protect: Who Should Intervene?*, Oxford: Oxford University Press, 2010, pp.25-28.
② Anthony F. Lang Jr ed., *Just Intervention*, Washington D. C.: Georgetown University Press, 2003, p.194.
③ Richard Miller, "Humanitarian Intervention, Altruism, and the Limits of Casuistry", *Journal of Religious Ethics*, vol.28, no.1(2000), pp.3-35.
④ Martha Finnemore, "Constructing Norms of Humanitarian Intervention", in Peter J. Katzenstein ed., *The Culture of National Security: Norms and Identity in World Politics*, New York: Columbia University Press, 1996, p.154.
⑤ Roy Allison, *Russia, the West and Military Intervention*, Oxford: Oxford University Press, 2013, pp.3-4.
⑥ Sarka Moravcova, "The Controversy over Humanitarian Intervention and Responsibility to Protect", *Perspectives*, vol.22, no.2(2014), pp.65-86.

就可以出于保护该国国民免受这种虐待的正当目的使用武力。① 布兰登·利特尔(Branden Little)指出,到目前为止,大部分关于干预的解释都强调领土征服、经济帝国主义或文化统治。干预意味着存在隐藏的、卑鄙的动机,旨在操纵其他国家的政府和人民,是权力政治的标志,表明强者可以为所欲为。强者的行动是对弱者尊严与人性的侵犯。然而,真正的人道主义关切是关心他者的福利,这是以国家为主体的对外干预的动机和主要原因。② 斯蒂芬·加勒特(Stephan A. Garret)认为,在正义的人道主义干预中,人道主义理由是推动结束人权虐待行动的重要依据之一。③ 然而,他没有说明该如何识别动机,以及忽略了国家可能以人道主义理由隐藏自私的利益。

朱锋认为,"'人道主义干涉'和一般国际干涉的不同之处在于,它强调干涉的理由不是干涉方的所谓'私利',而是一种对人的尊严、价值和人权的遵从,是从对人类良知和政治与社会价值观的坚定信仰出发的'普适主义'行动……'人道主义干涉'也常常被称为'人道主义救援'。而这样的'救援'既是人类社会生活的需要,也是人的基本价值使命"。④ 在《秩序与正义之间》中,刘波指出"人道主义干预是基于道德价值的考量,旨在实现人类的共同福利和维护最基本的人权价值。也就是说,如果某行为体的行为足以忤逆最低的价值底线(诸如生命权),国际社会有责任去维护国际秩序、实现国际正义,因而国际社会在保护最

---

① Luke Glanville, "Ellery Stowell and the Enduring Dilemmas of Humanitarian Intervention", *International Studies Review*, vol.13, no.2(2011), pp.241-258.
② Branden Little, "Humanitarian Intervention: A History ed. by Brendan Simms and D. J. B. Trim (review)", *Journal of World History*, vol.24, no.2(2013), pp.443-447.
③ Nicholas J. Wheeler, "Humanitarian Intervention After Kosovo: Emergent Norm, Moral Duty or the Coming Anarchy?", *International Affairs*, vol.77, no.1(2001), pp.113-128.
④ 朱锋:《"人道主义干涉":概念、问题与困境》,载于杨成绪:《新挑战:国际关系中的"人道主义干预"》,中国青年出版社 2001 年版,第 180 页。

基本人权的责任方面存在一种最低限度的连带一致性"。①

在干预的标准和时机等具体问题上,学者们的分歧更加明显。就干预的标准而言,有学者主张不应当为干预设立标准,标准应当因具体案例而异,但大部分学者都承袭并借鉴正义战争传统,就人道主义干预何时是合理的给出了标准。例如海伦·斯特西(Helen Stacy)以干预的三个门槛标准证明人道主义干预的合理性,即(1)人道主义危机必须是广泛存在和极端的,在危机中政府要么允许伤害的发生,要么自身是伤害发生的诱因;(2)干预必须获得受伤害的平民的同意;(3)国际干预要行善,至少要杜绝伤害。② 约翰·詹森科契克(John Janzekovic)也认为,对正在严重违反人权的政府,外部行为体进行的短期的军事干预在道德上是合理的。如果由于当事国的不妥协,非强制性干预失败或者注定失败,那么应当考虑军事干预的方法。③

在《拯救陌生人》中,尼古拉斯·惠勒(Nicholas Wheeler)提出四个关键性条件以判断干预是否为人道主义干预:(1)必须有严重的人道主义紧急情形,在其中人权虐待使所有人的道德良心都感到震惊;(2)应当首先穷尽人道主义干预所有可信的非暴力手段;(3)武力的使用必须是相称的;(4)必须有强烈的信仰,即干预能够产生积极的人道主义结果。④

在人道主义干预问题上,霍利泽格利弗(J. L. Holzgrefe)总结了不同思想流派的基本立场:功利主义学派认为,如果干预的后果增加了

---

① 刘波:《秩序与正义之间:国际社会人道主义干预问题研究》,中国社会出版社2011年版,第1页。
② Helen Stacy, "Humanitarian Intervention and Relational Sovereignty", in Steven P. Lee ed. *Intervention, Terrorism, and Torture: Contemporary Challenges to Just War Theory*, Berlin: Springer, 2007, pp.89-104.
③ John Janzekovic, *The Use of Force in Humanitarian Intervention: Morality and Practicalities*, Farnham: Ashgate Publishing, 2006.
④ Nicholas J. Wheeler, "Humanitarian Intervention After Kosovo: Emergent Norm, Moral Duty or the Coming Anarchy?", *International Affairs*, vol.77, no.1(2001), pp.113-128.

总体的福利,干预则是正义的;反之干预就是不正义的;自然法传统认为,由于共同的人性,人类具有特定的道德义务,包括人道主义干预;社会契约主义认为,道德规范的约束力源于人们的相互同意。这种相互同意并不是在真实情境下由真实的人所做出,而是在理想情境下由理想的人所做出的;社群主义者认为,只有规范符合特定共同体的信仰和实践,它才能产生道德约束力;法律实证主义认为,只有合法的规范才是正义的。①

由上述定义可见,就人道主义干预而言,学界在以下几个方面存在共识:(1)无论干预主体是第三国、国家集团、区域或国际组织,这种干预必须是跨越边界的行为;(2)干预的对象是即将发生或正在发生的大规模人道主义灾难;(3)干预主要或完全出于人道主义关切;(4)人道主义干预不一定需要获得当事国的同意;(5)干预的主要目的是保护当事国内部的平民。

大致而言,他们给出的定义在以下几个方面存在分歧:(1)是否需要获得安理会的授权;(2)在执行人道主义干预的手段上,大部分学者认为是军事干预,也有学者指出应当包括强制措施之外的一些非暴力措施;(3)在人道主义干预的动机方面,虽然学者们存在基本共识,但一点小的分歧是,利他主义动机是具有排他性的,还是可以和物质或政治动机相兼容;(4)虽然认为干预是针对即将发生或正在发生的大规模人道主义灾难,但对人道主义灾难的具体界定众说纷纭,有学者建议应当明确具体的犯罪类型,如保护的责任所适用的四种罪行,但大部分学者都没有指出应当如何界定人道主义灾难;(5)关于是否需要设定干预的门槛。一部分学者认为应当根据具体的灾难情形决定,但也有学者主张为了确保干预的及时与果断,应当建立标准,推动国际社会迈出干预的一步。

---

① J. L. Holzgrefe, "The Humanitarian Intervention Debate", in J. L. Holzgrefe, Robert O. Keohane eds., *Humanitarian Intervention: Ethical, Legal and Political Dilemmas*, Cambridge: Cambridge University Press, 2003, pp.15-52, p.18.

社会科学的概念蕴含一定的价值判断。上述关于人道主义干预的概念和应用的讨论表明,此概念在本质上或渊源上蕴含的是一种积极的道德和伦理信念。这种信念是基于对人之为人的尊重和保护。然而,在由主权国家构成的国际秩序中,人道主义干预试图通过干预的方式来实现人权保护蕴藏着规范困境。

二、人道主义干预的内在困境:主权-人权规范的张力

冷战结束后,作为规范的倡导国,西方国家试图推动人道主义干预的规范化,甚至有学者认为人道主义干预已经隶属于习惯性国际法。他们指出,尽管《联合国宪章》中没有人道主义干预,但国际法并不仅仅局限于条约。人道主义干预的权利可以在习惯性国际法中找到基础。[①]自《联合国宪章》签署以来,已有多起实际案例表明,国家为了维护人道主义原则而采取了干预行动,并据此为自身的干预行为进行正当性辩护。其中,西非经济共同体于1990年对利比里亚实施的干预行动,便是一个显著例证,该行动不仅彰显了人道主义救援的紧迫性,还赢得了国际社会的广泛认可与支持。然而,这种主张人道主义干预规范已经确立的观点言过其实。国家可能因为各种原因支持干预实践,包括权宜之计与政治考虑,除非国家对干预的支持伴随着法律信仰,即实践反映了一种新的法律规则,否则并不能说人道主义干预存在一个习惯性的法律基础。此外,中国、俄国、印度等对北约干预科索沃的反对案例驳斥了人道主义干预已经成为习惯性国际法的观点。[②]

首先,在没有任何法律确信明确支持人道主义干预权利的情况下,冷战时期诸如印度、越南、坦桑尼亚对东巴基斯坦(1971年)、柬埔寨

---

① 可参见 J. L. Holzgrefe, "The Humanitarian Intervention Debate", in J. L. Holzgrefe, Robert O. Keohane eds., *Humanitarian Intervention: Ethical, Legal and Political Dilemmas*, Cambridge: Cambridge University Press, 2003, pp.15-52, p.18.
② Carrie Booth Walling, "Human Rights Norms, State Sovereignty, and Humanitarian Intervention", *Human Rights Quarterly*, vol.37, no.2(2015), pp.383-413.

(1978年)以及乌干达(1979年)所进行的干预,均不能被视为具有法律先例的效力;其次,更重要的是冷战时期的一些案例,例如越南干预柬埔寨遭到国际社会的普遍谴责和制裁,指责其违反了《联合国宪章》;[①]最后,关于人道主义干预是否已成为习惯法的观点,实际上忽视了一个核心事实:即多个大国对于干预合法性的根本性争议。以俄国、中国与印度等国的立场为例,它们对北约的行动持明确反对态度,认为这些行动从根本上侵蚀了《联合国宪章》中明确规定的禁止使用武力的基本原则。这些国家担忧,如果人道主义干预被普遍接受为习惯法,那么由西方所设立的文明标准可能会成为干预弱国的正当理由,进而加剧国家间的不平等与冲突。[②]

围绕人道主义干预是否已成为国际规范所展开的激烈辩论,深刻揭示了该概念所蕴含的内在规范困境,即如何在尊重国家主权与保护人权之间找到平衡点,协调这两者间潜在的冲突。这一困境的根源在于主权规范与人权规范在某些特定情境下可能产生的内在张力与冲突。威斯特伐利亚体系作为现代国家主权概念的基石,确立了国家主权的至高无上地位,为国际关系奠定了基本框架。随后,一战后的民族自决权原则进一步推动了主权理念的传播与扩散,使其成为全球范围内的普遍共识。二战后,《联合国宪章》的出台,更是对主权理念的权威地位进行了确认,强调了国家在国际关系中的自主性与平等性。然而,主权并非无限制的概念,它伴随着一系列特征,如最高性、独立性、权威性、合法性和领域性。其中,权威性是主权的核心,它赋予了国家在其领土内及对其国民行使权力的合法权利。同时,合法性要求国家主权的行使必须遵循国际法的规定,不得超越其赋予的权限范围。领域性则强调了主权的地域基础,即国家在其领

[①] Nicholas J. Wheeler, "Humanitarian Intervention After Kosovo: Emergent Norm, Moral Duty or the Coming Anarchy?", *International Affairs*, vol. 77, no. 1 (2001), pp.113-128.
[②] 杨宏:《联合国框架下人道主义干预规制研究》,北京外国语大学博士论文,2017年。

土内拥有最高的政治和法律权威。① 由主权原则衍生出的"内部管辖权",是国家主权的重要体现之一,它意味着国家有权自主管理其内部事务,不受外部干预。然而,《联合国宪章》虽然强调了主权及不干预内政的原则,但对于"内部管辖权"的具体边界却并未给出明确的界定。② 这种模糊性为国际社会在处理涉及人道主义危机的复杂情况时,提供了广阔的解释空间,也导致了不同国家间立场的分化与争议。

二战之前,人权保护基本上被当作纯粹的国内管辖事项。只有在个别领域和个别问题方面,存在与人权保护有关的国际法发展的历史先例,例如保护少数群体、禁止奴隶制和奴隶贸易和战争法上的人道主义规则。③ 二战后,国际人权规范与主权理念并行而进,得到确立并迅速传播。鉴于二战时期纳粹德国对犹太人的迫害,《联合国宪章》不仅规定了主权及由其衍生而来的"内部管辖权",也规定了人权的重要性。《联合国宪章》"重申对基本人权、人的尊严和价值、男女之间和大小国家之间享有平等权利等的信念"。④ 尽管《联合国宪章》规定了与人权相关的条款,但界定模糊,以至于人权条款引发了学者最多的争议。虽然就人权是属于国内管辖还是联合国机构有权就人权问题对成员国采取行动,以及采取何种性质和程度的行动,国际社会尚不明确,但是无论是国际组织还是各成员国都逐步将人权提上议事日程。⑤ 与国内日益

---

① 权威性(supremacy)是指国家对其领土内的一切人和物以及领土外的本国人享有属地优越权和属人优越权;独立性(independency)是指国家在国际关系上,是自主的和平等的;权威性(authority)是国家主权的真正核心,是一种合法行使权力的权利;合法性(legitimacy)一方面意味着国家主权是得到国际法承认和受国际法保护的,另一方面是指国家主权的行使必须在国际法规定的范围内;领域性(territoriality)是指主权国家在其领土范围内拥有的最高的政治和法律权威是以领土为基础的。详情请参见杨泽伟:《主权论:国际法上的主权问题及其发展趋势研究》,北京大学出版社 2006 年版,第 6 页。
② 第四号咨询意见,见(国联)文件集之二,第 23—24 页,转引自白桂梅:《国际法上的人权》,北京大学出版社 1996 年版,第 284 页。
③ 白桂梅:《国际法上的人权》,北京大学出版社 1996 年版,第 1—2 页。
④ [美]戈登·贝尼特:《合法干预:人道主义干预的初始标准表》,载于杨成绪:《新挑战:国际关系中的"人道主义干预"》,中国青年出版社 2001 年版,第 180 页。
⑤ 陈一峰:《论当代国际法上的不干涉原则》,北京大学出版社 2013 年版,第 220 页。

重视人权的趋势形成鲜明对比的是,国内冲突往往伴随着大规模人道主义灾难的发生,这些灾难严重侵犯了人们最基本的生存权。

上述问题也是冷战时期人道主义干预在议程中凸显的原因之一。人道主义干预概念诞生的背景是威斯特伐利亚的主权国家体系已经确立。因而,试图突破国家主权的边界必然产生矛盾和问题。与此同时,国际人权规范得到传播与内化。人道主义干预内含主权规范与人权规范的张力关系。从上述关于人道主义干预的概念界定可以看出,在学者们的语境中,人道主义干预推崇对人的尊重和保护。针对一些违反人权的大规模人道主义灾难,人道主义干预的支持者主张国际社会可以为了制止灾难采取干预的手段。这种干预可以是军事干预,甚至可以没有经过相关国家的同意和绕开联合国安理会的授权。因而,人道主义干预概念本身蕴藏了一个困境,即当人权和主权发生矛盾时,哪一个理念更具有优先性。

人权与主权之间的关系错综复杂,既展现出相互依存的一面,又存在着潜在的冲突与紧张。在相互支撑的维度上,首先,人权保护构成了主权合法性的重要基石。主权之确立,根植于人民的广泛同意与授权,其目的在于通过国家的力量,为民众提供生命、财产等基本权利的有效保障。因此,一国内部对人权的充分尊重与保护,无疑将极大地强化其主权的正当性与合法性。其次,主权国家作为国际社会的基本单元,承载着落实人权保护不可推卸的责任。人权保护工作的成效,直接取决于主权国家的治理能力、政策导向及法律框架的完善程度。然而,在人权与主权的张力方面,当主权国家自身成为侵犯人权的主体时,国际社会是否应当且能够跨越主权的界限,采取必要的干预措施,便成为了一个极具争议的话题。针对这一问题,学术界形成了两大主要流派:多元主义与社会连带主义。多元主义强调国家主权的独立性与神圣性,主张国际社会对国家内部事务的尊重与不干预;而社会连带主义则更为关注国际社会的共同责任与人权保护的普遍性,认为在特定情况下,国际社会有权且有必要对侵犯人权的行为进行干预。

多元主义主张国际秩序具有优先性。国际秩序指的是"国际行为的格局或布局,它追求国家社会基本、主要或普遍的目标"。① 这些目标包括维持国家体系和国家社会本身的生存;维护国家的独立和外部主权;维护和平;国际社会追求的其他的主要目标。② 多元主义认为人道主义干预等社会连带主义方案的实施会破坏国际秩序。关于人道主义干预规范等,如果国际社会缺乏共识,而各国又根据各自的道义原则采取相应的战略措施,那么当前基于尊重主权、不干涉内政原则和不使用武力原则的国际秩序就会遭到威胁。③ 因而,多元主义认为,为了维护秩序,主权和不干预内政原则优先于人权,国家不能以人道主义为借口干涉其他国家。

在秩序和正义之间,社会连带主义更加推崇后者。布尔将世界政治中的正义分为三个层次:首先,国际正义或国家间正义,即赋予国家和民族权利与义务的道义规则,例如主权国家平等和民族自决权;其次,个人正义或人类正义,即赋予个人权利与义务的道义规则,主要涉及人权思想;最后,全球正义或世界正义,它试图阐明对世界社会或者想象中的世界社会来说,什么是正确的和有益的东西。④ 社会连带主义认为,国家的合法性不仅在于主权,也在于人权。国家不仅应当维护国际秩序,也应当保护人权和维护国际正义。社会连带主义认为主权的边界并非是一种不可还原的道德界限,主权国家的合法性是建立在对人权保护的基础上。人权保护高于主权国家且限制主权国家。为了人权保护,正义的干预是合法的,合法的人道主义干预规范应当得到内化。如果一个国家不能有效地保护人权,甚至侵犯人权,那么国际社会

---

① [英]赫德利·布尔:《无政府社会:世界政治秩序研究》,张小明译,世界知识出版社2003年版,第17页。
② [英]赫德利·布尔:《无政府社会:世界政治秩序研究》,张小明译,世界知识出版社2003年版,第17—20页。
③ 刘波:《秩序与正义之间:国际社会人道主义干预问题研究》,中国社会出版社2011年版,第73—77页。
④ [英]赫德利·布尔:《无政府社会:世界政治秩序研究》,张小明译,世界知识出版社2003年版,第62—68页。

就可以进行合法的人道主义干预。①

人权和主权的优先性问题揭示了国家在不同维度上应当承担起的责任。首先,国家需要对本国公民的幸福承担责任;其次,作为国际社会的成员,国家应当对国际社会的和平与安全承担责任;最后,作为人类的一分子,国家不仅要尊重本国的人权,也要对全世界的人权负责任。国际社会中负责任的主权国家需要协调三个维度上的不同责任,但三个维度上的责任体现出的规范可能相互冲突。这种冲突就是人道主义干预内涵的困境之所在。

由于主权原则中的不干涉内政规定,往往成为人权与主权之间紧张关系的根源之一,因此,对不干涉内政原则进行恰当明确的界定,成为了协调这种紧张关系的重要方法之一。作为国际法的一项基本原则,不干涉内政是指"国家在相互交往中不得以任何理由或任何方式,直接或间接地干涉他国主权管辖范围内的一切内外事务,同时也指国际组织不得干涉属于成员国国内管辖的事项"。② 即使承认不干涉内政,在特定的情势下为保护人权,国际社会也可以进行干涉。首先,《联合国宪章》第二条第七项规定了不干涉内政原则的例外情况。按照宪章第七章的规定所采取的执行办法,不属于干涉内政。宪章第七章规定的执行办法包括"临时办法""武力以外之办法""采取必要之空海陆军行动"即武力办法三类。③ 其次,国际社会对一国境内严重人权灾难的干预,不应该被认为是对该国内政的干涉。④ 尤其是当一些国家内部出现了严重的自然灾害,而本国又无力应对时,国际社会通常会以人道主义为由进行干涉。在此方面,联合国的实践为我们提供了宝贵的先例与启示。联合国针对 2003 年 8 月 19 日发生的悲剧性事件——22 名人道主义援助工作者在伊拉克不幸遭到袭击,做出了深远且富有意义

---

① 刘波:《秩序与正义之间:国际社会人道主义干预问题研究》,中国社会出版社 2011 年版,第 77 页。
② 梁西主编:《国际法》,武汉大学出版社 2000 年版,第 67 页。
③ 杨泽伟:《论人权国际保护与国家主权》,《法律科学》2003 年第 6 期,第 95—104 页。
④ 杨泽伟:《论人权国际保护与国家主权》,《法律科学》2003 年第 6 期,第 95—104 页。

的回应。这一事件不仅凸显了人道主义工作者在冲突地区面临的巨大风险与挑战，也强化了国际社会对于保护人道主义行动与人权的重要性的认识。① 这说明对此类问题的处理未受不干涉内政的限制。这一类也可以被归结到前一类中，即以威胁地区和平与安全为由证明干预的正当性。尽管存在妥协与折中之法，但是现实中，国内人道主义灾难可能未产生溢出效应，并未对区域或国际和平与安全构成威胁。

人权规范与主权规范的张力、秩序与正义的优先性问题揭示出人道主义干预的困境。为处理此困境，不同理论流派做出了不同的回答，在实践中，这些回答转变为不同的政策取向。理念蕴藏的规范竞争与实践中西方国家的干预行为共同推动了人道主义干预的概念走向异化。

第二节　人道主义干预的污名化及其批判

人道主义干预，作为一项旨在保护人类免受严重侵犯与苦难的行动，蕴含着崇高的价值理念与道德追求。尽管当前人道主义干预领域存在诸多争议与挑战，但国际社会并未一概否定其价值与意义，而是倾向于通过细致分析干预的形式、是否获得联合国授权等外部条件，来评估其合法性与可接受性。然而，不容忽视的是，冷战结束后，西方国家的某些实践行为严重扭曲了人道主义干预的初衷与本质。这些国家以"主权过时论"或"人权高于主权"为借口，肆意侵犯他国主权、干预他国内政，将自身意愿强加于他国。更为严重的是，它们往往将自己的干涉行为包装成"人道主义"的行动，试图以此掩盖其真实目的与动机。这种长期的实践与言辞上的误导，导致人道主义干预这一概念在公众心

---

① "2022年世界人道主义日主题"，联合国，https://www.un.org/zh/observances/humanitarian-day，上网日期2023年8月28日。

目中逐渐产生了异化与污名化,被错误地等同于"新干涉主义"。

一、被打上"污名"的人道主义干预

在国际关系的话语中,人道主义干预典型地指国家出于保护人的目的,使用军事行动反对一个主权权威。鉴于在世界政治中,任何武力的使用都会产生直接的灾难、死亡和毁灭等,人道主义干预的措辞本身就内含了矛盾,似乎并非是一个恰当的标签。[1] 雪上加霜的是,因自身概念的模糊与西方国家的实践,这一标签又被"污名化"。

"污名"(stigma),由古希腊人所发明,指代身体记号,携带这些记号是为了暴露携带人的道德品质有点不光彩。但真正促使污名一词成为重要的研究概念,使用它去分析社会现象的则是美国当代著名社会学家欧文·戈夫曼(Erving Goffman),他于1963年出版的《污名:受损身份管理札记》是该理论形成的标志。在该书中,戈夫曼将污名界定为,虚拟和真实的社会身份之间的一种特殊差距。[2] 虚拟的和真实的社会身份之间还有其他类别的差距,例如有种差距能让我们将某人重新分类,把他从一种预见的社会类型转到一种不同但却容易预见的类型;[3]还有种差距能让我们改变对某人的估计,把他往好的一类归类。[4] 总之,"污名"一词用来指一种令人大大丢脸的特征。由于受到污名影响,个体被认为不能扮演特定的社会角色和发挥既定的社会功能,甚至在极端情形下,背负此种特征的个体或人群被视为坏人、

---

[1] Catherine Lu, *Just and Unjust Interventions in World Politics: Public and Private*, London: Palgrave Macmillan, 2011, pp.137-138.
[2] [美]欧文·戈夫曼:《污名:受损身份管理札记》,苏国勋主编,商务印书馆2009年版,第3页。
[3] [美]欧文·戈夫曼:《污名:受损身份管理札记》,苏国勋主编,商务印书馆2009年版,第3页。
[4] [美]欧文·戈夫曼:《污名:受损身份管理札记》,苏国勋主编,商务印书馆2009年版,第3页。

第一章 人道主义干预及其异化

危险分子或者废物。① 污名损害了主体的声誉,物化了主体的人格,把人视作非人。②

根据戈夫曼的观点,特征本身既可以污名化拥有它的人,又能够确认另一类人的平凡,因而它本身并不存在丢脸与否的问题。③ 特征本身并不内含褒贬之意。污名的存在并非污名者的问题,而是社会规则和公共秩序的缺陷。因而,在戈夫曼看来,污名是社会建构的越轨标签。不名誉的特征是由社会规则和公共秩序所产生的,然而,将人转变为"非人"状态的并非这些不名誉的特征本身,而是那些制定并执行这些规则和秩序的社会机制。④

戈夫曼在书中提及三种差别很大的污名:首先,对身体深恶痛绝,即痛恨各种身体残废;其次,个人的性格缺点,比如软弱的意志等;最后,集团意识强的污名,它们与种族、民族和宗教相关,可通过血统传播,波及全体家族成员。⑤ 虽然污名在原始意义上主要以个体为对象,但实质上它对国家与对个体的作用效果一样。污名可以装饰和调动(colors and motivates)国家之间的互动。不是西方社会的一员,落后于西方社会,未能充分现代化,未能实现充分发展,未能工业化、世俗化、文明化、民主化等实质上都是一样的代名词,它们对国家来说起着污名的效果。⑥

从前文给出的人道主义干预的诸多定义可见,人道主义干预原来蕴藏着积极的价值理念。即便在当前人道主义干预具有极大争议,国际社会也并没有否定所有的人道主义干预,而是强调可以根据干预的

---

① 郭金华:《污名研究:概念、理论和模型的演进》,《学海》2015年第2期,第99—109页。
② 郭金华:《污名研究:概念、理论和模型的演进》,《学海》2015年第2期,第99—109页。
③ 郭金华:《污名研究:概念、理论和模型的演进》,《学海》2015年第2期,第99—109页。
④ 郭金华:《污名研究:概念、理论和模型的演进》,《学海》2015年第2期,第99—109页。
⑤ [美]欧文·戈夫曼:《污名:受损身份管理札记》,苏国勋主编,商务印书馆2009年版,第5页。
⑥ Ayse Zarakol, *After Defeat: How the East Learned to live with the West*, Cambridge: Cambridge University Press, 2011, p.4.

形式,是否有联合国的授权等外在条件区分各种人道主义干预行动的合法性与可接受性。就此而言,如果国际社会能够就人道主义干预达成共识,彰显和推广它具有的积极价值理念,那么人们完全不能将人道主义干预与污名相联系,因为污名理论强调背负的特征使背负者丢脸和丧失名誉,例如戈夫曼所举的一些身体缺陷使主体感到丢脸和名誉受损。如果在实践中干预主体的行为与人道主义干预理念保持一致,那么人道主义干预可能不会遭受当今如此严重的非议。

但关键问题在于,冷战后西方国家的实践扭曲了人道主义干预。虽然人道主义干预蕴藏着积极的价值理念,但是理念本身需要实践去证实或者否证。尽管主权国家都承认人权保护是本国政府的目的,且都加入了国际人权公约,但是在主权国家看来,人权保护的责任应当在于主权国家自身。因而,针对主权国家内部发生的大规模人道主义灾难,国际社会存在解决机制不完善的现象。正是在这种机制缺乏现实需要的空隙之间,西方国家利用此空隙,以"主权过时论""人权高于主权"为名肆意干涉其他国家的内政。

在实践中,人道主义干预在国际社会上被凸显的背景是冷战后美国推行新干涉主义,单边主义干预越来越频繁,并且大多数干预谋求的目标都是政权更替。这些观点主张,"人权领域已不再属于国家主权范围之内。它们倾向于对人权问题,至少在发生大规模侵犯人权的事件时,进行国际干预。这种干预不再局限于非军事措施,也可以是军事手段"。[①] 虽然不能将人道主义干预与新干涉主义并列而论,但是由于西方国家将自己的行为标榜为"人道主义",以至于长期的实践与言辞使人道主义干预发生了异化,人道主义干预被打上"污名"。异化了的人道主义干预的形态为"新干涉主义"。

新干涉主义的四条法则为:其一,无论在任何地方,凡是一个国家或国家之内的集团不能满足人民的人道主义要求时,国际社会就有义务进行干预;其二,"新干涉主义"提倡一种"新人道主义"的社会秩序,

---

① 杨成绪:《新挑战:国际关系中的"人道主义干预"》,中国青年出版社2001年版,第14页。

在这种秩序中政府要受到控制,必要时可以通过外来暴力手段施加这种控制;其三,"新干涉主义"的目标是把国际社会的道德义务和通过联合国干预各国内部争端的希望结合在一起;其四,"新干涉主义"认为主权的含义已经发生了重大变化,主权已经不属于国家,而是属于国家的人民。① 美国推行的"新干涉主义"又被称作"人道主义干涉",以"人道主义"为由对外采取干预行动。② 此外"新干涉主义"强调使用军事手段,利用国际组织进行对外干涉,自我授权和经由地区组织进行干涉,并利用经济制裁作为辅助手段。③

"新干涉主义"的案例有 1991 年安理会通过 688(1991)号决议,"呼吁所有成员国和所有人道主义组织为人道主义救援工作做出贡献"。随后,美英等国以"人道主义"为名军事干涉了伊拉克的库尔德问题。④ 1999 年,北约在未经过联合国授权的情况下,对南联盟采取大规模的军事行动。⑤ 本来一个正面或至少价值中立的术语,由于西方国家的行动被"污名化",使发展中国家闻人道主义干预色变。例如,有中国学者指出,"及至科索沃危机发生,以美国为首的西方列强利用日益高涨的'人道主义干预'舆论,对一个主权国家内部的民族动乱,先是挑唆煽动继而直接出兵干涉,对科索沃既有军事占领在先,又有策动独立于后,开创了以'人道主义干预'为名肆意侵犯、肢解主权国家的历史先例。至此,以联合国宪章为基础、以主权平等为核心的现行国际秩序遭到了全

---

① Stedman Stephen John, "The New Interventionists", *Foreign Affairs*, vol. 72, no. 1 (1992), pp. 1–16.
② 罗艳华:《国际关系中的主权与人权:对二者关系的多维透视》,北京大学出版社 2005 年版,第 188 页。
③ 罗艳华:《国际关系中的主权与人权:对二者关系的多维透视》,北京大学出版社 2005 年版,第 188 页。
④ 郭志俊:《冷战后国际关系民主化研究》,山东师范大学博士论文,2005 年。
⑤ 谷盛开:《西方人道主义干预理论批判与选择》,《现代国际关系》2002 年第 6 期,第 28—34 页。

新的'人道主义干预'国际机制的颠覆。"①

人道主义干预,这一概念本身便蕴含着复杂性与争议性,其界限往往模糊不清,难以一概而论。其合法性更是依据具体情况有所不同,需结合国际法律框架、人道主义需求及国家主权等多重因素进行综合考量。适逢新干涉主义推行,为了防止自己的主权受到侵害,大多数发展中国家反对任何形式的干涉,并且公开谴责西方国家所谓的人道主义行为。例如中国学者对人道主义干预的研究基本上都是对人道主义干预持批判态度。在《中国知网学术期刊网络出版总库》,以人道主义干预为关键词,其中剔除了关于保护的责任的文章,从1992年到2021年,核心期刊刊文不足百篇。出于学术的严谨性,虽然大多数文章均指出了人道主义干预的本来含义,但大部分学者仍是在消极层面上谈论人道主义干预,指出人道主义干预违背了国际法的主权与不干预内政原则。例如有文章认为,阿拉伯之春中的人道主义干预是"西方在攻击各发生骚乱的阿拉伯国家时展示出前所未有的道德强势和优越感,直接根据自己的价值标准和制度模式衡量各发生内部骚乱的国家政权的合法性,作为国际法基本准则的尊重国家主权和不干涉内政原则完全被无视。"②贺鉴的《"人道主义干预"与冷战后美国的伊拉克政策》指出了人道主义干预是出于人道主义理由而进行的干涉,但同时也指出"'人道主义干涉'就是'新干涉主义',是干涉主义在后冷战时代的继续与发展。它与强权政治有着密切的联系,'人道主义干涉'的背后隐藏着干涉者重要的利益考虑。"③胡茹葵《从国际法看"人道主义干预"》直言"'人道主义干预'是美国等西方国家在冷战结束后大力倡导并广泛实施的政策,其实质在于妄图使以军事手段干涉别国内政的做法合法

---

① 张睿壮:《警惕西方以"人道主义干预"为名颠覆现行国际秩序》,《现代国际关系》2008年第9期,第12—13页。
② 骆明婷、刘杰:《"阿拉伯之春"的人道干预悖论与国际体系的碎片化》,《国际观察》2012年第3期,第22—26页。
③ 贺鉴,《"人道主义干涉"与冷战后美国的伊拉克政策》,《当代世界与社会主义》2004年第5期,第93—96页。

化,是霸权主义的恶性膨胀……是对国际法的基础——国家主权原则的公然违背,因而冲击着当今国际法体系,不利于建立和平稳定的国际新秩序"。① 张睿壮的《警惕西方以"人道主义干预"为名颠覆现行国际秩序》指出,以美国为首的西方国家以"人道主义干预"为名肆意侵犯、肢解主权国家,颠覆现行的以联合国宪章为基础、以主权平等为核心的国际秩序。②

在中国学者的语境中,人道主义干预基本上是一个贬义词。例如朱锋教授指出,"国内学界对人道主义干预存在'一边倒'的看法,只要是人道主义干预都是不可接受的"。③ 虽然也有学者对其进行正本溯源,但基本是在西方实践的背景下讨论此概念。部分学者对西方传统的人道主义干预概念进行了深刻的反思与重构,他们提出了一种更为强调国家主权与自我保护能力的视角,以此来抵制外部不必要的干预。也有学者对这种现状提出批评,例如刘波在《秩序与正义之间》指出,"国内学者对人道主义干预的研究,经验实际的界域不够开阔,大多未能走出本我,跳出中国式的视域。固然,人道主义干预的确干预了内政,但这是为了更好地实现有正义和尊严的'内政'。中国内政也没有什么经不起别国干预的,而美欧等西方大国的内政也并非没有不可以干预的地方……如果不加区分地一味排斥人道主义干预,将不利于中国参与国际社会合作的程度"。④

发达国家的"政权颠覆"实践与发展中国家的谴责,使人道主义干预一时成为一个贬义词。即使学术研究区分细致,为其正名,主导性的

---

① 胡茹葵:《从国际法看"人道主义干预"》,《西南大学学报(社会科学版)》2005年第5期,第92—95页。
② 张睿壮:《警惕西方以"人道主义干预"为名颠覆现行国际秩序》,《现代国际关系》2008年第9期,第12—13页。
③ 朱锋:《"人道主义干涉":概念、问题与困境》,载于杨成绪:《新挑战:国际关系中的"人道主义干预"》,中国青年出版社2001年版,第180页。
④ 刘波:《秩序与正义之间:国际社会人道主义干预问题研究》,中国社会出版社2011年版,第191页。

舆论依然坚持认为，所谓的人道主义干预，其真实目的往往是为了扩张本国的权力并谋求自私的国家利益，而人道主义只不过是被用作一块遮羞布，来掩盖其背后的真实动机。尤其是对人道主义干预持严厉批评态度的发展中国家，虽然它们并不反对人权的价值理念，以及人道主义干预原本所提倡的价值，但却对西方践行这种价值的方式甚为反感。因而，对它们来说，如果将自己的行为贴上"人道主义干预"的标签，无疑是一种"污名化"。

如若严格按照戈夫曼的理论，满足污名的一个条件是需要让背负者大大丢脸。当前的问题是：人道主义干预在部分发展中国家眼中已遭遇"污名化"，他们认为，将人道主义干预作为干预他国内政的合理性依据是不妥且不光彩的，因为这往往掩盖了追求私利的真实动机。然而，发达国家可能对此持不同看法，他们或许并不认为人道主义干预已经遭受了这样的负面评价。因而，在这个意义上，人道主义干预并不是一个强的"污名化"特征，而只是一种弱的"污名化"。

根据戈夫曼，个体的污名是由社会规则和公共秩序所塑造的，那么在国际体系中，国家所背负的"污名"在很大程度上受到国际规范和国际社会主导的价值观、舆论的塑造。发展中国家批评和抵制人道主义干预，它们极力渲染的舆论是，人道主义干预是西方谋求私利的手段与借口。受到这种舆论的长久影响，虽然发达国家仍然没有内化和认同发展中国家提出的观点，但发达国家也知道无法再用人道主义干预证明自身干预行为的合理性。更何况，在保护的责任概念提出之后，即使是西方的学者和前政府官员们，为了推广保护的责任，他们也极力主张保护的责任截然不同于人道主义干预，并且对人道主义干预予以否定。① 这些推动了人道主义干预从弱的"污名"向强的"污名"的转变。

---

① 请参见：Jayshree Bajoria. The Dilemma of Humanitarian Intervention, Council on Foreign Relations: https://www.cfr.org/backgrounder/dilemma-humanitarian-intervention, 2013-6-12.

二、国际社会对新干涉主义的批判

人道主义干预内含的规范困境与冷战后西方国家的实践使得人道主义干预发生异化。异化后的主要表现形态是"新干涉主义""人道干涉"。新干涉主义的盛行引起了国际社会对人道主义干预的批判。这种批判实质上并非是对人道主义干预原本价值理念的批判,而是对异化了的新干涉主义的批判。批评集中表现在以下几个方面:

(1) 人道主义干预是"特洛伊木马":批评人道主义干预的本质是"特洛伊木马",实力强大的国家利用人道主义干预作为借口,实质是帝国主义或新殖民主义,旨在获得领土、经济或战略优势。① 有学者直言,发达国家并不试图希望通过这种干预帮助他国建立"开明的政治"。② 它们往往是出于"战略利益、扩大势力范围的需要,在发展中国家中鼓励、支持某一民族,某个宗教派别,或是某个政治集团,期望通过这种手段,分裂这个国家"。③

虽然为了防止人道主义干预的滥用,学者们提出建立共识与标准,但即使存在共识,也不能消除国家对干预的滥用。更有甚者,干预的标准不仅不大可能限制滥用,反而有可能为滥用提供一个借口,就如同自我防御一样。此外,法学家和政治科学家尝试为合法的人道主义干预设计出各种事实性与程序性的标准,但在缺乏主要大国支持的情形下,这些努力对国际政策不会产生实质性影响。④ 当然,就此也有学者提出辩护,指出人道主义作为一个议题太过重要,而不可能仅仅只是大国的

---

① James Pattison, *Humanitarian Intervention and the Responsibility to Protect: Who Should Intervene?*, Oxford: Oxford University Press, 2010, p.57.
② 杨成绪:《主权是发展中国家的最后一道屏障》,《国际问题研究》2001年第2期,第1—3页。
③ 杨成绪:《新挑战:国际关系中的"人道主义干预"》,中国青年出版社2001年版,第2页。
④ Carrie Booth Walling, "Human Rights Norms, State Sovereignty, and Humanitarian Intervention", *Human Rights Quarterly*, vol.37, no.2(2015), pp.383-413.

需求。①

(2) 人道主义干预会破坏国际秩序:当今的国际秩序是由主权国家所建构的。主权意味着对内的最高性,对外平等性。主权暗含的"国内管辖权"意味着主权国家享有不被干涉的权利。人道主义干预则有可能侵犯这种"国内管辖权"和破坏国际秩序。提倡此种观点的人持有的潜在价值判断是,以主权国家为基础的国际秩序是有利于国际和平与安全的,也是保障个人生存与福利的最优形式。这种观点可以追溯到康德和吉本。对二者来说,将世界划分为各个国家是自由的保证。这不仅可以通过军事来保障国家的自由,也可以通过提供在外避难的可能性,保障个人的自由。甚至直到1914年之前,国际理论家一致认为世界被划分为主权国家是必要和自然的,且这种国际社会结构不可被更改。②

当前国际关系主导范式的假定以及国际政治的现实也昭示着国际秩序仍是以主权国家为基础。虽然全球化与经济依赖日益深化,国际关系的主体呈现多样化发展趋势,但仍有学者指出,即使身处全球化的漩涡中,民族国家也是刚兴起的,"说民族国家正在消失是不真实的,民族国家正在成为一种更加普遍的形式"。③

文森特(R. J. Vincent)在《人权与国际关系》引用"蛋盒"理论说明人道主义干预蕴含的人权与干预会对传统的主权与不干预形成挑战,因而会破坏世界秩序。盒子是国际社会,它可以为每一个鸡蛋,即主权国家,提供一个分隔间,同时在鸡蛋之间设立隔层,旨在减少鸡蛋之间的冲撞,而非采取实际的干涉行动。④ 国际社会的价值道义被包含在实

---

① Aidan Hehir, *The Responsibility to Protect: Rhetoric, Reality and the Future of Humanitarian Intervention*, London: Palgrave Macmillan, 2012.
② Martin Wight, *Why is There No International Theory?*, London: Palgrave Macmillan, 1995, pp.35-48.
③ [英]安东尼·吉登斯,《全球时代的民族国家》,郭忠华编,江苏人民出版社2010年版,第196页。
④ R. J. Vincent, *Human Rights and International Relations*, Cambridge: Cambridge University Press, 1986, p.123.

际容易破碎的蛋壳之内。① 一个具体的例子是1979年越南对柬埔寨红色高棉政权的军事干预。当时,法国大使发出警告,指出即使军事武力的使用是为了人道主义目的,旨在反对一个广受谴责的政权,这样的行动也仍然会对国际秩序构成威胁。"因为一个政权是可憎的,就认为外部干预是合理的,强制性推翻政权是合理的想法是极其危险的。这会最终损害对国际法与国际秩序的维持,使各种政权的持续存在依赖于邻国的判断。"②

(3) 难以判断干预是否由人道主义动机所推动:人道主义干预作为一种积极与善的理念也需要实践佐证,但困境和复杂性在于,人们很难甚至无法在实践上判断一个行动是否是人道主义干预。这种困难与复杂性源于意图和动机的不可直观性。人道主义动机是区分人道主义干预和其他国际干预的依据。正是由于动机具有遮蔽性和不可直观性,一些国家方能以宣扬人道主义为名行政权颠覆之实。③ 由于无法辨别人道主义干预的真伪,在历史上饱尝干预苦果的国家坚决抵制任何外来干预。

针对此,亦有学者主张,尽管在许多情形下,政府会出于自私动机做出干预决定,但并不能因此就全面拒绝干预。事实上,如果从利益平衡角度出发,相较于干预主体在许多干预中提供的救济,一些自私自利的想法完全是微不足道的。④

尽管意图不可直观,但可根据干预主体在实践中的表现来判断动机。通常判断的依据有两点:首先,观察在干预对象中,干预主体是否

---

① R. J. Vincent, *Human Rights and International Relations*, Cambridge: Cambridge University Press, 1986, p.123.
② Carrie Booth Walling, "Human Rights Norms, State Sovereignty, and Humanitarian Intervention", *Human Rights Quarterly*, vol.37, no.2(2015), pp.383-413.
③ 李丽,沈丁立:《保护的责任与人道主义干预的异同》,《国际关系研究》2016年第6期,第122—137页。
④ Peter Hilpold, "R2P and Humanitarian Intervention in a Historical Perspective", in Peter Hilpold ed., *Responsibility to Protect: A New Paradigm of International Law*, Leiden: Brill Nijhoff, 2015, pp.60-122.

存在重大的利益。① 并不是说,利益的存在就否定了人道主义动机的存在,但不可否认的是,一旦牵扯利益,干预主体向国际社会证明动机中的人道主义因素就会更加困难。相反,如果干预主体愿意在与其利益丝毫无瓜葛之地提供干预,那么除了人道主义别无其他解释。但现实中,这种纯粹利他主义动机导向的案例几乎不存在,且在实践中,利己主义动机也有积极作用的一面,因为在干预对象中,干预主体缺少利益关切,干预的意愿就不会强烈,即使进行干预,它也不会尽力而为。最理想的情形是:一方面,他国内部的冲突中,干预主体具有利害关系,所以积极地调动自己的资源进行干预;另一方面,人道主义关切也可以促使干预朝着有利于被干预对象的方向发展。其次,干预的形式也影响对动机的判断。通常相较于单边主义的干预,多边主义更能被国际社会接受。正如玛莎·芬尼莫尔所言,人道主义干预现在必须是多边的,以确保被接受和具有合法性。② 对单边干预与多边干预,国际社会的批评力度显然不同。

(4) 人道主义实践与后果带来的消极影响:不仅意图的不可直观导致人们无法将人道主义干预与其他的干预形式相区别,已有的干预实践和后果也逐渐扭曲了这一概念。尽管不能否认人道主义干预存在正面与积极的案例,但在实际操作中,其消极影响却往往更为凸显和放大。这一点主要表现如下:

其一,武力使用本身蕴含的争议。在一些严重的人道主义危机中,武力使用是否应该是干预的恰当形式,这一点值得国际社会深思。事实上,大部分关于人道主义干预合法性的辩论与废止主权本身无关,辩论主要针对武力使用是否是保护和促进人道主义利益的恰当方式。人

---

① 加里·加斯在《自由之战》一书中提出此观点,虽然他所列举的三个案例并不能完全符合自己为人道主义干预所设定的标准, Gary J. Bass, *Freedom's Battle: The Origins of Humanitarian Intervention*, New York: Vintage, 2009.
② Martha Finnemore, "Constructing Norms of Humanitarian Intervention", in Peter J. Kaezenstein ed., *The Culture of National Security: Norms and Identity in World Politics*, New York: Columbia University Press, 1996, pp.153-185.

道主义本身旨在进行保护,而军事武力的使用必然会造成伤亡。因而,这里存在着矛盾,即人道主义的目的和使用军事武力的后果之间的矛盾。一些怀疑主义者的批判主要针对的就是这个矛盾,怀疑使用武力是否会促进人道主义目的的实现。①

其二,人道主义干预的后果。正义战争理论规定的条件之一是有利的结果,秉持正义战争传统的人道主义暗含结果主义导向。这是一种功利主义的视角,它认为,人道主义干预带来的有利后果应当超出不利的一面。然而,人道主义灾难往往植根于错综复杂的政治社会环境之中,这使得如何界定一次干预是否成功变得极具挑战性,且各方对此并未形成统一的认识。更为复杂的是,随着时间维度的推移,对同一次人道主义干预的评价也可能会发生显著的变化。这是因为,干预的短期效果与长期影响、直接后果与间接后果往往交织在一起,难以简单评判。同时,不同利益相关者对于干预的期望和关注点也各不相同,这进一步增加了评价的主观性和多样性。例如,若将人道主义干预成功的标准界定为能够在被干预地区建立起能够确认并彰显共同人性价值的社会结构,那么这一目标的实现便高度依赖于国际社会在干预后对重建工作的坚定承诺与持续投入。②伊拉克的沉痛教训便是一个鲜明的例证:军事干预或许能够迅速推翻一个暴政,但仅凭武力却难以在被干预的国家内植根一个更加负责任、更加公正的政治秩序。若人道主义干预仅仅停留在推翻旧政权的层面,而未能承诺并实际投入必要的资源去帮助受害者重建家园、构建更加完善的政治体系,那么这样的干预便难以摆脱合法性的质疑与赤字。③

---

① Catherine Lu, *Just and Unjust Interventions in World Politics: Public and Private*, London: Palgrave Macmillan, 2011, p.162.
② 李丽、沈丁立:《保护的责任与人道主义干预的异同》,《国际关系研究》2016 年第 6 期,第 122—137 页。
③ Catherine Lu, *Just and Unjust Interventions in World Politics: Public and Private*, London: Palgrave Macmillan, 2011, p.154.

其三,人道主义干预与道德风险。人道主义干预蕴藏道德风险意为:出于对人道主义干预的预期,叛乱团体挑起针对本族群的大屠杀式的报复。① 关于将道德风险概念引入人道主义干预领域的研究,学术界存在着截然不同的两种观点。一派学者对此持积极态度,认为这一应用不仅新颖而且成效显著,已经在实践中得到了验证。他们指出,当第三方以保护少数族群为由进行干预时,这种干预行为可能会产生意外的后果——即给受保护的少数族群带来一种不利的动机,促使他们采取轻率甚至挑衅性的行动,从而引发原本试图避免的暴力冲突。这种由干预引发的道德风险,成为了该理论关注的核心。然而,另一派学者则对此持反对意见,他们认为在人道主义干预这一高度敏感且复杂的领域中引入道德风险的概念是不恰当的。他们担心,这样的理论可能会误导人们对干预行为的理解和评价,甚至可能为人道主义危机中的不当行为提供借口。值得注意的是,人道主义干预的道德风险理论是在冷战后逐渐兴起的,因此它并不能涵盖或解释所有导致大规模暴力冲突的叛乱事件。然而,诸如波斯尼亚和科索沃等案例却为该理论提供了有力的实证支持。因而,道德风险是否可以得到缓和以及如何被缓和也值得探讨。②

其四,冷战后西方国家的实践与人道主义干预。重新讨论人道主义干预的背景是冷战后西方国家不分青红皂白地干预他国内政,而自己打着人道主义旗号,但实质上这种干预是对人道主义干预的扭曲,对其恰如其分的描述应当是"新干涉主义"。③ 美国推行的"新干涉主义"非常"重视军事手段,强调积极的武力介入。同时,干涉的重点集中在

---

① 李丽,沈丁立:《保护的责任与人道主义干预的异同》,《国际关系研究》2016年第6期,第122—137页。
② Alan J. Kuperman, Timothy W. Crawford, *Gambling on Humanitarian Intervention: Moral Hazard, Rebellion and Civil War*, London: Routledge, 2006, p.12.
③ Stephen John Stedman, "The New Interventionists", *Foreign Affairs*, vol.72, no.1 (1992), pp.1-16.

与人权问题相关的种族、民族或宗教问题上"。① 干预的实践伴随着追求政权颠覆的目标。"新干涉主义"是以人道主义为借口所进行的干涉。

其五,实践中的责任问题。即使人道主义干预得到安理会授权,但却无法保证具体的实践不会偏离原有的主旨。如果人道主义干预发生偏离,被滥用,由谁、向谁以及如何追究责任都是未解决的问题。自20世纪90年代以来,在人道主义救济共同体中,责任问题逐渐突显,人道主义援助的消极的道德和政治后果以及人道主义救济组织的财政预算问题突出。雨果·斯利姆指出人道主义机构已开始应对责任挑战,并且建立了数个机制,包括行为规范、人道主义宪章和一系列的技术性标准。② 但从实践来看,责任问题仍然有待解决。

第三节 全球化时代干预的必要性和可能性

理论的发展根植于现实的需要。无论是人道主义干预,还是后来的保护的责任,它们都被提上议事日程,甚至占据突出地位,这主要源于实践的变化和现实的需要。除了西方国家的实践使得人道主义干预被打上"污名",阻碍人道主义干预被国际社会接受的根本原因在于以主权和不干涉为基础的国际秩序。该国际秩序的成形有赖于两股历史思潮的推动,一方面,联合国成立时,第二次世界大战仍然在继续,人们渴望结束战争,实现和平;另一方面,当时世界上许多国家没有实现独立,殖民地人民开展反殖民运动,寻求实现民族自决和国家独立。因而,在创立全球性国际组织——联合国的过程中,首要考量之一即为强

---

① 罗艳华:《国际关系中的主权与人权:对两者关系的多维透视》,北京大学出版社 2005 年版,第 198 页。
② Catherine Lu, *Just and Unjust Interventions in World Politics: Public and Private*, London: Palgrave Macmillan, 2011, p.143.

调各民族的自决权利，同时精心构建了一系列原则与措施，旨在从根本上预防国家间冲突的再次爆发。这些措施深刻体现了对各国领土主权完整性的尊重，以及坚决不干涉任何国家内政的立场。通过上述框架的确立，联合国致力于构建一个和平、稳定且相互尊重的国际环境，从而有效阻碍战争的阴影重新笼罩于世。① 但时移世易，以当下的视角重新审视基于二战背景构建的国际秩序时，可以发现它在两个方面存在不足：一方面，相较于国家间战争，国内冲突更为频繁且造成了严重的人道主义灾难；另一方面，在全球化的新时代下，绝对的主权遭到诸多挑战。

一、国内人道主义灾难的频率和严重性

鉴于二战时期国家间冲突是核心议题，《联合国宪章》因而确立了主权不可侵犯与不干预内政的基石原则。然而，时至今日，国家内部的暴力事件却屡屡上演，成为新的焦点。② 通过《战争相关计划》（The Correlates of War Project: COW）数据库的深入剖析，我们得以一窥这一现象的复杂面貌。③

COW 数据库将战争界定为：包括有组织武装力量的持续作战，在 12 个月的时段内至少导致千名作战人员因战斗死亡。数据库的时间跨度是 1816—2007 年，根据战争是发生在国家之间、国家内部、还是国家与非国家行为体之间，将战争划分为四种类型：(1) 国家间战争 (interstate wars)，发生在国际体系两个或多个成员国之间；(2) 国内战争

---

① 联合国宪章，联合国官网：http://www.un.org/zh/sections/un-charter/chapter-i/index.html，上网时间 2016-10-12.
② [美]格伦农：《新干涉主义》，王明进译，鹰子校译，《国外社会科学文摘》1999 年第 8 期，第 34 页。
③ 数据库全称为 COW War Data, 1816—2007 (v4.0), Sarkees, Meredith Reid and Frank Wayman (2010). Resort to War: 1816—2007. Washington DC: CQ Press, http://cow.dss.ucdavis.edu/data-sets/COW-war，上网时间 2023-8-28.

(intra-state war),发生在一国被承认的领土之内;(3)非国家行为体的战争(non-state war),主要发生在两个或多个非国家行为体之间;(4)域外国家战争(extra-state war):发生在国家与一国领土之外的非国家行为体之间。因为本文旨在比较国家之间的冲突与国内冲突,所以 1946—2007 年的国家间战争与国内战争是本文的观察对象。根据 COW 国家间战争与国内战争的数据库,可以对比出国家间战争与国内战争发生的次数和频率的差异。

表1.1 国内战争与国家间战争:次数与频率

战争类别	1946—1988		1989—2007	
	次数	频率(次/年)	次数	频率(次/年)
国家间战争	27	0.627 9	9	0.5
国内战争	94	2.186	68	3.778

由表 1.1 可见,二战后国家间战争次数为 36,而国内冲突则为 162。此外,以 1989 年为节点,在 1946 到 1988 年,国家间战争的发生次数为 27,1989 年到 2007 年的发生次数为 9,国家间战争的频率从每年 0.627 9 降低为每年 0.5。从 1946 年到 1988 年,国内冲突的发生次数为 94,在这之中,一些国内冲突持续到冷战结束后。而 1989 年到 2007 年,在短短不到二十年的时间内,国内冲突的次数则为 68,战争的频率从平均每年 2 次左右上升到平均每年 4 次左右。当然,原国内冲突的数据库也表明,冷战时期许多国内冲突都有其他国家的身影,以至于国内冲突与国家间战争难以被区分,或者国内冲突成为国家之间竞争的微小缩影。但总体而言,国内冲突的次数高于国家之间的战争。这种趋势在冷战后进一步加强。

相较于国家间的战争,国内冲突不仅发生的次数更多、频率更高,而且往往引发大规模的人道主义危机,其影响深远且破坏力巨大。以难民数和被屠杀人数为指标,人们可以从整体上大致把握国内人道主义灾难程度。通常外逃的难民数反映出一个国家国内人道主义灾难的程度,附录一选取难民为指标。在一些情形下,由于奉行屠杀政策,虽然人道主义危机程度严重,但却没有形成大量的难民,因而附录一补充了在一些大屠杀情形下的死亡人数。从附录一可以直观地看出,国内冲突通常导致大量的难民。这些难民跨越边境可以对相邻之国、整个区域乃至世界的和平与稳定形成威胁。他们也有可能输出恐怖主义。此外,如果难民带去不同的宗教信仰和价值观,则有可能加剧他国社会的内部冲突。由于当前社会的交往与传播,即使屠杀发生在一国之内,它也能呈现在世界人民面前,触动个人良心。国内冲突产生严重的人道主义灾难趋势在冷战结束后加剧,在总共901个观察值中,冷战后的观察值占据510个。

卢旺达大屠杀和斯雷布雷尼察大屠杀是冷战后引起国际社会广泛关注的国内人道主义灾难案例。在1994年的卢旺达内战中,胡图族对图西族和胡图族的温和派发动灭绝性大屠杀,大约80万的图西族人惨遭杀害。在此次屠杀中,甚至驻扎在卢旺达的比利时维和军人也未能幸免,遭到残忍杀害。卢旺达大屠杀发生后,国际社会反应冷漠,由于美国政府不愿意再次介入非洲的动乱局势,已经驻扎在卢旺达的联合国部队随后撤离。① 波黑战争期间,在1993年初斯雷布雷尼察被联合国划定为"安全区",大量难民涌入该区域。1995年夏季波黑塞族军队攻占波黑东部的斯雷布雷尼察城市后,对穆族被俘人员实施了集体屠杀。② 屠杀发生时,受联合国安理会之托恢复和平的北约驻波斯尼亚军队未施以援手,且许诺保护平民的荷兰维和士兵就在现场。③

综上可知,二战后相较于国家之间的战争,国内冲突的次数和频率

---

① [美]杰里米·拉布金,《新世界秩序中的人道主义干预:为何原有的规则更好些》,载于杨成绪:《新挑战:国际关系中的"人道主义干预"》,中国青年出版社2001年版,第180页。
② 宋文富,"斯雷布雷尼察大屠杀"事件的前前后后",光明网,http://www.gmw.cn/01gmrb/2005-06/24/content_256955.htm,2005-6-24.
③ [美]杰里米·拉布金,《新世界秩序中的人道主义干预:为何原有的规则更好些》,载于杨成绪:《新挑战:国际关系中的"人道主义干预"》,中国青年出版社2001年版,第180页。

更大,且国内冲突也造成了严重的人道主义危机。人道主义危机以不同形式呈现出来,可能有也可能无溢出效应。这一趋势在冷战后更加凸显和严峻。在有些国内人道主义危机中,主权国家不仅没有承担起保护人民安全的责任,甚至本身就是这种危机和灾难的发生原因。国内大规模人道主义灾难发生的频率和烈度说明了国际干预的必要性。

二、绝对主权面临挑战

联合国确立了以主权国家为基础的国际秩序。主权国家成为一个屏障,可以宣称一切属于国内管辖之事件均应当免于外部干预。但内外是具有相对性的,这种相对性体现在时空两个维度上。时间的维度为:主权是1648年威斯特伐利亚体系的产物,在那之前,欧洲国家向上还要接受宗教权威,即罗马教皇的约束。在那之后,干预也不曾因一纸条约而被杜绝,最典型的是西班牙王位继承战争、奥地利王位继承战争几乎牵涉进欧洲每一个大国。甚至有学者指出,威斯特伐利亚条约也并没有打算创建具体的主权原则。后来的观察者与实践者有意或无意地将威斯特伐利亚条约解释为建立了一种特殊的主权观念。这一观念如今被代代相传。实质上,人们如今对主权原则的理解依赖于威斯特伐利亚神话,而并不是威斯特伐利亚本身。① 空间上的相对性表现为:一国可以宣称他国之内的某一项事件可以成为国际社会关注的焦点,但在适用自身时,则不以为然。例如,南非的种族隔离政策为大多数国家所诟病,美国也因南非的种族隔离政策对其进行制裁。然而,种族歧视问题也是美国社会的顽疾与毒瘤,但美国以内政不容干涉为由拒绝国际社会对自身的置喙。

如果主权本身没有想象中的绝对,那么当下对恪守绝对主义主权

---

① [美]戴维·莱克:《国际关系中的等级制》,高婉妮译,上海人民出版社2013年版,第49页。

观的挑战则更为强烈。全球化带来的国内管辖权的让渡或者萎缩,无论是自愿的,还是消极被动的,都使得在内外之间画上一条清晰的界限十分困难。内外的模糊性使我们对主权的严格恪守似乎不合时宜,正如托马斯·韦斯(Thomas G. Weiss)与贾勒特·乔普拉(Jarat Chopra)所言,尽管尊重基本的国家主权和国家统一仍十分重要,但不可否认,存在了几个世纪的绝对和排他性的主权主义现已无法立足,而且它的实际地位从来没有理论上所想的那样绝对。① 全球化时代主权面临的挑战来自经济相互依赖、全球问题、国内冲突的溢出效应以及人权规范等。

(一) 全球化与经济相互依赖

全球化虽然影响政治法律、生活与思维方式以及价值理念等各方面,但最直接、本质的表现则在经济领域。经济全球化可被理解为:"随着越来越多的国家和地区加入贸易和投资开放的行列,商品、服务和生产要素的国际流动的加速,世界各国家各地区之间的经济联系日益密不可分,相互依赖日益加强,经济利益日益成为一个整体。"②全球化通过国际贸易、国际货币体系、国际金融市场、资本的跨国流动、跨国公司、技术与信息的国际传递、国际组织几大机制,将各国编织进一个经济相互依赖的网络之中。③

经济相互依赖的影响具有溢出效应,基欧汗与奈在《权力与相互依赖》以敏感性与脆弱性理解相互依赖的政治意义。敏感性为"某政策框架内做出反应的程度——一国变化导致另一国家发生有代价变化的速

---

① Jarat Chopra, Thomas G. Weiss, "Sovereignty Is No Longer Sacrosanct: Codifying Humanitarian Intervention", *Ethics & International Affairs*, vol.6, no.1, 1992, pp.95-117.
② 孔寒冰:《全球化、FDI 及其对中国经济、外交的影响》,载于梁守德:《全球化中的新趋势与新探索》,中央编译出版社 2003 年版,第 78—97 页。
③ 请参见张蕴岭:《世界经济中的相互依赖关系》,中国社会科学出版社 2012 年版,第 6—108 页。

度有多快?"，①而脆弱性则为"如果存在更多的选择，如果制定新的或完全不同的政策是可能的，针对外部变化进行调整的代价是什么?"。② 简言之，敏感性表现的是一国感受外来变化的速度和深度，脆弱性反映一国进行政策调整和改变的能力和难度。③ 相互依赖的敏感性与脆弱性是权力的来源，因而在不对称相互依赖中处于优势的国家可以借此影响他国的政策决策，对他国的主权行使施加一定限制。此外，在经济全球化的背景下，仅靠市场机制调节资源分配等，也会存在风险。各国需要以国际组织为平台，相互合作，以克服市场失灵等。国际组织作为信息分享以及制定决策的机构，也会分去国家的经济主权。

(二) 全球问题

全球问题最初是由罗马俱乐部于20世纪60年代末提出的，包括难民、恐怖主义、环境污染、南北关系等。④ 全球问题最突出的特征是具有公共属性，它超过了任何单个国家或组织的有效管辖或治理范围。根据议题领域划分，全球问题可以分为政治、经济与社会问题。⑤ 全球性问题往往会跨越国界，而难以凭借一国之力得到解决。

全球问题在某种意义上也对主权国家的治理范式提出了挑战，表现为：首先，国家需要对国际制度让渡主权。由于超越单个主权国家的边界，或者是问题的严重性，有时仅凭一国之力并不能有效地解决全球问题。问题的解决需要地区甚至是全球的合作和协调，这一需求催生了国际制度的产生，而国际制度不可避免地需要国家让渡部分主权。⑥

---

① [美]罗伯特·基欧汉，约瑟夫·奈:《权力与相互依赖》，门洪华译，北京大学出版社2002年版，第12—14页。
② [美]罗伯特·基欧汉，约瑟夫·奈:《权力与相互依赖》，门洪华译，北京大学出版社2002年版，第12—14页。
③ 余万里:《相互依赖研究评述》，《欧洲研究》2003年第4期，第51—61页。
④ 蔡拓:《全球问题与当代国际关系》，天津人民出版社2002年版，第4—9页。
⑤ 蔡拓:《全球问题与新兴政治》，天津人民出版社2011年版，第18页。
⑥ [美]约瑟夫·奈，约翰·唐纳胡:《全球化世界的治理》，王勇等译，世界知识出版社2000年版，第74—75页。

其次,治理主体的多元化。除了主权国家以及政府间组织,各种国际非政府组织、跨国网络、跨国联盟与跨国社会运动组织在解决全球问题中也具有重要作用,例如在应对灾难和提供服务方面,国际非政府组织和联盟的活动已有多年历史,现在这仍是国际非政府组织最普遍的角色。① 最后,全球问题具有全球的表现形式,需要全球协调、一致行动予以解决,因而会推动国际社会形成全球意识,即"承认国际社会存在共同利益,人类文化现象具有共同性的基础上,超越社会制度和意识形态的分歧,克服民族国家和集团利益的限制,以全球的视野去考察、认识社会生活和历史现象的一种思维方式"。② 全球意识部分构成了全球主义,后者本质上强调国家中心范式正在向世界政治范式转变,以及凸显非国家行为体的作用和国际合作的意义。因而,全球意识的增强,必然要求约束国家主权的范围与功能,加大对非政府间国际组织及各国内部个人与集团权利的保护。③

(三) 失败国家

英国外交大臣杰克·斯特劳(Jack Straw)将失败国家定义为:一个国家已经无法控制自己的领土和为国民提供安全保障;无法维持法治、推进人权和提供有效的治理;无法提供公共商品,如经济增长、教育和保健。④ 失败国家的处境显然要比"缺陷国家(defective state)"和"脆弱国家(weak state)"更为严峻。

失败国家对主权的挑战表现为对内对外两个维度:首先,对内失败国家并不能发挥基本的国家功能,或为人民的利益服务,自治原则几乎没有意义,失败国家国内通常处于比较严重的人道主义灾难之中。因而,对失败国家而言,相较于主权保护,人民保护更具重要性。更有甚

---

① [美]约瑟夫·奈,约翰·唐纳胡:《全球化世界的治理》,王勇等译,世界知识出版社2000年版,第229、232页。
② 蔡拓:《21世纪的政治学呼唤新的政治思维》,《政治学研究》1998年第1期,第27—28页。
③ 蔡拓:《全球问题与当代国际关系》,天津人民出版社2002年版,第449、456页。
④ 蔡拓:《全球问题与新兴政治》,天津人民出版社2011年版,第87—88页。

者,国家自身成为人民不安全的来源。其次,对外失败国家可以造成极大的不确定性和连带灾难,例如难民潮、生态灾难、战火蔓延,威胁邻近区域,同时还容易成为国际恐怖组织的收容所。① 一方面,失败国家通过消极外部性影响到其他国家的主权行使;另一方面,当国家的经济或其他利益被他国内部的暴力所威胁时,它或许会声称使用军事武力恢复经济利益是合法的。在此方面,失败国家与全球化增加了世界共同体对一国内部暴力的关注度,也提高了当暴行发生时国际干预的可能性。当然,此类干预所带来的问题在于,单边且自利的行动往往缺乏协调与充分性,不仅可能无助于解决问题,反而有可能导致暴力进一步升级。②

(四) 人权规范

二战后建立以主权国家为基础的国际秩序,该秩序假定主权国家会承担人权保护的主要责任。事实也的确如此,但一个发展趋势是通过联合国主持制定的一系列法律文件,包括《普遍人权宣言》及两个国际人权公约等,人权保护逐渐国际化。人权的国际保护是指"国家根据其主权并依据公认的国际法基本原则,主要通过签订国际条约,确立各国一般接受的国际人权规则和原则,并承担予以尊重和履行的国际义务,由有关人权公约所规定的国际机构或法律机制对这些国际义务的履行实行监督,加以保证"。③

虽然主权国家凭借自身实力、资源与合法性等仍是保护人权的基础与主要途径,但人权的国际保护也对主权形成挑战,表现为:(1)旨在以人权为名限制和削弱国家主权的各种学说粉墨登场,包括"主权过时

---

① 庄礼伟:《"失败国家":概念、指标、根源与治理》,载于陈玉刚、袁建华:《超越威斯特伐利亚?》,时事出版社 2004 年版,第 267—280 页。
② Susan E. Mayer, "In our Interest: The Responsibility to Protect", in Richard H. Cooper, Juliette Voinov Kohler eds., *Responsibility to Protect: The Global Moral Compact for the 21st Century*, London: Palgrave Macmillan, 2009, pp.46-47.
③ 邵津:《国际法》,北京大学出版社 2000 年版,第 308 页。

论""人权高于主权""人权无国界"等;(2)国家的司法主权由于对侵犯人权的追诉趋于国际化而受冲击,主权与国民之间的关系成为国际社会共同关注的问题;(3)国家主权受到人权义务的规制,包括不能违背国际条约中所体现的有关保护人权的一般性国际义务,不能违背其缔结或加入的国际人权条约所规定的义务,遵守有关人权的国际法强制性规范等。①

调和主权与人权已作为国际法的同等有效原则,国际社会似乎陷入一个困境。如果人权符合国家主权,国际社会能够进行合法的外部干预,则需要限定最低标准的人权,但人权规范与人权斗争将会因此失去意义。许多学者在关于国际秩序的新建议中,给出走出这一困境的方法为:将当前人权标准最小化和去国际化,国际执行最低标准的人权(minimum standards),国内执行严格标准的人权(demanding standards)。如果顺序颠倒,就会有损国家主权。这种划分没有进一步澄清人权二分的概念与规范性基础,非常主观与随意。人权的去国际化也可能会否决除军事干预外合法的国际介入。② 概言之,关于主权与人权,学者与政策制定者们因时因地各执一词,虽然他们提出各种调和与弥补措施,但是二者相互碰撞与冲突的一面并不可能被完全消除,可以确信的一点是,人权国际保护虽然主要依赖主权,但也对绝对主义的主权造成莫大挑战。

上述列举主权面临的挑战并不穷尽,仅是冰山一角,但足以在理论上说明,绝对主义主权观出现松动,难以为继。这从理论上为合理化干预行为提供了可能性。与此同时,国内冲突取代国家间战争成为冲突的主导形式,以及伴随国内冲突而出现的大规模人道主义灾难为合理化干预提供了现实性与必要性。

---

① 杨泽伟:《主权论:国际法上的主权问题及其发展趋势》,北京大学出版社2006年版,第148—155页。
② Cristina Lafont, "Human Rights, Sovereignty and the Responsibility to Protect", *Constellations*, vol.22, no.1, 2015, pp.68-78.

一方面伴随着经济相互依赖,全球问题凸显,国内冲突产生溢出效应,尤其是国际人权规范发展,绝对主义主权受到了极大挑战;另一方面国内人道主义灾难自二战后,尤其是冷战后,也在议事日程中占据突出地位。理论松动与现实需求都表明国际社会需要一个指导原则或规范以应对国内人道主义危机。在人道主义干预已经被"污名化"的背景下,保护的责任呼之欲出。

本章小结

对人道主义干预的界定既有共识又有分歧。这使得学界对人道主义干预尚不存在统一的定义。然而,已有的界定都指出,人道主义干预是为了人的保护的目的,使用军事行动反对一个主权权威。因而,人道主义干预的内涵深刻体现了主权规范与人权规范之间的张力关系。针对一些违反人权的大规模人道主义灾难,人道主义干预的支持者主张,为了制止灾难,国际社会可以采取干预的手段。这种干预可以是军事干预,甚至可以没有得到相关国家的同意和绕开安理会的授权。

人道主义干预概念的模糊与内涵的规范困境使它在实践中易被扭曲。冷战后,西方国家以"人权高于主权"为名进行的一系列干预就扭曲了人道主义干预的原意。人道主义干预被打上"污名",走向异化,成为新干涉主义。国际社会对新干涉主义展开诸多批评。一个衍生后果是围绕人道主义干预本身蕴藏的价值判断,国际社会已经无法达成共识。

人道主义干预虽然走向异化,但是在冷战后的时代,它提倡的以干预的形式解决主权国家内部的人道主义灾难的理念却具有必要性和可能性。必要性体现为冷战后国内冲突取代国家间战争,成为威胁和平与安全的主要形式。国内冲突通常伴随着大规模的人道主义灾难。可能性体现在绝对主义主权观遭遇诸多挑战,包括全球化带来的经济相互依赖、全球问题、失败国家和人权规范等。在人道主义干预走向异化,而以干预解决国内人道主义灾难问题具有必要性和可能性的背景下,保护的责任以"拯救者"的姿态出现。

第二章　作为"拯救者"的保护的责任及其困境

在国际关系中,人道主义干预原指国家为了人的保护的目的,使用军事行动反对一个主权权威。由于概念界定的不清晰和冷战后西方国家的干预实践,人道主义干预被打上了"污名",异化为"新干涉主义"。就人道主义干预本身蕴含的价值判断,国际社会已经无法达成一致。针对人道主义干预的异化,解决方案之一是剥离概念本身内含的价值判断,讨论人道主义干预的合法性与非法性、正义性和不正义性。然而,要国际社会就具体的人道主义灾难案例做出一致判定,实属不易。在应对大规模人道主义灾难时,国际社会难以构建一个统一的规范性框架,这成为了一大难题。若要尝试推动形成共识性的规范框架,就必须考虑另一种解决方案:摒弃颇具争议的人道主义干预概念,转而探寻其他替代性概念。[①] 但新概念试图解决的问题与人道主义干预仍然一致,即在一国国内发生大规模人道主义危机时,国际社会应当秉持何种态度。为了使新概念获得承认,在概念诞生之初,国际社会需要撇清其与人道主义干预的关系。当前国际社会选择的是第二种解决方案。在此背景下,人们见证了保护的责任这一概念的诞生。

---

① 李丽,沈丁立:《保护的责任与人道主义干预的异同》,《国际关系研究》2016年第6期,第122—137页。

第一节 以"拯救者"姿态问世的保护的责任

保护的责任的诞生具有理念和现实双重背景。从理念上来说,保护的责任根植于主权具有保护人民的责任维度;从现实背景来看,20世纪90年代以后,国际社会需要应对一系列国内大规模人道主义灾难。与此同时,作为应对这些灾难的人道主义干预被打上"污名",走向异化。

一、保护的责任诞生的理念背景:主权责任维度的再发现

作为一个学术和政治概念,保护的责任的理念直接源于"主权作为一种责任"。"主权作为一种责任"最初由弗朗西斯·邓(Francis Deng)提出,旨在协调主权和人道主义干预。在1994至2004年,邓作为联合国秘书长在国内流离失所者问题上的特别代表,亲眼目睹了冲突的残酷后果,并深刻体会到了政府与国际人道主义组织在提供援助过程中所产生的种种分歧。因此,他提出了这一概念,旨在强调政府应当义不容辞地承担起保护和援助平民的首要责任。[1] 1999年,在北约对科索沃实施所谓的"人道主义干预"之后不久,联合国秘书长科菲·安南在联合国大会上以此为例,着重强调"主权是一种责任"的理念。他提出,国家存在的根本是服务其人民,而主权则蕴含着保护其民众免受伤害的神圣职责。[2]

---

[1] Scott Woodward, "The Responsibility to Protect: The Time is Now", *Mediterranean Quarterly*, vol. 23, no. 3(2012), pp. 82-97.
[2] Alex J. Bellamy, "Sovereignty Redefined: The Promise and Practice of R2P", in Pinar Gozen Ercan ed., *The Responsibility to Protect Twenty Years On*, Palgrave Macmillan, 2022, p. 13.

第二章 作为"拯救者"的保护的责任及其困境

"主权作为一种责任"具有两点重要洞见:其一,它并不旨在合法化西方国家的干预行为,而是鼓励动荡区域的领导人加强与国际组织的合作以缓解灾难;其二,鼓励弱国与国际行为体一起加强能力建设以履行保护公民的责任。① 概念的提出者与推崇者认为,以往强调主权和人道主义干预的基础是"干预是一种权利",如今"主权作为一种责任"强调干预是一种责任。实质上,"主权作为一种责任"并非是一种创新,而只是重新发掘和凸显主权的另一面。对主权理论发展史简短的回顾,就会发现无论是"主权作为一种责任",还是基于其上的保护的责任都具有悠久的历史渊源。

主权理论可以追溯到古希腊时期。虽然它的发展时期漫长,但是学界对它的认识至今尚未统一。亚里士多德在《政治学》一书中指出:"政体这个名词的意义相当于'公务团体',而公务团体就是每一个城邦最高治权的执行者,最高治权的执行者,则可以是一人,也可以是少数人,又可以说是多数人。"②托马斯·阿奎那认为国家是完善的社会,是由于人的理性需要而产生的;人们成立国家的目的是为了公民的共同幸福生活。③ 阿奎那指出:"如果一个自由人的社会是在为公众谋幸福的统治者的治理之下,这种政治就是正义的,是适合自由人的。相反地,如果那个社会的一切设施服从于统治者的私人利益而不是服从公共福利,这就是政治上的倒行逆施,也就不再是正义的了。"④马基雅弗利从人性论的角度指出国家的目的是为了保障人民生命和财产的安全。⑤

---

① Scott Woodward, "The Responsibility to Protect: The Time is Now", *Mediterranean Quarterly*, vol. 23, no. 3(2012), pp. 82-97.
② 亚里士多德:《政治学》,吴寿彭译,商务印书馆1981年版,第173页。
③ 杨泽伟:《主权论:国际法上的主权问题及其发展趋势研究》,北京大学出版社2006年版,第14页。
④ 《阿奎那政治著作选》,马清槐译:商务印书馆1997年版,第46页。
⑤ 杨泽伟:《主权论:国际法上的主权问题及其发展趋势研究》,北京大学出版社2006年版,第15页。

上述学者的研究虽对主权有所涉及,但均没有明确提出主权一词。博丹最早明确使用主权的概念。他认为,主权是君主不受法律限制的对臣民的最高权力。① 主权虽是绝对、永久的,但却也受神法、自然法和万国公法的拘束,国内法则不过是君主的命令。② 不丹对主权的界定揭示了主权蕴含的矛盾,为主权与人权之间的冲突埋下了伏笔。矛盾体现为:人权的根据是人格,人格或人的尊严源于自然法。既然主权受自然法制约,那么主权是否受到人权的制约值得深思。

被誉为现代国际法之父的格劳修斯认为,在一些情形下,一个共同的人性(common humanity)可以高于国家主权的神圣性,人类纽带(human connexion)不应当在专制统治时被遗忘。格劳修斯认为,国家主权在本质上就是国家的最高统治权,国家即是主权者本身,因为"国家是自由人为了享受法律的利益和求得共同福利而联合起来的一个完善的结合"。③ 国家的这一本质又决定了它必须保障人民的权利,特别是要保护私有财产权。他指出"自然法规定:不得侵犯他人的财产,应归还不属于自己的东西和由此而来的收益,应履行自己的诺言,应赔偿因自己的过错所引起的损害等。"④

启蒙运动开启了对主权的契约论解释传统。这一传统的代表人物首推霍布斯。霍布斯认为:"当一群人确实达成协议,并且每一个人都与每一个其他人订立信约,不论大多数人把代表全体的人格的权利授予任何个人或一群人组成的集体(即使之成为其代表者)时……这时国

---

① 杨泽伟:《主权论:国际法上的主权问题及其发展趋势研究》,北京大学出版社 2006 年版,第 16 页。
② 杨泽伟:《主权论:国际法上的主权问题及其发展趋势研究》,北京大学出版社 2006 年版,第 16 页。
③ 罗艳华:《国际关系中的主权与人权:对两者关系的多维透视》,北京大学出版社 2005 年版,第 26 页;格劳修斯:《战争与和平的权利》,第一编,第一章,第 3—6 节;周辅成:《西方伦理学名著选辑(上卷)》,商务印书馆 1987 年版,第 579—588 页。
④ 罗艳华:《国际关系中的主权与人权:对两者关系的多维透视》,北京大学出版社 2005 年版,第 26 页;格劳修斯:《战争与和平的权利》,第一编,第一章,第 3—6 节;周辅成:《西方伦理学名著选辑(上卷)》,商务印书馆 1987 年版,第 579—588 页。

家就称为按约建立了。"①社会契约蕴含的一个条款说明了订立盟约的目的,即"为了建立主权者这一最终目的,为了保全我的生命,保全我关爱的对象,保全舒适生活的授权"。当然,主权者颁布的法律可能是不良善的,且伤害到共同体或公共利益,但霍布斯指出,坏的法律永远也不会比战争状态更坏,更何况主权者的法律应该是公正的。②③

除了霍布斯,以契约论传统解释主权的学者还包括洛克、卢梭等。洛克指出,"人们为了避免自然状态中的战争状态,便通过订立社会契约组成国家,把在自然状态中由个人执行的权利交给一个社会性的权威机构去执行。国家起源于社会契约,国家主权应该属于人民"。④ 洛克从自然法中推出自然权利,并把自然法作为自然权利学说的基础。他相信政府是经由人民之托并从人民的同意中获取合法权。⑤ 只有当政府充分保护个人权利时,人民才会将同意给予政府,如果违背了这种权利,政府将失去统治的权利和权威。⑥ 从洛克的角度看,一个主要的论点是通过公开的同意,人们有义务服从合法的政府,而非不正义的政府。⑦ 因而,政府的合法性是人们服从政府法律这一政治义务的必要条件,人们对不正义的政府并不负有任何政治义务或责任,且有权利反对一个不合法的、足够不正义的政府,如果这种反抗取得成功的可能性非常大,并且一个合法的政府在无须牺牲大量无辜生命的情况下能够尽

---

① [英]霍布斯:《利维坦》,黎思复、黎廷弼译,商务印书馆1985年版,第133页。
② [英]霍布斯:《利维坦》,黎思复、黎廷弼译,商务印书馆1985年版,第136页。
③ [美]约翰·罗尔斯:《政治哲学史讲义》,杨通进等译,中国社会科学出版社2011年版,第82、84、92页。
④ 杨泽伟:《主权论:国际法上的主权问题及其发展趋势研究》,北京大学出版社2006年版,第17页。
⑤ 罗艳华:《国际关系中的主权与人权:对两者关系的多维透视》,北京大学出版社2005年版,第30页。
⑥ 罗艳华:《国际关系中的主权与人权:对两者关系的多维透视》,北京大学出版社2005年版,第30页。
⑦ [美]约翰·罗尔斯:《政治哲学史讲义》,杨通进等译,中国社会科学出版社2011年版,第135—136页。

快建立起来的话。①

卢梭认为主权者的形成源自结合行为,即"我们每个人都以其自身及其全部的力量共同置于公意的最高指导之下,并且我们在共同体中接纳每一个成员作为全体之不可分割的一部分"。② 主权者是个人结合而成的政治与道德共同体,没有而且也不能有与他们的利益相反的任何利益。由于共同体不可能想要损害它的全体成员,因而主权权力就无需对臣民提供任何保证。③

在不同的发展阶段,主权呈现出不同的内涵。到了19世纪,随着国际交往的日趋频繁,主权的含义具有了一个新的维度,即对外独立。20世纪资本主义在全世界的扩张需要打破阻碍其发展的桎梏,限制和否认主权的一些主张开始出现,包括:经济制约论、道德制约论、制度制约论、生存制约论、行为制约论等。④ 联合国成立时,虽然《联合国宪章》规定主权规范是世界秩序的基础,但人权规范也被纳入其中。20世纪90年代初,随着冷战的落幕,国内冲突频发,大规模暴行事件不断上升,人权的应用力度也随之加大,同时保护的责任理念逐渐兴起,这一系列因素共同促使主权与人权之间的天平发生了进一步的倾斜。在此背景下,基于规范的学者们通过深入研究证实,人权规范已经获得了广泛的合法性认同,它已成为国际社会普遍秉持的信仰。这一规范不仅限制和约束了主权的绝对性,还为人道主义干预提供了可能性和正当性基础。⑤

主权概念的哲学起源表明,主权虽然意味着最高性与独立性,但并

---

① [美]约翰·罗尔斯:《政治哲学史讲义》,杨通进等译,中国社会科学出版社2011年版,第135—136页。
② [法]卢梭:《社会契约论》,何兆武译,商务印书馆2003年版,第20页。
③ [法]卢梭:《社会契约论》,何兆武译,商务印书馆2003年版,第23页。
④ 罗艳华:《国际关系中的主权与人权:对两者关系的多维透视》,北京大学出版社2005年版,第7—9页。
⑤ Carrie Booth Walling, "Human Rights Norms, State Sovereignty, and Humanitarian Intervention", *Human Rights Quarterly*, vol.37, no.2(2015), pp.383-413.

不意味着不受制约。究其根本，主权受到所服务的目的制约。这种目的是保护生活在其下的人民，包括他们的生命权、财产权。主权保护其人民的维度也为当前各国所承认。但是在实践中，本用于保护的主权却遭到一些国家的滥用，这种滥用尤其针对应受到保护的公民。[①] 由上可见，认为"主权作为一种责任"或保护的责任的概念是主权的革命性重构实质上是有误的。主权概念中原本就蕴含着责任，只是在实践中主权的责任维度被淹没或扭曲，如今又被重新发现。这种重新发现为保护的责任奠定了理论基础。

二、现实背景：人道主义灾难与对异化了的人道主义干预的批判

从理论上来说，保护的责任的提出是重新发掘了主权中蕴含的责任维度，但在特定的时刻被提出也具有相应的现实背景，即冷战后人道主义灾难频发，同时由于西方国家的实践，解决人道主义灾难问题的人道主义干预发生异化。

冷战结束后，原来被两极体系压制的宗教、种族、民族矛盾等纷纷浮现，演变为国内冲突。国内冲突通常伴随着大规模的人道主义灾难，例如卢旺达、科索沃、波斯尼亚和索马里冲突。一方面，在全球化时代，由于经济和政治相互依赖等，国内冲突中的大规模人道主义灾难已经不再局限在国家的边界之内，它们往往会产生溢出效应和消极的外部性。例如，非洲部分国家的国内冲突升级为区域战争，利比亚与叙利亚危机导致了大量的难民涌入欧洲；另一方面，即使国内人道主义灾难的有形影响没有跨越边界，但伴随着现代通信技术的进步，关于人道主义

[①] Charles Sampford, "A Tale of two Norms", in Angus Francis, Vesselin Popovski, Charles Sampford eds., *Norms of Protection: Responsibility to Protect, Protection of Civilians and their Interaction*, Tokyo: United Nations University Press, 2012, pp.98-116.

灾难的信息传播迅速且会生动地呈现在国际社会面前。国内冲突及卷入其中的各种各样的非国家行为体和大规模人道主义灾难的后果甚至让学者直言,一个以国家为中心的视角已经不足以解释现代战争的事实。①

国内冲突及其伴随的大规模人道主义灾难激起了国际社会的辩论,辩论的主题围绕着主权的责任和人道主义干预的权利。最初,国际社会的诊断方案是汲取西方政治思想中人道主义干预的传统,试图以强制性干预解决人道主义危机。然而,在解决这些问题中,国际社会要么选择消极被动,要么则打着"人权高于主权"的旗号,进行武力干预和寻求政权更替。在此背景下,人道主义干预的概念被"污名化"。人道主义干预异化之后,它遭遇国际社会的诸多批评,原有的伦理价值被蒙蔽,成为西方国家干预其他国家内政的代名词。

在人道主义干预走向异化的背景下,面对大规模的人道主义灾难,针对国际社会的不作为,时任联合国秘书长安南明确支持诉诸安理会的道德义务,代表国际共同体对这些危机进行应对。安南指出,"如果人道主义干预是对主权不可被接受的攻击,那么我们如何应对卢旺达、斯雷布雷尼察大屠杀等诸如此类的大规模违反人权的行为?这些行为影响到我们共同人性的准则"。②

现实中旧问题的存在与理论上人道主义干预的异化催生国际社会提出解决问题的新方法和新思路。在此背景下,加拿大政府授权建立干预与国家主权国际委员会(International Commission on Intervention and State Sovereignty, ICISS)。③ 该委员会随后提出了保护的责任的概念。

---

① Andreas S. Kolb, *The UN Security Council Member's Responsibility to Protect*, Berlin: Springer, 2018, p.5.
② *International Commission on Intervention and State Sovereignty, The Responsibility to Protect*, Ottawa: International Development Research Center, 2001, p.VII.
③ 李丽:《以中等国家外交探究韩国对"保护的责任"的立场》,《武汉科技大学学报》2017年第2期,第163—170页。

第二章 作为"拯救者"的保护的责任及其困境

第二节 保护的责任的概念界定

许多关于保护的责任的著作,在界定概念时存在一个误区,即要么援引 ICISS 报告,要么援引世界首脑会议成果文件(World Summit Outcome Document,WSO),它们忽略了一个问题,即自保护的责任被提出以后,它经历了一个动态的发展进程。仔细审视该进程,人们会发现在不同时期,保护的责任的含义不同。整体而言,这种界定呈现出保守化的发展趋势。这种保守化趋势与对原初概念的稀释化进程是国际社会就保护的责任能够形成共识的原因之一。

一、概念界定

ICISS 成立时,它主要承担三重任务:就国际共同体应对主权国家内部的人道主义灾难形成一个可信的行动指导;形成一个行动框架,且该框架需在政治上足够可信以使南北国家都能接受;在应对大规模灾难时,有足够的理由可以动员起行动和道德支持。① 通过将辩论的主题从干预的权利转向责任,委员会使国际社会的焦点从干预主体转移到需要被照顾的对象。② 这使得那些反对人道主义干预的国家也愿意在保护的责任问题上进行磋商。

在 ICISS 报告中,保护的责任被界定为,主权国家具有责任保护其

---

① Gareth Evans, "The Responsibility to Protect: From an Idea to an International Norm", in Richard H. Cooper, Juliette Voïnov Kohler eds., *The Responsibility to Protect: The Global Moral Compact for the 21st Century*, London: Palgrave Macmillan, 2009, pp.15-29.
② 李丽:《以中等国家外交探究韩国对"保护的责任"的立场》,《武汉科技大学学报》2017 年第 2 期,第 163—170 页。

公民免于大规模的灾难,但如果主权国家不愿或没有能力(unwilling or unable)承担起责任,责任随后将移交给国际共同体。报告指出,作为国际共同体的指导原则,保护的责任的基础是:主权概念本身内含的义务维度;《联合国宪章》第 24 条规定安理会有义务维护国际和平与安全;人权和人的保护的宣言、契约和条约,国际人道主义法律和国家法之下的特定法律义务;国家、区域组织和安理会日益形成的实践。①

具体而言,保护的责任包含三个特定的责任:(1)预防的责任:针对将人类置于危险之中的内部冲突和其他人为危机的根源和直接原因;(2)反应的责任:以适当的措施应对紧急的人道主义需求,措施包括制裁、国际执行等强制性措施,在极端条件下,国际社会也可以使用武力;(3)重建的责任:尤其是在军事干预后,国际社会为修复、重建、和解提供全面的援助。② 在三个责任的优先顺序方面,预防责任是最重要的维度,实施干预之前应当首先穷尽所有的预防手段。在执行预防和反应的责任时,国际社会应当首先采用非强制性的措施,随后考虑强制性举措。③

ICISS 报告指出,终止大规模的人道主义灾难并不一定需要采取军事干预的方式,只有在极端的情形下,军事干预才是合法的。借鉴正义战争理论,报告指出了军事干预应当遵守的原则。

首先,满足正义的原因(just cause)。正义的原因具有两个门槛:其一,实际或预期的大规模的生命损失;其二,实际或预期的大规模的种族清洗。④

---

① *International Commission on Intervention and State Sovereignty. The Responsibility to Protect*, Ottawa: International Development Research Center, 2001, p.XI.
② *International Commission on Intervention and State Sovereignty. The Responsibility to Protect*, Ottawa: International Development Research Center, 2001, p.XI.
③ *International Commission on Intervention and State Sovereignty. The Responsibility to Protect*, Ottawa: International Development Research Center, 2001, p.XI.
④ *International Commission on Intervention and State Sovereignty. The Responsibility to Protect*, Ottawa: International Development Research Center, 2001, p.XI-XIII.

其次,预警原则(precautionary principles),需要满足正确的意图(right intention)、最后的手段(last resort)、相称的措施(proportional means)、合理的前景(reasonable prospects)。①

再次,正确的权威(right authority),报告明显偏向联合国,尤其是安理会。报告指出,如果不寻求安理会对军事干预的批准,那么会削弱联合国和国际法的权威。联合国的成员国有不采取单边武力行动和代表联合国使用武力的义务。就安理会人道主义干预记录和常任理事国的否决权,报告提出了一个行动守则(code of conduct)。根据该守则,如果大规模暴行不涉及常任理事国的重大国家利益,则它们不要使用否决权。如果危机跨越门槛,安理会并不采取行动,报告提出两种替代性路径:其一,建议联合国大会可以接管决策,使用"团结一致共策和平"赋予的权利。② 报告指出这虽然并未构成一个明确的法律上支持,但是也为干预提供了合法性象征。其二,报告还建议区域或次区域组织可进行干预,事后寻求安理会赋予其行动的合法性。③

最后,就行动准则(operational)而言,报告指出行动需要确立清晰的目标和使命并有与之相匹配的资源;相关方遵守共同的方法,指挥一致,交流顺畅等;使用武力时要意识到武力的有限性和保护平民的主要目标;时刻保持接触战略的可行性以及与人道主义组织保持协调等。④

---

① *International Commission on Intervention and State Sovereignty. The Responsibility to Protect*, Ottawa: International Development Research Center, 2001, p. XI-XIII.
② "联合一致共策和平",英文为"Uniting for Peace",是在朝鲜战争的背景下,经美国提出,后为联合国大会通过的第377(五)A号决议。该决议规定,"在出现对和平的威胁、破坏和侵略行为,安理会由于常任理事国意见分歧而无法行使其维护国际和平与安全的职责时,大会可以采取行动,即:立即对该问题进行审议并建议会员国采取包括使用武力在内的集体行动,以维护国际和平与安全",https://legal.un.org/avl/ha/ufp/ufp.html,2023年9月1日(上网时间)。
③ *International Commission on Intervention and State Sovereignty. The Responsibility to Protect*, Ottawa: International Development Research Center, 2001, p. XI-XIII.
④ *International Commission on Intervention and State Sovereignty. The Responsibility to Protect*, Ottawa: International Development Research Center, 2001, p. XI-XIII.

ICISS报告提出保护的责任的概念之后，该概念并未立即成为国际议事日程的一部分。促使保护的责任从个别国家和学者提出的概念上升为国际议题的关键一步是《威胁、挑战和改革问题高级别小组的报告》。① 该报告部分采用了ICISS报告的观点，尤其指出，"我们赞同新的规范，即如果发生灭绝种族和其他大规模杀戮，国际社会集体负有提供保护的责任，由安全理事会在万不得已情况下批准军事干预，以防止主权国家没有能力或意愿终止族裔清洗或严重违反国际人道主义法律的行为"。②

　　随后，保护的责任发展的关键一步是当时的联合国秘书长安南向世界首脑峰会作的报告。在《大自由：实现人人共享的发展、安全和人权》报告中，秘书长指出，"干预和国家主权问题国际委员会以及最近由来自世界各地的16名成员组成的威胁、挑战和改革问题高级别小组，都赞同'新的规范，即集体负有提供保护的责任'。虽然我清楚这一问题的敏感性，但我坚决赞同这种做法。我认为，我们必须承担起保护的责任，并且在必要时采取行动。这一责任首先在于每个国家，因为国家存在的首要理由及职责就是保护本国人民。但如果一国当局不能或不愿保护本国公民，那么这一责任就落到国际社会肩上，由国际社会利用外交、人道主义及其他方法，帮助维护平民的人权和福祉。如果发现这些方法仍然不够，安全理事会可能不得不决定根据《联合国宪章》采取行动，包括必要时采取强制行动。与其他情况一样，安理会应当遵循上文第三节所述的各项原则"。③

---

① 李丽：《以中等国家外交探究韩国对"保护的责任"的立场》，《武汉科技大学学报》2017年第2期，第163—170页。
② A/59/565，一个更安全的世界：我们共同的责任. 联合国官网：https://documents-dds-ny.un.org/doc/UNDOC/GEN/N04/602/30/PDF/N0460230.pdf?OpenElement，2023年6月1日（上网时间）.
③ 大自由：实现人人共享的发展、安全和人权，联合国官网：https://documents-dds-ny.un.org/doc/UNDOC/GEN/N05/270/77/PDF/N0527077.pdf?OpenElement，2023年6月1日（上网时间）。

第二章 作为"拯救者"的保护的责任及其困境

秘书长报告之后,在各国的妥协和让步之下,2005年世界首脑会议成果文件(简称为 WSO 文件)的 138—140 确认了保护的责任,产生了现在保护的责任的权威版本。WSO 文件原文为:

> "138. 每一个国家均有责任保护其人民免遭灭绝种族、战争罪、族裔清洗和危害人类罪之害。这一责任意味通过适当、必要的手段,预防这类罪行的发生,包括预防煽动这类犯罪。我们接受这一责任,并将据此采取行动。国际社会应酌情鼓励并帮助各国履行这一责任,支持联合国建立预警能力。
>
> 139. 国际社会通过联合国也有责任根据《联合国宪章》第六章和第八章,使用适当的外交、人道主义和其他和平手段,帮助保护人民免遭种族灭绝、战争罪、族裔清洗和危害人类罪之害。在这方面,如果和平手段不足以解决问题,而且有关国家当局显然无法保护其人民免遭种族灭绝、战争罪、族裔清洗和危害人类罪之害,我们随时准备根据《联合国宪章》,包括第七章,通过安全理事会逐案处理,并酌情与相关区域组织合作,及时、果断地采取集体行动。我们强调,大会需要继续审议保护人民免遭种族灭绝、战争罪、族裔清洗和危害人类罪之害的责任及所涉问题,要考虑到《联合国宪章》和国际法的相关原则。我们还打算视需要酌情作出承诺,帮助各国建设保护人民免遭种族灭绝、战争罪、族裔清洗和危害人类罪之害的能力,并在危机和冲突爆发前协助处于紧张状态的国家。
>
> 140. 我们全力支持秘书长防止种族灭绝问题特别顾问的任务。"[①]

在保护的责任的规范化进程中,WSO 文件的贡献如下:首先,文件明确规定了保护的责任适用于四种罪行,且在现有的国际法中,这四种

---

① A/RES/60/1,联合国官网:https://documents-dds-ny.un.org/doc/UNDOC/GEN/N05/487/59/PDF/N0548759.pdf?OpenElement,2023 年 6 月 1 日(上网时间)。

罪行有比较准确的法律含义,推动了国际社会接受保护的责任。① 其次,文件将保护的责任、安理会授权与《联合国宪章》的第七章结合起来,既指出保护的责任可以采取强制性手段,又说明这种强制性干预并不能违反国际法和国际规范,这为联合国大会或安理会继续讨论保护的责任预留了可能性。再次,文件阐述了主权国家和国际社会的角色和责任,以及指出并不存在所谓的保护的责任的事件或危机,并不存在一个时刻或事件使保护的责任突然介入,国家与世界的责任都不会突然出现或消失。换言之,责任的性质并未发生改变,而是应对罪行的方式发生了变化。最后,作为国家和政府首脑会议通过的决议,WSO 文件具有重要的政治意义。② 它虽然没有扩大国际社会干预或干涉国家内政的合法权利,但确实赋予了联合国安理会特殊的责任,使得安理会在面对大规模暴行时,难以为其不作为的行为提供正当性。③

但实质上,WSO 文件中的保护的责任有别于 ICISS 报告中的保护的责任。尽管 WSO 文件仍使用了 ICISS 报告的语言,但却没有采纳 ICISS 报告中的一些建议。两者的区别表现为:首先,在 WSO 文件中,安理会的授权是执行保护的责任的必要条件,但是 ICISS 则提出,如果由于常任理事国的分歧,安理会无法授权,国际社会可以诉诸联合国大会的"团结一致共策和平"。其次,ICISS 文件规定保护的责任的适用情形是人为引起的大规模灾难,且国际社会接管责任是由于当事国不愿

---

① 现有国际法并未对族裔清洗(ethnic cleansing)单独定义,因为其指涉某个族裔或宗教集团特地制定的政策,通过暴力和恐怖手段将另一个族裔或宗教集团的平民从某个地理区域中驱逐出去。由于反人类罪中包括对人口的强制性转移或驱逐,因此,族裔清洗包含在反人类罪的范畴中。刘铁娃主编:《保护的责任:国际规范建构中的中国视角》,北京大学出版社 2015 年版,第 179 页。

② Alex J. Bellamy, Ruben Reike, "The Responsibility to Protect and International Law", in Alex J. Bellamy ed., *The Responsibility to protect and International Law*, Leiden: Martinus Nijhoff Publishers, 2011, pp.81-100.

③ Alex J. Bellamy, "Sovereignty Redefined: The Promise and Practice of R2P", in Pinar Gozen Ercan ed., *The Responsibility to Protect Twenty Years On*, London: Palgrave Macmillan, 2022, p.17.

意或不能够承担责任,WSO 文件缩小了大规模人道主义灾难的范围,严格限定保护的责任仅仅适用于四种罪行,且国际社会接管责任的导火索是当事国明显未能(manifest failure)承担责任。最后,ICISS 给安理会五个常任理事国规定了一个行动守则,即如果灾难不涉及五国的利益,常任理事国谨慎使用否决权,但 WSO 文件对此未予提及。

由上可见,保护的责任的支持者试图实现的两个主要目标,即确保五个常任理事国支持干预行动的义务和移除他们在此问题上的否决权,都没有被纳入结果文件中。此外,加强国家在安理会之外合法行动的能力也未成功。就概念的发展而言,WSO 文件重新提及安理会在决策中的主导性,抛弃了 ICISS 报告中的许多主旨,概念的发展出现了后退。因而,相较于 ICISS 报告,WSO 文件对保护的责任的规定表明保护的责任正在走向保守化。这种保守化和模糊化也是国际社会就保护的责任可以形成共识的原因之一。文件的模糊化使每一个国家都可根据自己的利益阐释文本。

二、保护的责任概念的保守化演进

随着峰会告一段落,国际社会在两个领域仍存有分歧:其一,这一原则是否支持在安理会之外采取行动;其二,如果存在标准,那么使用武力进行干预应当遵循何标准?[①] 在安理会、联合国大会以及实践应用上,各国围绕保护的责任仍争论不休,国家间的立场分歧仍难以弥合。

(1)安理会:在安理会中,与保护的责任相关的公开辩论几乎都是在武装冲突中保护平民的背景下进行。在结果文件出台以后,就武装冲突中保护平民,安理会举行过多次辩论。2005 年 9 月 9 日,英国起草

---

① Lee Feinstein, Erica De Bruin, "Beyond Words: U. S. Policy and the Responsibility to Protect", in Richard H. Cooper, Juliette Voïnov Kohler eds., *The Responsibility to Protect: The Global Moral Compact for the 21st Century*, London: Palgrave Macmillan, 2009, pp.178-198.

在武装冲突中保护平民的决议,中国与俄国指出,在安理会决议包含保护的责任之前,保护的责任应当首先交给联合国大会就其细节进行充分的讨论。2006年3月,随着谈判进程的推进,中国改变了立场,表示如果保护的责任的措辞与2005年WSO结果文件中的表述相一致,那么中国将接受这一责任。安理会于2006年4月通过1674号决议,即"武装冲突中保护平民",重申2005年WSO文件第138和139段关于保护平民免遭灭绝种族、战争罪、族裔清洗和危害人类罪之害的责任的规定。① 安理会1706号决议讨论苏丹的情形,引用1674号决议,间接提及保护的责任。② 安理会1894号决议"在武装冲突中保护平民",再次"重申《2005年世界首脑会议成果文件》关于武装冲突中保护平民的相关规定,包括其中关于保护民众免遭灭绝种族罪、战争罪、族裔清洗和危害人类罪之害责任的第138段和第139段的规定"。③ 安理会1973号决议对利比亚危机进行讨论,同意在利比亚设立"禁飞区",使用了保护的责任的语言。④ 目前,广泛的共识是1973号决议被称为"保护的责任的决议"。⑤ 总体而言,围绕保护的责任,安理会缺少一致意见,这使保护的责任很难被运用至特定的危机之中。与此同时,在试图推进保护的责任的国家看来,将保护的责任运用到任何危机中都代表了此概念的进步。

(2) 联合国大会:2006年9月,在第61届的辩论中,只有13个国家提及保护的责任,大部分是欧盟国家。2007年9月,只有8个国家在

---

① S/RES/1674. 联合国安全理事会第1674(2006)号决议:https://documents-dds-ny.un.org/doc/UNDOC/GEN/N06/331/98/PDF/N0633198.pdf?OpenElement,2006-4-28。
② S/RES/1706. 联合国安全理事会第1706(2006)号决议:https://documents-dds-ny.un.org/doc/UNDOC/GEN/N06/484/63/PDF/N0648463.pdf?OpenElement,2006-8-31。
③ S/RES/1894. 联合国安全理事会第1894(2009)号决议:https://documents-dds-ny.un.org/doc/UNDOC/GEN/N09/602/44/PDF/N0960244.pdf?OpenElement,2009-11-11。
④ S/RES/1973. 利比亚局势-设立禁飞区:https://documents-dds-ny.un.org/doc/UNDOC/GEN/N11/268/38/PDF/N1126838.pdf?OpenElement,2011-3-18。
⑤ S/RES/1973. 利比亚局势-设立禁飞区:https://documents-dds-ny.un.org/doc/UNDOC/GEN/N11/268/38/PDF/N1126838.pdf?OpenElement,2011-3-18。

辩论中提及保护的责任。2007年12月,在联合国大会的第五委员会,秘书长指出他要任命保护的责任的特别顾问以落实和发展保护的责任的原则。2008年3月,秘书长再次提及任命之事,但是代表团都讨论关于任命程序的合适性。古巴、摩洛哥、埃及、尼加拉瓜与苏丹强调WSO文件没有充分讨论保护的责任,就保护的责任的内容和定义,成员国缺乏共识。初步审视联合国大会的实践揭示出,自2005年首脑峰会之后,在联大的一般性讨论中,成员国在讲话中提及保护的责任的次数并没有增加。公开支持保护的责任的成员国几乎是欧盟及其附属国家。在一般性讨论中,只有在对达尔富尔地区、缅甸、津巴布韦以及刚果民主共和国的讨论中,保护的责任被提及,但国际社会没有给出具体的适用步骤。[①]

由于需要进一步澄清保护的责任,促成其从言辞到实践的转变,2009年7月,时任联合国秘书长潘基文发布《保护的责任实施报告》。该报告提出保护的责任的三个支柱,分别为:(1)每一个国家均有责任保护其人民免遭灭绝种族、战争罪、族裔清洗和危害人类罪之害;(2)国际社会有责任鼓励并帮助各国履行这一责任;(3)国际社会有责任使用适当的外交、人道主义和其他手段,保护人民免遭这些罪行之害,如果一个国家显然无法保护其人民,国际社会必须随时根据《联合国宪章》采取集体行动保护人民。[②]

2010年8月,在联合国大会关于"早期预警、评估和保护的责任"的非正式互动对话会上,秘书长发表了讲话。就"区域和次区域安排对履行保护责任的作用"问题,2011年7月,联合国大会举行非正式互动对话。秘书长的报告指出,为了实现保护的责任体现的承诺,有效的全球和区域协作十分关键。在联合国大会第四次年度非正式与互动型对话

[①] Ekkehard Strauss, "A Bird in the Hand is Worth two in the Bush: on the Assumed Legal Nature of the Responsibility to Protect", in Alex J. Bellamy ed., *The Responsibility to protect and International Law*, Leiden: Martinus Nijhoff Publishers, 2011, pp.25-57.

[②] 联合国官网:https://digitallibrary.un.org/record/647126?ln=zh_CN,2023年8月22日(上网时间)。

中,秘书长提交了报告,报告题为"保护的责任:及时果断的反应"。该报告审查了:保护的责任第三个支柱下的可用手段,实施第三个支柱有哪些伙伴方以及预防和应对的密切关系。2013年9月,就秘书长的"保护的责任问题:国家责任与预防"的第五份报告,联合国大会召开了年度非正式互动对话。除了探讨暴行罪的原因和动态发展,此份报告还提出了一些社会措施,国家可以采取这些措施预防和应对罪行。2014年9月,就秘书长题为"履行我们的集体责任:国际援助与保护的责任"的第六份报告,联合国大会展开辩论。报告提出了多个行为体、方法和原则,以通过鼓励、能力建设和保护援助努力协助各个国家。① 在2017年和2018年,联合国大会以绝对多数投票决定将R2P作为其议程中的一个正式项目。②

纵观保护的责任的发展进程,它的保守化趋势呈现在三个方面:

首先,保护的责任从预防、反应、重建三个支柱到日益强调预防,规避了核心问题和绕开了主要障碍。保护的责任诞生的背景是国际社会如何应对主权国家内部的大规模人道主义灾难,因而"反应"维度最具有迫切性。由于反应维度直接涉及到与国家主权的协调问题,它也是最难解决的问题。在保护的责任的保守化发展中,支持者试图规避该核心问题,日益强调预防的重要性。为了应对全球政治动态的变化,国际政策制定者、学者和R2P的倡导者近年来有意识地将R2P上的辩论焦点转向了该概念的预防性和实践性维度。③ 可以说自2009年以来的十年里,预防已经成为大量关于保护的责任辩论的焦点,甚至一些人认

---

① 联合国官网:https://digitallibrary.un.org/record/3961777?ln=zh_CN,2023年6月1日(上网时间)。
② Cecilia Jacab and Martin Mennecke, "The Challenges of Implementing the R2P Norm", in Cecilia Jacab and Martin Mennecke eds., *Implementing the Responsibility to Protect*, London: Routledge, 2020, p.1.
③ 关于为何会出现这种有意识的转变的分析可参见:Cecilia Jacab and Martin Mennecke, "The Challenges of Implementing the R2P Norm", in Cecilia Jacab and Martin Mennecke eds., *Implementing the Responsibility to Protect*, London: Routledge, 2020, pp.3-4.

为预防应该是 R2P 的核心,并以具体案例来证明 R2P 可以作为预防大规模暴行的额外价值。① 尽管当前存在优先强调预防维度的趋势,但并非所有支持保护的责任的人都赞同这一发展方向,这主要基于两个原因:其一,如果将保护的责任与更宽泛的防御性措施,如经济社会发展、民主化等相挂钩,那么保护的责任就可能会失去其独特的性质,进而削弱对其的支持。其二,过分强调预防性维度,并动员大量资源和政治意志去执行预防措施,可能会导致政策制定者在面对正在发生的大规模暴行时,忽略了及时有效的应对措施。②

其次,保护的责任依然着重强调国家的责任,对于国际社会的责任讨论得相对较少。因此,保护的责任仍面临诸多未解难题,比如国际社会应在何时介入并承担责任、具体的责任主体是谁、以及承担责任的界限究竟在哪里等。从 WSO 文件通过后安理会援引保护的责任的系列决议可见,虽然安理会决议强调了保护的责任,但是它们主要侧重当事国的责任。在联合国大会关于保护的责任的非正式互动型对话中,国际社会成员国也都强调支持支柱一,而对支柱二与支柱三,即国际社会对国家的协助责任以及国际社会直接接管责任,它们持十分谨慎的态度。

最后,在执行保护的责任方面,国际社会逐渐从强调多种手段并用的做法,转向更加集中地关注非军事和非强制性的措施。作为保护的责任的第三大支柱,它明确界定了国际社会在承担责任时,可以采取一系列不同强制性程度的措施或手段。然而,这些手段中,强制性越高的往往越容易遭到国际社会的反对。因此,为了使保护的责任更易于被国际社会所接受,其支持者越来越倾向于强调采用和平的手段来解决问题。

---

① Charles T. Hunt and Phil Orchard eds., *Constructing the Responsibility to Protect*, London: Routledge, 2020, p.4.
② Jennifer Welsh, "The Responsibility to Prevent: Assessing the Gap between Rhetoric and Reality", *Cooperation and Conflict*, vol.51, no.2(2016), pp.1-17.

尽管联合国秘书长和部分国家仍在积极推动保护的责任的规范化进程，且国际社会已就其基本框架达成了共识，但这种共识仅停留在表面。一旦涉及更深入的探讨，各种立场分歧便显露无遗。因此，在深入探讨如何进一步规范化保护的责任及其推进策略时，至关重要的是要深刻认识并精准把握国际社会在此议题上的核心分歧。

第三节　国际社会的批判

自保护的责任被正式提出以来，它一直面临着国际社会的持续批评。这些批评的深层次根源在于，该原则的概念框架内存在着诸多内在矛盾与张力。面对这些批评与质疑，国际社会的回应策略主要可以分为两大方向：一方面，是坚决捍卫保护的责任的核心理念与价值，努力澄清误解，并加强共识；另一方面，则是积极创新，探索并提出能够更全面、更有效地应对当前挑战的新概念和新框架。

一、概念内含矛盾与国际社会的批判

自保护的责任被提出以来，国际社会对其批评不断。批评的根源在于：为了取得国际共识，保护的责任采取了十分模糊化的语言。语言的模糊导致概念缺乏清晰的界定，内含诸多矛盾。

首先，在执行手段上，保护的责任规定诉诸武力是最后的手段，但最后的手段可能并非是最有效的手段。武力的手段成本高昂，而且在最后阶段使用武力，大规模的人道主义灾难可能已经产生。

其次，虽然保护的责任针对四种罪行，但它没有解决的一个关键问题是，当恐怖主义组织是施加伤害的主体时，国际社会应当如何作为。

再次，尽管有学者指出保护的责任三个支柱之间并无严格的先后顺序，但在实际操作中，如果忽视了这一原则中所隐含的先后顺序与责

任层级,就很可能导致对国家首要责任的忽视或偏离。此外,就国际社会的责任而言,保护的责任没有指明责任承担者应当具备的条件,以及给出一个识别责任承担者的机制。

最后,保护的责任原本涵盖预防、反应和重建三个维度,但如今逐渐聚焦于预防。然而,这一转变也带来了挑战:如果预防措施成功避免了大规模的人道主义灾难,那么该概念的有效性反而难以体现,这无疑会阻碍其推广。预防固然重要,它能从根源上解决人道主义灾难,但实际操作中却存在诸多难题。当战争罪、反人类罪、大屠杀和族裔清洗由政府所为时,预防工作的执行主体就变得模糊不清。若当事国缺乏应对灾难的意愿,责任便可能转移到国际社会,此时主权规范便需作出让步。但即便为了预防,国际社会在干预时也必须明确责任的具体承担者。在这一问题上,可能出现两种情况:一是没有国家愿意承担这一责任;二是有国家可能借预防之名,行干涉内政、颠覆政权之实,反而加剧当事国的人道主义危机。

保护的责任这一概念因其模糊性和矛盾性而遭受了国际社会的诸多批评。这些批评的核心观点可以归结为"新瓶装旧酒",即认为保护的责任与人道主义干预在本质上并无二致,担心它会重走人道主义干预的老路,并可能再次发生异化。

首先,尽管已经采取了诸多措施来明确区分保护的责任与异化的人道主义干预,但许多国家依然持有疑虑,认为保护的责任不过是合法化军事干预的一种手段。他们担忧,这一概念的本质可能只是大国对外追求私利的借口,容易成为西方国家进行干预的说辞和工具。[①] 当保护的责任原则在实施过程中不幸被私利所驱使时,其应用范围往往会变得极具选择性,从而严重背离了该原则所倡导的普遍性与公正性的核心理念。这一现象在利比亚与叙利亚等具体案例中表现得尤为明显,两者之间的鲜明对比更是引发了国际社会对保护的责任原则的深

---

① 王逸舟:《创新不干涉原则,加大保护海外利益的力度》,《国际政治研究》2013年第2期,第1—5页。

刻质疑与广泛反思。

在利比亚案例中,国际社会虽然基于保护的责任的原则采取了军事干预行动,但后续的发展却暴露了干预过程中的诸多复杂性和不确定性。这包括干预的合法性、有效性问题,以及可能对当地局势产生的长期负面影响等。这一案例促使人们开始深思:在何种情况下、以何种方式应用保护的责任原则才是恰当且负责任的?相比之下,叙利亚危机的持续升级则凸显了联合国安理会在面对重大人道主义危机时的无力与分歧。安理会未能就叙利亚问题达成统一意见并采取有效行动,这不仅让国际社会深感失望,也进一步加剧了叙利亚人民的苦难。这一案例引发了人们对保护的责任原则执行机制的深刻反思:如何在尊重国家主权与国际法框架内,确保保护的责任原则能够迅速、有效地得到落实?① 国际社会既要坚决防止某些大国利用自身影响力进行单边主义干预,损害他国主权与国际秩序;又要坚决反对一些国家领导人在国内无视或僭越人权规范,导致保护的责任原则在落实过程中遭遇严重阻碍。这种双重挑战使得保护的责任原则在实践中经常受到双重批评:一方面,被指责在某些情况下走向了极端,成为某些国家推行自身意志的工具;另一方面,又被批评在该原则应发挥作用的场合做得太少、行动太迟,未能有效保护那些急需援助的民众。②

其次,保护的责任只是空洞和夸大的言语之词,并不能解决实际问题和创造出改变外交政策的政治意志。ICISS 报告、WSO 文件以及 2009 年的联合国辩论都没有处理一个根本问题,即一旦安理会陷入僵局,国际社会应当采取何种行动,以及个体国家的单边干预是否有权威。③ 尽管起草 ICISS 报告是为了协调人权和主权的关系,但保护的责

---

① Charles T. Hunt, Phil Orchard eds., *Constructing the Responsibility to Protect*, London: Routledge, 2020, p. xi.
② Ramesh Thakur, *Reviewing the Responsibility to Protect: Origins, Implementation and Controversies*, London: Routledge, 2019, p.5.
③ Aidan Hehir, "The Responsibility to Protect: 'Sound and Fury Signifying Nothing'?", *International Relations*, vol.24, no.2(2010), pp.218-239.

任规避了关键性的问题,即单边人道主义干预的合法性以及干预的门槛问题。①

最后,保护的责任本身蕴含了一个大的矛盾,即人权和福利之间的矛盾。R2P 的本质是首先要求我们这些有幸生活在安全地带的人接受对被困在危险地带的不幸陌生人的"关照责任(a duty of care)"。② 在要求国际社会承担责任时,保护的责任的构想者都假设责任承担国的公民愿意支持和帮助大规模暴行的受害者。这是一种自动的利益和谐论。对边界之外的人提供保护,具有危险性且成本高昂,国家不仅会小心谨慎地保护自己的主权和追求自己的利益,也不愿将资源投入到预防其他国家内部发生的暴行上,即国家对外干预也具有"政治意愿"的问题。③ 因此,保护的责任要求国际共同体承担积极义务,这可能会损害本国政治共同体的福利。由于各国倾向于保护自身的军事力量和本国政治共同体的福利,因此它们可能缺乏足够的动力去履行保护的责任原则,进行必要的国际干预。在一些情形下,保护其他国家内部人民的行动或许会被干预主体的选民所抵制。当对脆弱人口提供保护的唯一方式是诉诸武力,政策决策者还需要权衡正义战争传统。此外,同一时刻世界各处的危机的复杂性和多样性表明,国家并没有集体能力应对所有的人道主义灾难和代表国际共同体承担起保护的责任。④

在全球化时代,通过 CNN 效应⑤,受害者的悲惨状况呈现在人们

---

① Aidan Hehir, "The Responsibility to Protect: 'Sound and Fury Signifying Nothing'?", *International Relations*, vol.24, no.2(2010), pp.218-239.
② Ramesh Thakur, *Reviewing the Responsibility to Protect: Origins, Implementation and Controversies*, London: Routledge, 2019, p.5.
③ Alex J. Bellamy, "Sovereignty Redefined: The Promise and Practice of R2P", in Pinar Gozen Ercan ed., *The Responsibility to Protect Twenty Years On*, London: Palgrave Macmillan, 2022, p.21.
④ Luke Glanville, "Does R2P Matter? Interpreting the Impact of a Norm", *Cooperation and Conflict*, vol.51, no.2(2016).
⑤ CNN 效应可参见:Babak Babhador, Scott Walker:《美国公众对伊拉克战争的支持受到哪些因素的影响》,林楠编译,《新闻与传播评论》2007 年第 1 期,第 200—208 页。

的面前,触动人性中的良知和同情心。但即便如此,人们的同情心也因对象而有别。因而,一国愿意为他国内部的受害者做出的牺牲也是有限度的。一个例子是,CNN 电台滚动播放的画面,显示索马里武装组织拖着美国士兵的尸体走过街头,这立即引发了美国民众对政府行动的不满,并要求美国撤兵。在更多类似的情形下,由于本国福利与他国人权之间存在的冲突和矛盾,国际社会往往选择了冷漠和忽视,例如在卢旺达大屠杀中,国际社会就采取了消极旁观的态度。《防止及惩治灭绝种族罪公约》在 1948 年就已经出台,但为了避免为本国揽上负担,国际社会避免使用大屠杀描述卢旺达正在发生的种族屠杀。

那么面对本国福利与他国人权的冲突,人们到底该如何而为?将这一问题进一步向前推进,当没有国家利益牵涉其中时,国际社会如何动员起干预的政治意志?如果大规模暴行的发生影响了本国的利益,对本国经济形成巨大冲击,或暴行产生了大批的难民,难民的涌入造成本国资源使用上的紧张、社会秩序的混乱、暴力犯罪的增加等,政府都可以名正言顺地以国家利益来证明干预的合理,并且这也可以为普通民众所感知到。但如果大规模暴行发生在贫瘠和边缘化的国家,干预主体如何证明干预的合理性呢?在这种情形下,一是暴行的确令人发指,如果干预成本低,且不会对本国人民的福利造成大的影响,国际社会有可能会采取一些干预行动。如果暴行令人发指,干预成本也异常高昂,国际社会几乎是不作为。为了阻止这种不作为,国际社会很难仅仅诉诸国家的自愿意志。因而,国际社会要么承认无政府状态下国家的自私本性;要么另辟蹊径,把这种干预从主动变成强制。保护的责任在后一条道路上艰难前进,虽试图披荆斩棘,但始终无法走出主权与人权之争的循环。

二、继续推进保护的责任的规范化进程或另辟蹊径?

保护的责任最初试图推动国际共同体的责任从道德义务转向法律规范,但在回应批评的过程中,它要么被进一步稀释,要么被取代。针对已有批评,回应基本上沿着两条道路:继续为保护的责任做辩护或提出新的概念代替保护的责任。

(一) 为保护的责任做辩护

继续强调它与人道主义干预的区别,倡导对保护的责任进行狭义界定,反对对它做出扩大化的解释。这一观点主张,许多对保护的责任的批评实质上都忽略了它与人道主义干预的区别。一旦注意到两个概念之间的区别,这些适用于人道主义干预的批评对保护的责任都不再适用。

首先,保护的责任的倡导者认为,保护的责任强调主要的责任是国家保护人民,因而它是在主权国家的框架之下谈论责任。其次,保护的责任不那么注重武装干预的作用,它反复强调武力应当作为最后的手段。再次,与人道主义干预相比,保护的责任更加符合国际法,已经获得了国际共识,被纳入多个联合国大会与安理会的相关决议,并且在实践中也有案例已经援引保护的责任。最后,人们与其担忧保护的责任被大国操纵用来实现一己私利,倒不如担忧国际社会可能会以保护的责任为由,将责任推给当事国,避免承担任何干预的义务。[①]

一般而言,保护的责任的概念的支持者拥护对它的狭义界定,认为保护的责任的主要目的是号召国际社会做出行动,保护脆弱人群。为了实现这一目的,必须对这一概念进行狭义界定,即它只适用于四种情形。加雷斯·埃文斯(Gareth Evans)主张,保护的责任的主要目的是被设计为一种新的号召(rallying call),以取代干预权利的主张。他反对扩大保护的责任,包括将更广泛的防御措施纳入此概念之中。他认为,如果在保护的责任的旗帜下塞入很多内容,一个风险是在真正需要该原则的案例中,它的动员能力却被消解了。[②]

[①] Aidan Hehir, "The Responsibility to Protect: 'Sound and Fury Signifying Nothing'?", *International Relations*, vol. 24, no. 2(2010), pp. 218-239.

[②] Alex J. Bellamy, "The Responsibility to Protect: A Wide or Narrow Conception", in Peter Hilpold ed., *Responsibility to Protect: A New Paradigm of International Law*, Leiden: Brill Nijhoff, 2015, pp. 38-59.

(二)另提新概念

例如,巴西学者提出的保护中的责任(Responsibility While Protecting, RWP)、中国学者提出的负责任的保护(Responsible Protection, RP)和有学者主张的援助权(Right to Assist, RtoA)。

1. 保护中的责任

2010年12月伊始,逐步蔓延于中东与北非的动乱使保护的责任完全处于防守地位。在阿拉伯之春中,联合国第一次诉诸保护的责任。然而,由于保护的责任之下的国际人道主义干预并不旨在颠覆政权,以及不寻求政权颠覆也被看作是将保护的责任与人道主义干预相区分的根本原则,所以卡扎菲的倒台引起了国际共同体的争议。卡扎菲的倒台不仅违背了这一原则,也证实了保护的责任批评者的恐惧。随后,攻击保护的责任的一个明显事实就是,许多国家反对把保护的责任运用至叙利亚之中。这也被视为当时安理会陷入政治僵局的主要原因。为了解开这一僵局,一个新的倡议产生,即保护中的责任。

2011年9月21日,在联合国大会围绕利比亚和叙利亚危机进行争论之时,巴西总统罗塞夫坚持的立场是,关于保护的责任,国际社会的讨论已经很多,但却很少讨论保护中的责任,这两个概念应当得到并行推进。随后,在巴西驻联合国的永久代表、玛丽亚·路易莎·里贝罗·维奥蒂(Maria Luiza Ribeiro Viotti)呈交于安理会的概念说明(concept note)中,巴西进一步扩展了此概念。

在2011年11月9日联合国大会上的演讲中,巴西外交部长安东尼亚(Antonia de Aguiar Patriota)进一步表明支持保护中的责任。她指出,为了使国际共同体在大规模暴行中保护平民的同时,避免带来不必要的伤害,国际社会应当限制保护的责任的执行。她指出,巴西的观点是,国际共同体必须在保护中表现出高度的责任。在提及保护的责任时,巴西认为日益出现的一种认知是,保护的责任概念被误用,它不是被用于保护平民,而是被用于实现其他目的,例如政权颠覆。这使国际共同体追求的保护目标很难实现。作为姐妹概念,国际社会应共同

第二章 作为"拯救者"的保护的责任及其困境

推进保护的责任与保护中的责任。两个概念的共生性发展取决于国际社会在八个根本性原则、界限、程序方面能够达成一致。这八个方面为：预防和防御性外交；严格推进和平手段；使用武力，包括执行保护的责任，都必须得到安理会的授权；授权使用武力必须受到国际法的限制和严格管理；使用武力必须带来很少的暴力与不稳定性；使用武力必须是审慎的、恰当的、限于安理会所确定的目标；在授权的整个时段须遵守此指导方针；安理会必须确保得到武力授权主体的责任承诺。[①]

对于保护的责任的支持者而言，巴西的提议似乎是对正在逐步确立的保护的责任规范的一种倒退；而对其批评者来说，巴西所倡导的保护中的责任则受到了他们的热烈欢迎。因而，保护中的责任可以缩小保护的责任支持者和批评者之间的分歧。加雷斯·埃文斯强调，巴西的提案蕴含了两大核心要素：其一，在联合国安理会批准动用强制性军事力量之前，必须审慎考量使用武力的准则，尤其是要确保其作为终极手段、遵循对称性原则，并力求结果均衡；其二，提案倡导建立一个监督与复核机制，旨在确保安理会能够及时获取相关信息，并有效监控武力使用的实施过程。弗朗西斯·邓(Francis Deng)提出，保护中的责任本质上是对既有原则的一种实践深化，而非对保护的责任理念的倒退。他指出，保护的责任已从最初的概念探讨逐步迈向实际操作层面，而保护中的责任正是这一演进历程中的关键环节与最终归宿。邓担忧，若将保护中的责任视为一个全新的概念范畴，恐将引发国际社会的又一轮冗长辩论，这不仅会分散注意力，还可能使保护的责任这一核心议题偏离原有的轨道。相反，他主张应将保护中的责任视为实施保护的责任战略的一部分，这样做不仅能够避免不必要的概念混淆与争论，还能有效提升关于如何具体执行保护的责任的讨论层次与紧迫性。[②]

[①] Yang Razali Kassim, *The Geopolitics of Intervention: Asia and the Responsibility to Protect*, Berlin: Springer, 2014, p.13.

[②] Yang Razali Kassim, *The Geopolitics of Intervention: Asia and the Responsibility to Protect*, Berlin: Springer, 2014, p.13.

总体而言,保护中的责任旨在实现的目标与保护的责任一致,它们都试图保护处于灾难中的平民。但就目前形势来看,联合国已经将保护的责任写入相关的文件之中,它蕴含的部分法律义务也被国际共同体承认。从概念的提出到执行,保护的责任的发展历经一二十年。因而,当下如果另起炉灶,重新引入一个新的概念代替保护的责任,那么国际社会围绕保护的责任已经达成的共识和决议将会付诸流水,而针对保护中的责任,国际社会需要重新进行一番唇枪舌剑,互相达成妥协、让步。从效率角度审视,这无疑是不可取的。更加可取之道在于,国际社会可以审视保护中的责任在哪些方面对保护的责任提出了挑战和质疑,然后对这些挑战和质疑进行应对,协调两个概念,促进保护的责任更好的发展。

2. 负责任的保护(Responsible Protection)

中国国际问题研究所副所长阮宗泽在《负责任的保护:建立更安全的世界》一文中提出"负责任的保护"的概念。阮宗泽认为保护的责任"成为人道主义干预的理论支撑",因而,与人道主义干预在本质上一样,均是西方为了推行"新干涉主义"所打的幌子。① 保护的责任"在利比亚战争中被付诸实践,成为'政权更迭'的代名词,对传统'国家主权'观念及'不干涉内政'等原则构成严峻的挑战"。②

负责任的保护的理念包含以下基本要素:(1)解决的是对谁负责的问题。阮宗泽认为应当是对目标国人民负责任,对地区的和平与稳定负责任,对无辜平民予以保护,而偏私于特定的武装力量与政治派别。(2)实施保护的主体,首先是本国政府,其次是联合国安理会。除此两者之外,别无他者。(3)保护的手段必须首先穷尽和平与外交手段,轻易使用武力有可能加剧人道主义灾难。(4)保护的目标应当定位于有利于减轻人道主义灾难,而不是以"保护"为名,寻求政权更替。(5)保护之后,也应当承担起重建的责任。(6)完善联合国的监督机制、效果

---

① 阮宗泽:《负责任的保护:建立更安全的世界》,《国际问题研究》2012年第3期,第9—22页。
② 阮宗泽:《负责任的保护:建立更安全的世界》,《国际问题研究》2012年第3期,第9—22页。

评估和事后问责制以确保"保护"的实施手段、过程、范围和效果。① 在推动负责任的保护走向国际舞台之中,中国应当"勇敢地说出自己的想法,向世界贡献自己的思想"。②

3. 协助权(The Right to Assist: RtoA)

协助权是由国际非暴力冲突中心的创始人彼得·阿克曼(Peter Ackerman)和主席哈迪·梅里曼(Hardy Merriman)在 2019 年提出。虽然保护的责任也强调预防的维度,但在实践中的应用经常聚焦于在大规模暴行发生后,要不要进行干预的争论。与保护的责任形成对比的是,协助权看到了通过干预解决大规模暴行的弊端,它更加侧重的是如何预防大规模暴行的发生。阿克曼和梅里曼认为,保护的责任作为联合国宪章规定的"不干预"原则的一个例外,尽管是被用来应对预防大规模的暴行(种族灭绝、种族清洗、战争罪和危害人类罪)的一种原则,但是其中一些比较激进的应对措施,例如武装干预仍然需要联合国安理会的授权。由于联合国成员国的反对,保护的责任已经被严重削弱。为此,国际社会亟需能够预防大规模暴行的新方法。他们主张建立一个新的规范框架,即协助权。这一概念强调加强国际协调和支持反对非民主统治、要求权利、自由和正义的非暴力公民抵抗运动。③

协助权是基于这样一个前提:当双方或双方以上的一方发生暴力冲突时,暴行的风险会急剧上升。它的核心内容为,包括非政府组织、国家、多边组织和其它机构在内的各种行动者可以通过自己组织力量,而不需要依靠联合国或外国政府的官方授权或执行。RtoA 可以激励反对派组织维持对非暴力变革战略的承诺,从而降低内战和暴行的可

---

① 阮宗泽:《负责任的保护:建立更安全的世界》,《国际问题研究》2012 年第 3 期,第 9—22 页。
② 阮宗泽:《负责任的保护:建立更安全的世界》,《国际问题研究》2012 年第 3 期,第 9—22 页。
③ Peter Ackerman and Hardy Merriman, *Preventing Mass Atrocities*, ICNC Special Report, vol.3(2019), pp.1-59.

能性,并提升民主结果出现的可能性。非暴力变革战略包括罢工、抵制、非暴力反抗、大规模示威、不合作行为和各种其他非暴力行为等。暴力和非暴力抵抗都增加了社会的不稳定,但暴力叛乱导致暴行的风险要远远高于公民抵抗。因此,需要重新找到激励和支持选择公民抵抗的方法。除了直接降低大规模杀戮的风险外,公民抵抗也比暴力运动或自上而下的精英驱动带来政治转型的可能性更大。因此,公民抵抗有更大的潜力可以减少其他增加暴行风险的因素和促进善治、公民制度等。[1]

鉴于此,作者主张,公民抵抗是一种强大的力量,能够对抗和转变暴力统治者,它的成功率远远高于其他的手段。外部协助可以进一步帮助人们维持他们对非暴力策略的承诺。这将把暴行的发生风险降到最低。然而,针对外部协助需要回答两个问题:其一,什么形式的援助是有用的?其二,如何解决RtoA产生的一些潜在担忧和问题,例如什么形式的公民抵抗应当接受协助?支持公民抵抗是否等同于政权颠覆?如何应对外部支持产生的负面影响或带来的社会不稳定?[2] 相较于保护的责任,协助权强调规避联合国安理会授权和外部行为体协助主权国家内部的公民抵抗运动。它也侧重预防维度,防止公民抵抗运动升级为暴力,从而酿造成大规模暴行。然而,该概念的问题在于,肆意干预其他国家内部的公民运动会带来消极后果,尤其是干预者本身仍然是可能带着自身的利益去加以干预。且这种外来的干预并不了解一国国内的实际情况,仅靠一些非政府组织等,又难以积聚援助的力量。

---

[1] Peter Ackerman and Hardy Merriman, *Preventing Mass Atrocities*, ICNC Special Report, vol.3(2019), pp.1-59.
[2] Peter Ackerman and Hardy Merriman, *Preventing Mass Atrocities*, ICNC Special Report, vol.3(2019), pp.1-59.

第二章 作为"拯救者"的保护的责任及其困境

本 章 小 结

　　为了与人道主义干预相区别,保护的责任侧重于"干预的责任",而非"干预的权利"。但实质上,"主权作为一种责任"只是重新发掘和凸显主权的另一面。通过对主权概念的哲学和历史审视,本章指出主权概念中原本就蕴含着责任。重新发现它的责任维度也是保护的责任诞生的背景。然而,自保护的责任被提出以来,诸多论著对保护的责任的界定都存在一个误区,即要么援引 ICISS 报告,要么援引 WSO 文件。它们都忽略了一个根本问题:保护的责任的概念经历了一个动态和保守化的发展进程。概念的日趋保守化也是国际社会就保护的责任能够达成共识的原因之一。通过采用模糊化的语言,保护的责任获得了国际社会的基本共识,但这也导致保护的责任遭遇诸多批评。批评包括:保护的责任只是合法化军事干预的一种手段;保护的责任的概念具有空洞性和模糊性;保护的责任并不能解决实际问题以及保护的责任本身蕴含了人权和福利之间的矛盾。对批评的回应基本上沿着两条道路:其一,继续强调保护的责任与人道主义干预的区别,倡导对保护的责任进行狭义界定,反对扩大化的解释;其二,提出替代保护的责任的新概念,例如中国学者阮宗泽提出的负责任的保护和巴西政府提出的保护中的责任。

　　无论是支持还是批评保护的责任,一个无法绕开的问题是它与人道主义干预的关系。支持者与反对者都偏好比较这两个概念。对理解保护的责任的实质和预测它的规范化发展进程来说,澄清保护的责任与人道主义干预的异同至关重要。下一章将重点比较两个概念,辨析两者的差异与一致。

第三章　保护的责任与人道主义干预的异同

近年来一种流行的观点认为,与人道主义干预相比,保护的责任是"新瓶装旧酒"。虽然保护的责任是新概念,但与人道主义干预一样,它也是西方国家武力干涉他国内政的借口,干涉的口号是"人权高于主权"。然而,这种主张的不足在于:首先,它简单地把人道主义干预等同于异化了的新干涉主义,认为人道主义干预就是新干涉主义,都是西方国家为了追求私利干涉其他国家内政的借口;其次,这种简单的等同导致保护的责任也被视为新干涉主义,因而无法回答国际社会为何接受了保护的责任。最后,它也无法说明保护的责任的三个支柱与人道主义干预的关系。尽管与人道主义干预相同,保护的责任支柱三也容易被西方国家用作干涉他国内政的借口,进而可能走向异化,但支柱一强调主权国家对本国人民的责任,完全不同于异化了的人道主义干预。

本书并不完全反对"新瓶装旧酒"说,而是要重解这种观点。本章的主要任务是试图纠正上述缺陷,为此它主要回答:首先,既然保护的责任只是"新瓶",与人道主义干预本质相同,那么为何与人道主义干预异化成为新干涉主义不同,保护的责任会被国际社会接受?其次,作为"旧酒"的保护的责任与人道主义干预的本质一致性具体体现在什么方面?厘清这些问题可以说明保护的责任与人道主义干预的异同。

第三章　保护的责任与人道主义干预的异同

第一节　"新瓶":嵌入既定国际规范

人道主义干预与保护的责任都内涵主权与人权这一对竞争性规范。在处理这一对竞争性规范的关系问题上,人道主义干预和保护的责任都根植于两套传统:其一,国际法和国际规范的传统。鉴于当前国际法赋予国家政治独立和领土完整,该传统认为干预在本质上是有问题的;其二,国际道德和自然法的传统,认为人道主义干预表达了保护无辜之人免于暴力的基本道德义务。① 尽管根植于同样的传统,但是两个概念由于以不同的形式表现出来,命运截然不同。针对主权与人权之间复杂且微妙的关系,由于两者概念上的模糊及缺乏明确的界定,人道主义干预并未能提供一个妥善的解决方案。在学术界的探讨中,人道主义干预往往被简化为一种普遍伦理与道德视角下的应对策略,试图以此缓解主权与人权之间的紧张对立。然而,与人道主义干预的这种处理路径截然不同,保护的责任则试图通过重新界定问题框架,积极协调并融入现有的国际规范体系,以期在国际社会间达成更为广泛的基本共识。

一、框定理论

框定理论,又称为框架理论,英文为 frame,起源可以追溯到社会建构主义、认知心理学、语言学、社会学等学科。框定在英文中可以指人们的思考结构或图式,或是以它来指新闻文本中所体现出来的语言或话语结构。②

---

① Terry Nardin, "The Moral Basis for Humanitarian Intervention", in Anthony F. Lang Jr. ed., *Just Intervention*, Washington D.C.: Georgetown University Press, 2003, pp.11-27.
② 杜涛:《框中世界:媒介框架理论的起源、争议与发展》,知识产权出版社 2014 年版,第 7 页。

对社会建构主义进行集中阐释的是伯格和卢克曼（Berger and Luckman），他们认为社会具备双重属性，既是客观事实，也是理解的主观意义。因而，在日常生活中，"人是他们自己积极主动创造的社会产物"。① 在人们建构社会秩序的过程中，自己主观的建构会客观化。社会建构依托语言，因而社会建构主义与语言学、话语分析关系紧密。学者们一致同意语言在建构真实中的主导地位，"社会建构主义者认为我们正在经历的世界和我们正在成为的人，首要的是社会过程中的产物……这就暗示，是语言，作为分类和意义的主要承载物，作为为我们的行动提供原始材料的中介，都处于中心地位。"②

此外，框定理论得到了心理学实验的支撑。卡尼曼与特夫斯基于1984年就不同文本的叙述框架是否影响人们的决策行为进行了实验，结果表明：如果决策方案的表述框架是正面的，人们倾向于肯定的方案；③如果是负面的，人们倾向于冒险的决策。④ 这一实验结果说明了，在描述同一问题时，不同的语言使用非常重要。语言会影响到人们的认知，对同一个问题的不同表述会影响到人们做出不同的选择行为。他们进行的"亚洲疾病问题"实验的结果表明，方案文本的表述框架会影响到人们的决策行为。如果以不同的方式来架构和描述，即使是同样的选择也会给人们的认知带来显著的变化。⑤

对框架理论做出极大贡献的是欧文·戈夫曼。与前面研究不同的是，戈夫曼强调框定的动态化进程。在《日常生活中的自我呈现》一书

---

① ［美］彼得·伯格，托马斯·卢克曼：《现实的社会构建》，汪涌译，北京大学出版社2009年版，第53页。
② David J. Nightingale, John Cromby, *Social Construction Psychology: A Critical Analysis of Theory and Practice*, Maidenhead: Open University Press, 1999, pp.1-19；杜涛：《框中世界：媒介框架理论的起源、争议与发展》，知识产权出版社2014年版，第29页。
③ 杜涛：《框中世界：媒介框架理论的起源、争议与发展》，知识产权出版社2014年版，第33—34页。
④ 杜涛：《框中世界：媒介框架理论的起源、争议与发展》，知识产权出版社2014年版，第33—34页。
⑤ 杜涛：《框中世界：媒介框架理论的起源、争议与发展》，知识产权出版社2014年版，第29页。

中，戈夫曼指出，"框架体现了英美社会中，人们在自然的背景下所进行的大量社会互动的特征。就这一框架可运用于任何社会机构这一点而言，它是一种政治的和抽象的框架；但是它却不仅仅是一种静态的框架。这一框架设计各种动态问题，它们产生于维持在他人面前所投射的情境定义这一动力中。"①在1974年的《框定分析》中，戈夫曼正式将框定理论引入社会学研究中。戈夫曼认为，人们在认知事物时会有一个或多个框架，即初始框架(primary framework)。没有这些初始框架，人们无法认知事物的意义。初始框架在组织程度上差别很大。有一些初始框架清晰地被呈现为一个实体、假设和规则的系统；另一些初始框架没有表现出清晰的轮廓，只是提供了一大堆阐释、途径和视角。然而，无论初始框架的组织程度如何，每个初始框架都允许它的使用者去定位、感知、辨别和标签化看似无限数量的具体事物。②框架分析的核心概念是调音(keying)，即把给予行为以意义的一套组合转换为给予同样行为以不同意义的其他组合的过程，与音乐的调音相类似。③

由于框架被广泛运用到不同的学科，因而关于框架的定义也众多，没有统一的界定。例如，恩特曼将框架定义为：实质上包含选择或凸显，框架某事或某个议题，就是选择所感知的现实的某些方面，使它们在传播文本中更显著，通过这样的方式来形成一个问题的独特界定、因果解释、道德评价和/或应对建议。④甘姆森等人将框架分为两类：一类是"界限"之意，可引申为对社会事件的规范；另一类则指人们用以诠释社会现象的"建构"，以此来解释、转述或评论外在世界。⑤艾英戈认为，

---

① [美]欧文·戈夫曼：《日常生活中的自我》，冯钢译，北京大学出版社2008年版，第24页。
② Ervin Goffman, "Frame analysis: An Essay on the Organization of Experience", *American Journal of Psychiatry*, vol.132, no.10(1981), pp.1093-a-1094.
③ Ervin Goffman, "Frame analysis: An Essay on the Organization of Experience", *American Journal of Psychiatry*, vol.132, no.10(1981), pp.1093-a-1094.
④ 杜涛：《框中世界：媒介框架理论的起源、争议与发展》，知识产权出版社2014年版，第62—64页。
⑤ 杜涛：《框中世界：媒介框架理论的起源、争议与发展》，知识产权出版社2014年版，第62—64页。

框架概念是指对判断和选择问题的陈述或呈现方式的微妙改变,框架效果是指由于这些改变所造成的决策输出中的变化。① 戈夫曼的界定为,人们用来分类、组织和阐释我们生活实践、使之有意义的解释图式,框架使得人们能够"定位、感知、识别、标签化"事件或信息。②

上述关于框架的诸定义在本质方面是相同的,即对相同社会现象或问题的诠释、阐述与呈现方式会影响到人们的认知,继而可能影响到政策输出。保护的责任与人道主义干预都试图应对主权国家内部的大规模人道主义危机,保护的责任通过重新框定,嵌入既定的国际规范,获得国际社会的基本共识。规范倡导者的重要战略就是对认知进行框定,一旦成功,新的认知框架就会在大众心目中形成,就会被他们接受,成为大众讨论和理解这些问题的新方式。③

二、嵌入既定国际规范的保护的责任

新规范不是在规范真空中出现,而是要在竞争激烈的规范领地上与不同的规范和不同的利益认知进行顽强的斗争才可能得以确立。④ 在诞生之初,新规范越是突出与既定国际规范的联系,它越容易获得国际社会的承认。保护的责任的重新框定是指:通过强调保护的责任与既定国际规范的相容性,可以减少来自国际社会的批评和反对,这些批评和反对主要源于在应对一国内部的人道主义灾难时,主权和不干预原则可能遭到违反。

---

① 杜涛:《框中世界:媒介框架理论的起源、争议与发展》,知识产权出版社 2014 年版,第 62—64 页。
② 杜涛:《框中世界:媒介框架理论的起源、争议与发展》,知识产权出版社 2014 年版,第 62—64 页。
③ [美]玛莎·芬尼莫尔,凯瑟琳·斯金克:《国际规范的动力与政治变革》,载彼得·卡赞斯坦等编:《世界政治理论的探索与争鸣》,秦亚青等译,上海人民出版社 2006 年版,第 306 页。
④ [美]玛莎·芬尼莫尔,凯瑟琳·斯金克:《国际规范的动力与政治变革》,载彼得·卡赞斯坦等编:《世界政治理论的探索与争鸣》,秦亚青等译,上海人民出版社 2006 年版,第 306 页。

关于保护的责任与既定法律规范之间的关系，现有的研究立场不一。有文献认为，它已经成为一个规范，因为联合国大会和安理会的许多决议纳入了保护的责任。有文献认为保护的责任只是提供了一个框架，实质内容均在既定法律规范中有迹可循，主要是国际人权法和国际人道主义法律；有的则彻底否定了保护的责任，认为它只是一个新颖的概念而已，不包含法律内容。虽然立场不一，但上述观点有一个共同指向，即保护的责任深嵌于既定的国际规范之中。保护的责任对欲解决问题的重新框定主要表现为，强调对既定国际规范的嵌入，而这又反过来促成国际社会达成共识。

（一）既定主导的国际规范

不仅新规范在区域的引入需要与既有的主导规范保持一致，国际社会新规范的产生也需要协调与既有规范的关系。完全的突破或者摒弃既有规范，会导致新规范在形成之初难以甚至无法获得合法性。保护的责任被写入2005年的WSO文件，随后被安理会2006年4月28日的1674号决议、2009年11月11日的1894号决议再次确认。保护的责任之所以能够顺利推进，似乎与既定的主导规范密不可分。2001年ICISS报告提出保护的责任的概念时，并没有突出它与既定国际规范之间的密切联系。当前对保护的责任的处理经历了一个变化过程。2005年的WSO文件，相较于2001年ICISS报告在很多方面都有改变。这种改变实质上是一种妥协过程，以使保护的责任获得国家承认和被写入决议之中。同时，这种改变也使得保护的责任与既定的规范框架更加融合。[①] 联合国秘书长及其顾问试图走一条中间道路，并没有浓墨重彩地强调保护的责任对国际法的改变作用，而是侧重于强调，保护的责任实质上基于既有国际法中已经确立的原则，尤其是《联合国宪

[①] ［美］玛莎·芬尼莫尔、凯瑟琳·斯金克：《国际规范的动力与政治变革》，载彼得·卡赞斯坦等编：《世界政治理论的探索与争鸣》，秦亚青等译，上海人民出版社2006年版，第122—137页。

章》、国际人权法和国际人道主义法。

1.《联合国宪章》

宪章从根本上确认了二战后主权国家的国际秩序。在序言中,宪章规定的首要原则是主权原则,且为了维护主权,宪章为主权规定了一个相应的"国内管辖权",并指出主权国家的国内管辖权不受干涉。[①] 然而,《联合国宪章》虽规定了"不干预内政",但却没有清晰界定何为内部管辖权。1923年,在"突尼斯与摩洛哥国籍命令"的咨询意见中,国际常设法院首次对"纯属国内管辖"的概念作了说明。[②] 法院指出国内管辖是"国家不受国际法限制可以自由斟酌处理并享有最终决定权的事项"。[③] 法院还给出了标准和程序,以认定一个事项是否属于国内管辖事项,即"如果一般国际法对某个事项有相关规定,那么这个事项就一般的不属于国内管辖;即便一个事项原则上并不属于一般国际法调整,但是特定当事国之间对该事项有条约规定,那么在该条约规定的范围内,该事项在条约当事国之间也不得视为内政;一个特定事项,如在原则上不属于国际法的调整范围,且当事国之间也无条约规定,就可以认定为是纯属国内管辖事项。"[④]法院还阐述了国内管辖事项的历史相对性,即"一个事项是或者不是纯属一国的国内管辖的问题在本质上是一个相对的问题;它取决于国际关系的发展。"[⑤]

[①] 联合国宪章,联合国官网:https://www.un.org/zh/about-us/un-charter,2023年6月16日(上网时间).

[②] Advisory Opinion No. 4, Nationality Decrees Issued in Tunis and Morocco, 4, Permanent Court of International Justice, 7 February 1923.: http://www.refworld.org/docid/44e5c9fc4.html, 2023年6月27日(上网时间).

[③] Ahmed K, "The Domestic Jurisdiction clause in the United Nations Charter: a Historical View", *Singapore Year Book of International Law*, 1976, pp.175-197;陈一峰:《论当代国际法上的不干涉原则》,北京大学出版社2013年版,第203页.

[④] 陈一峰:《论当代国际法上的不干涉原则》,北京大学出版社2013年版,第203—204页.

[⑤] Lawrence Preuss, "Article 2, Paragraph 7 of the Charter of the United Nations and Matters of Democratic Jurisdiction", *74 Review des cours*, 1949, pp.547-65;陈一峰:《论当代国际法上的不干涉原则》,北京大学出版社2013年版,第204页.

除了强调主权和不干涉内政原则之外,宪章也突出了人权的重要性。宪章在宗旨部分指出:"促成国际合作,以解决国际间属于经济、社会、文化及人类福利性质之国际问题,且不分种族、性别、语言或宗教,增进并激励对于全体人类之人权及基本自由之尊重。"[①]宪章既强调主权又突出人权,但却未指出如何解决两者相互冲突的情境。保护的责任亦是如此。支柱一强调主权在保护人权中的优先性,支柱三的规定指出,在主权与人权发生冲突的情况下,为了保障人权,主权框架的某些限制可以被超越。因此,保护的责任这一概念内在地包含了主权与人权之间的紧张关系。

2. 国际人权法

自从《世界人权宣言》之后,主权如何对待其人民已经成为国际法的关注对象之一。《世界人权宣言》和随后的《公民权利和政治权利国际公约》《经济、社会、文化权利国际公约》组成了国际人权法的核心。在既有人权法中,国家有义务保护个体人权不被违反,这些义务在不同的国际条约中得到界定,且具有不同的目的。基于犯罪行为体类型不同、干预发生的地点,以及犯罪者和受害者之间的关系,义务的范围和内容也会不同。国际人权法主要关注国家行为,基于人类尊严的概念,个体具有的一些本质属性不受政府限制,政府需要遵守一些消极的义务。到20世纪80年代,人权法成为国际法的基石。20世纪90年代,国际社会的一个转变是强调个人对大规模暴行负责,并因此创建特别法庭。与此同时,国际人权法的一个趋势是强调界定国家保护个人免于大规模暴行的义务。积极的义务首先需要国家在特定情境下采取特定行动,预防人权被违反,因而也被称为"保护的义务(duty to protect)"。

虽然国际人权法主要聚焦于规定主权国家对其本国公民所应承担的义务,但在特定情况下,国家对于域外事件也可能需承担责任。国际法院对此有明确的规定,主要基于以下几点考量:首先,会评估相关国

[①] 联合国宪章,联合国官网:https://www.un.org/zh/about-us/un-charter,2023年6月16日(上网时间).

家是否有足够的能力去有效地影响犯罪者的行为。这种能力的评估涉及多个维度，包括地理上的邻近程度、政治联系的紧密性，以及国家与相关行为体之间可能存在的其他各种联系。其次，国家的能力必须接受相关法律标准的严格审视。因为每个国家都只能在国际法所允许的框架内行事，这意味着任何使用武力的行为都必须严格限定在国际法所允许的范围内。最后，如果经过评估发现，某个国家具备足够的手段和影响力，能够实际影响事件的发展走向，但却明显未能采取必要措施去施加这种影响，而同时严重的侵犯人权行为（如大屠杀）又确实发生了，那么该国家则有可能因此被追究相应的责任。①

3. 国际人道主义法

国际人道主义法律规范的核心是四个日内瓦公约及两个附加议定书。第一公约规定保护战地伤病军人，包括伤者病者、医务和宗教人员、医疗队和医疗运输工具。第二公约规定保护海上武装部队伤者病者和遇船难者。第三公约适用于战俘，规定在战事停止后，战俘应给予释放并遣返，不得迟延。第四公约吸取二战的教训，规定对平民包括在被占领土上的平民提供保护。两个附加议定书在 1977 年获得通过。它们加强了对国际性和非国际性武装冲突中受害者的保护，并对作战方式加以限制。②

尽管作为一个法律框架，国际人道主义法需要确保在武装冲突发生之前，国家的执行机制已经到位③，但实施国际人道主义法主要依靠

---

① Sheri Rosenberg, "Responsibility to Protect: A Framework for Prevention", in Alex J. Bellamy, Sara E. Davies, Luke Glanville ed., *The Responsibility to Protect and International Law*, Leiden & Boston: Martinus Nijhoff Publishers, 2011, pp.157-192.

② 1949 年日内瓦公约及其附加议定书，红十字国际委员会官网：http://www.icrc.org/chi/war-and-law/treaties-customary-law/geneva-conventions/overview-geneva-conventions.htm, 2023 年 7 月 29 日（上网时间）。

③ Helen Durham, Phoebe Wynn-Pope, "The Relationship between International Humanitarian Law and Responsibility to Protect: from Solferino to Srebrenica", in Angus Francis, Vesselin Popovski and Charles Sampford ed., *Norms of Protection: Responsibility to Protect, Protection of Civilians and their Interaction*, Tokyo: United Nations University Press, 2012, p.176.

冲突方及其战斗人员在战场上遵循和履行相关规则。① 与其他国际法不同,国际人道主义法并不旨在管理武装冲突发生的时间与地点,而是管理已经发生的冲突行为。② 国际人道主义法所针对的冲突可以是国际冲突,也可以是民族解放运动和内战。③ 它的核心是保护战争受难者,包括但不限于武装部队的伤病员、战俘和平民。④

(二) 保护的责任对既定国际规范的嵌入

对保护的责任尤其是它三个支柱的深究可见,相较于人道主义干预,之所以保护的责任可以获得国际社会的共识,源于它对既定国际规范的嵌入。这种嵌入集中体现在两个方面:其一,具体规定保护的责任适用的对象,从国内大规模人道主义灾难转变为战争罪、族裔清洗、大屠杀和反人类罪,而既有国际法对这些罪行已有相关规定;其二,保护的责任强调责任承担者是主权国家,重视区域组织的作用,这与既定国际人权法和《联合国宪章》相契合。

首先,就四种罪行而言,它们在既有法律中表现为:(1)战争罪:日内瓦第四公约(《关于战时保护平民之日内瓦公约》)第三条指出,对于不实际参加战事之人员,有义务以人性的方式对待之。⑤ (2)反人类罪:前南斯拉夫问题国际法庭、卢旺达问题国际法庭以及塞拉利昂问题特别法庭都对反人类罪进行了深入而细致的审理与裁决。(3)族裔清洗:

---

① 孙萌:《国际人权法与国际人道主义法之比较研究》,《东岳论丛》2008年第2期,第175—178页。
② Helen Durham, Phoebe Wynn-Pope, "The Relationship between International Humanitarian Law and Responsibility to Protect: from Solferino to Srebrenica", in Angus Francis, Vesselin Popovski and Charles Sampford ed., *Norms of Protection: Responsibility to Protect, Protection of Civilians and their Interaction*, Tokyo: United Nations University Press, 2012, p.176.
③ 王虎华:《国际人道法的定义》,《政法论坛》2005年第2期,第141—146页。
④ 王虎华:《国际人道法的定义》,《政法论坛》2005年第2期,第141—146页。
⑤ 1949年8月12日关于战时保护平民之日内瓦公约,红十字国际委员会:https://www.icrc.org/zh/doc/resources/documents/misc/gc4.htm,2023年10月19日(上网时间)。

虽然国际法中并没有直接针对族裔清洗的法律规范,但构成族裔清洗的某些具体行为,往往可以被视为违反《日内瓦公约》、构成战争罪、反人类罪,甚至是大屠杀。(4)大屠杀:1948 年的《防止及惩治危害种族罪公约》,以及波斯尼亚与黑塞哥维纳裁决中,国际法院指出国家应当遵守不进行大屠杀的义务。[①] 相较于反人类罪和族裔清洗,大屠杀和战争罪在既定的国际法中都有更加明确的规定,国家因此而承担的责任也得到了清晰的界定。

其次,就执行主体而言,保护的责任强调主权国家应当承担起保护人民的主要责任。对主权国家角色的规定符合《联合国宪章》中规定的主权原则和不干预原则。国际人权法也规定保护人权的主要行为体是主权国家。保护的责任规定当主权国家不能或不愿履行责任时,保护的责任移交至国际共同体。其中,区域组织在履行责任时扮演重要作用。这与《联合国宪章》中赋予区域组织的重要角色一致。《联合国宪章》第八章指出,区域办法在维护和平与安全中可承担重要角色。[②]

通过规定具体的适用罪行和主权国家的责任,保护的责任嵌入了既定的国际规范体系之中。尽管如此,当深入剖析保护的责任所针对的四种罪行及其三大支柱时,会发现这三大支柱在既定国际规范中的嵌入程度并不相同。特别是在第三支柱所规定的义务上,国际社会存在着显著的分歧。

支柱一:首先,就大屠杀而言,《防止及惩治危害种族罪公约》清晰规定了国家的法律责任。这通常被视为强行法(jus cogens),是习惯性国际法的一部分。公约明确界定罪行,规定禁止大屠杀,陈述国家有义

[①] Ekkehard Staurss, "A Bird in the Hand is Worth two in the Bush-on the Assumed Legal Nature of the Responsibility to Protect", in Alex J. Bellamy, Sara E. Davies, Luke Glanville ed., *The Responsibility to Protect and International Law*, Leiden & Boston: Martinus Nijhoff, 2010, pp.25-57.

[②] 联合国宪章,联合国官网:https://www.un.org/zh/about-us/un-charter,2023 年 10 月 19 日(上网时间)。

务预防大屠杀和惩罚犯罪者。① 但国家对预防他国内部的大屠杀和惩罚犯罪者的责任尚具争议。国际法院(International Court of Justice: ICJ)1993年4月在《防止及惩治灭绝种族罪公约》的适用案(波斯尼亚和黑塞哥维纳诉南斯拉夫案)临时措施中给予了清晰的解释。ICJ的判决指出,"按《灭绝种族罪公约》第一条,所有缔约国均已经承诺'防止及惩治'灭绝种族犯罪……它们都有如下明文规定的义务:在其权力所及范围内努力防止未来发生任何这类犯罪行为。"②这足以说明就保护的责任支柱一来说,预防大屠杀的义务早已存在。其次,就战争罪而言,国际人道主义法律提供了坚实的基础,不仅确定了国家应当承担清晰的法律义务,也包含了支柱二,即国家协助其他国家履行他们的法律义务。国际人道主义法律限制了战争的方式、手段和策略。与《灭绝种族罪公约》不同,国际人道主义法律规定了一系列积极的义务,包括惩罚犯罪者,照顾伤病,采取措施保护平民等。再次,虽然没有关于族裔清洗罪的规定,但是与其相关的一些行为,例如强制性的流离失所等均作为战争罪和反人类罪而被禁止。最后,关于反人类罪的法律并不那么清晰,也没有特定的公约规定它们的范围,规定预防反人类罪和惩罚犯罪者的义务。关于反人类罪的法律大多数都尚未准则化。由上可知,支柱一,即国家有责任保护人民免于大屠杀、战争罪、族裔清洗和反人类罪,已根植于习惯性国际法之中,甚至可以说保护的责任的支柱一就是强制法。在此意义上,保护的责任可被理解为执行国家对其人民的法律义务的行为。③

---

① 防止及惩治危害种族罪之通过及公约[A/RES/260],联合国官网:https://documents-dds-ny.un.org/doc/RESOLUTION/GEN/NR0/045/29/img/NR004529.pdf?OpenElement,2023年10月19日(上网时间)。
② 国际法院判决书、咨询意见和命令摘录,国际法院:http://www.icj-cij.org/homepage/ch/summary.php,2023年10月19日(上网时间)。
③ Alex J. Bellamy, Ruben Reike, "The Responsibility to Protect and International Law", in Alex J. Bellamy, Sara E. Davies, Luke Glanville ed., *The Responsibility to Protect and International Law*, Leiden & Boston: Martinus Nijhoff Publishers, 2011, pp. 81 - 100.

支柱二:虽然保护的责任的支柱一性质明确,但支柱二和支柱三的法律性质并不清晰。支柱二涉及国际社会的援助与能力建设,其法律性质相对复杂。它实质上包含了四个核心要素:鼓励国家积极承担支柱一所规定的责任;帮助国家有效履行其保护责任;协助国家建立和提升保护能力;以及在危机和冲突爆发前为国家提供必要的支持和协助。虽然支柱二在很大程度上体现为一种政治承诺,但它并非完全缺乏法律内容。特别是《灭绝种族罪公约》和国际人道主义法律中,都明确规定了国家应承担的某些义务,包括鼓励和协助其他国家,以确保它们能够遵守相关法律。① 但与支柱一相比,支柱二在法律上的义务界定显得相对模糊和不够具体。就大屠杀而言,在波黑案例中,国际法院指出,虽然国家没有采取强制措施的义务,但它们应当表明,在具备足够影响力和信息的情况下,会积极努力并采取措施来尝试预防大屠杀。这种预防大屠杀的义务更多是一种道德和政治上的责任,而非明确的法律义务。而日内瓦公约则规定,国家有遵守法律并促使他国采取相似行为的义务,尽管预防战争罪也是国际社会的共同目标,但对于如何具体界定国家在预防战争方面的义务,仍然存在一定的模糊性。② 因而,既定国际规范规定了保护的责任支柱二下的部分责任。

支柱三:人道主义干预以直接的方式呈现了保护的责任支柱三。支柱三也是保护的责任与人道主义干预所欲解决的根本问题,但是保

---

① 国际人道主义法律与国际人权法的区别:"国际人道法主要适用于武装冲突,强调冲突方对战俘、平民等人的保护,而国际人权法主要适用于和平时期,强调的是主权国家对其管辖下公民人权和基本自由的尊重。但是,由于一些侵犯人权的行为(如种族灭绝)逐渐被国际社会视为是一种国际罪行,因而成为国际人道法的管辖范围;而在武装冲突中,也存在着一些不可克减的个人权利(如生命权)。所以,越来越多的学者认为国际人权法和国际人道法逐渐呈现融合的趋势",引自曾令良:《国际人权公约的实施及中国的实践》,武汉大学出版社 2015 年版,第 77 页。

② Alex J. Bellamy, Ruben Reike, "The Responsibility to Protect and International Law", in Alex J. Bellamy, Sara E. Davies, Luke Glanville ed., *The Responsibility to Protect and International Law*, Leiden & Boston: Martinus Nijhoff Publishers, 2011, pp. 81 - 100.

护的责任却试图通过支柱一和支柱二掩盖该问题。人道主义干预没有解决该问题,保护的责任也无法解决它。支柱三表明了人道主义干预与保护的责任在本质上的一致性。如果说可以在既定的法律规范中找到支柱一与支柱二,那实质上也意味着即使不诉诸保护的责任,诉诸其他的国际规范也可以解决支柱一和支柱二的问题。因而,保护的责任真正新颖和想要推动解决的是支柱三下的问题。支柱三揭示了保护的责任的不确定性,体现为支柱三之下责任的承担者和国际共同体补救责任的性质。这种模糊性在实践上体现为,尽管保护的责任被纳入WSO文件之中,但它并没有形成充分的合力,推动国际社会形成及时和协调性的国际行动。在一些危机中,就是否应当诉诸保护的责任,国际社会仍存在争议。[1]

通过重新框定,保护的责任嵌入既定的国际规范之中,向国际共同体表明,它并不旨在挑战现有的国际秩序,尤其是主权原则。保护的责任强调尊重主权和既定的国际规范,可使严格恪守主权原则的国家后退一步,愿意在其规范化问题上保留进一步磋商的空间。相较于人道主义干预与主权的对抗性,保护的责任更愿意彰显自身与主权原则的相容性。

(三) 新的集体义务与保护的责任的创新性和执行

尽管既定的国际规范已经涉及保护的责任下的许多规定,但仍有观点认为,保护的责任创建了新的义务,使国际共同体保护平民免遭四种罪行。通过审视保护的责任与主导国际规范的关系,可知保护的责任具有法律内容,那么这是否意味着保护的责任为国际共同体创建出一种新的集体义务呢?

首先,国际法的来源为国际条约、习俗和一般性的法律原则,而WSO文件是联合国大会的决议。只有在例外的情形下,联合国大会的

---

[1] Alex J. Bellamy, Ruben Reike, "The Responsibility to Protect and International Law", in Alex J. Bellamy, Sara E. Davies, Luke Glanville ed., *The Responsibility to Protect and International Law*, Leiden & Boston: Martinus Nijhoff Publishers, 2011, pp.81-100.

决议才可以创建出法律条款,即如果成为习惯性国际法,还需要根据法律确信指导的国家实践。否则对成员国而言,联合国大会决议只是建议,并不具有约束力。虽然成员国接受了保护的责任的语言,但它们没有完全接受 ICISS 的建议,尤其拒绝 ICISS 中要求保护的责任包含政策决策的标准,安理会常任理事国使用否决权的行为标准,以及未经安理会授权而干预国家内部事务的潜在可能性。2005 年的 WSO 文件没有建立或试图建立与保护的责任相关的新法律。①

其次,审视保护的责任内容会发现它不满足关于规范的一些基本要求:总体性,清晰性,连续性,稳定性,规范与实践的一致性。② 反对大屠杀、战争罪、族裔清洗和反人类罪本质上基于国家责任法的基础之上。国家责任法规定国家不仅有权利要求停止这种罪行,也有义务通过合作终止这些罪行。因而,保护的责任的概念只是清晰表达了国际法已要求国家作为之事。保护的责任所规定的义务见之于 WSO 文件中。该文件并未试图为单个国家设定新的军事干预权利或责任,而是坚决维护了联合国安理会作为唯一合法拥有授权使用武力权利的国际机构的地位。WSO 文件明确指出,干预措施应当针对具体情况进行灵活调整,这实际上表明并不存在一种普遍的干预义务。这种表述为政治判断留下了足够的空间,但同时也削弱了保护的责任在法律层面的明确性,以及其在实践中的总体性、清晰度和连续性。③

---

① Dorota Gierycz, "The Responsibility to Protect: A Legal and Rights-based Perspective", in Alex J. Bellamy, Sara E. Davies and Luke Glanville ed., *The Responsibility to Protect and International Law*, Boston & Leiden: Martinus Nijhoff, 2010, pp.101-117.

② Jutta Brunnee, Stephan J. Toope, "The Responsibility to Protect and the Use of Force: Building Legality", in Alex J. Bellamy, Sara E. Davies and Luke Glanville ed., *The Responsibility to Protect and International Law*, Boston & Leiden: Martinus Nijhoff, 2010, pp.59-80.

③ Jutta Brunnee, Stephan J. Toope, "The Responsibility to Protect and the Use of Force: Building Legality", in Alex J. Bellamy, Sara E. Davies and Luke Glanville ed., *The Responsibility to Protect and International Law*, Boston & Leiden: Martinus Nijhoff, 2010, pp.59-80.

最后，保护的责任蕴含的不确定性说明，在特定情境中如何执行保护的责任存在着很大的争议。例如，如何判断国家未能履行责任，以及国际社会需要对责任进行接管；在实践中执行支柱三时，如何判定该采取和平还是强制性的举措等。概念的不确定性往往导致其在实践应用中的不一致性，这种不一致性进而会削弱概念的合法性和权威性，从而表明保护的责任尚未真正确立为国际社会普遍遵循的规范，也未能成功地为国际社会设定新的集体义务。

在联合国大会2009年的全体辩论中，超过六十多个国家认同秘书长的观点，认为保护的责任根植于既定的国际法之中。例如，瑞典代表欧盟和其他几个国家，表示支持秘书长的报告，指出负责任的主权所内含的义务是深刻地根植于国际法之中；俄国表示注意到WSO措辞与《联合国宪章》保持一致；斯里兰卡则表示2005年结果文件的138、139是基于已经存在的规范；代表加勒比共同体的牙买加指出，尽管有必要就保护的责任达成共识，但既定的国际法已经使人们均有预防大屠杀、战争罪、族裔清洗和其他大规模暴行的责任。当国家内部大规模暴行对国际和平与安全构成威胁时，许多国家，包括欧盟、贝宁、哥斯达黎加、莱索托、卡塔尔、东帝汶都允许安理会采取集体行动；美国则表示，只有在极少数情形下，集体行动包含着武力的使用。因此，保护的责任并未创设任何额外的法律义务，而是可以被看作是对条约法和习惯法中已有义务的一种政治和道德上的承诺与强化。①

相较于人道主义干预，保护的责任通过深度嵌入现有国际法体系，从而获得了更强的合法性，也更容易赢得国际社会的广泛接受。然而，这一策略也带来了两个核心问题：(1)首要问题是，既然保护的责任所倡导的理念在既有国际法中已有所体现，那么其独特的创新性究竟何在？(2)另一个问题是，为了与既有的国际机制保持和谐一致，保护的

---

① Alex J. Bellamy, Ruben Reike, "The Responsibility to Protect and International Law", in Alex J. Bellamy, Sara E. Davies, Luke Glanville ed., *The Responsibility to Protect and International Law*, Leiden & Boston: Martinus Nijhoff Publishers, 2011, pp.81-100.

责任在规范化进程中不得不进行妥协和模糊化处理。这种模糊性虽然为各国提供了根据具体情况进行灵活解释的空间,但同时也导致了保护的责任在实际操作中缺乏明确性,进而影响了其可执行性。

首先,就第一个问题而言,通过将自身嵌入到既定的国际规范中,保护的责任强调主权的框架。因而,相较于人道主义干预,保护的责任的最大创新就是获得了国际社会的承认。虽然当下保护的责任尚未成为规范,但是它不仅能够提醒国家明了自身的法律义务和责任,而且还能够影响国家怎样理解自身作为国际共同体成员所应承担的义务。此外,保护的责任也可作为一种号召,提请国际社会关注处于灾难之中的人。保护的责任的倡导人之一加勒特·埃文斯就指出,此概念的主要目的是作为一种新的号召,取代干预的权利。①

其次,第二个问题仍然指出了支柱三具有不可操作性和高度争议性。保护的责任的支柱一和支柱二是一种铺垫和妥协,它们与现有国际机制的高度重合说明支柱三是真正的新颖之处。支柱三的实质是:当一些主权国家不能或不愿解决本国境内的大规模人道主义灾难,国际社会可以采取强制性干预行动。这种强制性干预行动应当遵守《联合国宪章》,同时强调安理会有权利对特定的情势做出判断。人道主义干预实质上也是强调上述行为。因而,保护的责任支柱三与人道主义干预具有本质一致性。

第二节 "旧酒":解决的问题与方式的一致性

人权问题的国际维度相对较晚才出现。在 1945 年之前,国家主要

---

① Alex J. Bellamy, "The Responsibility to Protect: A Wide or Narrow Conception", in Peter Hilpold ed., *Responsibility to Protect: A New Paradigm of International Law*, Leiden: Brill Nijhoff, 2015, pp.38-59.

关注的是其与国内个人之间的关系。① 但二战之后,人权的国际维度逐渐凸显,国际社会尤其是联合国采取了一系列保护人权的措施。在由主权国家构建的国际秩序中,人权保护的执行主体是国家。然而,在一些情境中,主权国家并没有充分履行人权保护的责任,以至于出现大规模人道主义灾难。主权国家内部若爆发大规模的人道主义灾难,可能引发严重的溢出效应,也可能仅仅是深深震撼着全人类的良知。20世纪以来,随着大众传媒的发展,人们逐渐认识到一个政府如何对待它的国民会对全球社会产生影响。② 在此背景下,国内人道主义灾难问题被提上全球议程。在解决该问题的过程中,国际社会行动的规范性基础以及方式成为研究的关键问题。人道主义干预和保护的责任都致力于解决该问题。

一、规范性基础缺失:强制性干预内政

人道主义干预和保护的责任试图解决的问题是:当主权国家内部发生大规模人道主义灾难,国际社会该采取何种应对措施。2001年ICISS报告对保护的责任的界定更能突出这点相似性。报告强调保护的责任试图处理的对象是大规模人道主义灾难,但未对灾难做出清晰界定。随后WSO文件明确规定了大规模人道主义灾难的类型,将其严格限定为战争罪、族裔清洗、大屠杀和反人类罪。因而,虽然人道主义干预和保护的责任解决的问题相同,但保护的责任的应用范围更狭窄和明晰。适用保护的责任的四种罪行属于人道主义干预的调整对象。但反之未必成立,并非所有的大规模人道主义灾难都可以适用保护的责任。人道主义干预可以处理一些自然灾害引起的问题,但保护的责任适用的四种罪行都是政治性和人为的。

人道主义干预与保护的责任都旨在应对主权国家内部的大规模人

---

① [美]卡尔·明斯特:《国际关系精要》,潘忠岐译,上海人民出版社2007年版,第289页。
② [美]卡尔·明斯特:《国际关系精要》,潘忠岐译,上海人民出版社2007年版,第292页。

道主义灾难。如果一国内部的大规模人道主义灾难产生溢出效应,例如威胁到区域或世界的和平与安全,那么国际社会进行干预就具有合法性,规范性基础是《联合国宪章》的第七章。然而,如果人道主义灾难没有产生溢出效应,例如大屠杀和族裔清洗,那么国际社会的干预行动无法在既有国际规范中找到规范性基础,干预行动就没有合法性。正是由于这一规范性基础的缺失,人道主义干预和保护的责任需要解决的问题是:如何在既定的国际规范框架中寻找合法性,或者推动自己的规范化进程和确立自身的规范地位,以指导该领域中国际社会的干预行动。

在确立规范地位的进程中,两者都需要回答:国际社会是否以及如何进行强制性干预,以终止一国境内的大规模人道主义灾难。在解决人道主义灾难的问题上,人道主义干预和保护的责任可利用多样化的手段。例如,广义的人道主义干预涵盖的举措从人道主义救济到强制性干预。保护的责任支柱二强调国际社会帮助相关国家建立履行责任的能力。当责任移交到国际社会时,支柱三规定国际社会可采纳诸多手段,涵盖从和平到强制性干预等一系列举措。就手段而言,保护的责任包括的手段更为宽广,它强调了国家责任的维度。然而,如果将保护的责任剖析开来会发现,保护的责任的支柱三与人道主义干预具有一致性,即强调国际社会干预主权国家境内的人道主义灾难。由于和平的举措容易被国际社会接受,不会产生诸多争议,目前影响国际社会接受的最大阻力是它们内涵了强制性干预内政的可能性。

由于合法性和规范性基础的缺失,强制性干预内政影响到两个概念的规范化进程。《联合国宪章》明确规定了禁止使用武力原则。该原则的两个例外是自卫和获得安理会授权的维护和平与安全行动。在解决国内人道主义灾难时,人道主义干预和保护的责任规定的武力使用可能不在《联合国宪章》的范围内。这就衍生出两者在确立自身规范地位时遇到的根本障碍,即如何调和主权与人权的张力和冲突。

在应对主权与人权之间的紧张关系时,人道主义干预是一种直接且有力的方式。对它的诸多定义直接强调可以为了人权保护强制性干预主权国家内政。关于人道主义干预的标准不存在共识,安理会的授权也并不是强制性干预的必要条件。保护的责任则不同。保护的责任通过重新框定,嵌入国际规范,支柱一和支柱二强调主权与人权的一致性,调和两个规范相互冲突的一面。就安理会授权而言,虽然 2001 年 ICISS 报告预留了绕开安理会进行干预的可能性,即经过联合国大会的"团结一致共策和平",但当前关于保护的责任的权威定义则将安理会授权视作实践中执行的必要条件。

尽管在解决人道主义灾难的问题上,相较于人道主义干预,保护的责任的规范化进程更加顺利,但支柱三下的国际社会强制性干预内政的问题仍重回到人道主义干预的轨道上。人道主义干预与保护的责任都陷入主权与人权这对竞争性规范的循环之中,无法协调国际责任与主权平等之间的关系。强制性干预作为解决主权与人权紧张关系的一种手段,往往难以获得国际社会的广泛认可,并上升为普遍规范。因此,当面对主权国家境内爆发的大规模人道主义灾难,而不得不诉诸强制性干预时,我们依然面临着规范性基础缺失的难题。在此情况下,国际社会往往只能依赖于伦理和道德规范来寻求问题的解决方案。

二、道德义务及其面临的障碍

伦理和道德驱动力通常建立在自愿行为的基础之上。然而,在尝试通过道德和伦理手段解决人道主义问题时,人道主义干预和保护的责任往往面临重重障碍。从理论与实践两个层面来看,这些障碍主要体现在两个维度上,而无论是人道主义干预还是保护的责任,都难以在这两个维度上取得突破。第一个维度涉及内部冲突与他国利益的复杂纠葛。一方面,由于各国利益分歧严重,安全理事会往往难以就干预决议达成一致,导致一些国家可能打着人道主义干预或保护的责任的旗号,实则追求本国私利;另一方面,即便安全理事会通过了干预决议,但在执行过程中,干预主体可能出于纯粹私利导向,缺乏换位思考,一味追求自身利益最大化。这一维度是人道主义干预和保护的责任在实践中经常被异化和扭曲的重要原因。第二个维度则关乎内部人道主义危机发生的地理位置。当危机发生在国际社会边缘化、被忽视的区域,且不涉及他国直接利益时,这些危机往往容易被遗忘。这种"被遗忘的角落"现象,使得人道主义干预和保护的责任难以得到有效实施。

(一)纯粹私利导向:实践中的扭曲与背离

人道主义动机是将人道主义干预和保护的责任与其他国际干预相区分的依据。由于动机的遮蔽性和不可直观性,一些国家可以以人道主义为名行政权颠覆之实。因而,人道主义干预和保护的责任经常被批评为是大国谋求私利,干预他国利益的借口。大国以保护的责任来说明干预的合理。这种合理化可以发生在两个维度:其一,大国为了追求国家利益,以保护的责任为借口,以"保护平民"作为幌子合理化对他国的干预行为;其二,如果在一场国内冲突中,有国家在其中谋求私利,为了制约这种谋求私利的行为,大国也可以以保护的责任为名,进行干预。当然,如果通过国家之间的制衡促成了真正的人道主义干预,那么当事国会获益。关键在于大国也可以出于国家之间的利益博弈,以人道主义或保护的责任为由头限制其他国家的干预。

这里需要注意的是,人们并不能仅仅因为从某一场冲突中看到一国利益的存在,就否定了干预所具有的人道主义或保护的性质。实践中,并不是每一场干预都是对人道主义干预或保护的责任的扭曲和背离。国际社会在一场国内冲突中,除了人道主义关切之外,还具有一定的利益诉求并非坏事。干预者可以具有自我利益的动机,因为这会使得干预者做出充分的承诺,而承诺则是有效干预的核心。有效的承诺和干预的成本使得干预者需要证明自己行为的合理性。此外,即使干预者在干预中追求自我利益,也不能简单将其和自私相混淆。从狭义的角度来看,促进自我利益未必意味着行为自私,它也可能同时促进其他人的利益。最后,人们也不必一定对自我利益持有狭义的解释,认为自我利益一定就是权力或安全。国家的自我利益也可以由身份或共享的价值观、原则所决定。因而,人道主义干预的动机可以和追求国家利益并行不悖。在特定的案例中,国家利益的存在并不一定否定干预国家人道主义动机的存在。

当然,即使是大国的干预,也存在形式上的差异。有的干预获得了安理会的授权,有的则没有;有的以多边的形式展开,有的则奉行赤裸裸的单边主义。由于动机的不可直观性,判断人道主义干预或保护的责任是否被扭曲的一个标准就在于它是否有合法的权威。如若没有得到安理会的授权,任何干预行为一般都会受到国际社会的指责,因为这可能被视为是出于私利而非真正的人道主义目的或履行保护的责任的行为。这种未经授权的干预往往会扭曲人道主义干预或保护的责任的初衷。只有得到了安理会授权,干预行动本身才具有合法性。然而在一些情形下,虽然军事干预获得了安理会授权,但是这种干预在执行与操作过程中也会面临重大的伦理挑战。最突出的问题为,安理会授权的军事干预在多大程度上会随着主导国家意志的起伏而变化。换言之,在大国缺少利益关切的案例中,即使国际干预具有可信的人道主义理由,但是由于主导国家缺少干预意愿,国际干预会遭受资源不足的困境。此外,没有获得联合国安理会授权和国际社会充分支持的干预会带来无效的执行和平的行动,进而产生有问题的政治和人道主义后果。如果干预主体只展现出最低程度的政治意志,那么它往往只会承诺投入最低程度的资源。这种有限的资源投入会使干预力量变得脆弱,容易受到攻击。相反,只有当干预主体坚定其政治承诺,并愿意为此投入更多资源时,才能有效增强干预力量的韧性和抵抗力。[1]

(二) 意愿不足:被国际社会"遗忘"的人道主义灾难

执行保护的责任任重而道远。许多人认为,保护的责任可以给富裕和强大的国家提供一个人道主义借口,使它们在利益所需之处对穷国和弱国进行军事干预。然而大多数实践恰好相反,除了自然灾害的

---

[1] Catherine Lu, *Just and Unjust Interventions in World Politics*, London: Palgrave Macmillan, 2011, p.177.

情形,如果一场国内冲突与本国的政治、安全和经济利益等没有直接关联,大多数国家都不愿意进行干预以阻止灾难的发生。①

当诉诸强制性行动是执行保护的唯一方式时,政策决策者还需要权衡正义战争传统。正义战争传统也具有自身的矛盾性,例如强调结果的平衡性会引发一个内在困境:其一,如果需要将结果考虑在内,那么在危机的一开始就遏制了许多干预的尝试,也可以被国际社会的其他行为体用作借口以推卸执行保护的责任;其二,结果的好坏是没有办法证伪的,永远不能说不干预的结果将会更好。正是如此,如若一国进行干预,有可能还会为自己招来恶化人道主义灾难的骂名。尤其是当下许多关于人道主义干预的道德风险研究指出,好心可能办坏事,人道主义干预可能恶化国内人道主义灾难,造成更多灾难。② 既然如此,人们如何得知干预是否能够为受害者谋福利呢?如若再权衡一下干预需要投入的人力、物力成本,干预行动会愈加踌躇不前。

因此,在没有明确的保护的责任框架时,灾难中的受害者往往只能依赖于个别国家或国家集团的援助。这些愿意进行干预的国家,通常在国内冲突中拥有某种利益,或是出于对其他因素的考量,如自然资源的丰富性、文化和种族的相近性,或是难民输出的规模。相比之下,那些地处遥远、边缘化的国家中的受害者,则更有可能被国际社会所忽略和遗忘,因为对于这些地方,国际社会的干预意愿往往不足。

在确定具体的责任承担者时,纯粹私利导向与意愿不足是国际社会遇到的主要障碍。国际社会缺少一个机制使具体的国家承担起保护的责任,而不是将责任承担的主体仅仅停留在抽象的国际共同体层面上。换言之,人道主义干预或保护的责任的主体是抽象的国际社会,但具体的情境需要有具体的责任承担者。一方面,这种责任承担者需要

---

① William F. Schulz, "Spread Wide the Word: Organizing the Grassroots to End Atrocity Crimes", in Peter Hilpold ed., *Responsibility to Protect: A New Paradigm of International Law*, Leiden: Brill Nijhoff, 2015, pp.145-159.

② Timothy W. Crawford, Alan J. Kuperman, *Gambling on Humanitarian Intervention: Moral Hazard Rebellion and Civil War*, New York: Routledge, 2006.

一定的资源才能够有效地应对危机。这内在地假定了大国需要承担起责任。另一方面,承担责任需要花费人力与物力,如若没有一定的利益诉求,谁也不愿意揽起这份责任。更何况一旦冲突中有大国身影,小国又会有所担忧,这有可能使得大国无辜背负骂名。在实际案例中,谁应当承担起保护的责任成为一个辩论的主题。在明确谁应当承担责任时,国际社会需要一个标准。这个标准既能够克服国际社会意愿不足的问题,又能够确保在决定进行干预时,国际社会对干预成功的可能性拥有最大的预期。换言之,当前的标准要避免历史经验提供的两个教训,即在一些地缘政治的边缘地区,国际社会存在干预意愿不足的问题,在一些敏感地带,例如资源能源丰富的地区,又会出现国际社会的多重卷入,但这种卷入更多的是纯粹的私利导向。

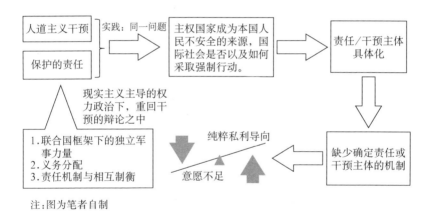

注:图为笔者自制

图 3.1　保护的责任与人道主义干预:实践一致性

在责任或干预主体具体化的过程中,由于缺少一个分配义务或确定干预主体的机制,人们会发现在内部人道主义灾难中,国际社会在纯粹私利导向与意愿不足之间摇摆。当然,也并不排除受人道主义关切驱使而有所行动的案例,例如美国 1993 年在索马里的行动,但是意愿不足导致美国无法做出充分的资源承诺,而未能很好地缓解灾难。为了解决纯粹私利导向与意愿不足的问题,已有的建议措施如下:

(1) 联合国框架下的独立军事力量

将决定何时使用强制性手段的权利和责任赋予特定的国际组织，这既可以确保强制性干预在需要之时发生，也可以阻止强国干预没有明确的人道主义诉求的国内冲突。该组织能够强迫合作和支持，提供成本分享和协调，以及为实现道德目的授予合法性。由于联合国成员国的普遍性，当前的建议是在联合国框架内建立一支独立的军事力量以承担这种义务。这样既可以克服意愿不足的问题，又可以避免私利导向的问题。然而，这种做法仍然存在问题，因为联合国本身也面临着深刻的困境。联合国并非一个全球性的利维坦，它并不具备独立的强制性能力来约束和管理那些违反基本人道主义义务的成员国。相反，联合国能否获得权力和责任取决于国家之间的合作和协议。[1]

此外，联合国在全球的干预能力十分有限。由于联合国缺少必要的资源，人们对它抱有的高预期已经落空。联合国并不是世界警察，在安理会认为有必要采取干预行动时，联合国能够立刻做出应对举措。如果进一步考虑到安理会的国家需要维护自身和盟国的国家利益，即使安理会做出干预的授权，这种干预可能也有深刻的缺陷。缺陷最明显地体现为，安理会授权进行的干预可能并不是为了应对大规模的人道主义灾难，相反，干预只是为了维护自身或盟国的利益。

(2) 义务分配以应对意愿不足

尽管保护的责任将干预的权利明确框定为一种责任，但这种责任的性质仍然不够清晰明确。总体来看，应当将其界定为一种道德责任。然而，当国际社会的意愿不足时，如何合理分配这种道德义务便成为了一个亟待解决的问题。

詹姆斯·帕蒂森在《人道主义干预与保护的责任：谁应当进行干预》提出义务分配的一个方法，即中庸的工具主义(moderate instrumentalist approach)。这一方法很大程度上就是后果主义(consequentialism)，最

---

[1] Catherine Lu, *Just and Unjust Interventions in World Politics*, London: Palgrave Macmillan, 2011, p.179.

突出的表现形式是功利主义,将善(good)等同于效用(utility)。如果对另一个政治共同体进行干预是为了实现人道主义目的,那么是否实现人道主义的后果非常重要。效用主要在三个维度呈现：首先,区域外部有效性(local external effectiveness)衡量的是干预者是否促进了接受干预的政治共同体对人权的享受。其次,全球外部有效性(global external effectiveness)则关注干预者是否推动了整个世界对人权的普遍享受。然而,从消极的角度来看,我们还需要评估干预行动是否减少了世界整体的福利,比如是否危害了邻国、削弱了国际秩序或者导致了大国之间的敌对。最后,内部有效性(internal effectiveness)则聚焦于干预者是否提升了本国公民对人权的享有水平。①

三个有效性维度——区域外部有效性、全球外部有效性和内部有效性——不仅是干预者合法性的重要来源,也是决定其合法性的主要和必要因素。当然,效用并非道德上唯一相关的考量。除了效用之外,代表性同样对合法性产生着重要影响。代表性具体体现在以下几个方面：内部代表性(internal representativeness)指的是在做干预决定时,国内所获得的支持程度,它反映了干预者的政策决策是否真正体现了公民的意见；地区外部代表性(local external representativeness)则关注干预者的干预决定是否真正反映了接受干预的政治共同体的公意；而全球外部代表性(global external representativeness)则是一个更广泛的考量,它涉及干预行动在全球范围内的接受度和认可度。除了效用和代表性之外,中庸的工具主义方法在探讨人道主义干预者的合法性时,还应当考虑三个潜在的因素：即是否具有人道主义动机、是否拥有人道主义意图以及是否能够实现人道主义结果。②

上述内容均是对干预合法性来源的深入探讨。帕蒂森将"谁应当

---

① James Pattison, *Humanitarian Intervention and the Responsibility to Protect: Who Should Intervene?*, Oxford: Oxford University Press, 2010, pp.74-75.
② James Pattison, *Humanitarian Intervention and the Responsibility to Protect: Who Should Intervene?*, Oxford: Oxford University Press, 2010, p.148.

承担起干预责任"这一核心问题拆解为两个具体子问题：其一，哪些行为体有权利进行干预？或者说，哪些行为体可能实施干预？其二，哪些行为体有义务进行干预？或者说，哪些行为体应当承担起干预的责任？对于第一个问题，作者的回答是：任何具备足够合法性的干预者都有权利进行干预。而对于第二个问题，作者则指出，最具合法性的行为体应当承担起干预的责任。

尽管帕蒂森尝试根据合法性（主要以效用为依据）来分配干预义务，但他并未能彻底解决一个核心难题：当最具合法性的行为体缺乏应对人道主义灾难的意愿时，国际社会应该如何行动？他只是简单地提出，在这种情况下，责任应顺延至第二个最具合法性的行为体。然而，正如前文所述，在意愿普遍不足的情境下，这会陷入集体行动的困境，可能所有行为体都缺乏行动意愿。帕蒂森的理论给我们的一个启示是，在分配干预责任时，不能仅依赖单一指标，而应建立一套多元化的指标体系。一些可供参考的指标有：首先，地理上的相邻性：地理上相近的国家往往更能迅速了解灾情并及时介入。同时，它们也更容易受到消极外部性的影响，因此有更强的动力去采取行动。其次，特殊的纽带关系：例如，殖民地与宗主国之间的关系。当前非洲许多族群矛盾都可以追溯到殖民时期的历史遗留问题。宗主国在殖民统治期间常采取分而治之的策略，导致当地社会分裂。这种分裂在殖民者撤离后并未得到妥善解决，反而因随意的边界划分和政权移交而进一步加剧。在争取民族独立的过程中，这些矛盾可能暂时被掩盖，但一旦国家独立，这些矛盾就会再次浮现，围绕新国家新政权的权力争夺也会进一步加深分裂。最后，结果的有效性：人道主义干预与保护的责任目标旨在缓解人道主义灾难，因此，干预行动的结果有效性应当成为评估的重要指标之一。一般来说，大国由于其丰富的资源和强大的能力，在解决问题时往往更加得心应手。

（3）建立责任机制与相互制衡

在冲突中，当有多方第三方卷入时，会出现两种主要情形：一种是虽然第三方由多个行为体组成，但它们追求的主要目的具有一致性，并

第三章　保护的责任与人道主义干预的异同

不存在根本的利益冲突。在这种情况下,为了确保第三方的卷入并非仅仅出于私利,而是能够真正缓解当事国的人道主义灾难,需要建立一套有效的责任机制。这些机制可以包括:定期向安理会(或相关国际组织)汇报行动进展和成果;第三方需承诺对冲突后的重建工作做出贡献;以及,如果第三方超出了既定的行动范围或违反了相关原则,国际社会有权对其采取一定的惩罚措施。另一种情形是,第三方由多个存在利益分歧的行为体组成,它们可能支持不同的派别。在这种情况下,第三方的卷入不仅可能无法缓解人道主义危机,反而有可能加剧危机,甚至成为危机爆发的直接原因。因此,在这种情形下,需要强调第三方之间的相互制衡,确保它们能够在一个统一的框架内协同行动,共同应对当事国内部的人道主义危机。

　　针对前述三个建议,首先需要正视一个核心问题:保护的责任究竟有何限度?因为当一个国家动员自身资源去保护他国内部的受害者时,本国人民的福利无疑会受到一定程度的影响。对此,洛克曾提出了一个限制性条款,即一个人无需以牺牲自我为代价来挽救他人的生命。然而,这一条款的约束力相对较弱;因为一个人所需付出的代价可能其实很低,但他仍然可以选择不付出。① 针对这一难题,我们或许可以借鉴詹姆斯·帕蒂森框架中的一个关键因素——本国代表性。这一因素强调了在国内获得支持的重要性,确保干预行动不仅符合国际道德标准,也符合本国人民的利益。此外,尽管前述三个建议在一定程度上能够缓和人道主义干预与保护的责任所面临的根本障碍,但深入剖析后会发现,进一步推进这些建议实际上触及了更为根本的国际秩序问题。例如,是否应允许安理会之外的干预行动?是否需要建立针对安理会的负责任机制?甚至是否需要对安理会进行根本性的改革?在当前以主权国家为基础所构建的国际秩序尚未被根本触动的前提下,这些问题无疑难以得到快速的解决和推进。

---

① ［英］詹姆斯·格里芬:《论人权》,徐向东、刘明译,译林出版社2015年版,第118—119页。

第三节 "旧酒":理念的一致性

人道主义干预与保护的责任解决相同的问题,面临一致的挑战与障碍,这本质上源于两者理念的一致性,即世界主义。借用一位学者所言,希望保护的责任能够在现实中占据主导,核心就是要求在每个国家的外交政策中,道德能够占有一席之地。① 人道主义干预也是如此。那么何为世界主义?为什么说人道主义干预和保护的责任都体现了世界主义的理念?本节致力于回答这两个问题。

一、世界主义的基本内涵

世界主义的思想历程中,有两个关键时刻尤为瞩目:一是源自古希腊的斯多葛学派的世界主义观念;二是近代以来,康德对世界主义的重新诠释。斯多葛学派的世界主义建立在这样一种信念之上,即世界是一个城邦,人们都是世界的公民。在该学派看来,人类由于占有逻各斯,几乎具有众神的高度,且人类是一个整体,彼此相互关联,超越个体道德价值、民族归属与起源上的任何区分。② 斯多葛学派认为,人类的理性团结是平等理念的基础,从理性的人性中演绎的道德普遍性可以限制种族与地方性的民族主义和个人的强烈情感。虽然希腊的斯多葛学派保持了与权力之间的距离,并把世界性城邦想象成为对城邦的一种本体论和伦理学的纠正,但在罗马时期,世界主义从理想世界的哲学

---

① Gareth Evans, "The Responsibility to Protect: From an Idea to an International Norm", in Richard H. Cooper, Juliette Voinov Kohler ed., *Responsibility to Protect: The Global Moral Compact for the 21ˢᵗ Century*, London: Palgrave Macmillan, 2009, pp.15-29.
② [法]伊夫-夏尔·扎尔卡:《重建世界主义》,赵靓译,福建教育出版社2015年版,第22—26页。

成为一种统治工具和取得世界权力的一种策略。① 康德阐发了世界主义的现代概念。对康德来说,"'永久和平'是指各个国家的联合和世界大同,是指人类由野蛮步入文明的历史进程。"实现"永久和平"需要具备三个条件:(1)每个国家的公民宪政应当是共和制的;(2)在自由国家的联盟制之上建立国家法权;(3)世界公民法权需要被限制在普遍友善(hospitality)的条件上。② 国际主义依赖国家之间的条约,但世界主义却是以个体为中心,基于个体的权利被承认的需要,即使个体是外国人。③

冷战的落幕为世界主义伦理学渗透进西方国家的外交政策提供了契机,这一转变在1991年伊拉克战争中尤为显著,该战争树立了将军事干预与人权保护紧密结合的先例。④ 此后,世界主义的理念逐渐演进,成为应对严重国内冲突时的重要理论依据。在围绕世界主义的批评与辩护的激烈辩论中,这一理论得到了深化和发展。学者们的研究兴趣和关注点也随之转变,开始致力于区分世界主义的不同形态。在此背景下,世界主义被划分为多种类型,常见的分类包括:

第一,托马斯·博格将世界主义划分为道德世界主义和制度世界主义两大类别。道德世界主义的核心理念是个人作为道德关切的终极单元,应获得平等的关心,这种关心不因其公民身份或国籍而有所差异。它包含以下核心论点:个体主义:个体是道德关切的直接对象,而非家庭或其他集体。这些集体之所以重要,是因为它们与个体或公民相关联,从而间接成为道德关切的一部分。普遍主义:道德关怀不是仅

---

① [美]科斯塔斯·杜兹纳:《人权与帝国》,辛亨复译,江苏人民出版社2010年版,第180—185页。
② 李秋零主编:《康德著作全集(第8卷)》,中国人民大学出版社2010年版,第353—366页。
③ Gerard Delanty, "The Prospects of Cosmopolitanism and the Possibility of Global Justice", *Journal of Sociology*, vol.50, no.2(2014), pp.213-228.
④ 1991年伊拉克战争中,美英等国以保护库尔德人为由在伊拉克北部建立禁飞区,转引自李丽,沈丁立:《保护的责任与人道主义干预的异同》,《国际关系研究》2016年第6期,第122—137页。

限于某些特定群体,而是每个人都应平等地享有作为道德关怀对象的地位。一般性:这种道德地位在全球范围内都是有效的。个人对于所有人而不仅限于其同胞都是道德关切的焦点。相比之下,制度世界主义主张,要实现世界主义的愿景,必须在全球制度体系层面进行根本性的结构变革。这与道德世界主义者的观点形成对比,后者可能更侧重于在现有制度框架内推动道德关怀的普及。①

第二,塞缪尔·谢夫勒对极端世界主义与温和世界主义进行了明确的区分。首先,在证成的基础上,极端世界主义者坚信价值的根本源泉在于世界主义的理念。他们认为,所有其他原则和道德的合理性都必须根据世界主义的原则、目标和价值来证明。相比之下,温和世界主义者对价值的来源持有一种更为多元的态度。他们承认,除了世界主义的原则外,某些非世界主义的原则、目标和价值也同样具有终极的道德价值,并且不需要将所有特殊责任都归结为世界主义的价值原则。其次,在正义的内容上,两者也存在显著分歧。极端世界主义否认存在只适用于个别社会内部而不适用于全球人类的正义标准。他们主张,正义应当是普遍适用的,不受地域或社会界限的限制。然而,温和世界主义则持相反观点。他们认为,从正义的角度来看,我们可能只对我们社会的成员负有某些特定的义务,而这些义务并不一定适用于其他社会的成员。②

第三,弱式世界主义与强式世界主义:弱式世界主义主张为人们提供那些对于维持最低限度的体面生活而言普遍必需的条件,其关注点相对较为基础。相比之下,强式世界主义则追求更高层次的全球分配平等,致力于实现更为广泛的资源再分配。在承诺重新分配的力度上,两者存在显著差异。③ 弱式世界主义更加关注后民族国家的政治安排

---

① 吉莉安·布洛克:《全球正义:世界主义的视角》,王珀,丁祎译,重庆出版社2014年版,第11—12页。
② 吉莉安·布洛克:《全球正义:世界主义的视角》,王珀,丁祎译,重庆出版社2014年版,第13页。
③ 吉莉安·布洛克:《全球正义:世界主义的视角》,王珀,丁祎译,重庆出版社2014年版。

或全球市民社会的涌现,视这些为政治变革的新途径。托马斯·博格(Thomas Pogge)等学者是这一立场的代表人物。而强式世界主义则侧重于促进不同人类社会之间的对话,以调和普世价值与地域性道德框架之间的冲突。乌尔里克·贝克(Ulrich Beck)与杰勒德·德兰迪(Gerard Delanty)等学者则是这一观点的倡导者。① 学者们之所以提出并推行各种"薄"版本的(即弱式)世界主义,主要是因为在全球化背景下,如何协调哲学理想主义与政治现实主义之间的张力仍然是一个悬而未决的问题。他们努力在道德判断与政治判断之间寻找平衡点。尽管世界主义通常更倾向于规范层面,但面对诸如国际安全、气候变化、经济管制以及人道主义干预等一系列集体行动问题,世界主义也不得不更加关注现实层面的挑战。② 弱式世界主义的一些代表性观点如下:

乌尔里克·贝克提出现实的世界主义(realistic cosmopolitanism)概念,主要处理的问题为在全球相互依赖之下,社会应该如何处理"他性(otherness)"与"界限(boundaries)"。现实的世界主义预先假定存在一个普世主义的最低限度,它囊括数个不可被违反的实体性规范。现实的世界主义接受一系列普世主义的程序规范,使处理跨越边界的"他性(otherness)"成为可能。对于民族主义来说,现实的世界主义认为它的继续存在是给定的,因为没有伴随着民族组织与感情的稳定性,世界主义就会沦落为彻底的理想主义。但在承认民族主义的同时,现实的世界主义也会在民族国家、民族社会与爱国主义的基础上,做出朝向世界主义的修正。世界主义承认与接受社会内与外部的"他性",认为"他者"既是不同的又是一致的,因而应当将种族主义与西方的普世主义作

---

① Jonathan Gilmore, "Protecting the Other: Considering the Process and Practice of Cosmopolitanism", *European Journal of International Relations*, vol.20, no.3(2014), pp.694-719.
② Corey Ranford-Robinson, "Cosmopolitanism and Liberal Universalism in International Relations Theory: Moralising Politics or Politicising Ethics?", *Millennium-Journal of International Studies*, vol.42, no.1(2013), pp.247-259.

为过时之物,埋藏在历史的尘土中。①

德兰迪认为,世界主义关注在既定的社会或文化中,或在更广的全球背景下,通过考虑他者的视角,协调多样性(diversity)与统一性(unity)的方式。世界主义主要关注个体、团体、公众和社会如何通过联系的能力(capacity for connectivity)扩大自身的道德与政治界限。对话是世界主义的关键特征,它提供了将他者视角纳入自己的世界观的可能性。这表明,世界主义与主体的形成紧密相连,它不仅是构成自我认同的一部分,还深深嵌入社会和政治进程之中。民族主义与世界主义之间并非存在根本的冲突或敌对关系,相反,世界主义可以被视为现代政治共同体内部不可或缺的一部分。根据程度和内涵的差异,可以从四个层次来深入理解世界主义:首先,是文化世界主义。这一层次的世界主义表现为对其他文化价值观的好奇探索,例如通过教育项目等途径来增进对他国文化的了解。其次,是与政治紧密相关的世界主义,它超越了纯粹的文化交流,关键在于包容他者。这种包容不仅是对他者存在的认识,更是对分歧的接纳与理解,而不仅仅是停留在对分歧的好奇上。第三层次的世界主义,则通过反思与批判性的态度,实现自我与他者的深刻转变。在这一层次上,双方的文化与身份都将成为相互评估的对象,以促进更深层次的理解与融合。最后,是共享规范性文化的世界主义。在这一层次上,人们不再局限于相互批判,而是致力于形成一种新的社会关系和制度,这种关系和制度以共享的规范性文化为基础,超越了文化和身份的界限。②

理查德·比尔兹沃思(Richard Beardsworth)在其著作中提出了世界主义的谱系分类,包括文化世界主义、道德世界主义、规范世界主义、

---

① Ulrich Beck U, Patrick Camiller, "The Truth of Others: A Cosmopolitan Approach", *Common Knowledge*, vol.10, no.3(2004), pp.430-449.
② Gerard Delanty, "The Prospects of Cosmopolitanism and the Possibility of Global Justice", *Journal of Sociology*, vol.50, no.2(2014), pp.213-228.

制度世界主义、法律世界主义以及政治世界主义。① 然而,世界主义并非没有受到批评,其中最主要的批评来自现实主义。现实主义认为,道德论断在全球政治模型中不仅没有一席之地,反而可能是有害的。它们认为道德论断会削弱国家的平等主权,甚至加剧对联合国宪章所体现的既定法律机制的破坏。现实主义强调,道德并非持久和谐的源泉,而是激烈争议的根源。例如,美国就经常利用道德和宗教术语来抹黑其政治对手。② 然而,比尔兹沃思并不认同这种完全对立的观点。他认为,现实主义与世界主义并非不可调和,两者之间的融合是可能的。这种融合可以基于对权力概念的分析来实现。在一个日益相互依赖的世界中,权力的合法性和正义维度变得愈发重要。合法性已成为政治权力的一个必要特征,而强大的政治领导权中也蕴含着道德属性。因此,合法性明显包含着正义的问题,这使得现实主义与世界主义的融合成为可能。

总体而言,世界主义主张,"个人是道德关切的终极单元,有资格获得平等的关切,不管他们的民族身份和公民身份如何"。③ 一个世界主义的伦理视角承认作为个体和作为群体中的成员身陷多重关系之中,这些关系虽不同,却有一个共同的道德核心。人们感激自己作为全球人类共同体的成员身份,且作为成员,对共同体的其他成员负有责任和忠诚,这种责任和忠诚促使个人超越地方性义务(local obligations)的局限,确保地方性义务不会削弱或取代对遥远他人的责任。在履行这种全球性的责任时,传统上被视为界定正义范围的国家边界和其他界限,实际上成为了不相关的阻碍。④ 世界主义鼓励道德忠诚,但并非忠诚于抽象的人类共同体,而是那些被称之为"人"的人,无论他是朋友、

---

① Richard Beardsworth, *Cosmopolitanism and International Relations Theory*, Cambridge: Polity Press, 2011, pp.112-115.
② Mathias Thaler, "The Illusion of Purity: Chantal Mouffe's Realist Critique of Cosmopolitanism", *Philosophy and Social Criticism*, vol.36, no,7(2010), pp.785-800.
③ [美]科克-肖·谭:《没有国界的正义:世界主义、民族主义与爱国主义》,杨通进译,重庆出版社2014年版,第1页。
④ 吉莉安·布洛克:《全球正义:世界主义的视角》,王珀,丁祎译,重庆出版社2014年版。

陌生人、还是敌人。①

在实践中,世界主义倡导个人不仅要在同胞之间,还要在陌生人、敌人,乃至异教徒之间,践行人性、正义和宽容的原则。"薄"版本的世界主义承认,基于共同的人性,自我对他者承担着责任。这种责任超越了法律和制度的范畴,更多地体现为一种道德上的担当。它认为,个人的关怀与行动并不需要通过世界政府的形式来实现,而是认为主权国家作为"集体他性"的最佳与最可靠的稳定机制,能够更好地承载这一责任。若缺乏这样的稳定机制,世界主义可能会滑向实体性的普世主义,失去其原有的包容性与多元性。相比之下,"厚"版本的世界主义则主张,真正的世界主义正义要求个体超越主权国家的公民身份,构建起对人类共同体的广泛道德义务。这种义务不仅局限于同一政治共同体内部,而是扩展到全人类。这一目标的实现,依赖于跨国共同体的存在与壮大。这些跨国共同体能够培育出更广泛的道德忠诚,使得主权国家原有的排他性原则逐渐失去其合法性基础。② 在自我与他者的关系问题上,"厚"的世界主义流派持有一种特别的观点。当面对自由的自我与不自由的他者时,该流派认为,为了实现世界主义的主张,自我有权使用强制性的手段来改造那些不自由的他者。进一步地,"厚"的世界主义还秉持着道德绝对主义的观点。在这种观点下,正确与错误、善良与邪恶之间存在着清晰且不可逾越的二分界限。这种二分法为"厚"的世界主义者提供了明确的道德指南,使他们在面对复杂多变的全球事务时,能够坚定地站在自认为正义的一边,并可能不惜采取强制措施来推动其道德理想的实现。③

---

① Catherine Lu, *Just and Unjust Interventions in World Politics*, London: Palgrave Macmillan, 2011, pp.106-107.
② Gideon Baker, "Cosmopolitanism as Hospitality: Revisiting Identity and Difference in Cosmopolitanism", *Alternatives Global Local Political*, vol.34, no.2(2009), pp.107-128.
③ Jonathan Gilmore, "Protecting the Other: Considering the Process and Practice of Cosmopolitanism", *European Journal of International Relations*, vol.20, no.3(2014), pp.694-719.

世界主义的核心观念是否与人们的特殊关系和偏爱相冲突？这是一个复杂且备受争议的问题。在现实生活中，人们往往对公民身份怀有强烈的爱国主义和民族主义情感，这些特殊关系构成了他们身份认同的重要组成部分。然而，世界主义所倡导的普适性情感与这些特殊忠诚之间似乎存在潜在的矛盾。针对这一矛盾，学者们提出了不同的观点。首先，有观点认为，世界主义与特殊承诺之间并不存在人们普遍想象的那种冲突。这种观点认为，现有对世界主义的解释并不排斥特殊的情感归属，反而青睐于一种超然的正义观念。它并不否认对许多人来说，生活中最有意义的情感往往来自于对特定共同体的忠诚。然而，这种偏爱应当被限制在一定的合理范围之内。具体来说，人们一旦履行了支持全球基本制度结构的义务，就可以在此基础上合理地偏袒同胞的利益，而这种偏袒并不与他们所负有的其他义务相冲突。因此，世界主义原则应当主要约束全球制度，而不必直接去调控人们在制度规则范围内所作出的个人选择。① 另一种观点则为民族主义进行辩护，指出民族主义并非全然不可取，它也存在一些温和的形态，这些形态具有道德价值。耶尔·塔米和戴维·米勒等学者是这一观点的代表人物。戴维·米勒主张，民族认同是个体理解自己在世界上所处位置的正当方式，对民族同胞负有的责任自然不同于对其他民族成员的责任。②

随着世界主义理念的不断发展，1990年代的外交与安全政策也经历了显著的变化。澳大利亚外长加勒特·埃文斯提出的"良好的世界公民（good international citizenship）"概念，以及联合国议事日程中出现的"人的安全"等议题，均深刻体现了国际社会对于超越国界、承担全球伦理责任的广泛认同与日益接纳。这种伦理责任强调，在外交政策

---

① 吉莉安·布洛克：《全球正义：世界主义的视角》，王珀、丁祎译，重庆出版社2014年版。
② 戴维·米勒的论证可以参见：[英]戴维·米勒：《民族责任与全球正义》，杨通进、李广博译，重庆出版社2014年版，第111—133页。

中应充分考虑并体现对全球共同体的关怀与责任。① 然而,一个关键的问题随之浮现:如何处理那些支持世界主义议事日程的人与那些拒绝的人之间的关系?当世界主义者面对一个非世界主义的他者时,如果仅仅采取黑白二分的态度,不仅可能在道德上将他者视为敌对,还可能将他者建构为一个潜在的威胁或敌人。因此,世界主义者开始积极寻找新的方式,以在坚持世界主义理念的同时,避免陷入西方的干预主义、军事主义与父权式管理的陷阱。他们努力探索一种更加包容、平等和对话式的国际关系模式,旨在促进全球共同体的和谐与发展,而不是通过强制或对抗来实现自身的目标。②

二、"拯救陌生人"

人道主义干预与保护的责任的支柱三都要求国际社会,主要是民族国家去做超越主权国家体系的事情,即拯救国际社会中的陌生人,而不仅仅是本国的公民,从而实践世界主义理念。

人道主义干预支持使用武力保护人权的理念,其根源可追溯至19世纪初期。那时,纸质媒体的兴起使得一国政府对其人民的行为能够迅速在国际社会中传播开来。对主权国家内部人道主义灾难的报道和呈现,激发了人们的移情和同情,为人道主义干预提供了可能。然而,人道主义干预中所保护的"人"并非一成不变,而是随着时间的推移而发生了变化。在19世纪,人道主义干预的主要对象往往是白人基督徒。而到了20世纪,受到保护的人群则更多地转向了非白人、非基督

---

① Jonathan Gilmore, "Protecting the Other: Considering the Process and Practice of Cosmopolitanism", *European Journal of International Relations*, vol. 20, no. 3, 2014, pp. 694-719.

② Jonathan Gilmore, "Protecting the Other: Considering the Process and Practice of Cosmopolitanism", *European Journal of International Relations*, vol. 20, no. 3, 2014, pp. 694-719.

徒。① 人道主义干预的首例可以追溯到19世纪20年代,当时英、法、俄三国以保护基督徒为名对土耳其进行了干预。而到了60年代,英、法、奥、普、俄五国又以保护当地的基督教马龙派教徒为名联合对叙利亚进行了干预。这次干预中,人道主义动机表现得更为纯粹,法国甚至直接宣称行动是出于人道主义理由。尽管人道主义干预在实践中逐渐出现了异化现象,但通过审视其原始含义以及干预主体所给出的理由可以发现,人道主义干预的核心主张仍然是:为了保护个体的权利,主权可以在一定程度上退让;而干预,则是维护世界主义理念的重要途径之一。

保护的责任的三个支柱与世界主义理念的关联程度不一致。支柱一与二仍然是在主权国家的框架内谈论人权,突出主权具有保护人权的责任,强调主权与人权的一致性。支柱三处理的问题是,当主权与人权发生冲突时,国际社会是否可以突破主权的框架维护人权。对此问题,保护的责任的回答是肯定的。支柱三所规定的举措涵盖了多个方面,既包括外交和人道主义援助等非强制性措施,也涉及制裁等强制性手段,甚至在必要时,将武力使用作为最后的手段。② 正是在此意义上,人道主义干预和保护的责任支柱三的理念一致性得到了凸显。

主权国家间秩序是现有国际秩序的基石。为了维护和平与稳定,国家需要遵守一些基本的准则与国际规范,包括不使用武力和不干涉其他国家内政等。然而,为了国际社会的和平与稳定,现有的国际规范虽然为国家间关系制定了一些基本的规则,但是却没有对主权国家与其人民的关系做出相应的规定。即使存在这种规定,由于在主权之上缺乏能够采取强制力的权威力量,主权国家可以不受束缚。国际秩序对主权国家的推崇,对主权权利的尊重和保护,可能带来的消极后果是

---

① 请参见:[美]芬尼莫尔:《干涉的目的:武力使用信念的变化》,袁正清、李欣译,上海人民出版社2009年版。
② Tim Dunne, "The Responsibility to Protect and World Order", in Ramesh Thakur, William Maley ed., *Theorising the Responsibility to Protect*, Cambridge: Cambridge University Press, 2015, p.83.

在一些情形下,某些主权国家没有恰当地履行自己保护公民的角色,甚至自己是违反人权的主体。

世界主义的理念强调个人的价值具有优先性,认为个人首先归属于人类共同体,而非仅仅局限于主权国家之内。这一理念在人道主义干预与保护的责任(支柱三)中得到了体现,并成为了践行世界主义的重要手段和方式。当人道主义干预或保护的责任被制度化时,世界主义在现实中就获得了制度性的支撑和实现途径。然而,这种制度化同时也对当下的主权平等等核心制度构成了挑战。主权国家作为国际体系的基本单元,其平等地位是国际关系中的基石。人道主义干预和保护的责任的制度化可能会侵蚀这一基石,进而对联合国机制及其关于合法使用武力的规定产生冲击。①

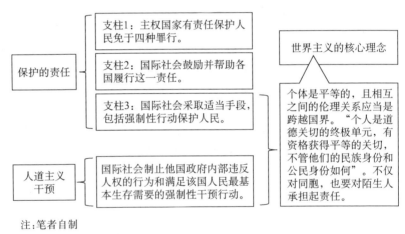

注:笔者自制

图3.2 保护的责任与人道主义干预:理念一致性

人道主义干预与保护的责任的支柱三均着重指出,在特定情境下,

---

① Tim Dunne, "The Responsibility to Protect and World Order", in Ramesh Thakur, William Maley ed., *Theorising the Responsibility to Protect*, Cambridge: Cambridge University Press, 2015, p.91.

第三章 保护的责任与人道主义干预的异同

对"陌生人"的拯救能够超越国家主权的界限。这从根本上体现了一种世界主义的理念,即坚信个人价值超越国界,并建立起跨越国界的道德联系。然而,仍有两个核心问题亟待解答:(1)为何人们有义务去拯救"陌生人"?(2)在主权国家构成的世界秩序中,这种援救行动如何妥善处理那些不认同世界主义的"他者"国家?

首先,针对第一个问题,通常人们会以"共同人性"作为理由,来阐述个人对"他者"负有的义务。然而,从事实层面并不能直接推导出应然的道德判断。为了弥补这一逻辑推演的缺失,可以借鉴列维纳斯与德里达的深刻论证。德里达在继承列维纳斯思想的基础上提出,他者赠予我们一个并非由我们选择构成的道德价值,这种价值"赋予了"我们自由。在列维纳斯的哲学体系中,主体性源于自我的意识,但这种自我意识并非孤立存在,而是嵌入于一个更广阔的世界之中。这个世界既不是自我的简单延伸,也不与自我相对立,而是自我赖以生存的基础。这就要求我们对他者进行去中心化的理解,将他者视为自我必须面对和回应的存在。因此,主体性被界定为开放性与脆弱性的结合——即普遍友善(hospitality),而非康德所强调的自主性(autonomy)。德里达进一步将这一去中心化的普遍友善推向极致,指出自我实际上是由他者普遍友善的接纳所构建的,因此自我成为了他者的回应,甚至可以说是他者的人质(hostage)。这种自我对他者的责任,要求我们以友善的态度回应他者的需求,关注他者的苦难。①

将问题再往前推一步,如果公民对共同体之外的成员也具有义务,那么责任应当落到个体还是国家?是国家通过税收对他国进行人道主义帮助,还是个人作为积极分子也应当承担额外义务?温和的世界主义理念借鉴此论证,但同时基于主权国家的国际秩序,指出自我对他者的这种义务和责任可以由主权国家来承担,而无需消融主权的边界。

---

① Gideon Baker, "Cosmopolitanism as Hospitality: Revisiting Identity and Difference in Cosmopolitanism", *Alternatives Global Local Political*, vol. 34, no. 2(2009), pp. 107-128.

人道主义干预与保护的责任都强调国际社会的责任,落到实践就是主权国家而不是个体是责任承担者,这与温和的世界主义一致。[1]

其次,当温和的世界主义承认主权国家构成的国际秩序时,它如何应对那些在实践中违背其理念、侵犯人权的"他者"国家呢?吉迪恩·贝克对此提出了深刻的见解,他认为普遍友善与干预实际上是紧密相连、不可分割的两面。在面对人道主义紧急灾难中的受害者时,仅仅依靠普遍友善是无法实现真正的正义的,因为这些身处苦难之中的人们往往无法跨越重重障碍,抵达那个向他们敞开家门的彼岸。因此,正义的要求自然而然地引导国际社会从普遍友善走向干预。干预主义的实践目标在于,通过一系列措施,将那些不自由、不稳定的国家转变为健康、可信且自由的国家,从而改善人类的安全环境,保护当地人民免受直接和潜在的暴力威胁。然而,温和的世界主义并非盲目地支持所有干预行动,也不是以严格道德二分的视角来看待世界。它不会不加区分地将所有"他者"国家视为同质且失序的。[2]

温和的世界主义认同国家主权的重要性,但同时强调,主权权利并不等同于主权国家可以在其领土内任意行事。该学派指出,国家领土的完整性虽应得到尊重,但这并不表明既定的领土现状是不可挑战或不可改变的。世界主义认可个体的道德价值和能动性,这意味着在原则上,国家的界限并非不可调整。那么,一个国家若想要充分行使主权并享受不被干预的权利,应当满足何种标准呢?世界主义者坚信,人权是这些权利得以存在的基础。因此,当某个国家成为其本国人民安全威胁的源头时,世界主义认为该国已失去了享有这些权利的正当性,此时所谓的外部干预并不构成对国家主权的侵犯。人道主义干预与保护的责任虽然承认国家主权,但也坚持在特定情境下,为了维护人权,国

---

[1] Gerard Delanty, "The Prospects of Cosmopolitanism and the Possibility of Global Justice", *Journal of Sociology*, vol.50, no.2(2014), pp.213-228.
[2] Oliver P. Richmond, "Becoming Liberal, Unbecoming Liberalism", in Shahrbanou Tadjbakhsh ed., *Rethinking the Liberal Peace*, New York: Routledge, 2011, p.37.

家主权的界限可以被适度突破。这表明，人道主义干预与保护的责任在本质上与世界主义理念相契合，体现了两者在核心理念上的一致性。在探讨世界主义时，不难发现人道主义干预与保护的责任的主张。世界主义强调，不仅国内和国际政治领导人，而且每一个人都肩负着应对政治诱因导致的人道主义危机的道德责任。这种广泛的道德担当，正是世界主义理念的核心要义。[①]

尽管人道主义干预与保护的责任体现了世界主义的理念，但世界主义并未局限于此两者。作为一种伦理视角，世界主义在原则上为一系列干预行动提供了潜在的合法性基础。因此，人道主义干预所涵盖的行动并不能完全代表世界主义的所有干预活动。从世界主义的立场出发，对于那些未能履行对公民责任的主权国家，进行干预甚至废止其主权，在原则上是可以被接受的，而不会遭遇根本性的反对。

本 章 小 结

人道主义干预的原意蕴藏着积极的价值理念，强调尊重与保护个人的价值和权利。然而，由于概念本身蕴藏着人权与主权的规范竞争，以及冷战后西方国家以人道主义干预为名干涉其他国家内政和追求本国私利，人道主义干预被打上"污名"，走向异化。国际社会对异化了的人道主义干预展开激烈批判。然而，一方面，冷战后国内人道主义灾难频率上升且产生了严重后果，这为干预提供了必要性；另一方面，全球问题出现、经济相互依赖和全球化的推进等为干预提供了可能性。在人道主义干预异化的背景下，保护的责任作为解决问题的新途径被提出。

---

① Catherine Lu, *Just and Unjust Interventions in World Politics*, London: Palgrave Macmillan, 2011, p.136.

自保护的责任被提出以后,它经历了一个保守化的发展进程,并因此获得国际社会的基本共识。然而,概念本身内涵诸多矛盾使它饱受国际社会批评。批评的主要观点认为,保护的责任是人道主义干预的翻版,是"新瓶装旧酒"。这一观点有几个方面的缺陷:它没有厘清人道主义干预和异化了的新干涉主义的区别;将保护的责任等同于新干涉主义无法回答为何国际社会会接受保护的责任;它没有看到保护的责任的三个支柱与人道主义干预的关系不同。

这些缺陷使重解"新瓶装旧酒"的观点变得必要。本章的解读一方面回答国际社会为何接受作为"新瓶"的保护的责任;另一方面回答"旧酒"体现在什么方面。首先,针对国际社会为什么接受作为"新瓶"的保护的责任,第一节借鉴框定理论,指出对相同问题和现象的不同诠释、阐述与呈现方式会影响到人们的认知,继而影响到政策输出。保护的责任通过重新框定,嵌入既有国际规范,在规范产生时容易获得合理性与合法性,更容易被国际社会接受。

其次,本章对"旧酒"的重新解释与传统观点根本不同,即认为保护的责任和人道主义干预都是西方国家干涉他国内政的借口。本书在比较两个概念时:第一,将保护的责任剖析为三个支柱,重点比较保护的责任支柱三与人道主义干预,而非新干涉主义之间的关系。之所以比较保护的责任支柱三,而非保护的责任理念本身,源于前文指出了支柱一和支柱二在既有的国际规范中有基础,保护的责任真正实现突破和创新的是支柱三。保护的责任支柱三与人道主义干预具有一致性。人道主义干预本身蕴藏积极的价值理念,保护的责任亦是如此。

第二,本章的比较从实践和理念两个方面具体展开:一方面,人道主义干预和保护的责任都试图将国内人道主义灾难问题提升到全球层面上,成为全球治理的对象之一。在解决这一问题的过程中,国际社会面临规范性基础缺失的问题,尤其是可否为了人权保护而强制性干预内政。为了填补此空白,人道主义干预和保护的责任都试图确立自身在该领域的规范地位,以应对主权国家境内的大规模人道主义灾难。在应对灾难的方式问题上,人道主义干预和保护的责任支柱三都支持强制性干预内政的可能性。但这阻碍了两者的规范化进程，妨碍它们成为规范和法律义务。人道主义干预与保护的责任支柱三只能演变为道德义务。在执行该道德义务的过程中，两者面临两个根本障碍，即干预主体的纯粹私利导向和国际社会的干预意愿不足。

另一方面，之所以人道主义干预和保护的责任支柱三未能妥善解决人权与主权的竞争关系，演变为道德义务，源于两个概念背后支撑理念的一致性。两个概念都属于世界主义的理念，即一种伦理和道德的视角，该视角假设了一个以人为单位的共同体的存在。世界主义对主权边界的超越与现实世界中以主权国家为主体构建的国际秩序相冲突。因而，人道主义干预与保护的责任支柱三的规范化会违背现有的国际秩序，两个概念的规范化进程道阻且长。

第四章　保护的责任无法突破的根由

　　人道主义干预与保护的责任的支柱三都未能实现规范化进程。这两个概念所依赖的规范性基础均是人权。人权公约规定主权国家承担人权保护的主要责任。然而,针对他国内部的人权保护,主权国家并无义务。主权国家干涉他国内部的人权问题甚至会被贴上干预内政的标签。因此,当他国内部发生大规模人道主义灾难时,按照人道主义干预或保护的责任支柱三的规定,虽然各国采取的强制性干预是为了保护人权,但是由于促进他国人权不是各国必须履行的义务,因而,强制性干预行动缺少规范性基础。针对此问题,人道主义干预和保护的责任希冀走向一条规范化道路,以弥补干预行动的规范性缺失。然而,人道主义干预发生异化,作为"新瓶装旧酒"的保护的责任也遭受国际社会的诸多批判,规范化进程步履维艰。那么,究竟为何保护的责任难以实现质的飞跃?为何人道主义干预与保护的责任均难以确立其规范地位?本章将从以下三个方面进行深入探讨:首先,以身份理论为视域,剖析世界主义理念的内在缺陷,进而解释为何保护的责任的支柱三在实践中难以实施;其次,通过揭示国际法与国际政治之间的鸿沟,说明不仅关于保护的责任的法律确信难以形成,而且由其所激发的国家实践也呈现出不一致性;最后,提出一个因素＋机制的解释框架,分析国际社会关键行为体对保护的责任所持的不同态度,进而揭示其在规范化进程中为何难以获得广泛支持,无法达到倾斜点。

第四章 保护的责任无法突破的根由

第一节 身份理论视域下保护的责任支柱三的可行性

在理念层面,人道主义干预与保护的责任具有一致性,它们都属于世界主义。世界主义的道德视角承认共同人性。它以"友善(hospitality)"的伦理观念为基础,将此观念推广为对"他者"的一些共享或共同的道德义务。但是,这种做法明显忽略了在国际社会中建构认同的基础是国家而非个人。世界主义的理念缺陷导致了这种忽略,无论是"厚的世界主义"还是"薄的世界主义",都未能有效克服这一缺陷。"厚的世界主义"倡导剥夺主权国家的公民身份,以推动跨国共同体的构建,然而这一主张在实践中难以实施。[①]"薄的世界主义"虽然承认了主权国家边界的合法性,并努力尊重各国的差异性,但它依然主张,在面对大规模人道主义灾难时,主权国家应当承担起相应的道德义务,必要时甚至需让位于这种更高的道德责任。世界主义基于"友善"的论证逻辑暗含了消解差异性。无论何种世界主义,它们的内核都是以"同一(same)"的立场思考"他者(other)"。[②] 然而,差异性和自我-他者区分是集体身份构建的必要条件,因此世界主义的"同一"逻辑必然与之相矛盾。

运用身份理论的差异逻辑能够深入探究保护的责任支柱三在实践中的可行性,并揭示其难以实现突破的原因。身份理论为我们提供了一个独特的视角,即聚焦干预主体的意愿,特别是"自我"身份构建及其

[①] Gideon Baker, "Cosmopolitanism as Hospitality: Revisiting Identity and Difference in Cosmopolitanism", *Alternatives Global Local Political*, vol. 34, no. 2(2009), pp. 107-128.

[②] Gideon Baker, "Cosmopolitanism as Hospitality: Revisiting Identity and Difference in Cosmopolitanism", *Alternatives Global Local Political*, vol. 34, no. 2(2009), pp. 107-128.

内在利益,同时明确干预对象——"他者"在这一构建过程中所扮演的角色。这一理论框架有助于我们深入理解"自我"如何做出对"他者"进行干预的决策,进而从干预主体意愿的维度出发,对问题进行深刻剖析。接下来,本文将运用集体身份构建的差异逻辑,来剖析世界主义理念在消除差异方面存在的固有缺陷。通过这一分析,我们将更加清晰地看到,为何保护的责任的支柱三在实践中难以得到有效执行。

一、集体身份构建:差异性逻辑

身份是连接社会结构和个体行为的关键概念。身份伴随着认同,形成于社会生活的持续互动过程中。① 对身份构建的研究起源于社会学。社会学中的身份理论包括身份认同理论与社会身份理论。② 身份认同理论关注自我身份的构建,假设人们在不断与他人交往中获得角色,个体依据这些角色形成自我观念。同时,在特定的情境中,个体会按照特定角色规定自我言行。社会身份理论关注集体身份的构建,与国际关系中国家身份的建构具有相似性。

社会身份理论以社会分类为依据,从宏观角度研究身份。该理论源于亨利·泰弗尔关于认知中的社会因素,以及种族主义、偏见和歧视的认知与社会信仰方面的研究。③ 在 20 世纪 70 年代中晚期,以泰弗尔、特纳为代表的学者发展并充分阐述了该理论。④ 在 20 世纪 80 年代,该理论扩展到北美与澳大利亚,理论和实践上都有了更大进步。社

---

① [英]安东尼·吉登斯,菲利普·萨顿:《社会学》,赵旭东译,北京大学出版社 2015 年版,第 292 页。
② 吴小勇、黄希庭、毕重增等:《身份及其相关研究进展》,《西南大学学报(社会科学版)》2008 年第 3 期,第 8—13 页。
③ 可参见 Henri Tajfel ed., *Social Identity and Intergroup Relations*, Cambridge: Cambridge University Press, 2010; Henri Tajfel, *Human Groups and Social Categories*, Cambridge: Cambridge University Press, 1981; Henri Tajfel ed., *Differentiation between Social Groups*, Cambridge: Academic Press, 1978 等。
④ 可参见:[澳]约翰·特纳:《自我归类论》,杨宜音等译,中国人民大学出版社 2011 年版。

会身份理论的发展与欧洲社会心理学的发展交织在一起。①

与欧陆传统哲学相反,社会身份理论凸显了社会在个体自我意识形成过程中的作用。传统的自我意识理论,不管是英国的经验主义传统(洛克、休谟),还是大陆的理性主义传统(笛卡尔、康德、费希特),都强调先于经验的"我思",它被视作任何经验认识的前提,也被视为个体具体身份形成的前提条件。个体总是被区别为具体的自我和先验的自我,前者包括进行认识的认识活动和在此基础上形成的各种角色定位,后者仅指涉那超越一切具体自我的纯粹的自我意识,它既是各种具体认识活动得以可能的前提条件(康德称之为"先验统觉"),也能够随时中断各种具体认识活动,返回到纯粹自身。伴随着西方后形而上学时代的来临,这种传统的二元论观点走向没落,尽管它对其他学科的影响至今仍方兴未艾。社会身份理论是反驳这种思想传统的一支劲旅。社会身份理论强调,并不存在什么先验的自我或抽象的自我,个体的自我意识总是对具体自我的意识,这种意识的获得首先以各种社会团体为中介。一旦个体将自身看作是某一团体的一部分,他将会从团体成员的身份中获得自我尊重,行为也会符合团体身份的原型(stereotypes)。对抽象自我的强调,明显忽视了这种自我就是对各种原型加以选择和自我强化的结果。

鉴于团体身份影响个体行为,社会心理学的许多实验均旨在评估是否以及在何种程度上,团体内的行为与团体外行为具有差异。② 该理论的基本观点是个体根据他归属的社会类别(social category)特征界定自我。个体有一系列的类别身份,这些身份在重要性上具有差异。每一个成员身份都代表着一种社会身份,它描述和规定个体作为一个团体中成员的属性。当某一特定的社会身份成为特定情境中自我管制的

---

① Michael A. Hogg, Deborah J. Terry, Katherine M. White, "A Tale of Two Theories: A Critical Comparison of Identity Theory with Social Identity Theory", *Social Psychology Quarterly*, vol.58, no.4(1995), pp.255-269.
② Yan Chen, Sherry Xin Li, "Group Identity and Social Preferences", *American Economic Review*, vol.99, no.1(2009), pp.431-457.

显性基础时,自我认知行为就会趋向于团体内的常规和规范性行为。根据团体之间关系性质的不同,它们的关系还会获得不同程度的竞争和歧视的属性。① 根据该理论,社会身份由归类(categorization)、认同(identification)与比较(comparison)三个主要成分构成。归类是将人包括自身进行分类的过程,将个体贴上标签。社会心理学的实验表明,人们很容易识别自己所属的类别。认同则是将自身与特定团体相关联的进程,团体内(ingroups)是自我认同的团体,团体外(outgroups)则是自我不认同的团体。比较是将自己所在团体与其他团体进行比较的过程。这种比较创造出一种偏好本团体的偏见。② 社会身份不仅是描述性与规定性的,还是评价性的,可以实现对一个社会类别及其成员相较于其他社会类别的评价。③ 因为社会身份具有重要的自我评价后果,团体及其成员具有强烈的动机采取一些行为战略,以实现和维持团体内/团体外的对比且偏向于团体内,即所谓的自我。在自我的形成过程中,"他者"作为对立面同时存在。通过与他者的比较,自我一方面更好地确认自身的界限与属性,另一方面产生有利于自身的价值判断。"他者"理论的集大成者是英国伯明翰学派的斯图亚特·霍尔。"他者的问题不可或缺地与身份认同和差异相关……他者就是避开了我们意识和认知的东西,就是位于'我们的'文化和社群以外的东西。他者就是非自我和非我们。"④突出自我-他者的差异与认识和强调自我的价值与意义是集体身份构建的雏形阶段。

为了解释自我当中的社会身份现象,社会身份理论诉诸两个社

---

① Michael A. Hogg, Deborah J. Terry, Katherine M. White, "A Tale of Two Theories: A Critical Comparison of Identity Theory with Social Identity Theory", *Social Psychology Quarterly*, vol.58, no.4(1995), pp.255-269.
② Yan Chen, Sherry Xin Li, "Group Identity and Social Preferences", *American Economic Review*, vol.99, no.1(2009), pp.431-457.
③ Yan Chen, Sherry Xin Li, "Group Identity and Social Preferences", *American Economic Review*, vol.99, no.1(2009), pp.431-457.
④ 周宪编著:《文化研究关键词》,北京师范大学出版社2007年版,第290页,转引自邹威华、伏珊:《斯图亚特·霍尔与"他者"理论》,《当代文坛》2014年第2期,第62—66页。

会认知进程：其一，归类，通过形成特定团体（group-distinctive）的常规和规范性认知和行动，赋予人与情境相关的类别，使得团体之间界限更加清晰；其二，自我增强（self-enhancement），指导社会归类进程以使团体内的规范和原型（norms and stereotypes）基本偏向于团体内（in-group）。这里假定人们的基本需求是：相对于他者，人们会更加积极地看待自身。在团体间实现自我增强的方式是在团体内与团体外之间以有利于自身的方式进行类别化。为了解释团体成员的行为，社会身份理论会用主体信念结构表达归类和自我增强的基本社会认知进程。主体信念结构指人们对自己的团体和相关外部团体关系的性质所持有的信念。这些信念可能并非是现实的准确反映，而是意识形态的建构。信念关注团体间地位关系的稳定性与合法性，以及社会流动或社会变化的可能性。通过评价性的积极社会身份，主体的信念结构影响主体在追求自我增强时所采取的特定行为。①

社会身份理论被国际关系所借鉴并成为热点，主要归功于温特的建构主义。身份是建构主义理论的核心概念之一。建构主义主张，主权国家的身份是由建构而成，可能并非是客观的存在。② 由于身份是建构而成，所以身份内容可能并非是一成不变的。正如有学者指出的，"承认身份是流变的，或至少具有情境性和暂时性，可对国际关系的研究产生重大的影响。"③

身份建构的来源为：第一，结构性因素，最典型的是无政府状态。无政府状态是一个常量，通过国际组织和国际制度的构建和演化，无政

---

① Michael A. Hogg, Deborah J. Terry, Katherine M. White, "A Tale of Two Theories: A Critical Comparison of Identity Theory with Social Identity Theory", *Social Psychology Quarterly*, vol.58, no.4(1995), pp.255-269.
② 请参见：[美]亚历山大·温特：《国际政治的社会理论》，秦亚青译，海人民出版社2001年版。
③ Erik Gartzke, Alex Weisiger, "Fading Friendships: Alliances, Affinities and the Activation of International Identities", *British Journal of Political Science*, vol.43, no.1 (2013), pp.25-52.

府状态具有秩序,为国家间的交往确定了一些规则。① 例如,国际社会从进攻性现实主义转向防御性现实主义会影响国家间的身份定位。进攻性现实主义否认合作是外部自助的可行方式,否认国家通过释放友好信号实现合作的可能性,认为国家获得生存的唯一方式是战争,直至它成为地区或世界性强国。而在防御性现实主义下,国家之间可以通过释放友好意图实现合作。② 虽然在无政府状态中,国际制度与规范的建构影响国家敌人与朋友的身份界定,但从本质上而言,国际社会仍然缺乏最终可以被诉诸的权威。

第二,进程性因素:通过互动影响国家成为朋友还是敌人,国家在互动过程中可以查明对方意图,表明自己的意图。进程性因素长期为结构现实主义和新自由主义所架空,但被建构主义重新纳入到理论构建中。建构主义强调互动进程可以推动身份的改变。

第三,国内因素:国家是否愿意扩大自我,接纳他者。民众的支持与反对会影响国家在互动进程中的政策和对外行为。因而,国内民众是否愿意扩大自我的身份边界会影响到国家的身份。例如,当下全球化遭遇困境,民粹主义的兴起使国家身份发生变化,从自由开放转向保守。

由于受到结构、进程与国内层面上的物质与理念因素的影响,身份具有灵活性,会经历不断的重构。自我的身份构建会影响到自我-他者之间的关系,能够解释主权国家对外的不同行为。这种影响表现在两个方面:一方面,互动进程会影响自我身份形成,进而影响到对他者的认知。规范、法律、经济相互依赖、技术进步、学习和制度等均可以从根本上改变国家利益。互动可以改变身份,并带来整个国际体系的转变。③ 身份改变既包括主体范围的延展,即"自我"界限的延伸,将部分

---

① [英]赫德利·布尔:《无政府社会:世界政治秩序研究》,张小明译,世界知识出版社2003年版,第6—17页。
② Tang Shiping, "Fear in International Politics: Two Positions", *International Studies Review*, vol.10, no.3(2008), pp.451-471.
③ Jonathan Mercer, "Anarchy and identity", *International Organization*, vol.49, no.2 (1995), pp.229-252.

他者纳入其中,在已有的身份共同体基础上塑造出一个新的集体身份。对个人而言,这要求他们的身份认同超越主权国家的范畴,实现一种更高层次的认同。他们需愿意将生活在其他国家的人们也纳入自我认同的范围之内,使得主权国家的边界在个人的自我认同中逐渐消融。对国家而言,这要求国家从自私和关注相对收益转向寻求建立集体安全体系。身份的改变也包括"自我"的承载主体发生变化,例如以主权国家为承载基础的国际秩序转变为以个人为主体的世界秩序。

另一方面,互动和自我身份的构建也可以是预先假定了自我与他者(团体内与团体外)的区分,每个团体中的个人可能会产生团体内的优越感和对其他团体的偏见。[1] 由于团体归属感,个人强调团体身份,将自己视为团体的典型,而不再是个体。作为身份载体的自我可以是不同的团体,但国际政治中的主要载体仍是主权国家,作为团体的国家在互动的过程中出于团体偏见会产生一种竞争和歧视的关系。主权国家在互动进程中通过他者的存在,突出自我-他者之间的差异,从而固化"自我"共同体身份的边界,且在对外行为中寻求实现本团体利益的最大化。

当然,他者也可以通过特定的渠道成为自我认同的一部分。这首先要求在自我与他者之间建立起某种特定的联系。[2] 这种联系既可以是基于实际存在的互动与交往,也可以是通过社会、文化或政治等因素被人为地建构起来的。然而,身份理论往往倾向于强调团体间的差异,同时淡化团体内部的分歧,甚至有时可能忽视了团体内部可能存在的其他分裂性议题所带来的差异。这种团体内部的差异性,导致团体内

---

[1] 可参见:Yan Chen, Sherry Xin Li, "Group Identity and Social Preferences", *American Economic Review*, vol. 99, no. 1(2009), pp. 431-457; Michael A. Hogg, Deborah J. Terry, Katherine M. White, "A Tale of Two Theories: A Critical Comparison of Identity Theory with Social Identity Theory", *Social Psychology Quarterly*, vol. 58, no. 4 (1995), pp. 255-269.

[2] 可参见:James M. Penning, "Americans' Views of Muslims and Mormons: A Social Identity Theory Approach", *Politics and Religion*, vol. 2, issue 2(2009), pp. 277-302.

成员对于团体外他者有着截然不同的认知。这或许能够解释为什么在强制性对外干预、国际援助以及接受难民等问题上,即便是同一个主权国家内部的民众,也会持有截然不同的态度和立场。

社会身份理论与建构主义在身份界定上的共同点在于,都强调了他者在确定自我身份中的核心作用。然而,两者在身份形成的具体机制上存在显著差异。在社会身份理论中,自我会先基于内在属性确定身份,随后通过与他者的对比来进一步明晰本团体的边界。相比之下,建构主义则认为,自我是身份的承载者,而他者则承载着差异。尽管区别与差异能够界定自我的边界[1],但身份实则是行为体在与他者的互动过程中逐步构建并展现出来的自我形象。[2] 因此,他者的引入不仅用于评价,更可以成为塑造自我身份的重要因素。

尽管社会身份理论和建构主义对集体身份构建的论述有别,但它们都赞成在"自我"的形成过程中存在着"他者"。他者在与自我的互动进程中,虽然可能被构建成为自我身份的一部分,但是他者与自我之间始终存在差异。这种差异可以凸显自我。自我的存在始终以一个站在对立面的他者为前提。自我的外延虽然可以延伸,将部分的他者囊括其中,但自我和他者之间的融合并非易事。即使自我和他者融合成为一个新的集体身份,在更广阔的范围内,这一新的集体身份还是会有站在对立面的他者。自我身份可以影响对他者的态度和行为,身份本身又具有流动性,可以通过自我-他者的互动被重新建构。作为身份载体的自我可以是不同的团体,但国际政治中的主要载体仍是主权国家。主权国家可以在互动进程中形成集体身份,也可以通过互动重构与他者的关系。这对于落实人道主义援助、保护的责任等以世界主义哲学为支撑的理念具有重大影响。自我-他者的二分一直蕴藏在集体身份的构建中。透过

---

[1] Erik Gartzke, Alex Weisiger, "Fading Friendships: Alliances, Affinities and the Activation of International Identities", *British Journal of Political Science*, vol. 43, no.1(2013), pp.25-52.

[2] Latha Varadarajan, "Constructivism, Identity and Neoliberal (In)security", *Review of International Studies*, vol.30, no.3(2004), pp.319-341.

这种二分，人们可以窥视出世界主义理念的本质缺陷。这种缺陷也是人道主义干预和保护的责任的规范化进程无法顺利展开的理论根源。

二、世界主义的理念缺陷：消解差异

集体身份构建指出，自我的形成过程包括归类与社会比较。归类是将自己归于某一个团体的过程，社会比较则暗含着自我-他者的比较。通过这种比较，自我可以形成一种价值判断，确立本团体的优越性。自我这一集体身份的构建可以发生在不同层次上。在最高层次上，集体身份以人类共同体为单位，以共同人性为纽带。在此共同体内，每个人对"陌生人"都背负着拯救的道德义务与责任，他者被纳入和消融进自我之中。世界主义便是在此最高层次上强调个体的集体身份的获得，集体身份的建构以人类共同体为自我的原型。

很显然，保护的责任代表了上述世界主义理念。它承认自我有义务应对他者遭遇的伤害，且这一义务不受国家边界的限制。[1] 当发生违反人权的灾难时，国家的边界也应随之消解。然而，现实中集体身份的构建并不是以人类共同体为单位，而是以国家为单位。通过归类的过程，个体被嵌入到国家之中，忠诚的对象并非是人类共同体而是自己的国家。通过社会比较的过程，个体将本国与他国相区分，且偏好于本国。以国家为单位将个体归类无法实现世界主义追求的目标，即对"陌生人"承担起道德责任或义务。如果旁观者（bystander）与受害者（victim）之间具有共享的身份，且这种身份具有包容性，旁观者在紧急时刻干预的可能性更大。[2] 因而，个体对同属一国之内的成员与他国成

---

[1] Jacinta O'Hagan, "The Responsibility to Protect: A Western Idea?", in Ramesh Thakur, William Maley ed., *Theorising the Responsibility to Protect*, Cambridge: Cambridge University Press, 2015, pp.285-304.

[2] Mark Levine et al., "Identity and Emergency Intervention: How Social Group Membership and Inclusiveness of Group Boundaries Shape Helping Behavior", *Personality and Social Psychology Bulletin*, vol.31, no.4(2005), p.443.

员的情感与责任感有明显差别。本国政府对本国人民承担的责任有别于对"陌生人"所承担的责任。当救助"陌生人"与本国人民的福利发生冲突时,个体与政府的情感与责任都偏向了后者,例如当数百万难民涌入欧洲,人民的福利受到消极影响,欧洲国家选择了关闭边境。

那么实现世界主义所设想的世界是否可能?按照世界主义的逻辑,集体身份的构建需要实现自我与他者的统一,消除差异,共同在"一"(oneness)或"我"(weness)之下。温和世界主义以普遍友善为中介,指出世界主义的理念内含差异。但仔细推敲可见,即使在温和世界主义的主张中,差异性也需要被抹灭,他者需要融入自我之中。温和世界主义主张,普遍友善源于差异,它的存在是以陌生人(foreigner)的存在为前提。普遍友善也暗含了主权的存在,因为没有"家",人们无法践行好客之道。然而,普遍友善与差异的和谐表面可以被戳破。虽然普遍友善概念的起源是差异,但是普遍友善是围绕习俗、条约、权利等建构而成。这些反映的是主人的语言,因而也是按照主人的言辞将他者建构为需要帮助的陌生人。陌生人被简单化为主人自身的他者,而不再是自身。普遍友善一方面欢迎到来的陌生人,另一方面如果陌生人期望得到欢迎,首先需要被消解进主人的习俗、语言与文化中。①

自我-他者的关系有四种可能性,即兼并、吸收、共存和交往。② 根据世界主义的主张,自我-他者之间的差异性被消解,他者要么被兼并要么被吸收。因而,如果人道主义干预与保护的责任支柱三真正实现突破,使得拯救陌生人的举动不再是拯救他者,当前这个以国家为基础构建的自我与他者界限需要被打破,"他者"需要放弃自己的特殊性,融入"自我"之中。正如罗伯特·佩普(Robert A. Pape)所言,保护的责

---

① Gideon Baker, "Cosmopolitanism as Hospitality: Revisiting Identity and Difference in Cosmopolitanism", *Alternatives Global Local Political*, vol. 34, no. 2(2009), pp. 107-128.
② Richard Shapcott, *Justice, Community and Dialogue in International Relations*, Cambridge: Cambridge University Press, 2004, p. 15.

任对帮助陌生人规定了不受限制的义务。① 然而,当前国际社会的主导性建构仍然是个体对国家的忠诚。这种单一忠诚产生的最大问题就是个体容易通过自我与他者区分,强调自身的特性和与他者的不同。主权国家是基本的政治共同体,并且每一个共同体都有自己独特的叙事、文化、语言等,共同体的成员也不愿意放弃自身的独特性。

由于集体身份中的自我-他者区分和主权国家秩序,根据人道主义干预和保护的责任支柱三采取的干预行动存在团体内与团体外的偏见。依照人道主义干预和保护的责任支柱三的规定,国家对外采取强制性干预以保护平民时,这就如同国家保护自己的公民一般。他国境内的平民和本国的公民都因作为"人"而享有同等被保护的权利。然而,现实的国际秩序中,主权国家的界限使得本国公民和他国公民是有区别的,他们是分属于团体内和团体外的。集体身份构建中的自我和他者区分表明本国公民是团体内成员,而他国公民是团体外成员,团体内的利益和偏好应当被置于团体外之前。

世界主义的逻辑需要消解差异,这与以差异为基础构建集体身份的现实相违背,尤其是这种差异的消解还伴随着成本和代价。保护的责任的支柱三要求国际社会承担干预责任,但承担责任在一定程度上会损害本国的利益和人民的福利,例如强制性干预需要派兵,而这可能会产生人员伤亡。如果干预对象与干预主体具有某种联系或特殊的纽带,干预主体或许可以向国内公众解释干预的合理性,否则他们需要克服自我共同体的身份界限,做到完全的利他主义。既然身份决定行为,行为中带有团体内和团体外的区别,那么保护的责任支柱三要求国际社会采取强制性干预行动是否以及在什么条件下具有可行性?当国际社会亟需应对主权国家内部的大规模人道主义灾难时,是否有举措或在什么条件下可以推进国家承担起作为道德责任的"拯救陌生人"的行动?

---

① Robert A. Pape, "When Duty Calls: A Pragmatic Standard of Humanitarian Intervention", *International Security*, vol.37, no.1(2012), pp.41-80.

首先,当对外干预服务于本团体的利益,即自我利益和他者利益相一致,自我利益的实现会自动促成他国利益的实现。然而,在实践中,国家之间很少会出现利益的自动和谐。这深刻揭示了这样一个事实:即便主权国家愿意投入人力与物力进行对外干预,其背后的主要动因往往是为了维护或增进自身的利益,而非真正从干预对象及其民众的根本福祉出发。这种外来的干预行动,有时甚至会给对象国带来远比其预期更多的弊端,而非好处。

既然自我与他者很少存在利益的和谐一致,那么是否可以通过扩大"自我"来执行保护的责任支柱三,即通过团体的扩大压制小团体利益。正如身份理论所揭示的,团体的认同可以克服个体的自我利益。① 由此推演,自我边界的延展可以克服原来狭隘意义上的自我利益。国家领导人可以诉诸更高目标或尝试对他者重新归类以铸造共同身份和改善团体间关系。这一路径的困难在于当前的国际社会是建立在主权国家间关系和秩序的基础上,因而通过消解主权国家的团体身份,在它之上重新建构出一个新的集体身份便难以实现。尤其在诸如经济危机等特定背景下,主权国家和民族主义情绪甚至会破坏集体身份构建已经取得的成果。②

其次,全球化和经济相互依赖对国家边界形成挑战,带来了所谓的"两枝世界政治范式",即权威出现向上和向下转移,形成"新中世纪主义"。③ 那么全球化是否会打破以主权国家为基础的身份构建,使个人身份被重构,从民族国家的公民转变为世界公民?针对此,一种观点主张经济和文化的跨国发展可能会日益侵蚀民族认同。④ 全球化一方面带来了边界变迁、权威重构、国家削弱和非政府组织的大量繁殖;另一

---

① Caporael et al, "Selfishness Examined: Cooperation in the Absence of Egoistic Incentives", *Behavioral and Brain Sciences*, vol.12, no.4(1989), pp.692-693.
② 张旭东:《全球化时代的文化认同》,北京大学出版社2005年版,第49页。
③ 请参见:[美]詹姆斯·N.罗西瑙:《面向本体论的全球治理》,载于俞可平主编:《全球化:全球治理》,社会科学文献出版社2003年版,第55—67页。
④ [英]吉姆·麦克盖根:《文化民粹主义》,桂万先译,南京大学出版社2001年版,第259页。

方面带来了本体论的改变。处于旧本体论中心的是主权国家间的互动,而处于新本体论中心的则是全球化力量和本土化力量的互动以及一体化趋势和碎片化趋势的叠加。① 这种极端观点的核心是世界市场将消除国家的边界,产生一个"无国界的世界"。②

另一种观点认为,为了巩固自我身份,主权国家会不断地渲染他者与自我的差别,培养个体的爱国主义精神,将个体的忠诚禁锢在国家边界之内。虽然全球化拉近了人与人之间的距离,但其导致的"强迫亲近感"、"拥挤的"社会和文化空间和各种文化和意识形态的碰撞,也会使得人们退避到各种封闭式的民族主义的、种族的、宗教的和社会性别(gender)的、性别的(sexual)或者甚至是环境"地方主义的"原教旨主义中去了。③ 在大部分的民族国家中,公民身份和国家自治权的族群式中心主义界定仍居主导,国家公民性格中的"差异"理念被完整地保留下来,使民族对其他民族产生怀疑甚至排他性的情绪。④ 当下西方国家民粹主义的兴起,美国在特朗普政府时期频频退出或修改多个国际条约,在贸易问题上向他国施加压力以满足自身诉求等昭示了民族国家边界的牢不可破,以及主权国家利益的至高无上。

最后,通过国际制度、规范和文化等因素影响国家行为。国际制度、规范和文化是建构国家身份的来源之一。虽然国家可能会选择性地接受国际制度,但一旦这些制度被国家内化,它们会对国家寻求自我利益最大化的行为做出约束。建构主义认为,诸如欧盟或东盟等集体安全制度的安排会影响国家的身份定位和国家行为规范,并进而塑造国家对自身利益的认知。即使这些安全共同体解体,在这些区域环境

---

① [美]詹姆斯·N.罗西瑙:《面向本体论的全球治理》,载于俞可平主编:《全球化:全球治理》,社会科学文献出版社2003年版,第61页,第55—67页。
② [美]马丁·休伊森、蒂莫西·辛克森:《全球治理理论的兴起》,载于俞可平主编:《全球化:全球治理》,社会科学文献出版社2003年版,第32—54页。
③ [英]约翰·汤姆林森:《全球化与文化》,郭英剑译,南京大学出版社2004年版,第267页。
④ 蔡拓,程冰:《全球治理中的民族主义》,《教学与研究》2017年第4期,第65—71页。

中,它们的遗产也会继续影响行为体的身份和利益。① 保护的责任规定的四种罪行基本上已经被嵌入既定的国际法之中,如果它们内化成为国家身份的一部分,那么国家就会接受保护的责任所体现的理念的合法性,重塑国家对利益概念的界定。②

通过国家对制度与规范的吸收与内化,它们可以影响到主权国家的对外行为。但需要解决的关键问题是国家首先需要内化保护的责任的支柱三。这又回到保护的责任的规范化问题上。规范理论指出规范的发展进程包括兴起-传播-内化。③ 自被提出以后,保护的责任的规范化进程经历了前进和后退,后退源于成员国对支柱三的争议。保护的责任的支柱一已经内嵌于既定的国际规范,支柱二也部分被确立了规范的地位和得到国际社会的接受,但国际社会对支柱三却持谨慎态度。规范在传播的过程中需要得到关键行为体的认同,确立保护的责任的规范地位应该获得安理会的授权,但在安理会常任理事国中,中国和俄罗斯对支柱三都持谨慎态度。④ 正如下文所述,由于关键国家的态度分歧,支柱三是否能够被内化和确立规范地位前途未卜。

规范倡导者根据利他主义、同情心和对理想的追求来解释行为体的动机。当行为体体会了别人的感情和观点,他们就会产生同情心,而有些同情心会导致移情性相互依赖,即使自身不会获益,行为体也会关心他者。⑤ 目前保护的责任支柱三尚未得到关键国家的支持,因而,在

---

① [美]鲁德拉·希尔,彼得·卡赞斯坦:《超越范式:世界政治研究中的分析折中主义》,秦亚青、季玲译,上海人民出版社2013年版,第53页。
② [美]鲁德拉·希尔,彼得·卡赞斯坦:《超越范式:世界政治研究中的分析折中主义》,秦亚青、季玲译,上海人民出版社2013年版,第154页。
③ [美]玛莎·芬尼莫尔,凯瑟琳·斯金克:《国际规范的动力与政治变革》,载彼得·卡赞斯坦等编:《世界政治理论的探索与争鸣》,秦亚青等译,上海人民出版社2006年版,第295—332页。
④ 可参见李丽:《国际社会对保护责任支柱三的态度》,《国际关系研究》2017年第5期,第67—84页。
⑤ [美]玛莎·芬尼莫尔,凯瑟琳·斯金克:《国际规范的动力与政治变革》,载彼得·卡赞斯坦等编:《世界政治理论的探索与争鸣》,秦亚青等译,上海人民出版社2006年版,第307页。

实践中干预主体的行为并不是受到合法性的推动,而是基于移情。这带来了保护的责任支柱三在实践中被执行的不连续,且保护的责任容易被国家用来充当干预他国的合理性依据。即使保护的责任支柱三可以被内化和确立为规范,当前的国际制度与规范大多数仍是由主权国家构建而成,主权国家是主要行为体。虽然市民社会和非政府组织等也在日益积极地倡导规范和约束国家行为,但是这种约束更多是道德性的,没有强制力量做后盾,当它们的约束与国家利益发生碰撞时,国家利益仍然会占据主导。

在当前的国际秩序中,个人的身份构建不仅无法消解与抹灭自我-他者的区分,反而需要强调这种区分以突出自我身份。自我身份的建构使个体的认同和忠诚偏向自己所在的特定共同体。鉴于此,其一,相较于对人类共同体的认同,人们更加认同自己所在的团体。国际社会中团体区分的标准主要是国家;其二,即使人们看到了自我与他者都为人,应当享有人之为人的尊严,但一旦他者威胁到自我利益,人们更加注重狭隘性的地方利益而非普世性的道德价值。主权国家自我身份的重构、全球化与经济相互依赖的加深,以及国际制度与规范的完善,这些因素均未能从根本上推动人道主义干预与保护的责任支柱三在现实中的有效执行。

世界主义对差异的消解与以自我-他者的区分为基础构建的国际秩序相冲突。在尊重差异的多元主义秩序中,世界主义在实践中面临着重重障碍。为了推行自己的理念,世界主义内含的普适性逻辑使它在实践中经常表现为普世化狭隘的和部分民族的理念,甚至以武力的方式实现自己为世界所描绘的蓝图。这一点尤其表现为世界主义与西方国家的"扩展民主事业"牵扯不清。[1] 世界主义有时甚至可能被用作一种借口,先将他者描绘为不自由的状态,然后以自己的理念与价值观

---

[1] Edward Newman, "The Responsibility to Protect, Multilateralism and international legitimacy", in Ramesh Thakur, William Maley ed., *Theorising the Responsibility to Protect*, Cambridge: Cambridge University Press, 2015, pp.125-143.

为标尺,对其进行改造。① 因而,在实践中彻底执行世界主义意味着消灭与自身拥有不同理念的国家,世界主义进而会沦落为专断主义。②

综上,世界主义伦理学通常被定位为一个普遍的道德,可以规避狭隘性与地方性(parochial),尤其是民族局限性和偏见。但实质上,世界主义理念本身面临双重挑战。从理念维度来说,世界主义扭曲了集体身份构建中蕴藏的自我-他者区分;从实践来说,世界主义往往被个别国家所用以推行自己关于世界蓝图的构想。为达目的,这些国家甚至不惜使用武力,忽略文明的多样性。它们在对纷扰复杂的世界问题提出诊断方案时,对包容性重视不够。世界主义消解差异的理念缺陷是人道主义干预和保护的责任支柱三难以确立规范地位的理论缘由。推进人道主义干预或保护的责任,首先需要以个体为单位对作为自我的集体身份进行重新构建,这种构建需要突破很多界限,其中以国家界限为主;其次,需要在身份形成的过程中,消解自我-他者的差异,将他者囊括进自我之中,使自我成为最具包容性的概念。集体身份的构建理论揭示了现实中的自我-他者区分与世界主义的不可实践性。

三、缓解支柱三执行困境的措施

当前国际社会身份构建的基本单元是国家,个体以国家为单位构成自我与他者的区分。主权国家的界限是否可被自愿抹去是执行支柱三的根本困境。从根本上解决困境需要使自我的身份更具包容性,扩大到整个人类,实现国际秩序到世界秩序的转变。然而,在当前的国际秩序中,支柱三规定的强制性干预以解决特定国家内部的人道主义灾

---

① Mathias Thaler, "The Illusion of Purity: Chantal Mouffe's Realist Critique of Cosmopolitanism", *Philosophy & Social Criticism: An International, Interdisciplinary Journal*, vol.36, no.7(2010), pp.785-800.

② Edward Newman, "The Responsibility to Protect, Multilateralism and international legitimacy", in Ramesh Thakur, William Maley ed., *Theorising the Responsibility to Protect*, Cambridge: Cambridge University Press, 2015, pp.125-143.

难并不能得到彻底的执行和落实,那么是否可以采取措施推动支柱三的执行？在当下超越主权国家间秩序不具有现实性的背景下,只能从缓解困境的视角出发。

首先,构建个体的多重身份,使得个体形成交叉归属和认同感。在实践中,构建个体的多重身份会形成多重忠诚,例如在干预案例中,殖民纽带关系、宗族关系和族群关系会影响到干预主体做出的决定。多重身份重叠有助于弱化团体间的界限,例如在印度,宗教冲突、族群冲突和种姓冲突的交叠会诱发小的暴乱,但也会预防大规模暴力的发生。这点可以借鉴罗尔斯的理念,他提出多元世界中的"交叠共识"论,看法有交叠,交叠就是公众的领域、法的领域。这点是整个世界合法性的来源和整个结构的基点。①

其次,从结构层面预防冲突的发生。国际社会的预防措施可以从结构性层面着手,在尊重他国主权的前提下,帮助部分国家改善社会政治和经济生态,铲除滋生冲突和国内大规模人道主义灾难的诱因。例如中国的"一带一路"倡议可以帮助沿线国家改善基础设施,实现共同发展。经济发展虽然对政治稳定具有高要求,但发展本身也能改善民生,进而稳定政治环境。

再次,促使安理会常任理事国承担道德责任。保护的责任支柱三涉及到强制性干预内政的问题,这与建立在《联合国宪章》基础上的国际秩序相冲突。虽然《联合国宪章》也涉及到与主权和不干预原则不一致的情形,即《联合国宪章》第七章强调,如果主权国家的内部问题产生了溢出效应,威胁到了区域或世界的和平与稳定,国际社会可以在安理会授权的情形下进行干预。② 但不同于第七章的规定,根据保护的责任,即使主权国家的内政没有对区域和世界的和平与稳定产生威胁,国际社会也可以采取干预行动。因而,相较于《联合国宪章》,保护的责任

---

① 张旭东:《全球化时代的文化认同》,北京大学出版社2005年版,第51页。
② 联合国宪章,联合国官网:https://www.un.org/zh/about-us/un-charter,2023年4月20日(上网时间)。

支柱三进一步突破了主权和不干预内政原则。虽然支柱三规定的措施很难为当下的国际社会所接受,但是不可否认的是无论是否产生溢出效应,国内人道主义灾难都是待解决的问题。一个举措是促使安理会的常任理事国接受道德约束,担负起道德责任。如果道德责任可以促使五国行动,保护的责任支柱三就并不一定要被确立成国际规范和成为具有约束力的法律责任。

最后,培育个体全球公民身份的维度。上述关于身份重构的分析指出,当前的国际秩序不允许重构主权国家的身份,但一个可能性是在民族身份的基础上,建构或发展出个体全球公民身份的维度,对陌生人履行道德义务。有学者指出了两种身份之间兼容的可能性,例如亚瑟·纽曼指出"对国际社会的忠诚不是必须以背叛国家为代价,两者是相互补充的。我们每个人都会有多个忠诚对象"。[1]

第二节　国际法与国际政治的鸿沟

在未确立规范地位之前,人道主义干预与保护的责任支柱三作为道德义务,国际社会需要考虑它们在指导国际政治现实中的作用。虽然道德义务可以驱使国际社会在部分情境中承担责任,但却始终无法确保国际社会能够及时、公正地应对主权国家境内的大规模人道主义灾难。因而,人道主义干预和保护的责任都力图确立自身的规范地位。然而,是否一旦被成功地确立为国际规范或国际法,人道主义干预或保护的责任就能在实践中得以顺利推进呢? 本节将以国际法的缺陷,国际法与国际政治之间的鸿沟来回答这一问题。

---

[1] Arthur Newman, "National Identity and Worldmindedness", *Social Studies*, vol. 68, no. 4(2015),转引自:蔡拓,程冰:《全球治理中的民族主义》,《教学与研究》2017 年第 4 期,第 65—71 页。

第四章　保护的责任无法突破的根由

一、《联合国宪章》的内在矛盾

保护的责任与人道主义干预之所以一直遭受非议,根本原因是主权与人权之间的张力。如果说对主权的界定充满争议和缺少国际共识,那么人权更是如此。格里芬曾指出,"'人权'这个术语几乎毫无标准,几乎没有什么标准来决定它何时得到、何时没有得到正确运用——不仅在政治家当中,在哲学家、政治理论家以及法理学家当中,也是如此。人权的语言就这样降低了自身的价值。"①

尽管对何为人权众说纷纭,但对它最原始的含义都持基本认同的态度,即人作为人享有或应该享有的权利。② 人权的依据可以归纳为三种:(1)基本需要说:以发展中国家为代表,认为人的基本需要是生存权、自决权和发展权;③(2)尊严说:主张人权源于尊严,且人权标准要体现符合人的尊严的价值要求;④(3)折中说:人的基本需要包括人的尊严和人格价值,而尊严又包括存在尊严和发展尊严。⑤

在很长的历史时期内,人权主要是国内法的问题。二战后,人权正式进入国际领域并成为国际关系中的重要问题。因此,从成为国际关系中的重要问题角度来说,人权晚于主权。此外,国际人权法的诞生也是主权意志的产物,因为国际人权法由主权国家制定,是主权国家协议的结果⑥,体现与承认个体与群体人权的主要是《联合国宪章》与《普遍

---

① [英]詹姆斯·格里芬:《论人权》,徐向东、刘明译,译林出版社 2015 年版,第 17—18 页。
② 罗艳华:《国际关系中的主权与人权:对两者关系的多维透视》,北京大学出版社 2005 年版,第 12 页。
③ 杨泽伟:《论人权国际保护与国家主权》,《法律科学》2003 年第 6 期,第 95—104 页。
④ 杨泽伟:《论人权国际保护与国家主权》,《法律科学》2003 年第 6 期,第 95—104 页。
⑤ 杨泽伟:《主权论:国际法上的主权问题及其发展趋势研究》,北京大学出版社 2006 年版,第 146 页。
⑥ 罗艳华:《国际关系中的主权与人权:对两者关系的多维透视》,北京大学出版社 2005 年版,第 230 页。

人权宣言》。①

人权与主权既相互依赖,又剑拔弩张。二者相互支撑的一面体现为,人权保护可以成为主权合法性的来源。正如前文对主权的阐述,主权来源于人民的同意。人民之所以同意主权是为了摆脱自然状态,以权利移交换取对生命、财产等基本权利的保护。因此,主权国家在国内做好人权保护会增强主权的合法性。另一方面,只有主权国家具有能力落实人权保护。人权保护的好坏取决于主权国家的工作。但两者的关系也有紧张的一面,突出表现为:当有的主权国家成为本国人权的威胁来源时,国际社会该如何保护人权。

主权与人权的冲突在《联合国宪章》中得到体现。虽然《联合国宪章》没有界定"人权",也没有界定"主权"和"国内管辖事项",②但《联合国宪章》却同时强调了主权与人权。《联合国宪章》首先规定的原则是,"各会员国主权平等"。主权平等原则衍生了不干涉内政的原则。禁止干涉是每一个国家主权、领土完整和政治独立的必然结果。③ 不干涉原则规定"国家在相互交往中不得以任何理由或任何方式,直接或间接干涉他国主权管辖范围内的一切内外事务,同时也指国际组织不得干涉属于成员国国内管辖的事项。"④这一点反映在《联合国宪章》第二条第四款与第七款上,即"各会员国在其国际关系上不得使用威胁或武力,或以与联合国宗旨不符之任何其他方法,侵害任何会员国或国家之领土完整或政治独立","本宪章不得认为授权联合国干涉在本质上属于任何国家国内管辖之事件,且并不要求会员国将该项事件依本宪章提

---

① Gareth Evans, "The Responsibility to Protect: from an Idea to an International Norm", in Richard H. Cooper, Juliette Voinov Kohler ed., *Responsibility to Protect: The Global Moral Compact for the 21st Century*, London: Palgrave Macmillan, 2009, pp.15-29.
② 罗艳华:《国际关系中的主权与人权:对两者关系的多维透视》,北京大学出版社2005年版,第58页。
③ [英]詹尼斯·瓦茨修订:《奥本海国际法(第9版)》,王铁崖等译,中国大百科全书出版社1995年版,第313—314页。
④ 梁西主编:《国际法》,武汉大学出版社2001年版,第67页。

第四章 保护的责任无法突破的根由

请解决;但此项原则不妨碍第七章内执行办法之适用。"①

从对上述两款的解读可知:一方面,不干预内政最主要体现为不对他国使用武力或武力威胁,但如果脱离武力或军事这种极端的干预形式,则无法准确判定不干涉内政原则允许或禁止的内容,即无法得知不干涉内政原则的法律范围;另一方面,从第七款可得知,在联合国的框架内,不干涉内政有且仅有一个例外,即"不妨碍第七章内执行办法之适用"。②《联合国宪章》第七章规定,对和平之威胁、和平之破坏和侵略行为,安理会应当断定这些行为是否存在,形成建议,并根据《联合国宪章》的有关规定,采取行动以恢复国际和平与安全。③

《联合国宪章》中对人权的尊重与保护规定如下:"我联合国人民同兹决心:欲免后世再遭今代人类两度身历惨不堪言之战祸,重申基本人权,人格尊严与价值,以及男女与大小各国平等权利之信念;创造适当环境,俾克维持正义,尊重由条约与国际法其他渊源而起之义务,久而弗懈;促成大自由中之社会进步及较善之民生"。④《联合国宪章》的第一章第三条规定"促成国际合作,以解决国际间属于经济、社会、文化及人类福利性质之国际问题,且不分种族、性别、语言或宗教,增进并激励对于全体人类之人权及基本自由之尊重。"⑤第九章"国际经济及社会"的第五十五条"为造成国际间以尊重人民平等权利及自决原则为根据之和平友好关系所必要之安定及福利条件起见,联合国应促进:较高之生活程度,全民就业,及经济与社会进展;国际间经济、社会、卫生及有

---

① 联合国宪章,联合国官网:https://www.un.org/zh/about-us/un-charter,2023 年 7 月 10 日(上网时间)。
② 李伯军:《不干涉内政原则研究:国际法与国际关系分析》,湘潭大学出版社 2010 年版,第 169 页。
③ 联合国宪章,联合国官网::https://www.un.org/zh/about-us/un-charter,2023 年 7 月 10 日(上网时间)。
④ 联合国宪章,联合国官网::https://www.un.org/zh/about-us/un-charter,2023 年 7 月 10 日(上网时间)。
⑤ 联合国宪章,联合国官网::https://www.un.org/zh/about-us/un-charter,2023 年 7 月 10 日(上网时间)。

关问题之解决;国际间文化及教育合作;全体人类之人权及基本自由之普遍尊重与遵守,不分种族、性别、语言或宗教"①,与第五十六条"各会员国担允采取共同及个别行动与本组织合作,以达成第五十五条所载之宗旨"。②《联合国宪章》一开始也确立了对人权的尊重与保护,澄清会员国为促进人权应承担的义务的范围,使得人权问题国际化。③

　　《联合国宪章》中保护人权和尊重主权及不干涉原则从一开始就注定了两者可能发生冲突。当主权国家承担和恰当地履行保护人权的义务,《联合国宪章》同时强调尊重主权与人权可以并行不悖。但一旦有些主权没有履行人权保护的义务,甚至成为违反人权的来源时,国际社会面临着如何协调尊重主权与保护人权的困境。因而,国际人权法从一开始就难以摆脱一个两难困境,即如何在保障个人权利与自由的国际法规则与国家主权及不干涉原则之间建立起有效的平衡。④ 在国际人权法逐步形成的时期,即在通过《联合国宪章》的前后,坚持主权观念的观点占上风。因此,无论从《联合国宪章》产生的背景还是其文字规定都表明,在当时大多数国家都从主权保护的角度出发,没有赞同直接承担尊重人权的义务。但随着全球化与相互依赖的发展,国家间的界限日益被打破,从一开始就未得到明确界定的"国内管辖权"更加模糊化。全球化以及政治和经济利益相关联对国家主权和国内管辖权挑战加剧,国内人权问题也凸显并被国际化。

　　国内人权问题的国际化和主权与人权冲突的可能性使解决主权国家内部的大规模人道主义灾难问题被提上国际议程。国际社会试图保护主权国家境内大规模暴行的受害者与《联合国宪章》主旨不协调。一方面,《联合国宪章》同时强调主权与人权,但未对两者的优先性做出规

---

① 联合国宪章,联合国官网::https://www.un.org/zh/about-us/un-charter,2023 年 7 月 10 日(上网时间)。
② 联合国宪章,联合国官网::https://www.un.org/zh/about-us/un-charter,2023 年 7 月 10 日(上网时间)。
③ 张爱宁:《联合国体系内的人权保护制度》,《外交学院学报》2000 年第 1 期,第 81—84 页。
④ 朱锋:《人权与国际关系》,北京大学出版社 2000 年版,第 329 页。

定,尤其是没有说明是否可为保护人权突破主权框架。另一方面,国际社会为保护人权可能需要采取武力干预的方式,正如人道主义干预和保护的责任支柱三所规定,这直接违背了《联合国宪章》中规定的"禁止使用武力"原则。《联合国宪章》第一章第二条第四款规定,"各会员国在其国际关系上不得使用威胁或武力,或以与联合国宗旨不符之任何其他方法,侵害任何会员国或国家之领土完整或政治独立。"[①]

然而,国内大规模人道主义灾难事件的频发凸显了《宪章》中保护人权的重要性。折中处理保护人权和尊重主权与不干预原则的方式为:将应对国内人道主义危机与不干预原则的例外即《宪章》第七章挂钩。根据第七章的规定所采取的执行措施并不等同于干涉内政,这些措施具体分为三类:"临时办法""武力以外的其他办法""采取必要之空海陆军行动"(即武力办法)。[②] 依据此框架,安全理事会有权对国内发生的人道主义灾难进行评估,以判断其是否构成了《联合国宪章》第三十九条所定义的"对和平之威胁、和平之破坏或侵略行为"。基于这一评估结果,安理会可决定采取何种相应的行动。在实践中,联合国已有先例,即通过论证某情况威胁到地区和平与安全来为干预行动提供正当性依据。例如,冷战结束后,安理会在伊拉克、索马里、萨尔瓦多、安哥拉、莫桑比克、利比里亚、海地、卢旺达、布隆迪、塞拉利昂、刚果(金)、前南斯拉夫、东帝汶等众多国家和地区进行的干预实践,扩大了《联合国宪章》第三十九条的解释范围,将人权问题纳入联合国集体安全制度的范围。[③]

《联合国宪章》自身蕴藏的主权与人权的矛盾和对该矛盾的模糊性处理使主权成为挡避外来干预的合法依据。虽然保护的责任试图对主权进行从权利到责任的重新框定,但截至目前,这种重新框定尚未成为

[①] 联合国宪章,联合国官网:https://www.un.org/zh/about-us/un-charter,2023 年 7 月 10 日(上网时间)。
[②] 杨泽伟:《论人权国际保护与国家主权》,《法律科学》2003 年第 6 期,第 95—104 页。
[③] 杨泽伟主编:《联合国改革的国际法问题研究》,武汉大学出版社 2009 年版,第 81 页。

国际规范,更不用说被国家的认知与行为所内化与遵守。《联合国宪章》仍然是指导国家行为的主导规范。因而,在没有修改《联合国宪章》的情形下,国际社会以武力干预从事人权保护的行为会遭到不同诠释。

综上,《联合国宪章》诞生于国家间战争肆虐以及民族自决高涨的年代。它主要处理国家间关系。为迎合广大前殖民地国家维护主权与独立的诉求,《联合国宪章》规定了主权、不干预和不使用武力的原则是国际秩序的基石。① 虽然《联合国宪章》也涉及人权保护,但主权及不干涉原则在《联合国宪章》中的地位更加突出。此外,如果主权与人权发生冲突,《联合国宪章》也没有提出明确的解决方案。随着国内冲突在频率与烈度上超过国家间战争,且有的国内冲突往往会诱发大规模人道主义灾难,处理主权与人权之间可能发生的冲突成为更加迫切的问题。虽然国际社会的先例是诉诸《联合国宪章》第七章,以解决人权保护和尊重主权与禁止使用武力原则的冲突,但问题是第七章规定形势判断的主体是安理会。实践中安理会的决策更倾向于以国际政治为指导,国际政治甚至可以僭越于国际法之上。这使人道主义干预和保护的责任支柱三规定的举措可能需要解决合法性与合理性的鸿沟问题。

二、合法性与合理性之鸿沟:安理会决策的政治导向

《联合国宪章》未能处理主权与人权的矛盾,实践中的折中方案是诉诸《联合国宪章》的第七章,即人道主义灾难是否威胁到和平与安全。安理会是判断特定情形是否威胁到国际和平与安全的主体。虽然此折中方案使联合国在冷战后可以处理部分的国内人道主义危机,但也带来了消极影响。消极后果集中体现为安理会决策的政治导向呈现和加剧了合法性与合理性的鸿沟。两者之间的鸿沟进一步阻碍了在实践中

---

① Michael Byers, "International Law and the Responsibility to Protect", in Ramesh Thakur and William Maley ed., *Theorising the Responsibility to Protect*, Cambridge: Cambridge University Press, 2015, p.102.

第四章　保护的责任无法突破的根由

执行人道主义干预和保护的责任支柱三规定的举措。

根据《联合国宪章》第七章,安理会首先判断特定情形是否对地区和世界和平与安全构成威胁,随后决定是否授权采取行动。如果国内人道主义灾难产生严重的溢出效应,那么国际社会采取武力行动的规范性基础是《联合国宪章》。然而,当国内人道主义灾难并没有产生溢出效应时,国际社会的武力行动面临着规范性缺失的问题。人道主义干预和保护的责任都试图填补该方面的规范性空白。

就人道主义干预而言,安理会授权并非是武力行动的必要条件。因而,人道主义干预本身就面临着合法性的困境,即创造了《联合国宪章》规定的合法使用武力的两种情形之外的第三种可能性。这使得人道主义干预的规范性进程夭折。虽然保护的责任也试图扩大《联合国宪章》中合法使用武力的范围,但它规定安理会的授权是必要条件。根据保护的责任,安理会需要判定特定的国内人道主义灾难是否为族裔清洗、大屠杀、反人类罪与战争罪。

然而,保护的责任确定安理会为国内人道主义灾难的判定主体,使问题从国际法领域转向国际政治领域。一方面,这种转向会产生强国的法律例外主义,即涉及五常利益的问题难以在安理会获得共识。强国的法律例外主义突出体现为强国的行为与明确的规则之间不具一致性。强国的行为不符合规则所做出的规定。由于强国的法律例外主义违背了互惠性,因而具有腐蚀性。强国行为与规范的失调会使其他国家对规范产生质疑,并进而认为保护的责任实质上只是强国管理弱国的工具。[①] 另一方面,安理会的政策决策并不一定是以国际法或规范为唯一指导准则。五常对规范或法律的阐述可能截然不同。这说明安理会在决定是否应对国内人道主义灾难时,决策进程具有高度政治性,受制于五常的国家利益。在应对国内大规模人道主义灾难时,受政治考

[①] Edward C. Luck, "Sovereignty, Choice, and the Responsibility to Protect", in Alex J. Bellamy, Sara E. Davies and Luke Glanville ed., *The Responsibility to Protect and International Law*, Leiden & Boston: Martinus Nijhoff Publishers, 2010, pp.13-24.

虑指导下的安理会决策可能会陷入以下情形之中:

其一,大国主要是"五常"有干预意愿,但这种意愿建立在危机或冲突牵涉本国利益的基础之上。在这种情形下,有时可能出现大国干预意愿过剩的问题,即一场冲突牵涉多个大国的物质或意识形态利益。在大国有干预意愿的情形下,如果它们能妥协合作,共同解决冲突,这有利于一国国内冲突的解决。罗斯福当初创立联合国的初衷正是在于此,他希望通过大国间的通力合作来共同应对全球性挑战。在这个构想中,地球上的每一个区域都有一个负责任的大国来担当,这些大国不仅为本地区提供必要的区域性公共产品,还通过相互之间的紧密合作,共同为全球提供公共产品,以维护世界的和平与稳定。其二,当冲突并未触及任何大国的核心利益时,国际社会往往面临一个棘手的问题,那就是缺乏主动干预的意愿。以卢旺达大屠杀为例,当时国际社会大多选择了袖手旁观。

保护的责任支柱三规定的干预行动需要得到安理会的授权。然而,只有当干预行动服务或促进国家利益时,国家才会进行干预。这降低了安理会授权的重要性。国家对国内冲突的干预并不是由安理会的授权所规定,而是取决于本国的国家利益。安理会授权只能为干预行动增添了一层合法性。

安理会授权与国家利益考量在实际执行保护的责任支柱三时,往往导致一个困境:真正的国内人道主义灾难可能难以获得安理会的及时授权。在此情况下,即便国际社会存在强烈的干预意愿,也会因缺乏合法性基础而举步维艰。即便军事行动侥幸得到了安理会的授权,其在具体执行与操作过程中也会遭遇严峻的伦理考验。一个最大问题是,安理会授权的军事干预在多大程度上会随着主导国家意志的起落而变化。如果在缺乏大国利益的情形下,国际干预虽具有可信的人道主义合理性,但却遭受资源不足的困扰。此外,国际社会对联合国授权使命的支持不足会产生无效的和平执行行动,并产生政治和人道主义后果。例如,达尔富尔地区爆发危机后,依赖这些强大国家去处理人道主义危机所面临的一个问题是,虽然安理会通过多个决议,但有效的干预力量的物质承诺方面却甚少。① 而如若国内冲突牵涉多个大国的利益,安理会的授权会依赖于大国利益的妥协与折中,后果可能是内战久拖不决,国内冲突国际化。

正是由于安理会的决策是政治而非法律主导,这导致在一些真正需要干预的冲突中,干预没有获得授权,而在另一些情形下,安理会决议可能仅仅是证成干预的借口。国际社会对人道主义灾难问题的关注是选择性和任意的,最明显的是忽略了一些案例,在其中强大的国家具有巨大的利益。这些案例都会被放置在多边议事日程之外。② 国际社会在面对国内人道主义灾难时的选择性应对,导致了保护的责任原则在实际应用中也呈现出选择性的特点。

国际政治和国内政治都根植于人性。③ 人性存在固有的短板和不足,规定个体的行为趋利避害,谋求自己利益的最大化,因而,人们很难期盼国际政治中诸多纷繁复杂的事件依据法律展开。在主权和人权关系上,法理与实践脱节的现实是导致不同国家存在纷争的一个重要原因。法理、实践以及通过实践形成的新规则都可以作为辩护的依据,不同国家可以根据自己的需要选择对自己有利的依据,这导致在主权与人权关系上,国际社会的纷争将会持续很长的时间。④

国际法的内在矛盾和国际政治与国际法的脱节导致在处理如何执行和平与安全的问题上,安理会长期被指责采用双重标准,五个常任理事国可以预防针对自身或盟友的干预措施。恰如保护的责任的反对者所言,该原则永远不会被用来让有影响力的国家对自己的行为负责,而

---

① Catherine Lu, *Just and Unjust Interventions in World Politics*, London: Palgrave Macmillan, 2006, p.177.
② Edward Newman, "The Responsibility to Protect, Multilateralism and international legitimacy", in Ramesh Thakur, William Maley ed., *Theorising the Responsibility to Protect*, Cambridge: Cambridge University Press, 2015, pp.125-143.
③ [美]汉斯·摩根索:《国家间政治:权力斗争与和平》,徐昕等译,北京大学出版社 2006 年版,第 16 页。
④ 罗艳华:《国际关系中的主权与人权:对两者关系的多维透视》,北京大学出版社 2005 年版,第 88 页。

只能适用于不那么强大的国家。一方面,安理会的成员国各自有着需要维护的国家利益;另一方面,他们的决策又往往受到盟国国家利益的影响。这种复杂的利益纠葛导致安理会在授权干预行动时常常面临困境,存在赤字。① 执行中的双重标准和有效应对的不足既阻碍国际社会采取强制性干预保护他国境内的受害者,也对保护的责任的规范化进程产生消极影响。

保护的责任仍然只是处于形成中的一项国际规范,并非国际法,② 它并非是正式立法进程的对象,它在国际组织尤其是安理会与国家的行为中被提及也不是确立习惯性国际法规则的明确标识。对保护的责任规范地位的质疑,不仅源自于形式层面上的法律确信的缺失,更深层次的原因在于,即便存在这样的习惯性法律规则,人们仍难以确定正义的具体内涵将会是什么。③ 保护的责任的规范化进程需要一定的时间保障。在经过一段时间后,国家开始形成一种特定的行为方式,并且认为这种行为方式是法律所要求的。如此,一种国际习惯法规范就得以形成。④ 对保护的责任的规范形成进程而言,围绕它开展的实践十分关键。但一方面,除了利比亚,国际社会并没有诉诸保护的责任支柱三的实践;另一方面,实践中的双重标准使得关于保护的责任的法律确信难以建立,更别提要求国际社会遵守保护的责任,并保持行为的连续性与一致性。

国际法蕴藏的矛盾与安理会决策的政治导向带来实践中的双重标准,阻碍了关于保护的责任的法律确信的形成,更无法要求由保护的责

---

① Peter Hipold, "R2P and Humanitarian Intervention in a Historical Perspective", in Peter Hilpold ed., *Responsibility to Protect: A New Paradigm of International Law*, Leiden: Brill Nijhoff, 2015, p.113.
② 苏长和,"'保护的责任'不可滥用",《解放日报》,2012 年 2 月 8 日。
③ Krista Nakavukaren Schefer, Thomas Cottier, "Responsibility to Protect and the Emerging Principle of Common Concern", in Peter Hilpold ed., *Responsibility to Protect: A New Paradigm of International Law*, Leiden: Brill Nijhoff, 2015, pp.123-155.
④ [英]尼古拉斯·惠勒:《拯救陌生人——国际社会中的人道主义干涉》,张德生译,中央编译出版社 2011 年版,第 47 页。

任所激发的国家实践保持一致性。从长远来看,保护的责任的规范化进程道阻且长,甚至有可能重演人道主义干预的命运,成为一个"拿来主义"的工具。如果规范化都成问题,又何谈它可以证明强制性干预的合理性?斯金纳主张,行动者是否真诚并不重要,重要的是一旦他认为有必要使自己的行为合法化,他就要假装他的行为实际上受到一些公认的社会和政治原则所激发,而这又随之暗示,即便行为者事实上并没受到他所说的任何原则的激发,他也会被迫把自己的行为表现得好像自己真的受到了那些原则的激发一样。① 如果斯金纳所言为真,那么国际社会对确立保护的责任的规范地位便尚存一丝希望,否则,保护的责任有可能在自身的规范化进程中倒退,且如同人道主义干预,保护的责任无法解决根本问题,即通过采取强制性行动在他国内部执行人权保护。

第三节　国际社会的态度分歧

芬尼莫尔和斯金克认为,规范的最终形成需要经历三个阶段。第一个阶段是规范出现。该阶段的特征是规范倡导者的议程设定活动。第二个阶段是规范领导者试图对其他国家进行社会化,使它们成为规范的追随者。最后一个阶段是国家的内化阶段,服从成为了习惯,行为体并不计算服从规范的成本和收益问题。规范形成的三个阶段随时可能中断,不一定能够顺利完成。② 在规范化进程中,规范的迅速普及以实现倾斜点为界限,通常一旦跨越该倾斜点,规范就会迅速普及开来。

---

① ［英］尼古拉斯·惠勒:《拯救陌生人——国际社会中的人道主义干涉》,张德生译,中央编译出版社 2011 年版,第 8 页。
② ［美］玛莎·芬尼莫尔,凯瑟琳·斯金克:《国际规范的动力与政治变革》,载于彼得·卡赞斯坦,罗伯特·基欧汗,斯蒂芬·克拉斯纳:《世界政治理论的探索与争鸣》,秦亚青等译,上海人民出版社 2003 年版,第 332 页。

为了达到倾斜点,规范的倡导者需要说服关键国家。① 关键国家的判断标准在于,它们是那些对于实现重要规范目标至关重要的国家,若缺少这些国家的参与,这些规范目标将难以完全达成。② 保护的责任之所以未能确立自身的规范地位,源于国际社会关键行为体的态度分歧。为了厘清国际社会关键行为体对保护的责任的态度分歧,保护的责任的三个支柱提供了一个很好的切入点。关于支柱一和支柱二,国际社会基本达成共识;关于支柱三,国际社会持有支持、谨慎或反对等不同态度。因此,各国对保护的责任的立场分歧,主要源于对支柱三的态度不一致。理解各国态度分歧背后的原因既有助于预测保护的责任的规范化进程是否能够顺利展开,也可以探究是否能找到一条折中之路弥合分歧。

一、立场分歧:因素+机制的分析框架

可以从两个方面分析国际社会对保护的责任的态度:一方面是国际社会对在具体案例中适用保护的责任的立场;另一方面是国际社会对保护的责任自身的规范化进程的态度。同一国家在两个方面的态度或一致或有出入,尤其是某种实践是否适用保护的责任,特定的国家有特定的成本和收益考虑,因而态度会出现不一致。国内外的研究在这两个方面均有涉及,这为后续研究奠定坚实基础,但也存在不足之处:

首先,就国际社会对保护的责任在实践中应用的立场而言:其一,保护的责任尚未成为国际规范,因而探讨在具体国家中保护的责任的

---

① [美]玛莎·芬尼莫尔,凯瑟琳·斯金克:《国际规范的动力与政治变革》,载于彼得·卡赞斯坦,罗伯特·基欧汗,斯蒂芬·克拉斯纳:《世界政治理论的探索与争鸣》,秦亚青等译,上海人民出版社2003年版,第295—332页。
② [美]玛莎·芬尼莫尔,凯瑟琳·斯金克:《国际规范的动力与政治变革》,载于彼得·卡赞斯坦,罗伯特·基欧汗,斯蒂芬·克拉斯纳:《世界政治理论的探索与争鸣》,秦亚青等译,上海人民出版社2003年版,第295—332页。

适用问题是存有疑问的。在已有的诉诸案例中各国对保护的责任的应用部分偏离了概念本身规定的含义,例如2008年在缅甸飓风事件上,法国呼吁国际社会进行干预,以及俄罗斯出兵格鲁吉亚都是诉诸保护的责任。① 其二,即便是同一个国家,其在实践中对保护的责任的具体适用也可能存在不一致性。在特定案例中采取的保护的责任立场,并不能全面反映该国对保护的责任规范化进程的整体态度。其三,关于保护的责任的应用的解释,既有研究着重关注个别国家和区域的态度和立场,因而更多的是属于一种外交政策的分析。无疑,在具体的案例中,每个国家的干预决定都是基于一定的成本和收益考量,但是作为一个概念或待规范化的保护的责任,在它没有适用到具体的案例之前,国家无法考虑到具体的利益和成本,因而,具体的成本和收益考量很难影响到国家的态度和评价。因此,一个国家对概念的规范化和概念在实践中的应用态度可能会有偏差。

其次,对保护的责任规范化过程中国际行为体的态度,既有的分析也是集中关注特定的国家和区域,没有给出统一的解释框架分析国际社会关键行为体的立场。即使有研究指出国际社会接受保护的责任的原因,它们的解释是从规范扩散的角度,而不是从规范接受者的角度,未能看到规范接受者的能动性。在保护的责任这一概念的规范化进程中,国际社会的态度可能受到一个统一分析框架的影响,而这个框架背后往往隐藏着各国共同的考量因素。对这些因素及其作用机制的分析是关于保护的责任研究的空白。

本节的核心问题是:对保护的责任的规范化进程,国际社会关键行为体的态度为何会有分歧?为什么有的国家积极支持保护的责任的支柱三,有的国家保持谨慎,而有的国家却坚决反对?因而,被解释变量是国家对待保护的责任规范化进程的立场。为了解释上述问题,本文引入五个解释变量:规范、国家实力与国内分裂程度、海外利益与消极外部性。规范因素主要是行为体对主权和不干预内政持有的立场。国

---

① 可参见:刘铁娃《保护的责任:国际规范建构中中国的视角》,北京大学出版社2015年版。

家实力与国内分裂程度影响主权国家对国际干预的态度,而海外利益与消极外部性影响主权国家对干预其他国家所持有的态度。本文的解释机制就是说明这些因素如何相互作用产生影响。

(一) 解释机制

机制是一个过程,能够将因素串联起来,从而引发或阻止变化。本文的解释机制就是本文的核心变量如何串联起来解释国家对保护的责任的支柱三的态度。解释机制为:在对待保护的责任的规范化进程,尤其是对待保护的责任的最终内化和规范地位的确立方面,国际社会的态度充满了分歧。了解行为体的态度分歧需要将保护的责任剖析开来,审视其三个支柱。国际社会围绕支柱一与二有共识,而分歧主要集中在支柱三。之所以如此,是因为支柱三暗含主权与人权的规范张力。各国对主权与人权概念的偏好差异明显,尤其是当这两个规范发生冲突时,他国是否可以突破主权的框架,践行所谓的世界主义和"拯救陌生人",各国态度的分歧尤为激烈。态度的差异源于各国对主权和不干预原则奉行的不同立场。因而,需要考虑影响各国对待干预态度的因素。这些因素实质上可以从影响各国被干预的可能性和干预的可能性两个方面探析。影响主权国家被干预的可能性的变量主要是国家实力和国内分裂程度,而影响其对外干预的可能性的变量是海外利益和消极外部性。解释机制的图表形式如下:

注:笔者自制

图 4.1 关于 R2P 支柱三立场分歧的解释机制

(二) 因素

1. 规范:主权与不干预内政

概念从传播到内化之间还存在一个问题,即有关国家可能只是围绕概念的合理性本身达成了一致意见,至于概念本身是否可以上升到合法性程度,成为行动标准和指导原则还存在一个距离。[1] 在这一过程中,概念是否可以内化取决于规范接受者的主动性。根据阿查亚的理论,国际规范的地区化进程的成功与否取决于几个因素:新规范是否增强或合法化现有制度;既有规范的稳固程度;规范接受者(norm taker)在公众眼里是否具有可信性;规范接受者的身份;新规范与既有规范的相容程度[2],即国际规范与国内规范的契合程度决定了国家行为体对国际规范的接受程度。[3]

2005年,保护的责任被写入WSO文件,随后被联合国大会和安理会的决议所提及,这表明围绕此概念本身的合理性,国际社会尤其是关键行为体达成了共识,在规范化进程中,保护的责任已经达到倾斜点,但保护的责任是否可以被内化还需要审视关键行为体的立场。各国对确立保护的责任的规范化地位仍有分歧。它们的立场分歧主要源于对支柱三的态度不一致。影响各国对支柱三的考量因素,主要是支柱三涉及的强制性干预内政的问题,这与以《联合国宪章》为基础构建的国际秩序不相融合。虽然宪章中也涉及到与主权和不干预原则不一致的情形,即宪章中第七章的相关规定,但是至少第七章强调的是主权国家的内部问题产生了溢出效应,威胁到了区域或世界的和平与稳定。尽管保护的责任支柱三强调,在安理会的授权下,国际社会可以干预主权国家内政。然而,不同于第七章,根据保护的责任支柱三,即使发生在

---

[1] 谢婷婷:《行为体策略与规范传播》,《当代亚太》2011年第5期,第98—117页。
[2] Amitav Arhaya, "How Ideas Spread: Whose Norms Matter?", *International Organization*, vol.58, no.2(2004), pp.239-275.
[3] 谢婷婷:《行为体策略与规范传播》,《当代亚太》2011年第5期,第98—117页。

主权国家内部的大规模人道主义灾难没有威胁到区域和世界的和平与稳定,国际社会也可以进行干预。因而,相较于既定的国际规范和国际法来说,支柱三实现了突破,尤其是进一步突破了主权和不干预内政原则。

在获得国际社会的基本共识后,保护的责任的规范化进程目前处于关键阶段。该阶段是国际社会的主要行为体是否可以内化这一概念。概念是否可以被内化取决于国家如何看待主权、不干预内政与人权这一对竞争性规范。保护的责任的概念旨在解决的核心问题是保护人权。支柱三蕴藏的一个问题是:人权保护是否可以突破主权的边界。在新概念与新规范的传播过程中,区域和单个国家并非是消极被动的接受者,他们也是积极的塑造者。他们会根据既有的规范,包括地区的文化或文化规范、地区制度和已被接受和制度化的国际规范,有所选择地接受和重构国际概念与规范,这些都影响各国对保护的责任的态度。

在主权和人权这对竞争性规范上,关键行为体的不同立场决定了它们对保护的责任支柱三规范化进程的态度。虽然国际社会的所有成员国都十分注重主权和不干预内政的规范,但关键的问题是:为了保护人权,在特定的条件下,主权的边界是否可以被突破,以及主权国家是否负有"拯救陌生人"的责任。对此问题,不同国家的不同态度影响到它们对保护的责任的接受。

2. 国家实力与国内分裂程度、海外利益与消极外部性

对主权和人权之争,各国的立场初步回答了:在保护的责任的规范化问题上,为何不同国家具有不同的态度;对主权和不干预内政原则,为何国家会有不同的立场。

从时间维度来说,主权规范与人权规范的竞争的出现主要源于二战后。二战时期纳粹对犹太人的迫害使得战后人权问题开始走向国际化,成为国际议题的一个部分。在走向国际化的进程中,人权面临着竞争,突出表现为《联合国宪章》既规定了主权又强调人权,但是它没有说明如何解决二者可能存在的相互矛盾。即使国际社会出台了国际人权公约,公约的主要执行主体仍然是主权国家,各国都承认在主权的框架

内解决人权问题。时间维度上有两个关键的点,一个关键的点是卡特时期的人权外交;另一个点是冷战后,国内冲突取代国家间战争,西方国家从事着异化的人道主义干预进行政权颠覆活动。正是在冷战后,围绕着对美国领导的新干涉主义的批评,国家对主权规范和人权规范的态度出现分歧,各方捍卫不同的立场。

对主权的不同态度具有横向与纵向两个维度的缘由。纵向的维度是历史上,这些国家是否具有被殖民的历史。有过被殖民历史的国家大多数都是在二战以后获得独立,或者需要以民族自决为理由寻求国家独立,它们对主权十分重视。这一点也可以解释,为什么在这一期创立的联合国非常强调主权。横向的原因最为根本的是国家实力。国家实力可以扮演双重角色,一是威慑,二是防御。强大的国家不仅能够依靠自身实力对他国形成威慑,阻止其他国家做出其不希望发生的事情,而且在实际面临干预时,这种实力也能成为击退干预的有力工具。横向的原因也包含国家(区域)内部的分裂程度,这种分裂可以是种族、宗教、民族等任何维度的。国内低分裂程度不会给他国挑起事端和借机干预的缝隙,国家也不用担忧他国借机干预本国内部事务。国家实力和国家内部的分裂程度实质上影响的是国家考虑自己被干预的可能性,无论这种干预是否为人道主义干预。国内分裂程度难以测量,本文以国家内部是否发生政治暴力事件作为测量指标。

由于每个国家都高度重视自身的主权,但是各自侧重的维度不同,因此在解释对人道主义干预或保护的责任的态度时,尽管对主权的态度是最根本的因素,但它并非唯一决定因素。各国对人道主义干预的态度实质上是折中的结果,即它们既要考虑本国遭受干预的可能性,又要考虑对他国干预的可能性。后一个方面并不一定是国家具有不良动机和觊觎他国内政。在某些情形下,由于他国内部的人道主义灾难对本国产生了消极外部性,国家需要考虑对他国进行人道主义干预。这种消极外部性具有诸多方面的体现,一个最直接的表现是输出难民或非法跨越边境者。当前来自叙利亚、北非的大批难民涌入欧洲突出了这个问题的严峻性。暂且不论难民对输入国家造成的财政负担,难民的输出有可能意味着恐怖主义的输出,他们也有可能会与本国的文化、习俗形成碰撞,造成社会紧张和动荡。当然,这并不意味着人们置难民于不顾,更好的应对途径是解决难民输出国的内部问题,从根源上消除难民产生的原因。

驱使国家考虑对外干预的另一个因素是国家海外利益的大小。往往海外利益越大,国家对干预的态度就越积极。虽然出于利益动机进行的干预会被指责为动机不纯,并且在实践中,由于纯粹的本国利益导向,干预主体不会考虑干预行动是否可以缓解所在国的人道主义危机,但人们并不能因此拒绝利益在驱使干预中的角色和作用。出于纯粹利他主义动机的人类行为尚未成为一种自觉行动的习惯。因而,在没有形成这种自觉习惯之前,为了促使人们进行利他主义行动,可以采取的措施有两个:激励与惩罚。利益就是一个很好的激励机制。海外利益一般是指国家在境外的国家利益,①其承载主体不仅包括政府,还有公司和个人在海外的经济与安全利益。但是国家的海外利益主要考虑的承载主体是政府。冷战结束与全球相互依赖的发展,国家在海外的经济利益更加凸显,且利益大小往往与这个国家参与全球化的时间和深度相关。

综上所述,可以大体根据这两个维度解释国家对人道主义干预的态度。这里暂且不考虑纵向维度上的殖民地历史。因为殖民地历史是通过影响集体的心理,再进一步通过复杂过程影响政策决策,在因果链条上,殖民地历史属于更深层次的原因。

表 4.1 国家支持干预的可能性

	被干预的可能性大(B_1)	被干预的可能性小(B_2)
对他国干预的可能性大(A_1)	居中偏不支持	最支持
对他国干预的可能性小(A_2)	最不支持	居中

注:表格为笔者自制

国家对待主权与不干预的立场既需要考虑本国被干预的可能性,也

---

① 刘新华:《论中国的海外利益》,《当代世界》2010 年第 8 期,第 51—53 页。

需要考虑到对他国进行干预的可能性。从上述表格可以大致看出国家对干预的支持程度：$A_2B_1 < A_1B_1 < A_2B_2 < A_1B_2$。被干预的可能性取决于很多因素，本文主要考虑的是国家实力与国家内部的分裂程度。[①]

表 4.2 国家被干预的可能性

	国家实力强大（C_1）	国家实力弱小（C_2）
国内分裂程度高（D_1）	较小	最大
国内分裂程度低（D_2）	最小	居中

注：表格为笔者自制

如果一国自身实力强大，但是内部分裂程度高，那么它遭受干预的可能性是较小的。国内分裂程度可以体现为地区与中央政权的冲突、宗教民族冲突等。即使域外国家出于制衡的目的，有干预的意愿，但鉴于当事国的强大实力，它要么没有实力，要么出于成本收益考虑，不会进行直接的干预，但可能会进行间接的渗透。这里可能出现的反驳是：国家或区域的重要战略位置是影响国家被干预或受国际社会关注的前提，否则即使主权国家内部发生人道主义危机，它也容易被国际社会遗忘。由于本文考虑的是国际社会的关键行为体，因而这点反驳并不成立。关键行为体在国际舞台上肯定占据一席之地。因而，国家被干预的可能性为：$D_2C_1 < D_1C_1 < D_2C_2 < D_1C_2$。国家被干预的可能性与国家对干预的支持态度成反比，因而，国家支持干预的可能性：$D_2C_1 > D_1C_1 > D_2C_2 > D_1C_2$。

表 4.3 国家对外干预的可能性

	海外利益大（F_1）	海外利益小（F_2）
消极外部性高（E_1）	最支持	居中
消极外部性低（E_2）	居中偏支持	最不支持

注：表格为笔者自制

---

① 这里存在的一个问题是，一种常见的观点认为一国的资源和能源状况也会影响到被干预的可能性。但本文认为，资源与能源状况是中介变量，其是否对被干预的可能性产生影响，也是依存于一国的实力状况和国内分裂程度。

国家对主权和不干预的态度既要考虑到本国被干预的可能性,也要考虑干预他国的可能性。干预他国的可能性,本文主要考虑的是海外利益,以及他国内部的人道主义灾难给本国带来的消极外部性。[①] 国家的海外利益越大,就越需要对外干预以保护自己的利益。就消极外部性而言,如果他国内部的人道主义灾难给本国造成的负面影响越高,国家就越有动力去解决产生消极外部性的原因。因而,国家对外干预的可能性为:$E_2F_2<E_1F_2<E_2F_1<E_1F_1$,国家对干预的支持程度与国家对外干预的可能性成正比,因而亦为:$E_1F_1>E_2F_1>E_2F_1>E_2F_1$。

以上述四个解释变量考虑国家对干预的立场,其中每个解释变量的取值为高或低,那么根据解释变量的赋值进行组合,总共会有十六种可能,即 $C_{(1,2)}D_{(1,2)}E_{(1,2)}F_{(1,2)}$。以对干预的支持程度由高到低排列,十六种可能性的顺序为:$D_2C_1E_1F_1>D_2C_1E_2F_1>E_1F_1D_1C_1>D_1C_1E_2F_1>D_2C_1E_2F_1>E_1F_1D_2C_2>D_1C_1E_2F_1>E_2F_1D_2C_2>D_2C_2E_2F_1>D_2C_1E_2F_1>E_1F_1D_1C_2>D_1C_1E_2F_1>E_2F_1D_1C_2>D_2C_2E_2F_1>E_2F_1D_1C_2>D_1C_2E_2F_1$。虽然排列顺序中间的大小可能会有出入,但该排列顺序仍然大致说明了国家对干预的态度和立场,国家对保护的责任是支持、反对还是谨慎的态度。

二、国际社会关键行为体的立场

(一)保护的责任的规范化进程:关键行为体的立场(Ⅰ)

玛莎·芬尼莫尔与凯瑟琳·斯金克的规范理论揭示了在规范传播过程中关键行为体的重要性。规范达到临界点或者倾斜点的标准是规范倡导者说服了关键的国家,并且使它们成为规范领导者并率先接受新的规范。然而,因议题领域和国家影响力不同,关键行为体很难被确

[①] 消极外部性虽然也可以将海外利益损失包括在内,但在这里主要是强调难民给本国带来的影响,包括影响到边境稳定,以及大批难民涌入造成本国的社会紧张、动荡。

定。对此,芬尼莫尔还是指出,一方面,在体系中三分之一的国家接受规范之前,规范很难出现倾斜点;另一方面,关键国家指那些重要规范舍弃就无法完全实现的国家。① 理解为何保护的责任可以被写入联合国的相关文件,以及预测其规范化发展进程,人们需要了解国际社会关键行为体的立场。就保护的责任而言,关键行为体是安理会的五个常任理事国,因为支柱三要求获得安理会的授权,因而常任理事国的支持是合法践行保护的责任的必要条件。

表格 4.4 以四个变量为维度对五个国家进行比较。以 GDP 为指标的国家实力数据来源于世界银行(单位是现价美元/百万)。② 以世界银行的最新数据为指标,2015 年美国和中国的排名分别为世界第一与第二;英国和法国的排名分别为第五与第六;俄罗斯的排名稍微落后,为十三名。就人均 GDP 排名而言,美国、英国、法国、俄罗斯与中国的排名分别为第五、第十四、第二十一、第七十一和第七十三。

就国家内部的分裂程度而言,根据 2014 年的"国家脆弱指数和矩阵"数据库,美国、中国、俄罗斯、英国和法国的国家脆弱性(state fragility)分别为:3、6、9、0、1。③ "重大政治暴力事件(Major Episodes of Political Violence)"数据库指出,在中国与俄罗斯国内,民族分裂问题是可能导致分裂的因素。④ 消极外部性的指标之一是各个国家接收的难民数量。根据联合国难民署的数据,2014 年,在美国、英国和法国避难的难民数量为 267 222、117 161、252 264,俄罗斯为

---

① [美]玛莎·芬尼莫尔,凯瑟琳·斯金克:《国际规范的动力与政治变革》,载于彼得·卡赞斯坦,罗伯特·基欧汗,斯蒂芬·克拉斯纳:《世界政治理论的探索与争鸣》,秦亚青等译,上海人民出版社 2003 年版,第 295—332 页。
谢婷婷:《行为体策略与规范传播》,《当代亚太》2011 年第 5 期,第 98—117 页。
② 世界银行官网:http://data.worldbank.org/indicator/NY.GDP.MKTP.CD,2023 年 6 月 15 日(上网时间)。
③ Major Episodes of Political Violence, http://www.systemicpeace.org/warlist/warlist.htm,2023 年 7 月 15 日(上网时间)。
④ Major Episodes of Political Violence, http://www.systemicpeace.org/warlist/warlist.htm,2023 年 7 月 15 日(上网时间)。

235 750,中国是 301 052。① 其中,2014 年俄罗斯接受的难民数量剧增,2013 年仅为 3 458 人,原因可能是 2013 年乌克兰危机导致大量乌克兰人前往俄罗斯,但乌克兰危机中没有伴随着大规模的人道主义灾难。从 2009 年到 2014 年,中国境内的难民数量变动十分小,且中国境内的难民来源基本上都是华人难民,他们来源于冷战时期东南亚国家的国内冲突。因而,就难民指标来说,2011 年阿拉伯之春以来的许多国内冲突产生了大量难民,但难民潮基本没有对中国产生大的影响。

这里需要指出两点:其一,这里的难民数量是官方有记录的数据,但现实是由于欧洲与冲突源的地理相近性,无论是非洲还是中东,大量的难民选择偷渡到欧洲,因此难民危机给欧洲带来更严峻的挑战。难民的来源国家和区域主要是非洲与中东,与欧洲地缘相近,且这些难民前往的目的地主要是欧洲,所以相较于中国、俄罗斯与美国,英国和法国受到的冲击最大,消极外部性也是最高。② 其二,按照人口比例和地理面积,难民给英国和法国带来的压力大于美国。

消极外部性的第二个指标是恐怖主义袭击事件,尤其是袭击事件的策划者与执行者与冲突之地的恐怖主义分子或者难民有关联。就恐怖袭击来看,在"伊斯兰国"兴起之后,英国、法国和美国都遭遇数次恐怖袭击事件,且许多起事件与"伊斯兰国"的恐怖势力相关。相较于中俄,在遭受恐怖袭击的次数方面,英国、法国和美国面临的问题更加严峻。

因为国家的海外利益对国家的宏观决策产生直接影响,所以海外利益维度主要考量国家的海外利益。就国家的海外利益来说,安理会五个常任理事国都深嵌于全球化之中,国内经济发展需要海外的原材料、能源和市场,同时,国家在海外也有巨大的投资。因而,五个国家都有重大的海外利益。

---

① 《国际安全研究开源大数据》,《国际安全研究》2016 年第 1 期,第 152—160 页。
② 美国虽然也有来自美国和墨西哥边界的非法越境者,但并非是难民。

表 4.4 常任理事国之间的比较

	国家实力	国内分裂程度	消极外部性	国家海外利益
中国	大	低	低	高
美国	大	更低或无	中	高
俄罗斯	大	中间	低	高
英国	大	更低或无	高	高
法国	大	更低或无	高	高

注:表格为笔者自制

根据上述四个解释变量形成的十六种可能性,对五个常任理事国的立场进行归类,需要注意的是这里的高低都是五个国家之间相对而言。

表 4.5 安理会常任理事国的态度分歧

	E_1F_1	E_1F_2	E_2F_1	E_2F_2
C_1D_1			中俄	
C_1D_2		英法	美	
C_2D_1				
C_2D_2				

注:表格为笔者自制

在四个变量形成的十六种可能性中,英国和法国属于国家实力大、国内分裂程度低、消极外部性高、海外利益大。俄罗斯的问题主要表现为东部外高加索区域的伊斯兰军事武装分子、车臣、达吉斯坦与印古什问题。[1] 相对而言,中俄虽然海外利益大,但受到的消极外部性影响也较低。美国则是国家实力大、国内分裂程度低、海外利益大、消极外部性较低。根据上述对干预可能性的推理,可以大致评估五个常任理事

---

[1] Major Episodes of Political Violence, http://www.systemicpeace.org/warlist/warlist.htm,2023 年 7 月 15 日(上网时间)。

国对保护的责任支柱三的态度：$C_1D_2E_1F_1 > C_1D_2E_2F_1 > C_1D_1E_2F_1$，即在保护的责任规范化问题上，英法最支持保护的责任支柱三成为国际规范，美国次之，中俄则最不支持。

（二）保护的责任的规范化进程：关键行为体的立场（Ⅱ）

在通向2005年世界首脑峰会的谈判中，关于保护的责任，国家之间存在分歧。英国、法国、加拿大、澳大利亚和日本都是强有力的支持者，最强烈的反对者来自中国、印度、巴基斯坦和马来西亚。代表着联合国将近三分之二成员国的不结盟运动最初指出，在国际法中无法找到ICISS报告提出的干预的基础，七十七国集团则关注维护主权和领土完整。然而随着谈判的推进，一个广义的共识开始逐渐出现，包括在成果文件中纳入一个关于保护的责任的声明。①

1. 美国

科索沃行动之后，关于维持美国行动自由的关切开始出现。在为北约的行动做辩护时，美国避免将人道主义干预表述为一个新的主义。国务卿奥尔布赖特和其他政府官员否定了科索沃将成为全球类似干预的先例。因而，在保护的责任最初被提出时，美国政府并不支持保护的责任。保护的责任使国际共同体尤其是安理会做出承诺，在大规模暴行或族裔清洗的情形下进行干预。对提及干预的门槛性事件，美国持非常谨慎的态度，它担忧这会损害自己维持何时何处使用武力的权利和自由。由于干预可能并不服务于美国的国家利益，对是否使用自己的武装力量进行干预，美国不愿意做出事先的承诺。出于维持国家霸权的考虑，布什政府下的美国反对建立一个合法使用武力的标准，他担心被这个标准束缚手脚或者美国被迫卷入到一些没有直接影响美国国

---

① Lee Feinstein, Erica De Bruin, "Beyond Words: U. S. Policy and the Responsibility to Protect", in Richard H. Cooper, Juliette Voïnov Kohler ed., *The Responsibility to Protect: The Global Moral Compact for the 21st Century*, London: Palgrave Macmillan, 2009, pp.178-198.

家利益的冲突之中。①

2005年8月,约翰·博尔顿(John Bolton)作为美国驻联合国大使上任。上任之初,他就表明要从头开始重新谈判世界首脑峰会草稿文件。在首脑峰会召开前三周,他发布了一系列公报,要求重拟包括保护的责任段落在内的成果文件草案中的数百段落。博尔顿强调要着重区分保护的责任原则涵盖的两种责任。他指出,美国接受国家有保护自己人民的主要责任,以及在当事国同意或当事国是施害者之时,国际共同体有行动的责任,但它国的责任不同于当事国的责任。国际共同体与安理会并没有法律义务去保护处于灾难中的平民,但当事国有法律义务为自己的人民提供保护。因而,安理会应当在个案的基础上,维持自己的行动自由,决定最合适的应对方法。②

随后,美国的立场稍有松动,开始支持和推进保护的责任的用词,以及支持一个关于人道主义干预的正式声明。布什政府对保护的责任的态度转变与"9·11"事件后美国理解国家利益的方式部分相关。美国对国家面临威胁的认知发生了改变,政府开始重新关注大屠杀和失败国家等问题,但它仍注重维持行动自由。这点反映在美国对WSO草稿文件提出的修改意见中:其一,确保国际共同体有责任预防WSO文件中提及的大规模暴力,但没有创造新的法律义务,只作为一种道德责任;其二,维持美国对大规模暴行的行动自由,这种行动自由包括在安理会之外采取行动的可能性。虽然在推进保护的责任的通过中,美国并未扮演主要角色,但它的支持也不可或缺。美国建议缓和国际共同体的义务有助于将态度犹豫不决的国家拉回到谈判桌上。在伊拉克战争的背景下,美国对保护的责任的疑虑态度反而利于缓和发展中国家对这一原则的担忧,尤其是发展中国家担忧保护的责任是大国合理化

---

① Roy Allison, *Russia, the West and Military Intervention*, Oxford: Oxford University Press, 2013, p.66.
② Alex J. Bellamy, Ruben Reike, "The Responsibility to Protect and International Law", in Alex J. Bellamy ed., *The Responsibility to Protect and International Law*, Leiden: Martinus Nijhoff Publishers, 2011, pp.81-100.

对小国与弱国使用武力的权宜之计。①

2. 中国

在保护的责任的概念的酝酿阶段,中国态度谨慎,没有明确表明官方立场。随着保护的责任进入联合国的议程之中,中国明确表达了官方立场,即国际社会应当谨慎对待保护的责任。② 在联大磋商 2005 年 9 月首脑峰会成果文件草案时,王光亚大使的发言指出,"'保护的责任'概念涉及到国家主权等一系列敏感问题,各方目前仍有不同认识,需进一步协商。草案对该问题的表述应慎重。我们认为,各国政府负有保护本国公民的首要责任。一国内乱往往起因复杂,涉及多方面因素。对如何判定一国政府是否有能力和意愿保护其公民,应研拟国际社会普遍同意的综合评定标准,不应由少数国家或机构自行制定,进而鼓吹干预。国际社会在缓和和制止大规模人道危机时,应严格遵守《联合国宪章》,尊重当事国及有关区域组织意见,由安理会根据具体情况判断和处置,尽可能使用和平方式。在涉及强制性行动时,更应慎重行事,逐案处理。"③

成果文件通过之后,中国仍然反复强调,保护平民的责任首先在于当事国政府,国际社会应当谨慎对待保护的责任,避免滥用,应当将保护的责任严格限定在 WSO 文件中所规定的四种罪行,以及保护的责任的执行应当在联合国的框架内操作。在联合国大会关于保护的责任的多次讨论中,中国反复重申和强调自己的立场。在 2011 年联合国大会关于保护的责任非正式互动对话中,中国政府着重强调:首先,保护平

---

① Lee Feinstein, Erica De Bruin, "Beyond Words: U. S. Policy and the Responsibility to Protect", in Richard H. Cooper, Juliette Voïnov Kohler ed., *The Responsibility to Protect: The Global Moral Compact for the 21st Century*, London: Palgrave Macmillan, 2009, pp.178-198.
② 罗艳华:《保护的责任的发展历程与中国的立场》,载于刘铁娃主编:《保护的责任:国际规范建构中的中国视角》,北京大学出版社 2015 年版,第 3—21 页。
③ 王光亚大使在联大磋商 9 月首脑会成果文件草案时的发言,中华人民共和国常驻联合国代表团: http://un.china-mission.gov.cn/lhghywj/fyywj/wn/fy2005/200506/t20050621_8368287.htm, 2005-6-21。

民的主要责任是主权国家,国际社会和域外组织或许可以遵守客观性与中立性,根据《联合国宪章》的宗旨和原则提供建设性帮助,但要完全尊重当事国的主权、独立、领土完整,不应当寻求政权变化,或以保护平民为名,卷入内战;其次,保护的责任应当严格限定在 WSO 文件中的四种罪行,任何国家或联合国不应当扩大或任意解释这一概念,必须避免概念的滥用;再次,采取行动必须有安理会的授权,并且因案例而异,应当严格按照安理会的决议予以执行;最后,联合国大会围绕此概念应当继续进行对话和磋商以在所有成员国之间达成共识,在此之前,在概念的推广和应用上,应保持客观性与中立性。① 在 2012 年 9 月联合国大会关于保护的责任的对话中,中国政府重申上述四个基本立场,并强调中国一直支持以和平的方式解决冲突,平民保护的行动应当首先穷尽所有和平手段,以及中国认为巴西提出的保护中的责任对于监管和增强安理会决议的执行具有重要意义,值得进一步考虑。②

2013 年 9 月,联合国大会举行主题为"保护的责任、国家责任和预防"对话,中国政府重申国家承担主要责任,保护的责任应当被严格限定在四种罪行上,在执行保护的责任问题上国际社会尚未存在统一的标准,中国支持通过政治手段解决冲突以及支持进一步考虑巴西提出的保护中的责任。但在这次讲话中,中国政府也指出,虽然军事干预应当作为最后的手段以及军事干预的应用应当因案例而异,但军事干预经常是有效的。③

2014 年 9 月,联合国大会举行非正式对话,主题为"履行我们的集体责任:国际援助和保护的责任"。2015 年 9 月,联合国大会再次召开非正式对话,主题为"一个重要和永久的承诺:执行保护的责任"。在这

---

① About R2P, Global Center for the Responsibility to Protect: https://www.globalr2p.org/resources/,2023 年 8 月 15 日(上网时间)。
② About R2P, Global Center for the Responsibility to Protect: https://www.globalr2p.org/resources/,2023 年 8 月 15 日(上网时间)。
③ About R2P, Global Center for the Responsibility to Protect: https://www.globalr2p.org/resources/,2023 年 8 月 15 日(上网时间)。

两次非正式对话中,中国政府再次重申了上述基本立场。2016年2月,联合国大会举行小组讨论,主题为"从承诺到执行:保护的责任的十年",除了强调一贯的立场外,中国代表指出,保护的责任仍然是一个概念,并不是国际法的规范,就许多具体的议题来说,国际社会存在多种阐述和重大的争议,成员国之间的共识仍然有待达成。①

简言之,中国对保护的责任的支持是谨慎的和受到限制的,中国支持这一原则,承认重大的人道主义危机是国际共同体的合法关切之一,但同时在执行保护的责任的最适当的方式上,中国与西方国家存在分歧,中国不赞成强制性干预行动,但也同意在相关权威的共识下扮演一个建设性的角色;为了在不干涉与保护的责任之间保持平衡,中国在特定危机中的立场受到相关区域性组织的影响。②

3. 俄罗斯

俄罗斯基本上拒绝对行使主权施加任何限制。③ 在主权与人权关系上,俄罗斯强调国家主权的神圣不可侵犯,认为人权在本质上是一个国家的内部事务,坚决反对其他国家利用人权问题干涉一个国家的内政。④ 冷战结束后,主权与人权的争论空前激化,俄罗斯与西方国家的分歧也更加凸显,最主要体现在北约对南斯拉夫的行动。在北约轰炸南斯拉夫中,北约声称行动是为了保护科索沃的阿尔巴尼亚人免于塞尔维亚人的迫害。然而,在俄罗斯看来,北约的行为不是基于《联合国宪章》或其他广受承认的国际法的一般原则。此外,北约单边使用武力只会带来更大的人道主义灾难。因而,北约轰炸南斯拉夫的行动不是

---

① About R2P, Global Center for the Responsibility to Protect: https://www.globalr2p.org/resources/, 2023年6月15日(上网时间)。
② Alex J. Bellamy, Sara E. Davies, "The Responsibility to Protect in the Asia-Pacific Region", *Security Dialogue*, vol.40, no.6(2009), pp.547-574.
③ Gareth Evans, "The Responsibility to Protect: From an Idea to an International Norm", in Cooper R H, Voïnov Kohler ed., *The Responsibility to Protect: The Global Moral Compact for the 21st Century*, London: Palgrave Macmillan, 2009, pp.15-29.
④ 罗艳华:《国际关系中的主权与人权:对两者关系的多维透视》,北京大学出版社2005年版,第243页。

第四章　保护的责任无法突破的根由

人道主义援助,而是由权力政治激发的非法的侵略战争。

就保护的责任而言,俄罗斯不愿意进一步削弱不干涉原则,使国际共同体有权力进一步危及到国家的国内管辖权,但俄罗斯认同保护的责任的根本目的,即预防和终止大屠杀和大规模人道主义危机。在 2002 年初的讨论中,俄国的反应非常冷静,它认为通过允许单边干预,保护的责任可能会损害《联合国宪章》。在俄罗斯看来,安理会保留否决权至关重要。然而,2005 年 9 月,在世界首脑会议将近之时,俄罗斯外长同意,如果得到安理会授权,国际社会可以在未得到当事国同意的情形下,使用武力阻止和预防大规模的人权违反事件。俄罗斯同意联合国可以继续讨论允许使用武力的界限和安理会授权的标准。[1]

虽然俄罗斯一直对保护的责任持保留态度,但 2008 年它却以保护的责任为由出兵格鲁吉亚。从 2009 年到 2016 年,在联合国大会正式或非正式的谈话与讨论中,俄罗斯表达了自己对保护的责任的态度。2009 年 7 月,俄罗斯的讲话指出 WSO 文件符合《联合国宪章》与其他国际法的原则与规范,同意保护的责任的三个支柱,但认为将保护的责任的理念转变为世界机制与制度的条件并不成熟。在 2016 年 2 月的最近一次讲话中,俄罗斯指出,一些国家在平民保护的借口下使用武力,这导致了利比亚的完全解体,使整个国家陷入灾难之中,关于保护的责任的年度互动对话已经成为保护的责任支持者的独白,他们不愿听取其他意见。[2] 从俄罗斯的讲话可见,它对保护的责任日趋怀疑。

4. 英国

在 2012 年,英国代表表示"第三支柱的行动是为第二支柱打下基

---

[1] Roy Allison, *Russia, the West and Military Intervention*, Oxford: Oxford University Press, 2013, pp.45-70.

[2] Statement by Russia at the UN General Assembly Thematic Panel Discussion, "From Commitment to Implementation: Ten Years of the Responsibility to Protect," Global Center for the Responsibility to Protect: http://www.globalr2p.org/resources/948, 2023 年 2 月 26 日(上网时间)。

础,以帮助当事国履行其责任"。① 2012 年,联合国大会举行保护的责任非正式互动对话,在对话中,英国代表指出,英国完全致力于执行保护的责任,且认为在利比亚和叙利亚问题上,国际社会都应当采取及时果断的措施执行保护的责任。② 2016 年联大对话的主题为"从承诺到执行:保护的责任的十年",英国代表的发言指出,一直以来英国对保护的责任持积极支持的态度。英国签署了小国集团行为标准(ACT's Code of Conduct),且号召相关国家签署该标准③,就预防和应对大规模暴行要采取的行动进行投票时,约束国家的投票行为。④ 在实践中,英国、法国和美国对利比亚采取了军事行动,并且认为这符合保护的责任的规定。

5. 法国

2009 年,法国代表声称,"没有第三支柱的保护的责任是不完整的"。⑤ 在 2015 年联合国成立七十周年大会上,法国和墨西哥一道提出倡议,呼吁常任理事国达成集体和自愿协议,在大规模暴行中避免使用否决权。⑥ 在联大 2016 年关于保护的责任的非正式互动对话中,法国

---

① 龚丽娜:《中国与保护的责任:由联大辩论分子中国的立场与未来角色》,载于刘铁娃主编:《保护的责任:国际规范建构中的中国视角》,北京大学出版社 2015 年版,第 141 页。
② Statement by Ambassador Michael Tatham at UN General Assembly Interactive Dialogue on the "Report of the Secretary-General on the Responsibility to Protect: Timely and Decisive Response", http://www.responsibilitytoprotect.org/United%20Kingdom.pdf.
③ 行为标准的核心就是针对大屠杀、反人类罪、战争罪的安理会行动,做出一般和积极性的承诺以预防和中止这些罪行,http://www.globalr2p.org/media/files/n1543357.pdf。截止 2017 年 1 月 25 日,签署该行为标准的国家共有 112 个,常任理事国中,英法签署,但是美国中国与俄罗斯均未签署,可参见:http://www.globalr2p.org/media/files/2017-01-25-coc-list-of-supporters.pdf。
④ Global center for the R2P: http://www.globalr2p.org/media/files/united-kingdom-26-feb.pdf,2023 年 7 月 15 日(上网时间)。
⑤ 龚丽娜:《中国与保护的责任:由联大辩论分子中国的立场与未来角色》,载于刘铁娃主编:《保护的责任:国际规范建构中的中国视角》,北京大学出版社 2015 年版,第 141 页。
⑥ About R2P, Global Center for the Responsibility to Protect: https://www.globalr2p.org/resources/,2023 年 7 月 15 日(上网时间)。

代表建议安理会常任理事国做出谨慎使用否决权的政治承诺,呼吁尚未签署小国集团行为标准的国家签署标准。在实践中,2008年法国声称需要以保护的责任为名,针对缅甸飓风中缅甸政府的行为,国际社会应当进行干预以落实保护。2011年在对利比亚的武力行动中,法国也积极走在前列。在2013年10月和2014年9月,法国提出安理会常任理事国在大屠杀、战争罪、族裔清洗和反人类罪的情形下使用否决权的行动准则,但是法国也同意否决权使用的例外情形,即国内冲突中不涉及常任理事国的重大国家利益。[1]

由五个常任理事国的态度可知,英国与法国对保护的责任态度最为积极,明确表明支持保护的责任支柱三。相较于两国,美国的态度更为谨慎,只是表明支持保护的责任,但未具体到支柱三。中国和俄罗斯则最为谨慎。在利比亚事件之后,两国的态度进一步后退,突出表现为两国多次联手否决安理会关于叙利亚的决议草案。

在保护的责任这一议题上,国际政治中常用的以发达国家和发展中国家来划分立场分歧的方式并不完全贴切。发达国家与发展中国家的态度存在交叉,因而这里需要强调的问题如下:为什么发展中国家对保护的责任态度差异如此之大,既包括极力反对的国家,也包括持有谨慎态度的国家,又包括积极支持的国家?为什么发达国家中美国的立场出现不一致?众所周知,美国是"人权高于主权"最积极的拥护者,为何对保护的责任,美国却成为谨慎的支持者,而英法却十分积极?为何一向与国际政治似乎没有多大关系的加拿大和澳大利亚会积极支持保护的责任的规范化进程?

首先,发展中国家对保护的责任的态度差异最明显的体现为非盟和东盟国家。虽然东盟国家并非一概反对保护的责任,但相较于非盟,

---

[1] Jean-Marc Coicaud, "International Law, the Responsibility to Protect and International Crises", in Ramesh Thakur, William Maley ed., *Theorising the Responsibility to Protect*, Cambridge: Cambridge University Press, 2015, pp.144-161.

它们的立场更为保守。① 以上述四个解释变量国家实力、国内分裂程度、消极外部性、海外利益为维度,非盟国家的国家实力整体低于东盟国家,国内分裂程度高于东盟国家,因而被干预的可能性更大。按此逻辑,非盟国家应当反对保护的责任,但为何却更为积极?这里需要区分的是区域和国际两个层次。非盟经历从"不干涉"到"不漠视"的转变,甚至非盟主张,即使在没有当事国的同意下,外部行为体也可以对主权国家进行干预,但非盟主张干预应当发生在区域层面上。在区域层面上,相较于被干预的可能性,更加困扰非洲国家的是消极外部性。纵观非洲历史,几乎每一场国内冲突都能产生严重的消极外部性。消极外部性的表现形式不同,可以是大量难民涌入周边国家,也可以是周边国家被直接卷入到一国的国内冲突中。由于发生内部冲突的国家通常没有重大的战略或经济价值,容易被世界遗忘,因而消极外部性的主要承担主体是非洲国家。正是由于非洲大陆的特殊历史和现状,相较于担忧"被干涉",非盟更加忧虑的是"被遗忘",即有资源和能力的国家没有干预的意愿。

其次,回答第二个问题需要突出美国与英法的区别。它们的关键区别是:人道主义灾难一般发生在中东与非洲,英法承担的消极外部性远高于美国。此外,人们通常认为,出于维护主权,发展中国家不愿接受保护的责任。但实质上,无论是发展中国家还是一些发达国家,它们都担心保护的责任对其主权产生的影响。区别是发展中国家更担心领土主权,而发达国家更担心政策决策主权。美国倾向将主权看作是政

---

① 可参见:Alex J. Bellamy, Sara E. Davies, "The Responsibility to Protect in the Asia-Pacific region", *Security Dialogue*, vol. 40, no. 6(2009), pp. 547-574; Rizal Sukma, "The ASEAN Political and Security Community (APSC): Opportunities and Constraints for the R2P in Southeast Asia", *The Pacific Review*, vol. 25, no. 1(2012), pp. 135-152; David Capie, "The Responsibility to Protect Norm in Southeast Asia: Framing, Resistance and the Localization Myth", *The Pacific Review*, vol. 25, no. 1(2012), pp. 75-93; Eki Omorogbe, "The African Union, Responsibility to Protect and the Libyan Crisis", *Netherlands International Law Review*, vol. 59, no. 2(2012), pp. 141-163 等。

第四章　保护的责任无法突破的根由

策决策自由,它不愿接受暗含自动反应的保护的责任。① 正如美国驻联合国大使所言,美国不会让此规范影响自己的行动自由。美国的谨慎态度实际上体现了一种"拿来主义",它既不赞同对人道主义灾难置身事外,又希望保持自身的行动自由。如果美国支持保护的责任,它可能需要承担干预的成本。在某些干预实践中,即使成本远高于收益,美国或许也要被迫干预。对受到消极外部性影响较低的美国而言,这是无法接受的。与美国相反,由于英法希望国际社会分担责任,它们试图推动保护的责任成为约束性规范。

最后,需要解释澳大利亚与加拿大的行为。它们与英法不同,不需要承受人道主义灾难的消极外部性,同时它们的实力又不如美国,为什么它们会积极推动保护的责任的规范化进程？对此问题的解释可以追溯到两国对外奉行的中等国家外交。从各项定义审视,澳大利亚与加拿大均符合中等国家的标准。② 传统的国际关系理论尤其是现实主义

---

① Alex J. Belllamy, Sara E. Davies, Luke Glanville ed., *The Responsibility to Protect and International Law*, Leiden: Martinus Nijhoff Publishers, 2010, p.13.
② 库珀(Cooper Higgott)等人给出界定中等国家的四种方式:(1)与奥根斯基(A. F. Kenneth Organski)的方法相似,根据国家在国际权力等级中的地位界定。奥根斯基将国家按照实力分为四种类型,即主导国家(dominant power)、大国(major power)、中等国家(middle power)与小国(small power)。(2)对中等国家的功能性界定,需要中等国家具有特殊的地缘战略地位,以及在体系中作为领导国家追随者的特殊角色以维持国际和平与稳定;(3)对中等国家的规范性界定,认为相较于大国和小国,中等国家的外交都更具有智慧和美德,旨在通过外交影响力维持国际和平与稳定;(4)从行为主义方法维度的界定,即中等国家的外交理念是推崇"好的国际公民(good international citizenship)"与在国际问题中倡导妥协,追求通过多边方式解决国际问题。约翰·霍姆斯(John Holmes)与保罗·佩因肖杜(Paul Painchaud)将中等国家的外交行为称作"中等国家技巧(middle powermanship)",意为使用中等国家的角色实现外交政策的目标。卡斯腾·霍拉布拉德(Carston Holbraad)也给出中等国家的四种定义方式,分别为国际体系的平衡者、敌对国家之间的调解者;贫富国家之间的桥梁;文化异质国家之间达成谅解的促成者。随后他又补充中等国家可以根据地缘位置、国民生产总值和人口进行界定。伯纳德·伍德(Bernard Wood)给出了中等国家的五种描述方式,即区域领导者(regional leaders)、功能性领导者(functional leaders)、冲突稳定者(conflict stabilizers)、地位寻求者(status seekers)、多边的道德权力(multilateral moral powers)。罗伯特·考克斯(Robert Cox)列举　（转下页）

认为,小国和中等国家在国际体系中几乎没有自由施展的空间。它们往往是政策的被动接受者,而非制定者,但最新关于中等国家和中等国家外交的文献揭示了这种认识的局限性,指出中等国家可以对国际关系做出贡献。① 中等国家的外交政策通常被称作"利基外交(niche diplomacy)",或"任务导向型外交(mission-oriented diplomacy)",即一些倡导国家能够利用自己在特定领域的功能技艺,在特定的国际议题领域作为催化剂或领导者而有所作为。② 总体而言,中等国家活跃的议题领域并非是由传统大国主导的安全领域,而更多是低级政治领域,包括经济发展、对外援助、人权、人类安全、环境保护等。国际人权领域是中等国家的"利基外交",中等国家在此领域十分活跃,它们试图通过对该领域的引领与塑造,提升自己的国际地位与国际影响力。③ 加拿大与

(接上页)了中等国家的四个特征,即有能力与主要冲突保持距离;与大国保持相对独立;旨在维持国际稳定与承诺逐渐改变世界。丹尼斯·斯泰尔斯(Denis Stairs)认为中等国家的行为方式各异,通常认为中等国家在国际体系中所扮演的角色实质上是由形色各异的国家所承担。中等国家明显不能做一些只有大国可为之事,但同时它们可以做一些小国不可为之事。中等国家通常所扮演的角色是协调、融通与整合,例如在国际维和行动中的作用。相关文献请参见 Andrew F. Cooper, Richard Higgott and Kim Richard Nossal, *Relocate Middle Powers: Australia and Canada in a Changing World Order*, Vancouver: UBC Press, 1993; Abramo Fimo Kenneth Organski, *World Politics*, New York: Alfred Knopf, 1968; Woosang Kim, "Rising China, Pivotal Middle Power South Korea, and Alliance Transition Theory", *International Area Studies Review*, vol. 18, no. 3(2015), pp. 251 – 265; Janho Kim, "Saeme Kim, South Korea's Middle Power Diplomacy: Toward an Agenda-Partner based Leadership", *The Korean Journal of Defense Analysis*, vol. 28, no. 2(2016), pp. 317-333; Carsten Holbraad, "The Role of Middle Powers", *Cooperation and Conflict*, vol. 6, no. 2(1971), pp. 77 – 90; Carsten Holbraad, *Middle Powers in International Politics*, London: Macmillan Press, 1984, pp. 80-90.

① 李丽:《以中等国家外交探究韩国对"保护的责任"的立场》,《武汉科技大学学报》2017年第2期,第163—170页。
② James Manicom, Jeffrey Reeves, "Locating Middle Powers in International Relations Theory and Power Transitions", in Bruce Gilley, Andrew O'neil ed., *Middle Powers and the Rise of China*, Washington D.C.: Georgetown University Press, 2014, pp. 27-28.
③ 李丽、沈丁立:《韩国对国际人权机制的参与》,《国际论坛》2017年第1期,第1—6页。

澳大利亚等中等国家长期在人权领域表现活跃,试图确立本国在此领域中的领导角色,这解释了在提倡和推动保护的责任的规范化进程方面,为什么它们具有强烈的热情。①

本 章 小 结

保护的责任与人道主义干预解决共同的问题,即当主权国家成为本国人民不安全的来源时,国际社会是否以及如何采取措施。在应对主权国内部的大规模人道主义灾难问题上,人道主义干预和保护的责任都试图通过确立自己的规范地位,填补该领域的规范空白。然而,两者背后的理念都是世界主义。世界主义消解差异的理念在以主权国家为基础构建而成的国际秩序中走不通。这决定了两个概念只能作为道德责任,难以确立自身的规范地位,即使它们被确立为规范,国际法蕴藏的矛盾和国际法与国际政治的鸿沟也决定了它们无法解决问题,保护的责任并不能实现质的突破。更有甚者,国际社会关键行为体的态度分歧使得保护的责任难以迅速普及,规范化进程不容乐观。

首先,世界主义的理念缺陷是无法推进保护的责任的理论根源。集体身份构建理论揭示,自我的形成过程中存在他者。通过自我与他者的比较,一方面,自我能够更好地确认集体身份的界限与属性,另一方面形成有利于自我的价值判断。自我与他者的差异是自我这一集体

---

① 本文在此不赘述两个国家在人权领域的表现,相关的文献可以参考 Adam Chapnick, "The Canadian Middle Power Myth", *International Journal*, vol. 55, no. 2(2000), pp. 188-206; John W. Holmes, "Most Safely in the Middle", *International Journal*, vol. 39, no. 2(1984), pp. 366-388; James Manicom, Jeffrey Reeves, "Locating Middle Powers in International Relations Theory and Power Transitions", in Bruce Gilley, Andrew O'neil ed., *Middle Powers and the Rise of China*, Washington D. C.: Georgetown University Press, 2014, pp. 27-28.

身份的构成部分,而世界主义扭曲了现实中自我与他者的构建与区分。按照世界主义,集体身份构建中的自我是人类共同体。在此共同体内,每个人都对他者或"陌生人"背负着拯救的责任,他者被纳入和消融进自我之中。然而,现实中,自我的构建是以国家为单位,个体经过类别化的过程被嵌入到国家之中,忠诚于国家,并且通过社会比较将本国和他国相区分。

其次,除了世界主义的理念缺陷,保护的责任无法实现质的突破也是源于国际法蕴藏的矛盾、国际法与国际政治之间的鸿沟。第一,现有的国际法对主权与人权的规定相互冲突。暂且不提《联合国宪章》与其他人权法律之间的冲突,《联合国宪章》内部就充满了矛盾。第二,人道主义干预或保护的责任也面临着合法性与合理性的冲突。《联合国宪章》规定,只有在两种情形下武力使用是合法的,即自我防御和得到安理会授权的行动。安理会授权是执行保护的责任支柱三的必要条件,但安理会决策以国际政治为指导,与国际法的规定之间可能有出入。安理会决策的政治导向甚至会阻碍国际法的实施。国际法的矛盾和国际法与国际政治的鸿沟导致干预实践的双重标准:一些真正需要干预的国内人道主义灾难没有得到授权,而在另一些情形下安理会的授权沦落为个别国家的干预借口。

最后,由于在规范化进程中,规范的迅速普及以实现倾斜点为界限,通常一旦跨越该倾斜点,规范就会迅速普及开来。为了达到倾斜点,规范的倡导者需要说服关键国家。而在保护的责任的规范化进程中,国际社会具有诸多立场,且分歧比较大,尤其是安理会五个常任理事国对该概念的态度也存在不一致。因此,保护的责任的规范化进程无法顺利推进,至今未能确立自己的规范地位。

第五章　干预实践：保护的责任应用的非一致性

实际的案例能够证明保护的责任是否实现了质的突破。作为一个原则，如果不需要付诸实践，就不会产生诸多争议；反之，通过实践也可以审视原则本身是否发生了真正的变化。在解决主权国家内部大规模人道主义灾难的问题上，如果相较于人道主义干预，保护的责任确立了规范地位和实现根本突破，那么它在实践中的应用会具有一致性和连续性，且会成为推动力，促使安理会和国际社会在大规模人道主义灾难的议题领域中有所作为。那么保护的责任在实践中的应用是否满足规范的要求呢？本章将通过全样本分析和具体的案例比较与过程追踪回答这一问题。第一节通过重构国内人道主义危机的样本，回答国内大规模人道主义灾难是否可以成为干预的充分条件或必要条件。如果国内大规模人道主义灾难并不能确保国际社会采取及时有效的应对行动，那么人道主义干预和保护的责任在实践中将不会得到一致性的应用。第二节与第三节通过过程追踪，详细对比分析利比亚冲突和叙利亚冲突中的人道主义危机和国际干预，再次揭示国际社会对大规模人道主义灾难的应对不具有一致性和连续性。

第一节　国内人道主义危机与国际干预

与人道主义干预一致，保护的责任支柱三本质上是以强制性干预应对国内冲突中的大规模人道主义灾难。然而,作为一种道德义务,保护的责任支柱三并不能成为规范基础促使安理会根据国内人道主义灾难程度做出干预的决议,包括采取强制性干预。国内人道主义灾难程度不能成为国际社会强制性干预的充分或必要条件,这决定了人道主义干预或者保护的责任的支柱三在实践中的应用不具有一致性和连续性。通过审视2005年保护的责任出台以来的国内人道主义危机和国际干预的案例,这种应用的不一致性昭然若揭。

一、国内人道主义危机的样本构建

冷战后由国内冲突导致的人道主义灾难事件频发。一方面,许多国内冲突源于冷战期间的两极之争。许多国家内部政府与反对派的斗争是美苏之争的微小缩影。冷战突然结束,这些国家失去了战略价值。美苏撤走势力为这些国家国内各派别争权夺利留下了空间。另一方面,冷战使得两极之争与核恐怖均衡成为国际社会的首要关切,各种国内冲突被忽略或压制,而当国际社会欢呼两极之争结束之时,各种国内冲突就开始凸显了。有的国内冲突得到妥善应对,而有的则一直持续至今。虽然国内冲突案例很多,但并非所有国内冲突都带来了大规模的人道主义灾难。对国内人道主义危机的统计样本如下:

保护的责任全球中心(Global Center for the R2P)对发生过或有可能即将发生大规模暴行的案例总结如下:(1)先前保护的责任全球中心研究过的案例,包括索马里、科特迪瓦、中部非洲区域的"上帝抵抗军(Lord's Resistance Army)"、肯尼亚、吉尔吉斯斯坦、几内亚、斯里兰卡、巴基斯坦、埃及、菲律宾。(2)严重关切区域,即在可预见的未来,如果没有采取有效的行动,有爆发大规模暴行的严重风险,包括苏丹、南苏丹、利比亚、伊拉克、中非共和国、委内瑞拉、布隆迪、以色列和被占领的巴勒斯坦土地。(3)即将发生风险的区域,情形已经达到了关键性的门槛,如果不采取有效的预防措施,大规模暴行即将发生,包括刚果民主共和国、喀麦隆、马里和布基纳法索。(4)当前危机,大规模暴行正在

第五章 干预实践：保护的责任应用的非一致性

发生，国际社会需要采取紧急行动，包括叙利亚、缅甸、阿富汗、也门、厄立特里亚等。①

亚历克斯·贝拉米总结了诉诸保护的责任的九个案例。在这个九个案例中，保护的责任可能得到正确的运用，也可能被扭曲成为国家对外干预的借口。九个案例分别为：苏丹达尔富尔(2003—)、肯尼亚(2007—2008)、格鲁吉亚(2008)、缅甸(2008年的飓风事件)、加沙(2009)、斯里兰卡(2008—2009)、刚果民主共和国、朝鲜、缅甸(少数族裔问题)。此外，作者认为，还有四个案例，即苏丹(南北问题，2008—)、索马里(2006—)、伊拉克(2003—)、阿富汗(2001—)，也涉及保护的责任规定的四种罪行，但是保护的责任却没有被诉诸。②

刘铁娃主编的《保护的责任：国际规范建构中的中国视角》在附录部分总结了一些处于危机情境的案例。在这些案例中，国际社会可能正确或错误地诉诸了保护的责任，有可能还未诉诸保护的责任。样本如下：刚果民主共和国、苏丹达尔富尔、加沙、肯尼亚(2007—2008)、斯里兰卡(2008—2009)、几内亚(2009)、科特迪瓦、南苏丹、苏丹(南科尔多凡省和青尼罗河)、也门、利比亚、叙利亚、中非共和国、格鲁吉亚(2008)、缅甸(2008)。

上述样本为本文提供了一个有益的参考，但缺陷是：它们都未给出样本选择的标准。缺少一个清晰明确的选择标准具有多个缺陷：首先，一些案例是基于学者的探讨、媒体的报道和市民社会的关注焦点，但冷战后有众多的国内冲突案例，并不是所有的国内冲突都会成为被关注的焦点。对国内冲突的关注可能是基于媒体的报道，而媒体的报道又很难做到完全的客观公正。有些大规模的人道主义灾难可能被忽略，而另一些国内冲突却被媒体夸张放大。因而，只根据受关注度来选取

---

① Populations at Risk, The Global Center for the Responsibility to Protect: https://s156658.gridserver.com/regions/, 2023年9月2日(上网时间)。
② Alex J. Bellamy, "The Responsibility to Protect: Five Years On", *Ethics & International Affairs*, vol.24, no.2(2010), pp.143-169.

案例有失公允。其次,研究几个突出案例可能形成一种自我循环的论证。在一些国内冲突中,有国家愿意干预。为了向国内与国际社会说明干预的合理与必要,这些国家可能会夸大人道主义灾难程度。因而,在研究大规模人道主义灾难中的国际干预时,如果不加审视地将这些案例视作大规模人道主义灾难,就会夸大国际社会的干预意愿,得出虚高的结论。

　　本文在借鉴已有研究的基础上,尝试根据标准来构建样本。① 本书关注 2005—2014 年的国内冲突案例。将 2005 年作为时间起点源于世界首脑峰会成果文件将保护的责任纳入其中,是国际社会围绕保护的责任达成初步共识的标志。将 2014 年作为结点是源于数据的可获得性。在一些持续至今的重要的国内冲突中,本文也会考虑国际社会在 2014 年之后是否采取了干预行为。

　　本文的核心解释变量是国内冲突中的人道主义灾难程度。之所以以人道主义灾难程度为核心解释变量,因为人道主义干预和保护的责任的本质就是要求国际社会应对主权国家内部发生的大规模人道主义灾难。因此,国内大规模人道主义灾难应当是国际干预的充分条件。对人道主义灾难的测量,本文主要依据两个指标,难民数和被屠杀的人数。

　　《关于难民地位的公约》和《关于难民地位的议定书》对难民做出了界定,即"有正当理由畏惧由于种族、宗教、国籍、属于某一社会团体或具有某种政治见解的原因留在其本国之外,并且由于此项畏惧而不能或不愿受该国保护的人"。② 对难民的定义说明人道主义危机是政治诱导型。以难民数来界定人道主义灾难已是先例,但不确定性在于,冲突形成的难民应达到什么数量才能将其定性为人道主义灾难。以难民数界定人道主义灾难也有不足之处。最大的缺陷是难民问题的解决并非一朝一夕之事。因而,即使在国内冲突结束后很久,冲突国家流落在外

---

① 样本请参见附录二。
② 梁淑英:《难民入出境的保护原则》,《中国国际法年刊》2008 年第 1 期,http://www.pkulaw.cn/fulltext_form.aspx?gid=1510162045。

第五章 干预实践：保护的责任应用的非一致性

的难民数量仍不可小觑。但这是对战后重建问题提出的考验，并非与冲突之时的军事反应直接相关。2005—2008年难民变量的数据引自"被迫流离失所人群（Forced Displaced Populations）"数据库。[①] 2009—2014年的数据来源为联合国难民署（UNHCR）[②]与《国际安全研究开源大数据·全球难民统计（2009—2014）》。[③][④]

人道主义灾难发生的背景也可能是族裔清洗或大屠杀。在这些危机中，大规模的难民潮可能没有出现，但灾难也是严重的人道主义危机。[⑤] 鉴于此，本文引入的第二个指标是被屠杀人数。该指标的数据来源为"政治不稳定任务力量（Political Instability Task Force: PITF）"的子数据库"大屠杀（Genocide/Politicide）"。[⑥] 由于对死伤人数无法进行准确的估计，迫害方倾向于低估，而受害方又倾向于夸大，该数据库将被屠杀人数转为了定序变量。[⑦]

[①] FORCIBLY DISPLACED POPULATIONS, 1964-2008. United States Committee for Refugees and Immigrants (USCRI), World Refugee Survey (Annual Series). Compiled by Monty G. Marshall, Center for Systemic Peace, www.systemicpeace.org.

[②] 联合国难民署：http://www.unhcr.org/cgi-bin/texis/vtx/home，2022年9月3日（上网时间）。

[③] 《国际安全研究开源大数据·全球难民统计（2009—2014）》，《国际安全研究》2016年第1期，第152—160页。

[④] 一些缺失变量被删除：北苏丹（2014、2013）、科特迪瓦（2005）、所罗门群岛（2000、2001、2002、2003）、格鲁吉亚（1991）、摩尔多瓦（1991）、苏联（1990）。

[⑤] 有学者主张，即使在他国内部发生的大屠杀和族裔清洗等没有促成难民潮，由于现代媒体的传播，这些受害者的形象也会呈现在国际社会面前，激发国际社会的行动，可参见：Geoffrey Robertson, *Crimes against Humanity: the Struggle for Global Justice*, London: Ringwood, 1999; Anne Orford, *Reading Humanitarian Intervention: Human Rights and te Use of Force in International Law*, Cambridge: Cambridge University Press, 2003, p.6.

[⑥] Political Instability Task Forece, State Failure Problem Set, Monty G. Marshall, Ted Robert Gurr, and Barbara Harff, Societal-Systems Research Inc, Vienna, VA: http://www.systemicpeace.org/inscrdata.html，上网时间2022-9-3。

[⑦] 数据来源为PITF数据库中的子数据库，PITF Genocide/Politicide, http://www.systemicpeace.org/inscrdata.html，2022年9月3日（上网时间）。

与人道主义干预一致,保护的责任要解决的根本问题是国际社会是否可以为了人权或平民保护,强制性干预主权国家内部发生的大规模人道主义灾难。因而,本文主要关注在主权国家内部发生大规模人道主义灾难时,国际社会是否进行了军事干预。本文的被解释变量为国内冲突是否有经过安理会授权的强制性干预行动。虽然联合国的维和行动并不属于国际社会采取的强制性举措,但经由安理会授权的国际干预行动中,联合国维和属于高强度的介入,因而,本文将其纳入被解释变量的范畴内。军事干预的数据来源为皮克林(Pickering)在2009年对皮尔逊和鲍曼所更新的数据库。该数据库具有2005年的数据。2006—2014年的军事干预信息是笔者通过联合国官网和文本阅读等方式填补而得。

二、人道主义危机中的国际干预

首先,以难民数为指标对国内冲突中的人道主义灾难程度进行划分。借鉴PITF数据库中对被屠杀人数的操作,将难民数转为定序变量:$0<=10\,000$、$1=10\,000—100\,000$、$2=100\,000—200\,000$、$3=200\,000—400\,000$、$4=400\,000—800\,000$、$5>=800\,000$。由于并不清楚国内冲突产生多少难民才可以被算作大规模人道主义灾难,本文以难民*$=3$为分界线,将产生难民*$>=3$的案例视作国内大规模人道主义灾难。据此得到的案例为:巴基斯坦(2014)、布隆迪(2005)、刚果金(2005—2014)、哥伦比亚(2005—2014)、缅甸(2005—2014)、南苏丹(2014)、尼泊尔(2005)、苏丹(2005—2011,2013—2014)、索马里(2005—2014)、叙利亚(2012—2014)、伊拉克(2011—2014)、中非共和国(2013—2014)。

其次,由于大屠杀罪行属于保护的责任适用的四种罪行之一,因而,根据指标二得出的案例均为大规模人道主义灾难。根据指标二得出的案例为:苏丹(2005—2010,2013—2014)、斯里兰卡(2008—2009)、中非共和国(2013)。

第五章 干预实践:保护的责任应用的非一致性

表 5.1 国内人道主义危机

案例	表现	安理会决议号	国际社会的应对	与 R2P 相关的决议
巴基斯坦 (2014)	难民	无	无	
布隆迪 (2005)	难民	S/RES/1602;S/RES/1606; S/RES/1641;S/RES/1650	联合国布隆迪行动;设立国际调查委员会。	
刚果民主 共和国 (2005—2014)	难民	S/RES/1596;S/RES/1616; S/RES/1621;S/RES/1635; S/RES/1653;S/RES/1654; S/RES/1669;S/RES/1671; S/RES/1693;S/RES/1698; S/RES/1711;S/RES/1736; S/RES/1742;S/RES/1751; S/RES/1756;S/RES/1768; S/RES/1771;S/RES1794; S/RES/1797;S/RES/1799; S/RES/1804;S/RES/1807; S/RES/1841;S/RES/1861; S/RES/1896;S/RES/1906; S/RES/1925;S/RES/1952; S/RES/1991;S/RES/2021; S/RES/2051;S/RES/2076; S/RES/2078;S/RES/2098; S/RES/2136;S/RES/2147	实施武器禁运;联刚特派团;设立专家组;欧盟部署部队;制裁;联合国维和部队建立军事干预旅,以解除武装团体作战能力,保护平民和协助政府维持稳定等。	
哥伦比亚 (2005—2014)	难民	无	无	
缅甸 (2005—2014)	难民	无	美国制裁	
南苏丹 (2014)	难民	S/RES/1996;S/RES/2032; S/RES/2075;S/RES/2104; S/RES/2109;S/RES/2126; S/RES/2132;S/RES/2138; S/RES/2148;S/RES/2155; S/RES/2156;S/RES/2173; S/RES/2179;S/RES/2187	联合国南苏丹共和国特派团;制裁;联合国驻扎维和部队。	1996 2109 2155 2187

(续表)

案例	表现	安理会决议号	国际社会的应对	与R2P相关的决议
尼泊尔 (2005)	难民	S/RES/1740；S/RES/1825；S/RES/1864；S/RES/1879；S/RES/1909	联合国随后设立尼泊尔政治特派团。	
苏丹 (2005—2011；2013—2014)	难民与死亡人数	S/RES/1585；S/RES/1588；S/RES/1590；S/RES/1591；S/RES/1593；S/RES/1651；S/RES/1663；S/RES/1665；S/RES/1672；S/RES/1679；S/RES/1706；S/RES/1709；S/RES/1713；S/RES/1714；S/RES/1755；S/RES/1769；1779；S/RES/1784；S/RES/1828；S/RES/1841；S/RES/1870；S/RES/1881；S/RES/1891；S/RES/1919；S/RES/1935；S/RES/1945；S/RES/1978；S/RES/1982；S/RES/1990；S/RES/1997；S/RES/2003；S/RES/2032；S/RES/2035；S/RES/2046；2047；S/RES/2057、2063；S/RES/2075；S/RES/2091；S/RES/2104；S/RES/2109；S/RES/2113；S/RES/2126；S/RES/2132；S/RES/2138；S/RES/2148；S/RES/2155；S/RES/2156；S/RES/2173；S/RES/2179；S/RES/2187	联合国苏丹先遣团；联合国苏丹特派团；制裁；非盟/联合国达尔富尔混合行动；设立专家组。	1706
索马里 (2005—2014)	难民	S/RES/1587；S/RES/1630；S/RES/1676；S/RES/1724；S/RES/1725；S/RES/1744；S/RES/1766；S/RES/1772；S/RES/1801；S/RES/1811；S/RES/1814；S/RES/1816；S/RES/1831；S/RES/1838；S/RES/1844；S/RES/1846；	设立军火禁运监测小组；索马里局势监测组；伊索维和团；非盟索马里特派团；安理会授权打击海盗和武装劫船行为；制裁。	2093

第五章　干预实践：保护的责任应用的非一致性

(续表)

案例	表现	安理会决议号	国际社会的应对	与 R2P 相关的决议
索马里 (2005—2014)	难民	S/RES1851；S/RES/1853； S/RES/1856；S/RES/1857； S/RES/1863；S/RES/1872； S/RES/1897；S/RES/1910； S/RES/1916；S/RES/1918； S/RES/1950；S/RES/1964； S/RES/1972；S/RES/1976； S/RES/2002；S/RES/2010； S/RES/2015；S/RES/2020； S/RES/2036；S/RES/2067； S/RES/2072；S/RES/2073； S/RES/2077；S/RES/2093； S/RES/2102；S/RES/2111； S/RES/2124；S/RES/2125； S/RES/2142；S/RES/2158； S/RES/2182；S/RES/2184	设立军火禁运监测小组；索马里局势监测组；伊索维和团；非盟索马里特派团；安理会授权打击海盗和武装劫船行为；制裁。	2093
叙利亚 (2012—2014)	难民	S/RES/2139；S/RES/2165； S/RES/2170	联合国调查叙利亚化武和人权状况；联合国-阿盟叙利亚危机联合特别代表抵叙斡旋；区域与全球大国军事介入。	2165 2170
伊拉克 (2011—2014)	难民	S/RES/2170；S/RES/2001； S/RES 2061	授权打击伊拉克等地的极端组织；联合国驻伊援助团。	
中非共和国 (2013—2014)	难民与死亡人数	S/RES/1913；S/RES/1922； S/RES/1923；S/RES/2088； S/RES/2121；S/RES/2127； S/RES/2134；S/RES/2149； S/RES/2181	授权非盟主导的国际支助团及法国军队保护平民和维护安全；武器禁运；联合国中非共和国多层面综合稳定团。	2121 2127 2134 2149

(续表)

案例	表现	安理会决议号	国际社会的应对	与 R2P 相关的决议
斯里兰卡（2008—2009）	难民与死亡人数	无	联合国人权理事会 2009 年 5 月援助斯里兰卡以增进和保护人权。	

注：表格为笔者自制
资料来源："Forced Displaced People"数据库，UNHCR，"国际安全研究开源大数据"，PITF 数据库，Picking 数据库，联合国安全理事会官网和保护的责任全球中心等。

本书人道主义危机样本构建的时间年限是 2005—2014 年，而样本中的一些危机并没有终止于 2014 年。针对这些危机，安理会在 2014 年之后也通过相关决议进行应对，例如 S/RES/2261、S/RES/2307、S/RES/2366 授权成立联合国哥伦比亚特派团与核查团。从表 5.1 可以看出：

首先，产生大规模人道主义灾难的国内冲突具有强烈的地域性特征。非洲是重灾之地，南亚和中东次之。国际社会中实力强大的国家和发达国家"榜上无名"，这揭示了保护的责任在实践中的适用对象是第三世界的发展中国家和许多前殖民地国家。因而，一方面，这些国家倾向于认为人道主义干预和保护的责任支柱三是针对自己的新殖民主义举措；另一方面，大国的确可以轻易打着人道主义干预或保护的责任的旗号干涉别国内政。

其次，在大多数伴随着大规模人道主义灾难的国内冲突中，安理会履行了自己的角色，对相关的冲突做出了应对。对一些持续多年的国内冲突，例如刚果民主共和国、索马里和苏丹，安理会进行了持续性的关注，每年都会针对有关冲突通过数个决议，但安理会不会及时应对每个产生大规模人道主义灾难的国内冲突。在巴基斯坦、哥伦比亚、缅甸、叙利亚和斯里兰卡的案例中，安理会要么没有通过相关的决议，要么通过的决议并没有针对大规模人道主义灾难本身。后者典型地体现

第五章　干预实践：保护的责任应用的非一致性

在安理会通过的关于叙利亚问题的决议，它针对的是叙利亚的化学武器事件，而不是叙利亚国内的大规模人道主义灾难问题。这揭示了国内大规模人道主义灾难并不是安理会做出决议的充分条件。因而，人道主义干预或者保护的责任支柱三试图仅凭人道主义灾难程度促使安理会做出干预的决定难以实现。

再次，即使安理会对一些大规模人道主义灾难做出应对，从决议文本可见，安理会决议的规范性基础是以《联合国宪章》第七章为主，即主要出于维护国际和平与安全的目的，且在大多数决议中，决议文本反复强调了尊重当事国的主权。虽然"保护的责任全球中心"指出部分安理会决议涉及到了保护的责任，但这些决议只是提及当事国具有保护人民的主要责任，即保护的责任的支柱一。因而，从安理会对这些国内冲突的应对可见，保护的责任并没有成为应对大规模人道主义灾难的主要动力。鉴于保护的责任仍处于规范化进程中，尚未被确立规范地位，因而，它不能成为推动决议的规范性动力也无可厚非。这同时揭示了，如果在最严重的大规模人道主义灾难之中，安理会决议与国际社会都避免诉诸保护的责任支柱三，那么保护的责任支柱三便很难在实践中被执行。

最后，上述列举的案例是极端的大规模人道主义灾难。针对这些灾难，虽然安理会做出了应对，但是根据安理会决议，国际社会采取的措施止步于军事干预。只有在刚果民主共和国的案例中，安理会授权建立了军事干预。在部分案例中，例如叙利亚，国际社会的军事介入没有得到安理会的授权。因而，在解决国内冲突和大规模人道主义灾难时，安理会的决议并没有普及人道主义干预和保护的责任支柱三包含的强制性武力干预。在当前的国际秩序下，强制性干预内政基本不被接受。如果安理会的决议都避免强制性干预主权国家内政，那么在没有安理会授权的情形下，使用武力干预内政的合法性遭受的质疑和反对之声更强烈。

上述表格5.1考虑的案例是难民*≥3的情境，现在考虑难民*指标为1和2的情形。相较于前面所考虑的情境，这些案例则是主权国家内部发生了国内冲突,但是国内冲突并没有产生大规模的人道主义灾难。这些案例为:埃及(2013—2014)、埃塞俄比亚(2007—2014)、巴基斯坦(2005—2006;2008—2014)、俄罗斯(2005—2006;2008—2014)、菲律宾(2005—2008)、海地(2005—2007)、科特迪瓦(2011)、马里(2012—2014)、墨西哥(2008;2014)、南苏丹(2012—2013)、尼泊尔(2006)、尼日利亚(2005;2009—2014)、斯里兰卡(2005—2007)、土耳其(2005—2014)、乌干达(2005—2006)、叙利亚(2011)、印度(2006;2009—2014)、印度尼西亚(2005)、乍得(2005—2010)、中非共和国(2006—2012)。

在上述这些案例中,联合国以维和形式介入特定国家内部冲突的案例占少数。这说明了国内冲突的程度,但不一定是国内大规模人道主义灾难的程度,会成为安理会维和行动的考量因素之一。对上述国内冲突,安理会的应对举措不一。在一些案例中,安理会通过决议,派出维和力量,例如联合国海地维稳特派团、联合国科特迪瓦行动、联合国马里多层面综合稳定特派团等。将这些案例与上述出现大规模人道主义灾难的国内冲突案例对比可知,人道主义灾难程度甚至并非是安理会做出应对的必要条件。

表 5.2 国内人道主义灾难与国际干预

	有联合国维和行动	无联合国维和行动	
有大规模人道主义灾难	刚果民主共和国、苏丹、索马里等	斯里兰卡、缅甸等	大规模人道主义灾难并非干预的充分条件
无大规模人道主义灾难	海地、科特迪瓦、马里等	土耳其、印度、尼日利亚、俄罗斯等	
	大规模人道主义灾难并非干预的必要条件		

注:表格为笔者自制

按照人道主义干预和保护的责任支柱三的要求,国内大规模的人道主义灾难应当成为国际社会采取强制性行动的充分条件。然而,

第五章 干预实践：保护的责任应用的非一致性

通过案例的审视和原则之间的对比可见，国内大规模人道主义灾难程度并不能成为国际社会采取行动的充分条件，甚至也不能成为必要条件。在一些大规模人道主义危机中，安理会并没有授权采取强制行动，甚至未能就相关危机通过决议；而在另一些没有出现大规模人道主义灾难的国内冲突中，安理会不仅给予了关注，甚至通过了维和行动的决议。

概言之，人道主义干预与保护的责任所欲解决的根本问题都是：在他国国内发生大规模人道主义灾难时，为保护平民或人权，国际社会可以强制性干预主权国家内部事务。冷战后人道主义干预与保护的责任相继被"拥护"，但通过对这一时期案例的全样本分析可见，人道主义灾难程度不能成为干预的充分条件，甚至不能成为必要条件之一。在许多出现大规模人道主义灾难的国内冲突中，联合国的应对不充分且无法满足对干预的需求。这部分源于联合国自身实力有限，无法采取军事干预等措施；部分源于安理会无法达成一致意见，使得在联合国授权之下的第三国或国家集团的干预成为可能。这说明相较于人道主义灾难本身，保护的责任的执行更多依赖于安理会达成一致意见，授权强制性干预。否则，保护的责任在实践中仍无法解决根本问题，容易沦落为口头上的言辞。通过详细追踪、分析和对比利比亚危机与叙利亚危机，上述结论清晰可见。

第二节 利比亚危机与保护的责任

就利比亚危机与保护的责任的关系，国际社会没有达成共识，基本立场可以被分为两类：第一类认为利比亚危机是保护的责任的试金石，在危机中，安理会决议与国际社会的行动促使保护的责任从语言转变为行动。这点可以从安理会1973号决议中看出，该决议基本上均与平民保护相关，它授权采取强制性干预措施保护平民。安理会1973号决议的通过令许多保护的责任的支持者与追随者欢欣雀跃。① 第二类观点认为,在利比亚危机中,北约的行动违背了保护的责任。那么利比亚危机与保护的责任的关系到底如何? 本节通过详细分析利比亚危机和安理会 1973 号决议,探讨保护的责任是否为安理会通过决议的主要推动力,以回答利比亚危机与保护的责任的关系问题。

一、利比亚危机

利比亚战争的爆发是内外因素共同驱动的结果。从内部来看,卡扎菲统治下的利比亚,舆论受到控制,权力高度集中,贫富差距大,滋生众多社会矛盾,导致叛乱与军事政变也偶有发生。② 形式上,利比亚虽然处于卡扎菲的统治下,具有统一的国家形式,但实际上却蕴藏着多种分裂的诱发因素。首先,在地理区域上各自为政。利比亚东部的昔兰尼加地区、西部的黎波里塔尼亚地区和南部费赞地区在殖民地时期处于分而治之的状态。在自然环境与人文氛围上,三个地区差异大,相互之间联系少,缺少统一认同,难以接受统一的管理。其次,利比亚缺乏统一的民族认同。利比亚国家的建立并非水到渠成,而是由于外力的作用,经历先国家后民族的逆向生成。因而,利比亚主体民族阿拉伯民族与少数民族群体主要是柏柏尔人之间也存在民族冲突。③ 最后,部落性质在利比亚的国内冲突也扮演了非常重要的角色。即使在现在的利比亚,这一问题也十分突出。相较于对中央政权的忠诚而言,利比亚社

---

① Hugh Breakey, "The Responsibility to Protect: Game Change and Regime Change", in Angus Francis, Vesselin Popovski and Charles Sampford ed., *Norms of Protection: Responsibility to Protect, Protection of Civilians and their Interaction*, Tokyo: United Nations Press, 2013, pp.11-39.
② 俞岚:《中国与保护的责任:利比亚案例分析》,载于刘铁娃:《保护的责任:国际规范建构中的中国视角》,北京大学出版社 2015 年版,第 99—120 页。
③ 王金岩:《从独裁统治到权威碎裂——利比亚战争爆发四周年》,《当代世界》2015 年第 4 期,第 55—58 页。

第五章　干预实践：保护的责任应用的非一致性

会的部落性质使民众对家庭-部落-宗派(family-tribal-clan)的忠诚处于更优先的地位。① 在卡扎菲的高压统治下，"一元多部落"的利比亚的各个部落之间虽具有各种矛盾，但尚能维持相对平衡和基本稳固的利益架构。但一旦顶在头上的压力帽子被摘除，部落平衡也会被打破，矛盾便会浮出表面。②

从外部来看，始于突尼斯"茉莉花革命"的溢出效应对利比亚危机形成影响。2010年12月，突尼斯南部地区一名青年小贩自焚，这引发民众进行大规模街头示威与争取民主活动。该事件直接引发突尼斯总统本·阿里下台，突尼斯成为阿拉伯国家中第一个因为民众起义而被推翻现政权的国家。突尼斯事件很快波及中东和北非其他国家，利比亚也未能幸免于此。

内部矛盾的长期积淀与外部刺激因素共同激发了利比亚国内动乱。利比亚的抗议示威始于第二大城市班加西，随后蔓延到全国。2011年2月，大规模游行示威在黎波里等数个城市爆发，要求执政42年的领导人卡扎菲下台。但示威人群与警察发生冲突，造成人员伤亡。③ 2月27日，反对卡扎菲的势力在班加西组成临时政权"全国过渡委员会"，利比亚内战正式爆发。

在内战爆发后，安理会先后通过1970号与1973号决议。1970号决议指出，利比亚境内针对平民的大规模和系统攻击可构成危害人类罪；对平民提供保护的责任应由利比亚政府担负；国际社会将对利比亚采取武器禁运等。④ 然而，安理会1973号决议受到国际社会的更多关

---

① Edward Phillips, "Libyan Intervention: Legitimacy and the Challenges of the Responsibility to Protect Doctrine", *The Denning Law Journal*, vol.24(2012), pp.39-64.
② 王金岩：《从独裁统治到权威碎裂——利比亚战争爆发四周年》，《当代世界》2015年第4期，第55—58页。
③ 中国新闻网，"利比亚冲突大事记"，http://www.chinanews.com/gj/2011/10-21/3403841.shtml，2011年10月21日。
④ 安理会决议，S/RES/1970，https://documents-dds-ny.un.org/doc/UNDOC/GEN/N11/245/57/PDF/N1124557.pdf?OpenElement。

注。该决议触发的国际干预行为被用来说明保护的责任的影响力。安理会 1973 号决议同意设立禁飞区,主张"在阿拉伯利比亚民众国领空禁止一切飞行是保护平民以及保障运送人道主义援助的安全的一个重要因素,是促进利比亚境内停止敌对行动的一个果断步骤"。随后,以法国、英国、美国为主的联合部队对利比亚发起代号为"奥德赛黎明"的军事行动。① 2011 年 3 月 24 日,北约同意承担起军事行动的领导,4 月 4 日,美国从直接作战中撤出,但在任务协调中,仍扮演核心角色,一系列非北约的成员,例如瑞典、约旦、卡塔尔、摩洛哥与阿联酋也参与作战行动中。②

关于利比亚危机,安理会通过的决议旨在保护平民,但北约却在行动过程中扩大了授权范围。最初北约宣称行动具有三个目标,即维持武器禁运,巡视禁飞区,保护平民。执行目标的战略主要是破坏卡扎菲政权的军事基地和重型武器。③ 但奥巴马、萨科齐和卡梅伦表示,对平民的长期保护需要移除卡扎菲政权。随后北约使用军事手段支持叛乱者的进攻行动。北约的行为不仅没有保护平民,反而给平民造成新的伤害,目标从平民保护蜕变为赤裸裸的政权颠覆。

面对事态发展,中国、俄罗斯与南非公开谴责北约对安理会 1973 号决议不合理的解读。阿拉伯国家的热情也消退下去,一反最初支持在利比亚设立禁飞区的态度。由于担心背负上支持北约轰炸一个阿拉伯国家的骂名,阿拉伯联盟明确反对北约的空袭,宣布这一军事行动明显不同于最初旨在保护平民而设立禁飞区的初衷。④ 2011 年 4 月非盟要

---

① 李丽:《保护的责任与安理会强制性干预决议》,《战略决策研究》2017 年第 1 期,第 4—27 页。
② Aidan Hehir, Robert Murray ed., *Libya, the Responsibility to Protect and the Future of Humanitarian Intervention*, London: Palgrave Macmillan, 2013, pp.5-6.
③ Aidan Hehir, Robert Murray ed., *Libya, the Responsibility to Protect and the Future of Humanitarian Intervention*, London: Palgrave Macmillan, 2013, p.5.
④ Yang Razali Kassim, *The Geopolitics of Intervention: Asia and the Responsibility to Protect*, Berlin: Springer, 2014, p.24.

求北约停止行动和拒绝北约让卡扎菲下台的警告。非盟指出,国际行为体应避免在冲突中选边站,做出使情形更加复杂化的宣言,应让利比亚人民选择本国的领导人。阿盟和非盟态度的逆转从侧面反映了北约国家对执行禁飞区行动的过度扩展。5月月末,因为反对派占领的城市米苏拉塔(Misrata)和杰巴尔·努夫撒(Jebel Nafusa)有陷落之势,北约在利比亚的行动似乎踌躇不前。这促使法国单边且非法地向反对派空投武器。8月,反对派在利比亚西部发动进攻,夺取了首都黎波里。联合国和国际社会的一些国家开始承认"全国过渡委员会"。10月23日,"全国过渡委员会"宣布全国解放,战斗结束。

二、安理会决议的规范性基础

利比亚危机是联合国第一次违背当事国意志,对主权国家进行的军事干预。尽管安理会1973号决议的文本语言没有正式使用保护的责任,但保护的责任的支持者声称,这是保护的责任的明显胜利并且有可能为关于人道主义危机的辩论开创一个先例。在北约干预利比亚之前,保护的责任的术语虽然得到广泛的承认,但是它的实际影响却很小。如今,在使保护的责任获得更高关注度和在国际政治词汇中获得一席之地方面,安理会决议的通过以及国际社会的干预行动作出了重大的贡献。[①]

然而,尽管支持者如此言说,在安理会通过1973号决议之后,针对决议的规范性基础,国际社会展开了辩论。辩论的一方是上述干预的支持者,认为就人道主义视角而言,干预是绝对必要的,是对保护的责任教义的检验;辩论的另一方没有以人的安全为视角审视安理会决议,而是认为干预是为了维护区域的稳定。与其他国内冲突相比较,2011年的利比亚以及北非并非极端不稳定,因而,后一种观

[①] Aidan Hehir, Robert Murray ed., *Libya, the Responsibility to Protect and the Future of Humanitarian Intervention*, London: Palgrave Macmillan, 2013, p.6.

点存在可疑之处。上述辩论促使人们思考安理会 1973 号决议的规范性基础。保护的责任支柱三是否是安理会 1973 号决议通过的主要推动力呢?

很多观察者否认在干预利比亚的决定中,保护的责任扮演了重要角色。一种观点认为,决议的通过是由于一系列必要的临时性因素的集合。这些因素与保护的责任要么无关,要么关联甚小。例如,卡扎菲政权释放出大规模暴力的明确威胁[①];卡扎菲缺少强大的盟友与坚强的后盾;以及阿拉伯联盟明确要求国际社会采取行动等。[②] 另一种观点认为,国家只会在能够服务自身利益时才会进行干预以保护平民。干预利比亚的决定是因为溢出效应,即石油和黄金储备的前景。[③] 利比亚危机之所以被视为保护的责任首次被付诸实践,源于安理会 1973 号决议。因而,审视保护的责任是不是安理会决策的真正推动力需要返回到决议文本本身。

1. 安理会 1973 号决议与保护的责任

如上文所述,决议文本没有明确提及保护的责任。如果通过保护的责任的三个支柱来审视决议文本可见,文本强调了保护的责任的支柱一,即"重申利比亚当局有责任保护利比亚民众"。然而,在安理会决议援引保护的责任的支柱一方面,关于利比亚的 1973 号决议并非首例。安理会关于刚果(金)和布隆迪的 1653 号决议也强调,该区域中的政府应当承担起保护本国人民的主要责任。关于苏丹达尔富尔地区的 1706 号决议重新确认了 WSO 文件的 138、139 段,即保护的责任。安理会 1970 号决议也指出,利比亚当局具有保护平民的主要责任。由于

---

① 卡扎菲释放出的威胁甚至使国际社会将其与 1994 年的卢旺达大屠杀进行类比,可参见: Yasmine Nahlawi, *The Responsibility to Protect in Libya and Syria*, London: Routledge, 2020, p.83.

② Luke Glanville, "Does R2P matter? Interpreting the impact of a norm", *Cooperation and Conflict*, vol.51, no.2(2016), pp.1-16.

③ Luke Glanville, "Does R2P matter? Interpreting the impact of a norm", *Cooperation and Conflict*, vol.51, no.2(2016), pp.1-16.

第五章 干预实践:保护的责任应用的非一致性

保护的责任的支柱一实质上是嵌于主权规范中,没有对国际秩序的基本架构提出任何挑战,诉诸支柱一实质上还是承认主权。因而,将安理会1973号决议看作是保护的责任取得突破性的成功令人存疑。也有学者指出,相较于先前提及保护的责任支柱一的安理会决议,1973号决议提出了设立"禁飞区",这是保护的责任的突破,涉及到保护的责任支柱三。但问题在于,这是诉诸保护的责任的支柱三,还是其他国际规范,例如《联合国宪章》第七章与"在武装冲突中保护平民",国际社会意见不一。

2.《联合国宪章》第七章

虽然《联合国宪章》承认主权及不干涉内政,但实质上《联合国宪章》从一开始也为干涉预留了空间。《联合国宪章》第三十九条规定,"安全理事会应断定任何和平之威胁、和平之破坏或侵略行为之是否存在,并应形成建议或抉择依第四十一条及第四十二条规定之办法,以维持或恢复国际和平及安全"。第四十二条规定,"安全理事会如认第四十一条所规定之办法为不足或已经证明为不足时,得采取必要之空海陆军行动,以维持或恢复国际和平及安全。此项行动得包括联合国会员国之空海陆军示威、封锁及其他军事举动"。① 这种干预一国内部冲突的逻辑为:一旦国内冲突产生溢出效应,它就成为地区与国际问题,而不再纯粹是一国内政问题,即使国际社会采取干预行动,这也没有违背当事国的主权。在保护的责任被提出之前,《联合国宪章》第七章已经赋予安理会决定是否进行干预的权利。在安理会1973号决议中,"认定阿拉伯利比亚民众国局势继续对国际和平与安全构成威胁,根据《联合国宪章》第七章采取行动……"。② 因此,从决议文本可见,《联合国宪章》第七章是通过决议的规范性基础之一。

---

① 联合国宪章,联合国官网:https://www.un.org/zh/about-us/un-charter,2022年6月20日(上网时间)。
② 安理会决议,S/RES/1973,联合国官网:https://documents-dds-ny.un.org/doc/UNDOC/GEN/N11/268/38/pdf/N1126838.pdf?OpenElement,2022年6月20日(上网时间)。

3. 在武装冲突中保护平民（Protection of Civilians in Armed Conflicts: PoC）

主张 1973 号决议是保护的责任获得巨大成功的观点指出，该决议文本几乎全文提及平民保护，并授权设立"禁飞区"。然而，这种观点忽略了一个事实：除了保护的责任，"在武装冲突中保护平民"也关注平民保护。

"在武装冲突中保护平民"定义多样，权威的定义是由保护的责任全球中心所给，即在战时旨在保护平民安全、尊严与诚实正直的措施，它根源于国际人道主义法律、难民法和人权法下的义务。[①] "在武装冲突中保护平民"是一个历史规范，可以追溯到早期关于正义战争的伦理和宗教考虑，它逐渐被国际人道主义法律接受，并在 1949 年由日内瓦公约准则化。1999 年，安理会首次要求联合国秘书长出具一份关于武装冲突中平民保护的专门报告，随后安理会通过决议（S/RES/1265），强调在武装冲突中保护平民的方式。[②]

就保护的责任与"在武装冲突中保护平民"的关系，有的学者认为两个概念是交叉的，表达出同样的需求；也有学者表示两者的关系取决于人们如何看待不同的需求。由于保护的责任适用四种罪行，它更狭隘，而"在武装冲突中保护平民"支持广泛的保护，包括免于物质暴力的保护和促进人权。也有学者不愿将两者等同。他们认为，保护的责任容易被看作是特洛伊木马，这有可能损害对"在武装冲突中保护平民"的支持。来自联合国与非政府组织的许多人员认为，应当谨慎对待两

---

① Andrew Garwood-Gowers, "Enhancing Protection of Civilians through 'Responsibility to Protect' Preventive Action", in Angus Francis, Vesselin Popovski and Charles Sampford ed., *Norms of Protection: Responsibility to Protect, Protection of Civilians and their Interaction*, Tokyo: United Nations Press, 2013, pp.134-151；李丽：《保护的责任与安理会强制性干预决议》《战略决策研究》，2017 年第 1 期，第 4—27 页。
② 联合国人道主义援助，联合国官网：http://www.un.org/zh/issues/humanitarian/protection.shtml, 2022 年 6 月 20 日（上网时间）。

者,不应当简单地同等视之。① 保护的责任试图预防和应对大规模暴行,指出国家与国际社会应当承担责任,而"在武装冲突中保护平民"则是一个更广的框架,它覆盖武装冲突影响下的平民保护。②

安理会1973号决议包括设立"禁飞区",但决议的目的是在武装冲突中保护平民,强调各方的首要责任是采取一切步骤为平民提供保护。如上所述,如果认为1973号决议诉诸了保护的责任的支柱一,那么该决议在保护的责任的发展进程中并没有特殊的地位,在这之前,安理会关于刚果金、布隆迪等国的决议也包含了支柱一。之所以保护的责任的支持者认为该决议具有开创性的作用,源于他们认为北约的行动实质上执行了支柱三,即为了平民保护,国际社会强制性干预主权国家内部的人道主义灾难。

上述观点扭曲了保护的责任支柱三的原意。首先,支柱三强调,在一国国内正在发生大规模的人道主义灾难时,即战争罪、族裔清洗、反人类罪和大屠杀,而当事国不能或不愿为平民提供保护,经安理会的授权,国际社会可以采取强制性干预措施以保护平民。但反观当时利比亚的情形,在北约采取军事行动时,并没有清晰证据证明利比亚境内正

---

① Angus Francis, Vesselin Popovski, "The Responsibility to Protect and the Protection of Civilians: a View from the United Nations", in Angus Francis, Vesselin Popovski and Charles Sampford ed., *Norms of Protection: Responsibility to Protect, Protection of Civilians and their Interaction*, Tokyo: United Nations Press, 2013, pp.82-97.

② 关于保护的责任与"在武装冲突中保护平民"的异同,可参见:Hugh Breakey, "The Protection of Civilians in Armed Conflict: Four Concepts", in Angus Francis, Vesselin Popovski and Charles Sampford ed., *Norms of Protection: Responsibility to Protect, Protection of Civilians and their Interaction*, Tokyo: United Nations Press, 2013, pp.152-174; Charles Sampford, "A Tale of two Norms", in Angus Francis, Vesselin Popovski and Charles Sampford ed., *Norms of Protection: Responsibility to Protect, Protection of Civilians and their Interaction*, Tokyo: United Nations Press, 2013, pp.98-116; Hitoshi Nasu, "Peacekeeping, Civilian Protection Mandates and the Responsibility to Protect", in Angus Francis, Vesselin Popovski and Charles Sampford ed., *Norms of Protection: Responsibility to Protect, Protection of Civilians and their Interaction*, Tokyo: United Nations Press, 2013, pp.117-133.

在发生上述四种罪行。安理会1973号决议认为,"目前在阿拉伯利比亚民众国发生的针对平民人口的大规模、有系统的攻击可(may)构成危害人类罪",①但对比危害人类罪的构成要件与利比亚实况,主张利比亚发生大规模暴行的观点遭到质疑。危害人类罪的构成因素包括:武装冲突或其它形式的不稳定情况;严重侵犯国际法规定的人权或破坏国际人道主义法;国家机构能力薄弱;动机或诱因;有制造暴行案的能力;缺乏缓和因素;纵容暴行罪的环境或铺垫行动;触发因素;广泛或系统的攻击任何公民群体的征兆;制定计划或政策以攻击任何公民群体的征兆。②

其次,利比亚反对派拥有攻击型武器,并在1973号决议通过之前就成立临时政权,这些都标志着利比亚内战的正式爆发,反对派属于内战中的当事方。因而,是否能将卡扎菲政权攻击的对象归为平民存疑,更何况危害人类罪还需要大规模针对平民。此外,内战中伤及平民不可避免,如果认为卡扎菲政权伤及平民构成危害人类罪,那么如何解释反对派和北约军事行动对平民构成的伤害?

因而,在利比亚战争中,援引保护的责任的支柱三实质上不恰当。如果利比亚的情形尚未构成保护的责任支柱三的适用对象,那么北约的强制性行动就扭曲了保护的责任。长此以往,同人道主义干预的命运一样,由于实践中的扭曲和未能及时更正,保护的责任有可能重走人道主义干预的"堕落之路"。

北约的行动不仅扭曲了保护的责任的适用范围,它也不符合决议本身。通读1973号决议全文,延续1970号决议的主旨,即在武装冲突中保护平民,这说明联合国安理会行动的主要规范性基础是"在武装冲突中保护平民",而不是保护的责任的原则。鉴于保护的责任与"在武

---

① 安理会决议,S/RES/1973,联合国官网:https://documents-dds-ny.un.org/doc/UNDOC/GEN/N11/268/38/pdf/N1126838.pdf?OpenElement,2022年6月20日(上网时间)。
② 联合国官网:https://www.un.org/en/genocideprevention/crimes-against-humanity.shtml,2022年9月20日(上网时间)。

装冲突中保护平民"之间的相似性和密切联系,安理会如果想要强调的是保护的责任的支柱三,它需要用更清晰的语言谈及国际社会的强制性干预行动,而不仅仅只谈在武装冲突中保护平民。

综上所述,安理会 1973 号决议诉诸和体现了保护的责任的支柱一、《联合国宪章》第七章与"在武装冲突中保护平民",而非保护的责任的支柱三。虽然北约的行动是在安理会授权的情形下做出,但它明显超出了保护平民的目的,恣意扩大了授权行动的范围和目的。首先,就行动范围而言,决议仅仅授权建立禁飞区,但北约的行动却扩展到空袭政府占领区域和向反对派空投武器。其次,就行动目的而言,一方面,北约的军事行动没有严格遵守平民保护目的,将目标扩大到颠覆卡扎菲政权。1973 号决议开篇就指出不仅利比亚当局,而且武装冲突中的各方均有责任确保平民的安全,这是设立禁飞区的目的,但北约军事行动却给平民造成新的伤害。另一方面,1973 号决议鼓励督促冲突各方实现停火,而在行动过程中,北约完全忽略了印度和巴西提出的 1973 号决议的"双轨"性质,即尝试实现停火。北约国家采取的行动阻碍了决议原旨在保护平民的努力。这些使人们质疑北约决定的正确性、时间节点与权威,并进而质疑北约的行动是基于政治利益而非保护平民的利益。[1]

三、对保护的责任的影响

在北约行动之前,西方国家与非西方国家就已经存在深刻分歧,那么为什么 1973 号决议会通过? 无论安理会 1973 号决议的规范性基础是《宪章》第七章、保护的责任支柱一,还是"在武装冲突中保护平民",

---

[1] Hugh Breakey, "The Responsibility to Protect: Game Change and Regime Change", in Angus Francis, Vesselin Popovski and Charles Sampford ed., *Norms of Protection: Responsibility to Protect, Protection of Civilians and their Interaction*, Tokyo: United Nations Press, 2013, pp.11-39;李丽:《保护的责任与安理会强制性干预决议》,《战略决策研究》2017 年第 1 期,第 4—27 页。

安理会通过决议的根本原因在于五个常任理事国的妥协与让步。在推动决议通过中,人道主义关切、对平民存在威胁的直接性与清晰性、存在关于外部干预的区域共识、政府一些人员的叛变等都可能是五常妥协与退让的原因。但通过上述分析可知,保护的责任支柱三绝对不是促使该决议通过的主要原因,这表明了国际社会对保护的责任支柱三认识上的分歧,保护的责任支柱三概念上的脆弱性与不可实践性。这说明了保护的责任并没有从本质方面实现从言辞到实践的转变。虽然它通过言辞上的重新框定获得了国际社会的接受,但一旦付诸实践,它与人道主义干预的本质一致性立刻暴露无遗,即在实践中并不能促使国际社会及时应对主权国家内部的大规模人道主义灾难。

虽然支持者认为,北约采取的强制性干预行动将保护的责任付诸了实践,但实质上,这不仅是对原决议的扭曲,而且还阻碍了保护的责任的进一步规范化进程。首先,就军事干预的后果来看,虽然有观点认为北约军事干预利比亚获得了成功,但不应忽略干预和大量武器的可获性为暴力火上浇油,甚至造成了邻国动乱。更为重要的是,利比亚干预证明了在 2005 年 WSO 文件中添上因案例而异的必要性,表明安理会授权军事干预是例外而不可构成先例。①

其次,由于北约的干预行动带来利比亚的政权变化,因而保护的责任遭受诸多批评。批评围绕三个方面:指责西方国家超出了安理会 1973 号决议的授权范围;保护的责任被西方国家用作实现战略目标的借口;保护的责任实质上将使用军事实力放在首要地位,且带来的弊端多于好处。保护的责任从不旨在颠覆政权,但卡扎菲的倒台违背了这一原则,引起了国际共同体的争议,证实了保护的责任批评者的恐惧,这使得本来对保护的责任立场模棱两可的国家态度变得更加谨慎。②

---

① Peter Hilpold, "From Humanitarian Intervention to the Responsibility to Protect", in Peter Hilpold ed., *Responsibility to Protect: A New Paradigm of International Law*, Leiden: Brill Nijhoff, 2015, pp.1-37.
② Yang Razali Kassim, *The Geopolitics of Intervention: Asia and the Responsibility to Protect*, Berlin: Springer, 2014, p.2.

最后，有学者指出，如果没有海湾合作委员会、伊斯兰会议组织以及阿拉伯联盟的支持，中国和俄国可能会否决安理会 1973 号决议。这三个区域组织在 3 月上旬利比亚冲突之初，就先后敦促和倡导联合国安理会采取所有必要的措施以保护利比亚平民，包括在利比亚设立禁飞区。他们呼吁联合国安理会授权在利比亚采取军事行动对确保关键国家支持该行动至关重要。[①] 这说明中俄的行动是出于中东区域政治的逻辑，而不是对保护的责任原则的支持。保护的责任的存在和安理会的制裁行动并不必然相关联。"五常"的国家利益往往使它们在不同的案例中做出不同的行为。这在叙利亚冲突中得到了体现。叙利亚冲突是对保护的责任的又一次检验与挑战。利比亚危机后，国际社会攻击保护的责任的一个事实就是反对在叙利亚危机中适用保护的责任。[②]

第三节　叙利亚危机与保护的责任

虽然利比亚危机被视为首次将保护的责任付诸实践，但北约的军事行动扩大了安理会决议的范围和目的，使国际社会对保护的责任作为规范以应对国内人道主义危机感到怀疑，这对在叙利亚危机中适用保护的责任产生巨大影响。在利比亚危机中，北约的军事干预揭示了保护的责任支柱三的不可执行性。叙利亚问题再次证明了在实践中执行保护的责任支柱三，国际社会需要克服多重障碍，例如获得安理会授权，监管和纠正实际行动等。那么叙利亚危机与保护的责任是否相关？在何种意义上相关？本节通过分析叙利亚危机以及对比利比亚和叙利

---

① Yasmine Nahlawi, *The Responsbility to Protect in Libya and Syria*, London: Routledge, 2020, pp.91-92.
② Yang Razali Kassim, *The Geopolitics of Intervention: Asia and the Responsibility to Protect*, Berlin: Springer, 2014, p.1.

亚冲突回答上述问题。通过分析对比可知,围绕何时与如何应对人道主义灾难,安理会存在深刻分歧;由于对政治意志的依赖,保护的责任无法应对主权国家内部的大规模人道主义灾难,同样陷入人道主义干预面临的尴尬困境。

一、叙利亚危机

与利比亚冲突一样,促成叙利亚战争的因素包括内外两个维度。首先,就内部而言,叙利亚国内面临着政治、经济、宗教、民族等多重问题。政治上,自 1963 年以来,阿拉伯复兴社会党一直为叙利亚的执政党,掌管党、政、军大权。阿萨德家族在叙利亚执政将近半个世纪。已故总统哈菲兹·阿萨德通过 1970 年的军事政变夺取政权,并于 1971 年当选总统开始执政直至 2000 年去世为止。为了使未满 40 岁的巴沙尔·阿萨德能够上台,叙利亚议会将宪法规定的总统年龄下限调低至 34 岁。虽然巴沙尔在政治方面也推行改革,释放政治犯,放松言论控制等,但一方面长期的家族统治会降低政权的合法性,尤其是当家族成员掌握着垄断行业和要害部门,民众更容易滋生怨恨;另一方面经济发展,尤其是发展的成果中伴随着不平等程度的上升,会使公民形成民主化和权利的诉求。

经济上,叙利亚的经济来源是农业、石油、加工业和旅游业,属于中等收入国家。但受到 2008 年全球金融危机与 2009 年欧债危机的波及,叙利亚经济发展停滞,失业率飙升,贫困率也居高不下。在僵化的政治体制与既定的利益集团面前,阿萨德政府推行的旨在解决贫困与就业问题的经济改革无法实现突破。

宗教问题上,叙利亚国内 85% 的人信仰伊斯兰教,国内也存在逊尼派与什叶派之争,且逊尼派与什叶派的比例严重不平衡。在信仰伊斯兰教的教徒中,逊尼派占 80%,约占全国人口的 68%,什叶派占 20%,约占全国人口的 11.5%。在什叶派中,巴沙尔家族所属的阿拉维派占 75%,约占全国人口的 11%。教派人数对比与少数教派长期执政损害

第五章 干预实践：保护的责任应用的非一致性

了政权的合法性。

民族问题上，在国家认同之外，叙利亚民众不仅存在强烈的宗教派别认同，民族认同也是问题。叙利亚国内约有 200 万库尔德人，约占全国人口的 10%，仅次于主体的阿拉伯人，是叙利亚最大的少数族群。叙利亚的库尔德人长期寻求民族自决与政治自治[1]，具有强烈的民族认同。民众的多重认同如若得不到协调，就会有不同的忠诚对象，损害国家的统一。由于在 20 世纪之前的 500 年，叙利亚是作为奥斯曼土耳其的一部分而存在，国家的独立历史较短，因而民族认同与宗教认同都凌驾于国家认同之上。[2]

如果说内因是诱发分裂的潜在因素，那么缺乏特定的时空条件，叙利亚冲突也不会上演，否则就无法解释长期蕴含分裂因子的叙利亚为何在 2011 年爆发内部冲突。在外部的时空条件中，一个空间条件具有稳定性，即叙利亚的地理位置。叙利亚处于中东地带的核心，虽属于阿拉伯世界，但由于大多数阿拉伯国家都是由逊尼派执政，叙利亚也属于"异类"。此外，虽伊朗不属于阿拉伯世界，但由于什叶派执政，使得伊朗与叙利亚关系较近，这也使得逊尼派领导国沙特阿拉伯担忧伊朗透过叙利亚造成阿拉伯世界的分裂与冲突。叙利亚所处的地缘位置使它处于中东阿拉伯之争的核心，而中东又是大国染指之地。相较于其他国家，地理区域使叙利亚冲突更容易被外部化，叙利亚无法仅凭自身主导内部发展进程。外部的时间条件是阿拉伯之春在中东北非造就的"潮流和氛围"，而以美国为首的西方国家、沙特、土耳其则借阿拉伯之春的时机，千方百计地想要推翻巴沙尔政权。[3]

内部分裂的种子早已种下，只待适当的时机破土而出，"阿拉伯之春"提供了时机。与阿拉伯之春中其他国家爆发危机的导火索一样，叙

---

[1] 肖文超，王艺儒：《叙利亚库尔德问题的历史成因及特征》，《国际研究参考》2016 年第 2 期，第 36—43 页。
[2] 方金英：《叙利亚内战的根源及其前景》，《现代国际关系》2013 年第 6 期，第 18—24 页。
[3] 方金英：《叙利亚内战的根源及其前景》，《现代国际关系》2013 年第 6 期，第 18—24 页。

利亚危机最初也是源于民众的游行示威。叙利亚反政府的游行示威始于 2011 年 1 月,随后不断升级。2011 年 3 月 6 日,15 名学生因在学校的公共场所涂鸦反政府内容而被逮捕。学生家长随后游行示威,不仅要求释放学生,还要求政府扩大民主和惩治腐败,游行示威升级。叙利亚总统巴沙尔同意以和谈的方式解决国内冲突,但被反对派拒绝。武装冲突随后爆发。7 月末,几名前叙利亚武装部队的军官和士兵成立叙利亚自由军,目标是联合反对力量推翻阿萨德政权。反政府组织于 8 月 23 日成立"叙利亚全国委员会",总部设在土耳其。

从 2011 年 11 月起,政府军与反对派之间的武装冲突不断升级。2012 年 2 月 26 日,叙利亚就新宪法草案举行全民公投。新宪法草案在许多方面做出重大让步,核心内容与实质性变化是将一党制转变为多党制。就总统候选人而言,草案允许多位候选人竞选,规定人民直接选举产生总统。在总统任期方面,任期为 7 年,只能连任一届。但叙利亚就新宪法草案举行的公投却遭到反对派的抵制和支持反对派国家的批评。美国、德国和土耳其都指责公投仅是骗局,而俄罗斯则对公投表示欢迎。阿萨德在新宪法草案的公投中取得了胜利,但西方国家和反对派的根本目的是推翻阿萨德政权,因而即使举行公投,叙利亚的情形也并未实现"软着陆"。[①] 公投的第二天,欧盟就对叙利亚施加了新的制裁。

二、国际社会的应对

叙利亚危机发生后,国际社会中的许多国家和国际组织都作出了应对。2012 年 6 月,主管维和事务的联合国副秘书长表示,叙利亚已步入"全面内战",但叙利亚外交部回应称,叙利亚政府只是在"和恐怖主

---

① 新京报网,"阿萨德弃一党制,新宪法成功闯关", http://www.bjnews.com.cn/world/2012/02/28/185195.html,2012 年 2 月 28 日。

第五章 干预实践:保护的责任应用的非一致性

义做斗争","内战"的说法并不符实。① 7月,阿盟宣布与叙利亚政府断绝外交联系,同时呼吁叙利亚境内外的各种政治派别组建过渡政府。2013年8月叙利亚首都大马士革东部郊区发生化学武器攻击事件。政府和反对派相互指责对方使用化学武器。使用化学武器既违反《禁止化学武器公约》,又越过了美国总统划定的"红线"。奥巴马总统在8月20日白宫一次临时新闻发布会上指出,"如果我们看到大量化学武器被部署或使用,这将触及我们的红线,并大大改变我对形势的判断"。② 随后,奥巴马同意俄罗斯提议,让叙利亚当局交出并销毁化学武器,并且立即加入《禁止化学武器公约》以了结此事。

在叙利亚内战愈演愈烈之中,"伊拉克伊斯兰国"也逐渐向叙利亚渗透。在叙利亚内部冲突爆发之时,该组织看到了在叙利亚境内发展的机会,随后与叙利亚的反对派武装组织"胜利阵线"联合,打出"伊拉克-黎凡特伊斯兰国"(即 ISIL 或 Islamic State of Iraq and al Shams: ISIS)的旗号。"黎凡特"大体上包括叙利亚、以色列、巴勒斯坦、黎巴嫩等地中海东部沿岸地区。虽然 ISIS 脱胎于基地组织,但后与其割裂,自立门户,成为一个旨在建立纯粹宗教国家的恐怖组织。③ ISIS 的发展壮大使原本复杂难解的叙利亚局势更加混沌。但同时,由于极端主义的意识形态与恐怖残忍的行径,它也成为叙利亚冲突中各方共同敌视与打击的对象。在某种意义上,ISIS 在伊拉克与叙利亚的推进也为美俄解决叙利亚问题提供了一个共同的基础。面临着反对派的败退与 ISIS 接管土地,美国按捺不住,于2014年8月8日派出两架战机,空袭伊拉克埃尔比勒地区的 ISIS 炮兵阵地。9月,以美国为首的多国联军开始空袭叙利亚境内的伊斯兰国和努斯拉阵线目标。2015年9月,在获得俄罗斯国会上议院授权后,俄罗斯空军开始出兵空袭 ISIS。原本站在叙利亚内战各方背后的势力直接出兵,卷入战争。

---

① 吴冰冰:"叙利亚路线图'使叙利亚深陷内战",《东方早报》,2012年6月14日。
② "奥巴马为叙利亚战争划红线",《环球时报》,2012年8月22日。
③ 吴杰松、何德平:"叙利亚内战中壮大的 ISIS",《解放军报》,2014年6月27日。

2015年12月18日,安理会一致通过了2254号决议,旨在推动以政治方式解决叙利亚冲突。根据该决议,阿萨德政权和反对派之间于2016年1月正式启动和平谈判。在叙利亚冲突的持续期间,国际社会多次努力,尝试解决冲突,但都由于无法弥合分歧,无疾而终。但就2254号决议,各方却表现出罕见的一致。这种一致一方面是源于内战陷入僵局,各方认识到自身力量的局限性,产生了求和的意愿;另一方面由于叙利亚战争不仅局限于一国之内,各方背后均有支持势力,而欧洲的难民危机和恐怖事件使这些站在背后的国家认识到了解决叙利亚内战的迫切性。① 但该决议回避了许多棘手问题:例如阿萨德的去留问题;反对派的代表性问题。

2016年2月26日,安理会一致通过由美国和俄罗斯草拟的停火决议案。安理会2268号决议确认"秘书长努力执行第2254(2015)号决议,注意到通过秘书长和他的叙利亚问题特使的斡旋,于2016年1月29日根据第2254(2015)号决议第2段启动了一个政治过渡进程……要求停止敌对行动于2016年2月27日零时(大马士革时间)开始……进行叙利亚人主导和叙利亚人享有自主权的政治过渡,以便结束叙利亚冲突,再次强调叙利亚人民将决定叙利亚的前途"。② 叙利亚政府与反对派同意遵守停火协议,但停火对象不包括伊斯兰国和努斯拉阵线。2016年下半年,局势的转向偏向于阿萨德政府,俄罗斯与土耳其关系升温,政府军解放阿勒颇,12月底,在俄土的斡旋下,政府军与多支反对派实现全国范围内的停火。③ 2017年2月23日,叙利亚问题的日内瓦和谈正式重启,重点议题是根据联合国2254号决议,讨论建立叙利亚过渡政府,修订新宪法以及如何重新举行大选等议题。④

---

① 王震:《2254号决议来了,叙利亚和平还远不远》,《世界知识》2016年第2期,第39页。
② S/RES/2268,联合国安全理事会:https://documents-dds-ny.un.org/doc/UNDOC/GEN/N16/053/62/pdf/N1605362.pdf?OpenElement,2022年6月20日(上网时间)。
③ 李子昕:"解决叙利亚危机迎来新机遇",《学习时报》,2017年4月3日。
④ 李子昕:"解决叙利亚危机迎来新机遇",《学习时报》,2017年4月3日。

第五章　干预实践：保护的责任应用的非一致性

自 2011 年起,叙利亚危机历时多年,仍然未得到妥善解决。这是由于危机涉及多重难解问题:首先,在全球层面上,体现为美欧支持的反对派阵营以及沙特等周边国家,与俄罗斯支持下的阿萨德政权及伊朗、伊拉克之间的对抗和博弈。其次,在地区层面体现为以伊朗为首的什叶派势力与以沙特为代表的逊尼派之间的对抗。最后,在国内层面上,国际与区域势力的争夺以阿萨德政权与反对派势力之争表现出来。此外,"伊斯兰国"与库尔德人的问题使得形势更加复杂化。任何一个停火协议都需在各种势力之间达成一个脆弱的平衡。虽然大国可以在背后主导形势的发展,但是如果不能促成区域与国内势力之间实现平衡,存在的风险是擦枪走火,大国被重新拖入。

三、对保护的责任的影响

叙利亚内战过程中伴随着大规模的人权侵犯事件和人道主义灾难。2011 年 8 月,联合国人权理事会授权成立叙利亚问题独立国际调查委员会,旨在调查自叙利亚冲突爆发以来,叙利亚境内的侵犯人权行为。从 2011 年 11 月至 2015 年 2 月,该委员会向人权理事会总共提交九份报告,揭示出了叙利亚境内正在发生的大规模人道主义灾难,甚至指出了叙利亚境内有"反人类罪"与"战争罪"发生[1],且在叙利亚境内,政府无法提供保护。这显然符合保护的责任的适用情形。根据联合国人道主义事务协调办公室(OCHA)的报告,截至 2016 年 2 月,叙利亚战争已经产生 4 600 000 难民和至少 6 600 000 内部流离失所的人。OCHA 指出,当前叙利亚面临着全世界最严重的流离失所者问题。自 2011 年叙利亚冲突爆发后,叙利亚人民的平均寿命降低超过 20 年,学校的出勤率降低了一半以上,超过 2 000 000 的儿童处于失学状态,叙利亚经济萎缩了 40%,大部分叙

---

[1] 联合国人权高级专员办事处:http://www.ohchr.org/CH/HRBodies/HRC/IICISyria/Pages/Documentation.aspx,2022 年 6 月 20 日(上网时间)。

利亚人民失去生计。①

此外,叙利亚战争从一开始就不是单纯的内战问题,它牵一发而动全身,拖入区域与全球国家,产生了严重的溢出效应。其一,恐怖主义的盛行与恐怖行为的输出。"伊斯兰国"从全球招募"圣战"人员,对他们加以培训后,让他们再返回原处,策划恐怖事件,波及多国。2015年3月2日,也门首都发生爆炸袭击事件,至少造成137人死亡,350人受伤。2015年10月,俄罗斯一家航空公司的客机坠毁,乘客与机组人员无人生还,"伊斯兰国"宣称对这起事件负责。2015年11月13日晚,法国首都发生多起恐怖袭击事件,至少造成130人死亡,另有250人受伤。除了策划恐怖事件制造恐怖气氛之外,"伊斯兰国"的一些行为也极其残忍,例如屠杀基督徒、人质、勒索大量赎金、抢劫银行等。

其二,叙利亚冲突也向外输出了大批难民。难民潮的主要目的地是西欧。虽然到达欧洲的难民部分来自利比亚、伊拉克等国,但主要以叙利亚难民为主。叙利亚在2013年成为避难申请者的主要来源国,叙利亚难民的分布格局主要是以中东和欧洲地区为主。② 欧洲国家没有足够的物质、基础设施等对难民危机做出充分应对。经济危机与欧债危机的后果余存,欧洲国家本身经济低迷,尚未完全复苏,而大批难民的涌入却需要占用本国公民的资源与福利,引起国民的强烈不满,丹麦、瑞典等国爆发了反难民冲突。穆斯林难民的大举涌入助推了欧洲反移民的极右翼民粹主义政党的崛起。在法国和德国的大选中,极右翼政党在选举中都获得了非常高的支持率。除去福利问题,难民基本上来自伊斯兰国家,与当地基督教文化有差异,亦可能成为冲突的诱发因素,进一步激化了穆斯林移民社群与当地社会反移民和反伊斯兰团体之间的矛盾。

---

① 联合国人道主义事务协调办公室:http://www.unocha.org/syria,2022年6月20日(上网时间)。
② 田小惠:《应对叙利亚难民危机:土耳其与德国的政策分野及博弈》,《西亚非洲》2021年第2期,第141—160页。

第五章　干预实践:保护的责任应用的非一致性

综上所述,首先,就人道主义灾难而言,以战争罪、反人类罪、族裔清洗和大屠杀为指标,在利比亚危机中,安理会的决议是利比亚情势可能构成反人类罪;在叙利亚危机中,联合国人权理事会提交的报告指出,反人类罪和战争罪正在叙利亚上演。以难民为指标衡量人道主义灾难,叙利亚产生了数百万难民,而 2011 年利比亚冲突产生数千名难民。其次,从地区影响来说,在安理会出台决议和北约开始军事行动之时,利比亚冲突的溢出效应表现为,在阿拉伯之春的背景下对周围国家的扩散。叙利亚危机则不同,不仅以教派、族群等为纽带将区域小国和大国卷入其中,还通过恐怖主义、难民等机制影响到全球的和平与稳定。最后,以《联合国宪章》第七章或"在武装冲突中保护平民"为视角进行审视保护的责任适用的罪行,相较于利比亚,叙利亚危机更需要国际社会的及时迅速应对。它是检验保护的责任支柱三更好的案例。然而,在叙利亚冲突中,虽然有国家卷入,但是它们却没有获得安理会的授权。通过两个案例之间的对比,理论上的预期应该是:出于人道主义关切,无论是诉诸保护的责任还是"在武装冲突中保护平民",或是援引《联合国宪章》第七章,针对叙利亚危机,安理会应当迅速通过决议,那么实际情况又是如何呢?

表 5.3　对比利比亚与叙利亚的人道主义状况

	罪行	溢出效应	平民保护
利比亚	安理会决议是利比亚情势可能(may)构成反人类罪。	难民 4 384 人;没有策划对外恐怖事件;北约空袭之前,未有域外大国卷入。	北约空袭,内战爆发后,才明显伤及平民。
叙利亚	联合国人权理事会报告指出,反人类罪和战争罪正在叙利亚上演。	难民逾四百万人;全球多起恐怖事件;全球大国、区域大国和小国卷入。	化学武器与恐怖主义袭击造成叙利亚内部大量平民伤亡。

注:表格来源为笔者自制

从 2011 年到 2014 年期间,关于叙利亚问题的四个决议草案被提上议事日程,但由于中国与俄罗斯的联手否决,它们未能通过。

表 5.4　中俄联手四次否决联合国安理会决议草案

决议草案	反对国家	赞成国家	弃权国家
2011年10月4日，法国、德国、葡萄牙、英国共同起草；谴责叙利亚政府侵犯人权及对平民使用暴力；启动一个包容性由叙利亚人领导的政治进程；但未提及反对派使用武力。	中国俄罗斯	波黑、哥伦比亚、加蓬、尼日利亚、法国、德国、英国、葡萄牙、美国	印度巴西南非黎巴嫩
2012年2月4日，谴责叙利亚当局广泛严重侵犯人权和基本自由；开展由叙利亚人主导、包容各方的政治进程；谴责一切暴力行为；按照阿盟倡议，各方立即停止一切暴力或报复行为。	中国俄罗斯	阿塞拜疆、哥伦比亚、法国、德国、危地马拉、印度、摩洛哥、巴基斯坦、葡萄牙、南非、多哥、美国、英国	
2012年7月19日，英国、法国、美国、德国、葡萄牙提交；谴责包括反对派在内的一切武装暴力，强调政治解决；叙利亚对国际和平与安全构成威胁，应根据宪章第七章采取行动；追究侵犯人权行为；如果叙利亚当局在10天内没有充分遵守决议相关内容，安理会应采取《联合国宪章》第41条规定的措施。	中国俄罗斯	哥伦比亚、法国、阿塞拜疆、德国、印度、危地马拉、摩洛哥、多哥、葡萄牙、英国、美国	南非巴基斯坦
2014年5月22日，法国提交决议草案；谴责叙利亚冲突双方侵犯人权和违反国际人道主义；将叙利亚提交给国际刑事法院审理。	中国俄罗斯	英国、美国、法国、阿根廷、澳大利亚、韩国、立陶宛、尼日利亚、卢森堡、卢旺达、乍得、智利、约旦	

注：表格根据《中国与保护的责任：以中国四次否决安理会涉叙决议草案为例》一文制成，杨宏.《中国与保护的责任：以中国四次否决安理会涉叙决议草案为例[A].见：刘铁娃主编：《保护的责任：国际规范建构中的中国视角》，北京大学出版社2015年版，第121—138页。

相较于安理会在利比亚问题上迅速通过1973号决议，在叙利亚问题上，国际社会迟迟不能达成妥协与一致。2013年9月，安理会通过首份关于叙利亚问题的决议，该决议针对消除叙利亚的化学武器问题，不同于全文关注平民保护的安理会1973号决议。此外，该决议也不涉及国际社会为了平民保护做出及时应对的条款。虽然在没有安理会授权

第五章　干预实践：保护的责任应用的非一致性

的情形下，各国在叙利亚境内也采取了军事行动。但问题的关键在于：为什么在利比亚危机中，安理会可以授权，但在叙利亚问题上，安理会却无法达成一致？

1. 人道主义关切

虽然人道主义关切可以影响中俄的决定，但却不是促成安理会授权的充分条件。利比亚与叙利亚的对比表明，即使保护的责任是安理会1973号决议通过的理由（justification），它也无法成为国际社会应对大规模人道主义灾难的充分条件。更何况，前面关于利比亚的案例分析已经表明，保护的责任甚至并非是安理会1973号决议通过的合理性之一。争议主要还是围绕保护的责任的支柱三，支柱一强调当事国承担起主要的保护责任，经常为安理会决议所提及。如果保护的责任的支柱三无法促成国际社会行动，那么单纯出于人道主义动机，几乎无法将保护的责任的支柱三从言辞转化为行动。在《联合国宪章》之下，安理会承担维护国际和平与安全的主要责任。安理会可以做出约束所有

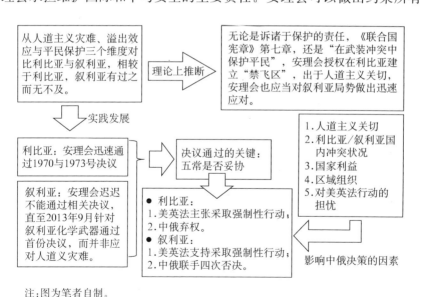

注：图为笔者自制。

图5.1　利比亚与叙利亚：理论推断与实践发展

成员国的强制性决定,但关键问题是安理会五常一直根据自己的国家利益做出决策,道德压力难以奏效。这揭示出,应对一国内部人道主义危机是国家利益和人道主义需求形成重合的产物。

2. 国内冲突状况

虽然国内冲突及伴随着冲突形成的人道主义灾难程度无法成为促成安理会授权的充分条件,但国内冲突中有一点影响到关于授权的决策,即自我-他者区分是否清晰明显。这里的"自我"是尊重人权的一方,通常表现为无辜的受害者,而"他者"则是违反规则,施加伤害的一方。阿拉伯世界、欧洲与美国倾向将利比亚动乱看作是突尼斯动乱的翻版,是利比亚人民反对专制政府,争取民主的运动。撒哈拉以南的非洲认为卡扎菲与反对派之间的斗争是乍得内战的变种,冲突容易产生溢出效应。非洲领导人认为卡扎菲反复无常、以自我为中心,经常表现出进攻性与侵略性。总体而言,在利比亚冲突中,国际社会更同情反对派,要么站到卡扎菲的对立面,要么至少没有争取保留卡扎菲政权。

叙利亚冲突不同,阿萨德政权和反对派都不能被简单地看作是无辜的受害者。双方对平民造成伤害的程度也很难被黑白二分,冲突中的各方针对彼此或平民都有违反人权的行为,例如使用化学武器。禁止化学武器组织与联合国的调查人员确认,在叙利亚首都大马士革姑塔东区存在化学武器的使用行为,导致约1 400人死亡,明显违反了《禁止化学武器公约》。然而,围绕化学武器的使用者,国际社会无法达成一致意见。反对派指责叙利亚当局使用含有沙林毒气的火箭弹发动此次袭击,但巴沙尔政府否认指控,称反对派才是罪魁祸首。虽然联合国化学武器真相调查小组在叙开展调查,但调查目的是明确化学武器是否被使用,而非化学武器被谁使用。[①]

---

① John Janzekovic, "Organization for the Prohibition of Chemical Weapons", in Daniel Silander, Don Wallace ed., *International Organizations and the Implementation of the Responsibility to Protect*, London & New York: Routledge, 2015, pp.72-89;李丽:《保护的责任与安理会强制性干预决议》,《战略决策研究》2017年第1期,第4—27页。

第五章 干预实践:保护的责任应用的非一致性

除此之外,叙利亚反对派内部派别林立,无法发出同一声音。叙利亚反对派主要包括:反对派和革命力量全国联盟,2012年11月在卡塔尔多哈成立,是叙利亚境外的主要反对派团体,名义上是反对派的联合组织,世俗色彩较为浓厚;"全国联盟"的最大派别——叙利亚全国委员会为了抗议"全国联盟"参加日内瓦和谈,在和谈前夕宣布退出;叙利亚自由军,是主要的反对派武装,主要由叙军叛逃官兵组成,一直与叙利亚政府军作战,是西方国家和海湾阿拉伯国家眼中的"温和"反对派武装;全国民主变革力量民族协调机构成立于2011年6月,坚持以和平方式推进民主变革和建立现代世俗国家;沙姆自由人组织是极端武装组织;叙利亚伊斯兰阵线是宗教教派武装,以推翻巴沙尔政权、建立执行伊斯兰教法的国家为目标;伊斯兰军;地方协调委员会主张结束武力和政治解决;叙利亚第三条道路运动,追求实现反对派与政府的和解与对话;叙利亚变革和解放人民阵线,主张停止暴力和建立民族联合政府。①

除上述反对派组织之外,叙利亚境内还活跃着若干独立组织。这些组织往往是政府和反对派的共同敌人,包括极端组织ISIS,活跃在伊拉克和叙利亚境内;叙利亚的库尔德民主联盟(PYD)与伊拉克境内的库尔德工人党联系紧密,主张在叙利亚、伊朗、土耳其与伊拉克交界之处以武力方式建立一个库尔德人的独立国家,他们一直是土耳其政府的重点防范对象;叙利亚反政府武装"救国阵线"(Al-Nusra Front),是叙利亚境内的"基地"组织分支,被安理会列为恐怖组织,控制了叙利亚北部部分地区,不断与西方国家支持的温和反对派武装发生冲突,致使该地区局势持续紧张。②

在利比亚冲突中,西方国家可以找到一个明确的支持对象,即利比

---

① 新华网,"叙利亚反对派都有谁",http://news.xinhuanet.com/world/2016-02/01/c_128690816.htm,2016-2-1。
② 新华网,"叙利亚反对派都有谁",http://news.xinhuanet.com/world/2016-02/01/c_128690816.htm,2016-2-1。

亚全国过渡委员会。但叙利亚的冲突状况则不同,叙利亚反对派繁多且相互之间有矛盾和摩擦,反对派各自拥有不同的主张,坚持不同的斗争方式,与政府和战态度不一致等,西方国家无法确定明确的支持和反对对象,因为对任何一个反对派别的支持都可能打开潘多拉的魔盒,招致意想不到的后果。①

3. 国家利益

首先,就中国的国家利益而言,中国在利比亚、叙利亚的直接利益都有限。据中国商务部统计,2010年中国与叙利亚贸易额仅为24.8亿美元,与之形成对比的是中国与沙特阿拉伯的贸易额431.8亿美元,与伊拉克的贸易额98.6亿美元,与美国的贸易额5 000亿美元;2010年中国对叙利亚非金融类直接投资存量为1 681万美元;2010年中国企业在叙累积承包工程合同额为18.2亿美元,累积签订劳务合同额为482万美元;目前在叙利亚的中资企业不超过30家;中国未从叙利亚进口石油。②

中国与利比亚在2010年的贸易额约为66亿美元,在中国进出口贸易总额中占0.22%;在工程承包方面,2009年中国企业在利比亚新签工程承包合同金额58.399 2亿美元,完成营业额19.125 1亿美元,在当年中国对外承包工程新签合同金额(1 262.096 1亿美元)中占4.6%,在完成营业额(777.061 1亿美元)中占2.5%,目前比例也应该与此大体相当。在直接投资方面,2009年年末,中国在利比亚直接投资存量4 269万美元,占当年末中国官方统计对外直接投资存量(2 457.553 8亿美元)的0.02%,在非洲各国中直接投资存量中排名第31

---

① Stephen Marr, "Contextualizing Conflict: Trends and Challenges in the Syrian Civil War", in Daniel Silander, Don Wallace ed., *International Organizations and the Implementation of the Responsibility to Protect*, London & New York: Routledge, 2015, pp.37-53;李丽:《保护的责任与安理会强制性干预决议》,《战略决策研究》2017年第1期,第4—27页。

② 陈沁,"叙利亚问题的中国利益",http://opinion.caixin.com/2012-08-17/100425606.html?NOJP,2012-8-17。

位,而且大多数是承包工程的项目公司。中国三大石油公司在利比亚的业务不是取得油田投资开发合同,而是提供勘探等服务以及进口原油。①

除却经济利益考量,非物质因素也会影响中国的决策,例如中俄之间的立场协调。中国在利比亚的决议中投了弃权票可能源于俄罗斯也投了弃权票。在叙利亚冲突中,虽然中国自身利益有限,但出于与俄罗斯保持立场的协调,中国投了反对票。总体而言,在对利比亚、叙利亚问题的态度上,中国需要权衡的主要是间接利益,即在不干涉他国内政和负责任的大国形象之间做出平衡。②

其次,就俄罗斯的国家利益而言:在叙利亚问题上,一方面,俄罗斯把叙利亚视为近邻,一直是中东地区重要的战略盟友,是俄罗斯通向暖洋的通道;另一方面,俄罗斯在叙利亚的地中海沿岸有多处海军基地。先前,几艘俄罗斯军舰到访叙利亚,并提供了导弹及派遣了航母,这主要是两国战略盟友关系的体现。对外一贯铁腕的普京在重返克里姆林宫后不会轻易将俄在本地区的地缘政治和战略利益拱手相让。③

民族宗教因素也影响俄罗斯的叙利亚政策。俄罗斯防范中东的伊斯兰教传播到北部高加索和乌拉尔河区域,俄罗斯人认为伊斯兰原教旨主义是最大的威胁。俄罗斯还担心若不能稳定叙利亚内乱形势,乌克兰可能受到波及,滑入类似于中东的内乱局势。④ 经济利益也影响俄罗斯的叙利亚政策。如果西方军事干涉叙利亚,俄罗斯虽能从石油价格中短暂获利,但从长远看,若巴沙尔政府垮台,反对派政权可能会建设由卡塔尔经由叙利亚至欧洲的天然气管道,因而俄罗斯的天然气出

---

① 梅新育,"利比亚仍将有求于中国",http://opinion.huanqiu.com/1152/2011-09/1969368.html,2011-9-2。
② 陈沁,"叙利亚问题的中国利益",http://opinion.caixin.com/2012-08-17/100425606.html?NOJP,2012-8-17。
③ 杭州日报网,"叙利亚不是利比亚",http://hzdaily.hangzhou.com.cn/dskb/html/2011-12/11/content_1186505.htm,2011-12-11。
④ 崔小西:《俄罗斯应对叙利亚危机的政策分析》,《阿拉伯世界研究》2014年第2期,第31—41页。

口将受到严重打击。根据卡塔尔国家银行的资料,卡塔尔的天然气储量为 25 万亿立方米,足够开采 160 年。①

综合地缘战略、政治、经济、宗教等多方利益考虑,俄罗斯坚决不让利比亚局势在叙利亚重演。俄罗斯甚至不惜军事介入,约束美国等西方国家在叙利亚的行动。尽管挑战重重,俄罗斯未来仍将继续积极介入叙利亚,高举反恐大旗,支持巴沙尔政权,寻机与西方妥协,最终彻底摆脱乌克兰危机以来的外交困局。②

相较于叙利亚,在利比亚俄罗斯受损的是经济利益而非战略安全利益。据俄媒体报道,受利比亚动乱局势影响,俄在利比亚的经济利益可能遭受很大损失。俄经济发展部官员表示,利比亚欠俄罗斯债务达 45 亿美元。2008 年,普京总统访问利比亚期间,双方达成协议:当利比亚方面与俄罗斯方面签署的等额合同执行完毕后,利比亚的全部债务将得到免除。俄国防出口公司与利比亚签署的武器出口合同额近 20 亿美元,还拟与利比亚签署 18 亿美元的合同。俄国家铁路公司在建设苏尔特—班加西铁路,总额达 22 亿欧元。此外,俄天然气工业公司、鞑靼石油公司、技术工业出口公司在利都有合作项目,均受到不同程度损失。③ 在利比亚的经济利益使俄罗斯在利比亚冲突爆发之初并未与利比亚断绝外交关系,而是在谴责西方采取军事行动的同时,督促卡扎菲遵守联合国的相关决议,同时试图在利比亚冲突双方进行斡旋。在安理会通过 1973 号决议之后,普京公开宣称,"联合国授权对利比亚采取军事行动的 1973 号决议就像是'欧洲中世纪十字军东征的号令',并严厉批评美欧等国对利比亚诉诸武力。"但 5 月 27 日俄罗斯总统梅德韦

---

① 崔小西:《俄罗斯应对叙利亚危机的政策分析》,《阿拉伯世界研究》2014 年第 2 期,第 31—41 页。
② 高飞:《俄罗斯介入叙利亚会如何影响中东局势的变化》,《当代世界》2016 年第 2 期,第 18—19 页。
③ 中华人民共和国驻俄罗斯联邦大使馆经济商务参赞处,"俄在利比亚经济利益可能受损较大",http://ru.mofcom.gov.cn/aarticle/jmxw/201103/20110307434471.html,2011-3-7。

杰夫在参加G8峰会时又宣称,卡扎菲政权已失去合法性,必须下台,不管对利比亚还是对利比亚人民都有好处,且一旦卡扎菲流亡,俄罗斯不会为他提供庇护。①

俄罗斯立场转变迅速且前后差异较大。这种转变是基于利益权衡之后的理性选择。首先,从地缘政治利益出发,俄罗斯更关注与它接壤的传统的势力范围,而不是遥远的利比亚。其次,西方国家积极拉拢俄罗斯,美国承诺帮助俄罗斯在年内加入世界贸易组织。法国宣布向俄罗斯出售四艘"西北风"级直升机航母,美国宣布将向俄方采购总值3亿多美元的米格军用直升机。再次,从经济方面而言,尽管利比亚战火可能对俄罗斯的经济收益造成一定打击,但俄罗斯也能从此次战争中获益。利比亚是非洲第一大产油国,战争会使该国原油供应链中断,导致国际原油供应紧张。俄罗斯是石油输出国组织之外的全球第一大原油出口国,国际油价飙升可为俄罗斯带来极其可观的外汇收益。② 最后,利反对派承诺,俄罗斯与利比亚政府先前签订的协议继续有效。鉴于此,俄罗斯做出让步。

对国家利益的分析清晰地呈现了,中俄尤其是俄罗斯做出决策的主要考量因素是国家利益。这从侧面反映了上述观点,即人道主义干预只有在国家利益所需之处才会发生。

4. 区域组织

在解决地区问题上,中国非常尊重区域组织的意见。这一点在利比亚问题上得到充分显现。在利比亚危机中,中国尊重非盟与阿盟的意见。俄罗斯驻华大使拉佐夫也曾表示,在利比亚问题上,俄罗斯的立场是通过各方支持,尽快停止暴力和平民伤亡。俄方呼吁联合国和非盟在和平解决利比亚问题上起主导作用。③ 俄罗斯总统非洲事务特使

---

① "梅德韦杰夫表示俄罗斯愿意调解利比亚危",http://news.cntv.cn/program/xwlb/20110528/105556.shtml,2011-5-28。
② 黄雨果:《俄罗斯为何对利比亚"变脸"》,《学习月刊》2011年第7期,第41—42页。
③ "俄驻华大使:联合国与非盟应在利问题上起主导作用",中新网,http://www.chinanews.com/gj/2011/06-10/3104331.shtml,2011-6-10。

马尔格洛夫也曾表示,只有在联合国和非盟参与下利比亚问题才能得到和平解决,在联合国和非盟调解下进行磋商是停止利比亚冲突及推动和谈的最佳途径。①

非盟处理问题的指导原则是 2000 年的《洛美宣言》中关于违宪政府的更迭,和 2002 年的《非盟宪章》中禁止政府的违宪变化。关于利比亚危机,非盟的首次讨论是 2 月 23 日的和平与安全委员会(Peace and Security Council, PSC)会议,集中关注利比亚政府对游行示威的镇压和对反对派的威胁。随着游行示威演变为内战,非盟并不想完全依赖大陆外的国家解决危机。在随后 3 月 10 日的 PSC 会议上,非盟发布了一个宣言,后加以发展,成为非盟解决利比亚危机的五点路线图,即保护平民和结束敌对行动,保障受影响的人群接受人道主义援助,启动不同政党之间的对话朝着结束危机的方向努力,设立一个有广泛代表性的过渡期,启动必要的政治改革满足利比亚人民的诉求。② 在 3 月 10 日的 PSC 会议上,各国也意识到有效的行动需要成员国高层的介入。因而,高级别特设委员会(ad hoc high-level committee)成立,由毛里塔尼亚、刚果共和国、马里、南非与乌干达的总统组成,旨在促成谈判解决利比亚问题,以及号召国际共同体支持非盟的努力,寻求外交解决冲突。③

非盟的外交优势是只有非洲领导人可以取信于卡扎菲。非洲对卡扎菲的影响力结合北约对过渡委员会的影响力可以为谈判性的协议提供基础,但各方均没有尝试实现这一可能性。除了过渡委员会的拒绝,非盟的路线图也存在几个问题:没有明确卡扎菲应当离开国家或者是

---

① "俄官员说利比亚问题只有在联合国和非盟参与下才能和平解决",环球网,https://world.huanqiu.com/article/9CaKrnJrHt7,2011-7-21。
② "非盟坚持其政治解决利比亚危机的路线图计划",新华网,http://news.xinhuanet.com/world/2011-05/07/c_121388769.htm,2011-5-7。
③ Theresa Reinold, "Africa's Emerging Regional Security Culture and the Intervention in Libya", in Aidan Hehir Robert Murray ed., *Libya, the Responsibility to Protect and the Future of Humanitarian Intervention*, London: Palgrave Macmillan, 2013, pp.83-109;李丽:《保护的责任与安理会强制性干预决议》,《战略决策研究》,2017 年第 1 期,第 4—27 页。

第五章 干预实践：保护的责任应用的非一致性

内部流亡的去留问题；非盟建议停火，但对解决军事观察员和相应的军队问题，成员国缺少热情；非盟成员国存在分歧，尽管大多数国家希望卡扎菲以最低的伤害离任，但也有为数不多的领导人对他仍抱有同情，包括乌干达总统约韦里·穆塞韦尼和津巴布韦总统罗伯特·穆加贝；北约国家的反对从财政上和政治上造成了阻碍。①

在非盟试图解决利比亚危机时，美国、法国和英国推动安理会通过1973号决议。在安理会的三个非洲国家，加蓬、尼日利亚与南非都支持了该决议，这表明非盟试图呼吁停火，促进对话和政治改革，实现一个和平与可持续的解决方案。② 在利比亚危机之初，中国弃权，随后中国和非盟都认为北约对安理会1973号决议作了过度阐释。非洲国家反对单边与过度解释安理会决议，担忧安理会成员国根据一己之愿阐释协议，追求执行特定议事日程，使非洲未来可能有遭受外部干预的风险。③ 非盟的一致意见是通过包容性转型，利比亚过渡到民主政权，卡扎菲和平地退至一旁。非盟高级别特设委员会的五国首脑试图斡旋停火和在利比亚实现一个谈判性的政治解决方案，但他们的立场被西方领导人和利比亚"全国过渡委员会"拒绝。非盟对北约以及"过渡委员会"在利比亚追求实现政权变化的担忧被国际社会置若罔闻。④

---

① Alex de Waal, "'My Fears, Alas, Were Not Unfounded': Africa's Responses to the Libya Conflict", in Aidan Hehir Robert Murray ed., *Libya, the Responsibility to Protect and the Future of Humanitarian Intervention*, London: Palgrave Macmillan, 2013, pp.58-82.
② Alex de Waal, "'My Fears, Alas, Were Not Unfounded': Africa's Responses to the Libya Conflict", in Aidan Hehir Robert Murray ed., *Libya, the Responsibility to Protect and the Future of Humanitarian Intervention*, London: Palgrave Macmillan, 2013, pp.58-82.
③ Alex de Waal, "'My Fears, Alas, Were Not Unfounded': Africa's Responses to the Libya Conflict", in Aidan Hehir Robert Murray ed., *Libya, the Responsibility to Protect and the Future of Humanitarian Intervention*, London: Palgrave Macmillan, 2013, pp.58-82；李丽：《保护的责任与安理会强制性干预决议》，《战略决策研究》2017年第1期，第4—27页。
④ Alex de Waal, "'My Fears, Alas, Were Not Unfounded': Africa's Responses to the Libya Conflict", in Aidan Hehir Robert Murray ed., *Libya, the Responsibility to Protect and the Future of Humanitarian Intervention*, London: Palgrave Macmillan, 2013, pp.58-82.

在叙利亚问题上,中国中东问题特使吴思科在接受采访时说道,"10月底,我访问叙利亚,基调就是鼓励叙利亚要积极响应阿盟的倡议。阿盟是中东地区重要的组织,而叙利亚是阿盟成员国,(虽然目前叙利亚被阿盟暂停成员国资格),在阿盟框架内解决问题,是一个很好的方式。"①虽然在叙利亚问题上,中国明确表态充分尊重区域组织的立场,但与非盟等在利比亚问题上的一致立场不同,在叙利亚问题上,区域组织的态度十分复杂,内部充满分歧。

与叙利亚问题相关的区域组织包括伊斯兰合作组织(OIC)、阿拉伯国家联盟(LAS)、海湾合作组织(GCC)。

首先,就伊斯兰合作组织而言,该组织成员国遍布四大洲,坚定地遵守国家主权和不干预内政原则。但在利比亚问题上,OIC对不干预内政原则有所妥协,这源于利比亚在组织内部缺少强大的盟友支持,卡扎菲的国际孤立地位,以及军事干预成功的可能性非常大。因而,OIC很早就呼吁在利比亚采取行动,要求安理会履行保护平民的责任,但北约行动之后,组织内的一些成员国也宣称北约超越授权,攻击卡扎菲的力量。

在叙利亚问题上,该组织成员国的立场高度分歧。在内战期间,OIC谴责反对派和政府军的暴力,呼吁谈判和达成政治和解,尊重叙利亚的主权和领土完整。由于叙利亚与一些邻国关系较好,在组织内部有强大的伙伴——伊朗,以及成员国对干预成功的可能性评估不同,因而,OIC从来没有提倡军事干预叙利亚。此外,西方国家军事干预利比亚也使成员国担忧西方国家会合法化对他国内政的干预。OIC没有要求成员国制裁叙利亚,也未承认反对派中的全国联盟作为叙利亚人民的合法代表,只是终止了叙利亚的成员国身份。总体而言,OIC对待叙利亚问题更加谨慎,未公开发表宣言呼吁阿萨德下台或军事干预。虽然该组织谴责叙利亚的暴力冲突,但由于成员国利益相互冲突、组织的

---

① 杭州日报.叙利亚不是利比亚. http://hzdaily.hangzhou.com.cn/dskb/html/2011-12/11/content_1186505.htm,2011-12-11.

第五章 干预实践:保护的责任应用的非一致性

制度脆弱等因素,该组织始终拒绝执行保护的责任的支柱三。①

其次,阿盟有 22 个成员国,成员国在政治和宗教方面差异较大。由于组织内部的差异,在外交与军事上,阿盟缺乏做出明确的政治决策的能力,但它在低级政治方面取得了不错的成绩。② 2011 年 11 月,就叙利亚问题,阿盟官员举行谈判,达成和平计划并发表声明。阿盟协议的内容包括保护平民和终止暴力行动,呼吁政府终止针对平民的行为,释放被逮捕人员,同时允许阿盟官员、人权团体、阿拉伯和国际媒体进入等。该计划为叙利亚所接受。③ 但随后阿盟宣布叙利亚违背承诺,并中止叙利亚代表团参加阿盟及相关机构的活动,直至叙利亚政府全面执行阿盟的倡议。此外,阿盟还对叙利亚进行制裁,包括禁止叙领导人出境、冻结他们资产等。但在 12 月,叙利亚表示接受阿盟派遣的观察员。阿盟观察团先遣队进驻叙利亚,以调查叙利亚政府对和平倡议的执行状况。2012 年 1 月,鉴于叙利亚日益增多的暴力事件,阿盟决定暂时中止在叙利亚的观察团行动。④ 在 1 月下旬,阿盟提出第二份倡议,要求叙利亚总统移交政权,开启政治过渡。阿盟秘书长等高官在 2 月初赴安理会,游说各国支持谴责叙利亚的决议。随后阿盟外长会呼吁建立联合国—阿盟维和部队,进驻叙利亚维稳。⑤

---

① Melinda Negron-Gonzales, "Organization of Islamic Cooperation", in Daniel Silander, Don Wallace ed., *International Organizations and the Implementation of the Responsibility to Protect*, London & New York: Routledge, 2015, pp.90-109;李丽:《保护的责任与安理会强制性干预决议》,《战略决策研究》,2017 年第 1 期,第 4—27 页。
② Alan Patterson and Craig McLean, "League of Arab States", in Daniel Silander, Don Wallace ed., *International Organizations and the Implementation of the Responsibility to Protect*, London & New York: Routledge, 2015, pp.110-122.
③ "叙利亚接受阿盟所提和平计划将从城区全面撤军",中新网,http://www.chinanews.com/gj/2011/11-03/3434264.shtml,2011-11-3.
④ Alan Patterson and Craig McLean, "League of Arab States", in Daniel Silander, Don Wallace ed., *International Organizations and the Implementation of the Responsibility to Protect*, London & New York: Routledge, 2015, pp.110-122.
⑤ "阿盟在叙利亚问题上内部争议加大",新华网,http://news.xinhuanet.com/world/2012-02/20/c_111542358.htm,2012-2-20。

利比亚内战爆发后,阿盟呼吁设立禁飞区,随后安理会通过决议,西方国家与部分海湾国家开展空袭。阿盟关于利比亚的决定在道义上支持了北约的干预行为。这也说明了当成员国偏好一致时,阿盟才会采取行动。但在对叙问题上,阿盟内部分歧难以消弭。一方面,出于教派和地缘政治考虑,海合会国家希望推倒叙政权,卡塔尔、沙特等国一直要求将叙问题提交联合国,径自撤回驻叙使节和阿盟观察团中的本国成员;另一方面,非海合会国家以沉默居多,2011年11月底,阿盟对叙制裁进行表决,叙邻国黎巴嫩、伊拉克均投反对票,约旦亦持保留态度。① 虽然从表面来看,阿盟呼吁国际共同体在叙利亚采取行动,明确指出阿萨德政权对暴力和化学武器承担主要责任,但实质上,关于如何最好地解决危机,组织中两个最强大的国家埃及和沙特存有分歧。埃及强调应当依靠叙利亚内部势力解决危机,但沙特却更偏好军事干预的方法,尤其是试图劝服美国和借美国之力将阿萨德驱赶下台。沙特还公开为叙利亚反对派提供财政支持,强调抵消伊朗的区域影响力等。② 例如,在2015年召开的阿盟峰会上,沙特国王萨勒曼形容阿萨德政府"沾满鲜血",强调阿萨德的下台是解决叙利亚问题的前提。埃及总统塞西则坚持政治解决方案,认为当务之急是打击恐怖主义和防止叙利亚国家机器崩溃。虽然塞西没有明确提及阿萨德的去留问题,但他的立场是反对恐怖主义的任务优先于推翻阿萨德政权。③

因而,尽管中国呼吁在阿盟框架内解决叙利亚问题,但问题在于阿盟本身具有分歧,自相矛盾,中国也不能仅仅只看到沙特主导的态度而忽略另一方的立场。在叙利亚问题上,除了中国,俄罗斯也曾与阿盟达

---

① "阿盟在叙利亚问题上内部争议加大",新华网,http://news.xinhuanet.com/world/2012-02/20/c_111542358.htm,2012-2-20。
② Alan Patterson and Craig McLean, "League of Arab States", in Daniel Silander, Don Wallace ed., *International Organizations and the Implementation of the Responsibility to Protect*, London & New York: Routledge, 2015, pp.110-122.
③ 段九州:"同桌谈判,埃及和沙特却各有心思",观察者,http://www.guancha.cn/duanjiuzhou/2016_02_19_351511_s.shtml,2016-2-19。

第五章 干预实践：保护的责任应用的非一致性

成五点共识，包括：立即结束叙利亚境内暴力活动；中立地监督叙利亚局势；反对外国干涉；允许人道主义援助进入叙利亚；以及支持联合国特使安南进行斡旋。①

最后，虽然叙利亚不是海合会的成员国，但在叙利亚问题上，该组织也扮演了积极的角色。海合会最初呼吁政治改革，叙利亚政权与反政府势力进行谈判以及重组政治和市民社会体系。海合会成员国与叙利亚举行了多次外交谈话，并且对叙利亚政权提供了附加条件的经济援助以促成其政治改革。但随后海合会成员国放弃外交努力，呼吁对叙政权施加更大的政治压力。海合会六个成员国表明，它们对阿萨德政权的立场一致，承认反对派中的全国联盟为叙利亚的合法代表，呼吁安理会进行军事干预，认为安理会有干预的道德和法律义务。总体而言，海合会对阿萨德政权态度强硬，宣称阿萨德政权犯了大屠杀罪行，必须严惩，一致要求移除阿萨德政权，武装和经济支持叙利亚内部的反对派，指责伊朗和其他区域国家支持阿萨德。②

虽然海合会表达出了地缘与民族上的共性，但叙利亚问题也造成海合会的内部分裂。沙特与卡塔尔军事援助叙利亚境内的反对派，尤其是沙特一直希望推翻阿萨德政权。沙特对阿萨德政权的强硬立场既源于教派冲突、历史恩怨、地缘政治之争、石油管道铺设，也出于与伊朗竞争的考量。阿联酋、阿曼和科威特并不十分强调政权变化。阿曼一直与伊朗合作，在谈及阿萨德问题时，态度并非十分强硬。巴林担心，在叙利亚问题上，如果自己态度过于强硬，会有被伊朗攻击的威胁。由于俄罗斯支持阿萨德政权，即使海合会试图军事干预和移除阿萨德政权，它们也无法得到安理会的授权，只能武装叙利亚内部反对派的

---

① 中华人民共和国驻阿拉伯埃及共和国大使馆经济商务参赞处：https://www.www365887a.com/eg365887acom/article/ab/201203/20120308009573/，2012-3-12。
② Daniel Silander, "Gulf Cooperation Council", in Daniel Silander, Don Wallace ed., *International Organizations and the Implementation of the Responsibility to Protect*, London & New York: Routledge, 2015, pp.123-137.

力量。①

因而,在解决区域问题上,虽然中俄尤其是中国强调尊重区域组织的意见,呼吁区域组织和联合国一道发挥主导作用,但问题在于区域组织的成员国是否有一致立场。如果区域组织能够统一立场,那么它才有可能在危机应对中发挥作用;如若成员国之间自相矛盾,立场不一致,那么它对问题的解决也无济于事。

5. 对西方国家行动的担忧

尽管北约干预利比亚被用来证明道德考量在西方外交中占有重要位置,但实质上,人权保护并非是西方支持反对派的必要条件。对比西方国家在利比亚和巴林问题上的态度表明,现实主义思维主导西方决策。紧随突尼斯与埃及之后,巴林爆发了游行示威活动。该国占人口多数的什叶派穆斯林对执政的逊尼派政策表示不满,要求政府撤销部分针对他们的歧视性政策,提供体面的工作和生活,希望政府倾听民声,修改宪法和实施民主改革。随后,在海合会的支持下,来自沙特的千名士兵和阿联酋的数百名警察进驻巴林,帮助逊尼派镇压示威群众,平息持续一月有余的暴力冲突。②

国际危机组织(International Crisis Group: ICG)将巴林政府的行为描述为"报复运动(campaign of retribution)",ICG 注意到美国对暴力的批评相对温和,主要是姑息沙特皇室。时任美国国务卿希拉里·克林顿表示,巴林必须"马上采取措施",设法通过政治途径解决其面临的危机。西方对"阿拉伯之春"的应对立场并不一致。欧洲在阿拉伯世界具有双重利益,即抑制难民和确保油田的安全渠道。这些利益相较

---

① Daniel Silander, "Gulf Cooperation Council", in Daniel Silander, Don Wallace ed., *International Organizations and the Implementation of the Responsibility to Protect*, London & New York: Routledge, 2015, pp.123-137.

② "关注北非局势",联合国官网,http://www.un.org/zh/focus/northafrica/bahrain.shtml, 2022 年 9 月 4 日(上网时间)。

第五章 干预实践：保护的责任应用的非一致性

于人权更能主宰欧洲国家的政策。[1]

相较巴林，利比亚的待遇截然不同。北约的空袭超越安理会1973号决议的授权范围。虽以平民保护为名，北约行动的背后主导因素仍然是利益权衡：首先，卡扎菲长期的反帝反殖活动使其成为西方国家敌视的对象；其次，卡扎菲执政之初，将石油收归国有，实行经济自治等触碰了西方资本家的利益；再次，利比亚拥有丰富的石油、天然气等碳氢化合物资源为西方所垂涎；最后，亚欧一些新兴国家因素也成为西方对利比亚动武的原因，因为"这些国家近年来与利比亚政府签订了大额经济协议，在利比亚拥有广泛的投资项目和能源领域的密切合作。西方当前打击利比亚，自然会对这些新兴国家产生影响，使其遭到重大损失，遏制国内经济的增长。更为关键的是，西方利用强大的军事和政治力量在利比亚布局，既能有效阻止新兴国家对非洲的渗透和施加影响，也可以阻断其从利比亚获得石油供应"。[2]

那么北约对利比亚的干预是否获得了成功？从短期和军事视角来看，干预成功地移除了卡扎菲政权，西方国家似乎取得了成功。然而，不容忽略的是干预和大量武器的可获性为利比亚国内冲突火上浇油，造成邻国动乱。从长期来看，对利比亚的军事干预均带来极大的破坏性后果：

首先，从经济上来看，利比亚2010年的GDP是974.3亿美元。2011年GDP下滑较大，仅为379.7亿美元。2012年，利比亚进出口贸易基本恢复正常，GDP为817亿美元，人均GDP为12 700美元。然而，自2013年下半年起，由于各种武装组织和部落等封锁占领油田，利比亚石油产量骤减。2014年利比亚的国内生产总值较前一年再减少8%。此外，利比亚国内武装冲突不断，许多国外企业和员工纷纷撤离。

---

[1] Aidan Hehir, Robert Murray ed., *Libya, the Responsibility to Protect and the Future of Humanitarian Intervention*, London: Palgrave Macmillan, 2013, pp.5—6.

[2] 钟实编译：《西方为什么要打击利比亚》，《党建》2011年第6期，第62—63页。

利比亚的经济发展没有恢复到内战之前。①

其次,从政治形势来看,时隔多年之后,利比亚国内的动乱形势非但没有缓和,反而有加剧之势。利比亚的政治状况被概括为:"一个国家,两个政权,三股武装力量。两个政权一个是以图卜鲁格为基地的世俗派政权,另一个是以的黎波里为基地的伊斯兰政权。三股武装力量分别是属于世俗派政权的'尊严行动',伊斯兰政权的'利比亚黎明',以及以'伊斯兰国''基地'组织和'安萨尔旅'为代表的恐怖与极端组织。"②此外,各种武装组织林立,据中国驻利比亚商参处统计,主要武装组织包括:利比亚政府军、利比亚革命者行动局、国家安全局、反犯罪组织、石油设施卫队、利比亚国民军、利比亚之盾、津坦革命军事委员会、雷电部队、2.17革命旅、安萨尔旅。③

最后,利比亚动乱的政治形势使它成为恐怖主义新的温床。2014年夏天,在突袭伊拉克并占领大片地区的同时,ISIS开始挺进利比亚。截至2015年年底,在利比亚沿海7个城镇,ISIS建立武装组织。2015年9月底,俄罗斯在叙利亚境内开启反恐空袭。在俄罗斯与美国的双重打击下,ISIS开始进一步向利比亚转移。恐怖组织向利比亚转移的原因为:利比亚混乱无序,暴力乃是家常便饭;利比亚盛产石油,控制石油能够获得财源;距离欧洲近,易对欧洲进行袭击;地处非洲大陆,容易招募恐怖分子,例如马里和索马里等国的恐怖分子。④

西方的干预行为不仅出于利益计算,扩大了安理会的授权范围,而且从长期看,干预从各方面给利比亚带来重创。同时,干预利比亚证明

---

① "利比亚前宏观经济概况",中华人民共和国驻利比亚大使馆经济商务参赞处,http://ly.mofcom.gov.cn/article/ztdy/201407/20140700660249.shtml,2014-7-13。
② 唐见端,"利比亚为何成极端势力新温床",《文汇报》,2015年12月23日。
③ "利比亚武装组织知多少",VOA,https://www.voachinese.com/a/libya-armed-groups-20140730/1968202.html,上网时间:2022年9月4日。
中华人民共和国驻利比亚大使馆经济商务参赞处."利比亚各武装组织概况",http://ly.mofcom.gov.cn/article/ztdy/201407/20140700669547.shtml。
④ 唐见端,"利比亚为何成极端势力新温床",《文汇报》,2015年12月23日。

了在执行保护的责任时,WSO 文件以"因个案而异"代替 ICISS 报告中的干预标准是明智和符合时宜的,表明安理会对军事干预的授权应当只能成为例外,从不构成先例。① 在利比亚教训的基础上,中俄担心在叙利亚问题上,一旦自己同意授权或弃权,西方国家就再次会名正言顺地推翻叙利亚的既定政权。因而,西方在利比亚的军事行动及其带来的严重后果影响到中俄在叙利亚问题上的决定。

本 章 小 结

与人道主义干预一致,保护的责任试图解决的根本问题是:在他国内部发生大规模人道主义灾难时,国际社会是否以及如何进行强制性干预。针对此问题的解决,如同人道主义干预,保护的责任也没有确立自身的规范地位,也没有在实践中推动国际社会根据大规模人道主义灾难程度本身做出干预决定。案例分析可以揭示出两个概念的一致性。

第一节通过重构国内人道主义危机的样本,回答国内大规模人道主义灾难是否可以成为干预的充分条件或必要条件。文章的核心解释变量是国内冲突中的人道主义灾难程度。对人道主义灾难的测量,本文主要依据两个指标,难民数和被屠杀的人数。难民数量的数据来源为"被迫流离失所人群(Forced Displaced Populations)"数据库、联合国难民署(UNHCR)和《国际安全研究开源大数据·全球难民统计(2009—2014)》。由于人道主义灾难发生的背景也可以是族裔清洗或大屠杀,在这些危机中,尽管大规模的难民潮可能没有出现,但是也是严重的人道主义灾难,因而,本文引入的第二个指标是被屠杀人数。该

---

① Peter Hilpold ed., *Responsibility to Protect: A New Paradigm of International Law*, Leiden: Brill Nijhoff, 2015, p.26.

指标的数据来源为"政治不稳定任务力量(Political Instability Task Force: PITF)"的子数据库"大屠杀(Genocide/Politicide)"。

由于第一节主要关注在国内发生大规模人道主义灾难时,国际社会是否进行了军事干预,因此,第一节的被解释变量为国内冲突是否有经过安理会授权的强制性干预行动。虽然联合国维和行动并不属于国际社会采取的强制性举措,但是经由安理会授权的国际干预行动中,联合国维和属于高强度的介入,因而,本文将其纳入被解释变量的范畴内。军事干预的数据来源部分为皮克林(Pickering)的数据库,他的数据库更新了皮尔逊和鲍曼关于国际军事干预的原数据库;通过联合国官网的材料和文本阅读等方式,另一部分的缺失数据由作者填补而得。

通过对冷战后国内人道主义灾难和国际干预的案例的统计归纳,第一节揭示出人道主义灾难程度本身并不能成为国际干预的充分条件,甚至也并非是必要条件。相反,干预或许可能造成人道主义灾难的进一步恶化。国内人道主义灾难程度与国际干预并没有明显的相关关系说明,即使国内出现了保护的责任所规定的大屠杀、战争罪、反人类罪和族裔清洗,单凭这些罪行本身并不能确保外部干预的发生。国内人道主义灾难本身并不能成为国际干预的充分条件。相较于人道主义灾难本身,保护的责任的执行更多依赖于安理会达成一致意见授权强制性干预。安理会的授权需要五个常任理事国的妥协。五国的政策决策又受自身国家利益的推动。因而,人道主义灾难甚至并不是安理会授权的必要条件。正是如此,保护的责任仍可能重蹈人道主义干预的命运,无法解决根本问题。

第二节与第三节通过过程追踪,详细对比分析了利比亚和叙利亚冲突中的人道主义危机和国际干预。就人道主义灾难而言,以战争罪、反人类罪、族裔清洗和大屠杀为指标,在利比亚危机中,安理会的决议是利比亚局势可能构成反人类罪;在叙利亚危机中,联合国人权理事会提交的报告指出,反人类罪和战争罪正在叙利亚上演。以难民为指标衡量人道主义灾难,叙利亚产生了数百万难民;而2011年利比亚冲突产生数千名难民。从地区影响来说,在安理会出台决议和北约开始军

第五章　干预实践:保护的责任应用的非一致性

事行动之时,利比亚冲突的溢出效应表现为,在阿拉伯之春的背景下对周围国家的扩散。叙利亚危机则不同,不仅以教派、族群等为纽带将区域小国和大国卷入其中,还通过恐怖主义、难民等机制影响到全球的和平与稳定。以保护的责任适用的罪行,或《联合国宪章》第七章,或"在武装冲突中保护平民"为视角进行审视,相较于利比亚,叙利亚危机更需要国际社会的及时迅速应对。它是检验保护的责任支柱三更好的案例。然而,在叙利亚冲突中,虽然有国家卷入,但是它们的干预行动并没有获得安理会的授权。

通过两个案例之间的对比,理论上的预期应该是:出于人道主义关切,针对叙利亚危机,安理会应当迅速通过决议。然而,实际上,相较安理会在利比亚问题上迅速通过 1973 号决议,在叙利亚问题上,国际社会迟迟不能达成妥协与一致。在安理会决策中,中俄联手多次否决关于叙利亚问题的决议草案,以人道主义关切、利比亚/叙利亚的国内冲突概况、国家利益、区域组织和对英法行动的担忧作为分析维度,安理会的政策决策揭示,相较于人道主义灾难程度对安理会决策的推动,国际政治因素的考量占据主导。案例的全样本分析与利比亚与叙利亚危机的对比揭示:单纯出于人道主义动机和根据人道主义灾难程度,几乎无法将保护的责任的支柱三从言辞转化为行动。经过重新框定后,保护的责任虽然获得了国际社会的基本认同,但是它仍无法促成指引国家决策行为的根本逻辑的转变,即国家利益是国家外交决策的根本推动因素。

结论　保护的责任及其困境对我国外交的启发

一、西方干预话语的变迁与内在困境

冷战结束后，国内战争成为冲突的主要形式。国内战争中通常伴随着大规模的人道主义灾难。为了解决国内大规模人道主义危机中的平民和人权保护问题，在新世纪之初，保护的责任被提出，获得了国际社会的基本共识，体现为它被写入安理会与联合国大会的相关决议中。那么在解决国内大规模人道主义灾难的议题领域中，保护的责任是否能够确立规范地位，约束国家的行为，促使国际社会做出及时迅速的反应？这一直是广受关注的问题。为了公正评价保护的责任，以及预判它的规范化进程，本书以此为切入点，比较分析了保护的责任与人道主义干预的关系。

自保护的责任被提出以来，它与人道主义干预的关系一直是研究的重点。这方面的研究文献汗牛充栋，但基本围绕两种对立的观点展开。一种观点认为，保护的责任对人道主义干预实现了质的突破。本质的突破体现为：人道主义干预强调主权是一种权利，而保护的责任强调作为责任的主权。这种从权利到责任的重新框定使保护的责任获得了国际社会的基本认同，成为或正在成为一种国际规范。这种观点主要以保护的责任概念的提出者和推动者为代表，尤其是 ICISS 的成员。另一种观点认为，保护的责任与人道主义干预具有本质上的一致性。这种一致性体现为：同人道主义干预一样，保护的责任也是大国在人道主义的幌子下，隐藏国家利益，干预小国的借口。

上述两种观点各有优劣。本研究的基本观点认为,保护的责任与人道主义干预具有本质一致性,是"新瓶装旧酒"的关系,因而保护的责任实质上并未取得质的突破,它的规范化进程道阻且艰。但本研究的论述并不同于上述第二种观点。虽然上述第二种观点也认为保护的责任与人道主义干预是"新瓶装旧酒"的关系,但这种观点具有几点缺陷:首先,它没有厘清人道主义干预和异化了的新干涉主义的区别,认为人道主义干预就是新干涉主义,都是西方国家为了追求私利,干涉其他国家内政的借口。其次,正是由于对人道主义干预的误读,它将保护的责任等同于新干涉主义,因而未能回答为何国际社会接受了保护的责任。最后,它没有看到保护的责任的三个支柱与人道主义干预的关系不同。尽管与人道主义干预相同,保护的责任支柱三也容易被西方国家用作干涉他国内政的借口,进而可能走向异化,但支柱一强调主权国家对本国人民的责任,完全不同于异化了的人道主义干预。

鉴于传统"新瓶装旧酒"观点的缺陷,本研究致力于重解保护的责任与人道主义干预的关系。本书首先对人道主义干预正本溯源,指出人道主义干预的原意有别于被西方国家实践异化了的新干涉主义。上述强调人道主义干预与保护的责任的一致性的观点比较的对象是保护的责任与新干涉主义。本研究则是在人道主义干预原有含义的基础上比较它与保护的责任的关系。

人道主义干预的概念渊源可以追溯到中世纪的正义战争理念。1821年英法俄对希腊独立战争的干预被认为是人道主义干预的首例。然而,学界就此概念尚未做出统一的界定。在涉及干预标准、干预动机等具体问题上,学者们各持己见、分歧明显。尽管在具体的概念和标准设计上,仁者见仁智者见智,但学界都指出此概念本身蕴含了一种积极的价值理念,即对人之为人的尊重和保护,与此理念并行而进的是国际人权规范的确立与传播。

虽然人道主义干预本身追求的是一个积极的价值理念,但如今它却被贴上了消极的标签,被指责为是大国实现本国利益的借口,以及违反了当前基于主权规范的世界秩序。对比人道主义干预的原有价值理念和对之现有认知,人道主义干预发生了异化,演变成所谓的"新干涉主义"。人道主义干预的异化既源于实践中人们无法洞察和直视干预行动中是否真正蕴藏着人道主义动机,又源于人道主义干预的实践和后果。后者突出体现为冷战后西方国家标榜"人道主义干预"的旗号,以"人权高于主权"为名,肆意干预其他国家内政。

虽然人道主义干预发生异化,但是它试图解决的问题,即国际社会如何应对一些国家内部的大规模人道主义灾难,不仅没有得到缓解,反而在冷战后变得更加严重。这一方面源于冷战后国内冲突取代国家间战争成为冲突的主要表现形式。国内冲突通常又伴随着大规模的人道主义灾难;另一方面是因为冷战后经济相互依赖、全球问题等挑战了绝对的主权观,绝对主义的主权概念开始松动。这说明了以干预的形式解决国内人道主义灾难问题具有必要性和可能性。在人道主义干预被污名化的背景下,提出一个新的概念解决旧的问题仍属必要。在此背景下,保护的责任以"拯救者"的姿态出现。

保护的责任重新挖掘了主权概念中蕴含的责任维度。从主权概念的哲学起源来看,主权虽然意味着最高与独立,但是却并不意味着不受制约。主权应受其所服务的目的的制约,即保护生活在其下的人民,包括他们的生命权、财产权等。保护的责任被提出后经历了一个保守化的发展历程,体现在 ICISS 委员会所提出的绕开安理会对干预的授权,安理会五个常任理事国的行动准则等建议均被抛弃。虽然保护的责任以保守化发展换取了国际社会的基本共识,但是通过深入地剖析,人们会发现,这种共识是浅层面的,不具有牢固的基础,主要体现在:不同国家和主要的区域组织对保护的责任尤其是支柱三的立场区别明显。

国际社会对保护的责任支柱三无法形成共识,源于它与人道主义干预的本质一致性,即"新瓶装旧酒"的关系。"新瓶"的维度体现了保护的责任与人道主义干预的差异。这种差异主要体现在通过重新框定,保护的责任嵌入了既定的国际规范,获得了国际社会的基本共识。重新框定体现为:首先,保护的责任的支柱一和支柱二在既定的国际法中已有相关的规定。尽管如此,由于保护的责任包含三个支柱,因而就概念涉及的问题域而言,保护的责任比人道主义干预更宽广;其次,保护的责任将人道主义干预应对的大规模人道主义灾难具体化为四种罪行。最后,人道主义干预保留了绕过安理会进行干预的可能性,而保护的责任则将安理会的授权视作必要条件。

通过这种重新框定,保护的责任向国际共同体表明,它并不旨在挑战现有的国际秩序,尤其是主权原则。通过强调尊重主权和既定的国际规范,一些严格恪守主权原则的国家在保护的责任规范化进程中做出让步,愿意在此问题上保留进一步磋商的空间。相较于人道主义干预,保护的责任对国际规范的嵌入可以使自身获得合法性,更容易被国际社会接受,但这恰好说明了保护的责任创新性有限。保护的责任与人道主义干预的差异主要是形式上的。由于支柱一和支柱二在既定的国际规范中已经有相关的规定,因而在解决国内大规模人道主义危机时,保护的责任真正新颖之处在支柱三。而保护的责任支柱三与人道主义干预却具有本质一致性。本文对"旧酒"的解析就旨在澄清和分析人道主义干预与保护的责任支柱三的本质一致性。

两个概念的一致性体现在实践与理念两个维度中。从实践维度而言,两者都试图在解决国内大规模人道主义灾难的议题中,填补既有的规范缺失,确立自己的规范地位。在两者规范化的进程中,它们都需要处理主权和人权之间的竞争和紧张关系。由于人道主义干预和保护的责任支柱三都没有妥善解决此问题,它们没有成为法律和规范义务,而是演变为道德义务。在执行这种道德义务的过程中,人道主义干预和保护的责任面临两个根本的障碍,即干预主体的纯粹私利导向与干预意愿不足。干预主体的纯粹私利导向在实践中扭曲了人道主义干预和保护的责任的原意。国际社会的干预意愿不足导致一些人道主义灾难被国际社会遗忘。在将责任主体具体化的过程中,纯粹私利导向与意愿不足是国际社会面临的障碍。在确定具体的干预或责任主体时,国际社会缺少具体的机制以分配义务。

从理念维度而言,之所以人道主义干预和保护的责任支柱三未能妥善协调人权与主权的关系,演变为道德义务源于两个概念背后支撑理念的一致性。两个概念背后都是世界主义的理念，即一种伦理和道德的视角，该理念假设了一个以人为单位的共同体的存在。世界主义对主权边界的超越与现实世界中以主权国家为主要行为体构建的国际秩序相冲突。因而，人道主义干预与保护的责任支柱三的规范化会违背现有的国际秩序，两个概念的规范化进程道阻且长。

因此，保护的责任仅仅是人道主义干预的重新框定。虽然相比较人道主义干预，它的进步之处是被纳入了联合国大会与安理会的相关决议之中，但是它始终没有实现质的突破，即在解决主权国家内部的大规模人道主义灾难上，确立自身的法律规范地位，成为国际社会行动的主要规范性基础和推动力。

从理论上而言，保护的责任无法实现质的突破源于世界主义理念的局限性。世界主义理念本身面临双重挑战。从理念维度来说，世界主义忽略了集体身份构建中的自我-他者区分。无论是人道主义干预还是保护的责任，如果要实现真正的突破，使得拯救陌生人的举动不再是拯救他者，就需要打破当前这个以国家为基础构建而成的自我与他者界限，或者是使他者逐渐融入到自我之中，或者是建立起相互交错的共同体，共同体之间的界限有交叉，这样能使个人具有多重的归属感。然而，当前国际社会的主导建构依然强调个体对国家的忠诚。这种单一的忠诚模式容易导致个体通过自我与他者的区分来歧视他者，或者至少会过分强调自身的特性及与他者的差异。从实践维度来说，世界主义有时被某些国家用作推行自身全球战略的工具，它们可能使用武力，忽视了文明的多样性，对复杂的世界问题提出的解决方案往往缺乏包容性。

除了世界主义理念本身的缺陷，保护的责任无法实现根本推进也源于国家实践的双重标准。实践中的双重标准往往源于国际法体系内的一个核心矛盾：一方面，国际法强调国家主权的神圣不可侵犯，确保各国在其领土内享有最高权力；另一方面，国际法又明确规定了对人权的普遍保护，要求各国承担起保障公民基本权利的责任。这两者之间的平衡与协调问题，时常导致在实际操作中出现双重标准。《联合国宪章》既规定了主权与不干涉内政原则,也强调保护人权,但关键问题在于当有时某些主权国家成为本国内部人道主义灾难的来源时,主权与人权的关系孰先孰后,《联合国宪章》未给予明确说明。其次,人道主义干预和保护的责任也可能面临着合法性与合理性的冲突。《联合国宪章》规定只有在两种情形下,武力可以被使用,即自卫和经过安理会的授权。因而,如果为了应对主权国家内部的大规模人道主义灾难,而安理会不愿意做出授权,干预就面临着合法性与合理性之争。国际法内在的相互矛盾与安理会决策的政治导向产生了实践中的双重标准,阻碍了关于保护的责任的法律确信的形成。最后,在具体的实践中,国际政治行为体对保护的责任的态度分歧直接影响到了它的规范化进程的顺利展开。

从冷战后的国内人道主义灾难的样本分析中,可以窥探出保护的责任和人道主义干预的一致性。通过审视冷战后国内人道主义灾难的案例,本文发现,国内人道主义灾难的程度并不是国际干预的充分条件或必要条件。在许多大规模人道主义灾难的情形下,联合国应对不充分且无法满足对干预的需求。这种情形的出现,部分源于联合国自身实力有限,难以直接采取军事干预等措施;更关键的是,安理会常常因无法达成一致意见,而无法授权第三国或国家集团进行干预。因而,相较于人道主义灾难程度本身,保护的责任的执行更多依赖于安理会达成一致意见,授权强制性干预。否则,保护的责任在实践中仍然无法克服根本问题,沦落为口头上的言辞。

不仅通过全样本分析,而且通过利比亚与叙利亚正负面案例对比,本研究再次揭示了仅凭人道主义灾难程度本身并不能促成国际社会的强制性干预行动。首先,就人道主义灾难而言,如果以战争罪、反人类罪、族裔清洗和大屠杀为指标,在利比亚危机中,安理会的决议是利比亚情势可能构成反人类罪;而在叙利亚的冲突中,联合国人权理事会提交的报告指出,反人类罪和战争罪正在叙利亚上演。如果以难民为指标,利比亚危机在2011年产生数千难民,而叙利亚冲突产生数百万难民。就地区影响而言,在北约开始军事行动之前,利比亚冲突的溢出效应表现为在"阿拉伯之春"的背景下对周围国家的扩散。但叙利亚冲突不同,不仅以教派、族群等为纽带,将区域小国、大国卷入其中,而且通过恐怖主义和难民机制影响到全球的和平与稳定。

通过两个案例之间的对比,理论上的预期应该是:出于人道主义关切,无论是诉诸保护的责任支柱三还是"在武装冲突中保护平民",或是援引《联合国宪章》第七章,针对叙利亚危机,安理会应当迅速通过决议,然而实际上,相较于安理会在利比亚问题上迅速通过 1973 号决议,在叙利亚问题上,国际社会迟迟不能达成一致。两场危机的对比揭示,在一国国内发生大规模人道主义灾难时,保护的责任并不能动员国际社会采取行动,尤其是强制性干预,相较于人道主义灾难程度对安理会决策的推动,国际政治因素的考量占据主导。

保护的责任与人道主义干预的本质一致也影射了它的规范化进程并不可能顺利,甚至有重蹈人道主义干预命运的可能性。当下有几个迹象表明保护的责任亦有可能被扭曲:其一,虽然保护的责任被纳入联合国大会与安理会相关的文件中,但越来越多的国家开始强调保护的责任仍然只是一个概念,以及保护的责任被西方国家滥用以实现自己的私利。其二,叙利亚危机及其产生的大量难民并未得到解决。其三,与保护的责任同时被提出,以及作为保护的责任在实践中的体现,国际刑事法院受到越来越多国家的抵制,突出表现为原来一些已经加入国际刑事法院的国家,例如俄罗斯、布隆迪、冈比亚和南非等,纷纷退出国际刑事法院。

虽然保护的责任仍然有可能被扭曲,但不可忽视的是实践中国际社会如何应对主权国家内部的人道主义灾难问题仍然亟待解决,尤其是近年来人的安全的议题在联合国议程中逐渐凸显。在解决国内大规模人道主义灾难中的平民保护问题上,既然人道主义干预与保护的责任都无法成为规范动力去约束国际社会的行为,进而促使国际社会承担起相应义务,国际社会只能另谋他路,制定政策措施以解决国内大规模人道主义灾难中的平民保护问题。针对该问题,从政策举措上看,学界现有的建议如下:在联合国框架下建立独立军事力量;在国家间进行义务分配以应对干预意愿不足;建立约束干预主体的责任机制和鼓励干预主体之间的相互制衡。从理念上看,国际社会可以通过扩大"自我"的身份界限,鼓励自我-他者的互动,在个体之间建立相互交叉的忠诚感,培养个体"拯救陌生人"的意愿。

二、对中国外交的启示

针对保护的责任的探讨明显是集中在 21 世纪的前十五年,在人道主义干预走向异化,被滥用和"污名化"之后,西方社会提出了这一新的概念,希冀借此解决旧的问题。在该时期,中国学者的研究也基本上是为了剖析此概念,澄清西方社会的真实意图。而在这之后,学术上关于此概念的讨论也渐渐趋于平静,但实践中西方社会对他国内政的干预行为却从未消失。从西方干预话语的演变和实践来看,国际社会的话语权始终还是掌握在西方国家手里。他们操纵着话语,在自己可以以实力为后盾建立起规则后,推动话语的规范化进程,并由此促进规范的扩散。随着发展中国家的实力上升,西方国家在推动话语转向规范时,他们开始遇到不一样的声音。这些国家要么反对他们的话语框定,要么持犹豫的态度,希望对其加以修改。话语叙述的实质往往由背后的利益所构建。在西方话语与其反对者之间的竞争与辩论中,不同认知、观念与利益的博弈清晰可见。作为新兴大国,中国需深刻洞察西方推动干预话语及其变迁背后的意图与实践,这为我们外交策略的制定提供了几点重要启示:

(一)在维护主权国家间秩序的基础上尊重和保护人权

西方干预话语背后的一对竞争性理念是主权和人权。国际社会已经就主权和人权规范的重要性达成共识。各国争议的点可能是维护和促进这一对规范的最佳方式。正是如此,西方利用已经达成共识的规范以强调自身立场的公正性,以此站在道德的制高点上去对任何质疑其意图和立场的国家进行抹黑,通过强化所谓的黑白二分,即支持人权规范和反对人权规范,曲解其他国家的意图,借此将自己提出的话语上升为国际主导性叙事框架,并进而服务于自身的利益。因此,在面对西方不断提出并试图重新框定的干预话语时,我们必须坚定而明确地重申我们的立场:在坚决维护以主权为基础的国际秩序的同时,我们也同样重视并致力于尊重和保护人权。

其一,在这个维度上,我们必须坚定重申中国对主权及其衍生原则——"不干预内政"的尊重,这是《联合国宪章》不可或缺的基石。同时,我们也需与时俱进地阐释"不干预内政"原则,以应对时代的变迁。为此,我们必须有力反驳西方国家对中国坚持这一原则的普遍不满和质疑。这些质疑主要源自两个方面:一是国际规范的不断演进,特别是人权规范、安全威胁认知以及保护的责任等概念的兴起;二是国际社会对中国日益崛起的复杂反应,包括对中国应承担的责任、中国是否构成"威胁"以及中国实践的新认知。①

就第一个方面而言,西方国家恶意指责中国在非洲的不干预,把不干预恶意歪曲为纵容与默许专制与压迫。西方政客与媒体的片面指责和误解,往往基于对中国的战略意图和外交政策的偏见。在处理如苏丹达尔富尔问题等敏感议题时,中国政府一直秉持客观公正的态度,通过对话和协商寻求和平解决方案,而非盲目追随西方的立场。② 第二个方面主要表现为歪曲中国对全球治理的贡献,认为中国对全球治理的参与不足,对主要制度的人员、财力和观念贡献不多。③ 中国的崛起对全球治理的消极影响成为许多学术著作的主题。

针对上述两个方面的批评,中国既要继续强调和守护主权国家的基石,也要突出自己对国际社会和全球治理做出的贡献,例如中国在维

---

① 潘亚玲:《从捍卫式倡导到参与式倡导:试析中国互不干涉内政外交的新发展》,《世界经济与政治》2012年第9期,第45—57页。
② 袁武:《试论中国在非洲内部冲突处理中的作用——从"保护的责任"理论谈起》,《西亚非洲》2008年第10期,第58—62页。
③ Hongying Wang, Erik French, "China's Participation in Global Governance from a comparative Perspective", *Asia Policy*, no.15(2013), pp.89-114.

和和反恐问题上做出的贡献。中国将会根据具体的背景与情境对"不干预"做出解释。中国对不干预的外交姿态实质上非常具有灵活性,而且这种灵活性日益明显。自21世纪以来,中国对"不干预内政"原则的认知与实践已展现出显著的灵活性与深化。在坚持主权这一根本原则不动摇的基础上,中国开始更加积极地参与安理会的强制行动,勇于承担与自身原则、利益及实力相匹配的国际责任。作为新安全外交的重要组成部分,中国在维和、反恐等关键安全议题上,对主权与干预的权衡表现出更高的灵活度与务实精神。在全球化深入发展、经济相互依赖日益紧密的今天,中国对于主权和干预的看法与联合国前秘书长安南不谋而合。我们坚信,国家主权在最根本的意义上并未因全球化和国际合作的浪潮而有所动摇或削弱。中国在新安全外交的指引下,对主权与干预采取了更加灵活的策略,这一转变的根本目的在于缓和外部紧张局势,以更好地应对国内挑战;同时,向邻国展示日益强大的中国的和平发展意图,并通过平衡而非对抗的方式与美国相处,从而更有效地实现中国的国家利益。在此过程中,中国始终坚守维护国家主权的立场,严格遵守《联合国宪章》及其他国际条约所确立的主权原则。[1]例如在20世纪90年代的一些联合国授权案例中,中国明确表达了对武力使用和扩张的深切担忧。以1993年对索马里的干预为例,中国的主要关注点并非直接应对当地的军阀势力,而是担忧联合国在没有达成政治解决方案的情况下,过度依赖武力手段。中国认为,这种做法导致联合国力量很快卷入冲突,违背了维持中立的基本原则。同样,在波黑冲突中,中国对北约的行动持批评态度,认为其行动具有破坏性。即便是在上世纪90年代早期的柬埔寨行动中,尽管中国提供了大量士兵参与维和,但也对国际机构在执行命令时超出权限表示了担忧。[2]

---

[1] Bates Gill, *Rising Star: China's New Security Diplomacy*, Washington D.C.: Brookings Institution Press, 2007, pp.104-106.
[2] Bates Gill, *Rising Star: China's New Security Diplomacy*, Washington D.C.: Brookings Institution Press, 2007, pp.112-113.

其二，中国也需要突出对国际人权规范的参与和重视。在涉及是否对他国内部大规模人道主义灾难进行干预的问题上，中国持谨慎而负责任的态度。在尊重国家主权的前提下，对于确实需要国际援助的人道主义灾难，中国愿意伸出援手。这种援助主要基于两种情形：一是受灾国政府主动寻求国际社会的帮助，如2022年巴基斯坦发生大洪水时，政府坦言无法独自应对灾难，请求国际援助，中国对此积极响应，第一时间提供了帮助①；二是当人道主义灾难发生而所在国政府不愿意或无力邀请外来干预时，中国强调必须严格按照《联合国宪章》和既有国际法进行评估，确保行动合法合规。在此类情形下，中国采取了一种折衷之法，即尊重区域组织的立场。这一做法既源于《联合国宪章》赋予区域组织在解决问题中的角色，也体现了中国对区域组织充分尊重的态度，避免了不必要的干涉内政。通过这种方式，中国既展现了对国际人权规范的重视，又维护了国家主权和国际法的权威。

（二）重解和赋予西方话语"中国式"的内涵

虽然中国的和平共处五项原则，尤其是其中的不干预原则，影响到中国对保护的责任和人道主义干预等突破国家主权界限的规范和概念的接受，但是在这些概念和规范的扩散与内化进程中，如果中国只是消极被动而为，这并不能服务于中国的国家利益。相反，中国应当根据自己的利益去塑造和引领概念的规范化进程。虽然概念是西方的，但是概念的内涵解释却可以是中国的，中国可以按照自己的价值观、利益等赋予概念鲜活的内容。虽然我们要警惕陷入西方社会的话语陷阱，但是如果这个话语本身尚未定性，我们也可以按照自己的利益和国际社会的共同利益去塑造这个话语本身的内容。尤其是国内大规模人道主义灾难无疑是国际社会亟需应对的严峻挑战。这类灾难若得不到及时解决，不仅会危及所在区域的安全与稳定，还可能引发全球性的负面连

---

① "巴基斯坦洪灾肆掠，粮食署加大援助力度"，联合国，https://news.un.org/zh/story/2022/08/1108492，2022年9月4日（上网时间）。

锁反应。因此,中国作为负责任的大国,有义务也有能力帮助国际社会共同应对这一问题。保护的责任作为一个国际共识的概念,已得到众多国家的认同,并受到联合国的推崇,相关研究中心也相继成立。在此背景下,中国若一味反对或沉默不语,都非明智之举。反对可能使我们陷入孤立,而沉默则可能让西方国家按照自己的利益解读和操控这一话语。因此,中国应当积极赋予保护的责任新的内涵,强调在解决国内大规模人道主义灾难时,既要维护主权国家的利益,也要明确联合国的责任。我们主张在尊重国家主权的前提下,通过国际合作与协调,共同应对人道主义挑战,确保国际社会的和平与稳定。

国际权力之争不仅体现在硬实力和军事实力的较量上,也涉及软实力和影响力的比拼。当前,中国通过提出并践行具有前瞻性和包容性的理念,积极参与全球治理,这在对人道主义灾难问题的关注与应对上表现得尤为明显。随着国家间距离的拉近和相互依赖的加深,一国内部的人道主义灾难已成为国际社会亟须解决和克服的重大问题。中国在此问题上的积极作为,对维护世界和平与稳定具有积极意义。然而,话语与实践之间往往存在差距,国际法也面临着不同阐释和强制执行的问题。尽管一些国家推崇通过设立国际刑事法庭等机制来强制执行保护的责任,但仍有国家选择不加入这些机制。因此,中国外交在实践中需要灵活阐释这些规则,以更好地适应国际社会的复杂性和多样性。

(三) 提出自己的话语

针对西方提出的保护的责任的理念及其在实践中应用的不一致性,中国的学者和政府也可以提出自己的话语。近年来,有诸多学者提出了新颖的概念,试图表明中国如何平衡主权和人权规范的态度。王逸舟提出的"创造性介入"最具有代表性。创造性介入"讲的是一种新的积极态度,即在21世纪第二个十年到来之际,中国对国际事务要有更大参与的意识和手法"。[①] 与创造性介入有异曲同工之妙的是建设性

---

① 王逸舟:《创造性介入:中国外交新取向》,北京大学出版社2011年版,第21页。

干预或建设性介入。贺文萍在《"建设性干预"南苏丹彰显大国责任》一文中指出,在南苏丹的冲突中,中国没有僵化地遵循"不干涉内政"的原则,"更不是采取旁观和逃避责任的'不作为'政策。相反,中国政府在冲突爆发的第一时间即呼吁冲突双方保持冷静和克制,通过对话和谈判解决彼此间分歧。在积极支持非盟以及'东非政府间发展组织'开展调停斡旋工作的同时,中国政府还派出特使赴南苏丹及周边国家促和斡旋"。[1] 此外,还有学者提出"参与式倡导"与"协商介入"。"参与式倡导"意为中国"尝试通过主动参与而非被动卷入国际集体努力而不干涉他国内政,在参与国集体努力的过程中坚持不干涉内政"。[2] 中国"参与式倡导"的立场突出地体现在中国对利比亚、叙利亚危机的处理上,通过主导参与国际集体的努力,维护与执行不干涉内政原则。[3] "协商介入"的提出也旨在破解"不干涉内政"原则的内外困境。协商介入是指在"继承中国长期的协商民主政治基础上,强调通过政治和外交手段以平等对话、友好协商而非军事干涉的方式,在不破坏不干涉内政规范内核的同时积极介入、塑造他国内部事务"。[4]

在某种意义上,中国政府提出的新概念"人类命运共同体"承认了世界各国命运是紧密相连在一起。这说明中国政府具有解决人道主义灾难的情怀和诉求,体现为中国对联合国维和行动的积极支持,为国际社会的和平与稳定做出努力。然而,问题在于现实中,中国仅仅有行为是不充分的,也要有宣传,向国际社会表达中国的善意,说出中国的"故事",以对抗或驳斥西方媒体关于中国的消极言论和报道,这也要求中

---

[1] 贺文萍:《"建设性干预"南苏丹彰显大国责任》,海外网,http://opinion.haiwainet.cn/n/2014/0109/c353596-20138782.html,2014年1月9日。
[2] 潘亚玲:《从捍卫式倡导到参与式倡导:试析中国互不干涉内政外交的新发展》,《世界经济与政治》2012年第9期,第45—57页。
[3] 潘亚玲:《从捍卫式倡导到参与式倡导:试析中国互不干涉内政外交的新发展》,《世界经济与政治》2012年第9期,第45—57页。
[4] 李志永:《规范争论与协商介入:中国对不干涉内政规范的重塑》,《当代亚太》2015年第3期,第130—155页。

国政府关注他国内部的民众诉求。保护的责任的理念本身是好的,在对待保护的责任和驳斥西方国家的立场时,中国应当将两者相区别,指责西方国家对保护的责任的滥用,而不应驳斥理念本身,因为这种理念本身是各国人民的诉求,也与中国提出的"人类命运共同体"有异曲同工之妙。

(四)警惕西方干预话语的概念,尤其是将其用于指向中国的"利刃"

正如上文分析所揭示,保护的责任支柱三可能会重新落入人道主义干预的窠臼,演变成西方国家对外干预的借口。而这种干预背后隐藏的是国家利益动机。在中国和美西方关系出现裂痕,美西方开始孤立围堵中国之际,它们不仅可能会在域外拉拢盟友,组建小多边或多边国家集团,重拾集团政治的把戏针对中国,也可能会针对中国内部采取隐蔽行动,试图破坏中国社会的稳定与团结。这可以从近些年来中国的涉疆涉港问题上都有西方国家的身影中窥见。西方的媒体和国家故意扭曲、夸大和渲染中国国内的所谓的"人权"问题,对中国国内政治盲目地横加指责干涉。尤其是近年来,推崇保护的责任的一些研究机构在美国媒体和政府的渲染下,将中国的新疆问题摆在了所谓的"人权危机"之上,指责与干涉中国内政。保护的责任全球中心、国际联盟等都在2019年底开始无端关注并突出中国的涉疆问题。中国对此要严格警惕,不仅要在保护的责任的规范化进程中按照自己的利益重塑概念,而且一定要在既有的保护的责任的支柱三的适用,或其他国家援引保护的责任时严格把关,戳破西方国家的谎言,指责其干预实践的不连贯和不一致,干预背后的利益驱动。

在人道主义干预和保护的责任问题上,中国面临的最根本挑战是如何准确定位自身。身份决定利益,而中国在国际体系中拥有多重身份和复杂地位。历史上,中国曾被视作西方帝国主义的受害者、革命的堡垒、第三世界国家以及社会主义国家。近年来,中国又被定位为国际体系的利益攸关者、改革者以及负责任的大国。这些不同的身份定位,要求中国在国际舞台上展现出不同的行为模式。因此,中国应首先明确自身的定位和追求目标,进而在国际社会中表达出自己的主导态度。中国外交虽受国际规范发展和其他国家行为的影响,但其最主要的驱动力仍是中国自身实力的增长和利益的拓展。未来,在保护自身利益、强调自身发展的同时,中国也应致力于国际社会谋福祉。这必然会导致利益的交织。在这一过程中,中国既要坚守自己的原则,又需在实践中做出必要的妥协。这种妥协并非无原则的退让,而是基于公共利益的考量,有助于克服所谓的"意愿不足"问题。未来,中国外交应更加善于讲述自己的故事,树立负责任国家的形象,并在实践中坚持务实性和灵活性的原则。

三、小结

人道主义干预及其各种衍生形式的合法性与在世界政治中的规范性问题仍然是未来研究和探讨的一个重要主题。本书虽然力图在人道主义干预和保护的责任的比较上有所突破,并以此来窥视保护的责任的规范化进程,但本书仍然存在不足之处,体现在两个方面:(1)本书选用的是西方的数据库,西方的数据库暗含着他们的价值观偏见和判断,有可能根据自己国家的利益对其他国家国内是否发生了人道主义灾难做出判定,所以关于这方面的研究,未来一个很大的提升空间就是根据研究者自己或中国的判断制作出关于人道主义灾难和国际人道主义干预的数据库。(2)鉴于语言限制,本书的案例研究引用的主要是英文和中文文献,未能采用一手的阿拉伯语文献进行研究。

未来关于这一主题的研究仍然可以围绕一些问题或主题继续展开。首先,如果人道主义灾难,包括保护的责任所规定的四种罪行并不能成为国家干预的充分和必要条件,那么国家干预的动机是什么?是否可以找到一个较为普遍的国家行为标准,以及是否可以量化各种因素在国家干预中所扮演的角色和重要性?其次,保护的责任与人道主义干预的对比揭示了两者的一致性,这说明未来保护的责任的规范化

结论　保护的责任及其困境对我国外交的启发

进程举步维艰。但现实生活中,人道主义灾难却时有发生,因而如何应对或者如何未雨绸缪,对执行中可能遇到的障碍事先草拟出一个解决或者应对方案,推进保护的责任的规范化进程以解决实践中的人道主义灾难问题,值得关注。最后,中国式话语跟西方话语也会面临着确立规范地位的问题,中国应该如何提出一个能为国际社会共同利益服务,并被大家接受的话语,其中平衡了主权与人权规范,仍然值得学者们思考。

附录一　国内冲突中的人道主义灾难[①]

变量名称:(1) 序号:数据库观测值,观察值为国家-年(country-year)格式的混合数据,数据库涵盖的时间年限为 1964—2012,共有 901 个观测值;

(2) 国家:发生人道主义灾难的国家(人道主义灾难是在国内冲突的背景下发生,排除自然灾害、国际战争);

(3) 难民:人道主义灾难下中的难民数量;[②]

(4) 年:人道主义灾难发生的年份;

(5) 死亡人数:关于死亡人数的定序变量[针对一些种族灭绝(genocide)和政治屠杀(politicide)的案例]。其中:0 死亡人数少于 300;0.5 表示死亡人数为 300~1 000;1.0 为 1 000~2 000;1.5 为 2 000~4 000;2.0 为 4 000~8 000;2.5 为 8 000~16 000;3.0 为 16 000~32 000;3.5 为 32 000~64 000;4.0 为 64 000~128 000;4.5 为 128 000~256 000;5.0 为 256 000+。[③]

(6) NA:缺失值

[①] 本表格主要是根据数据库 Political Instability Task Forece, State Failure Problem Set,文中随后简称 PITF 所制成。Monty G. Marshall, Ted Robert Gurr, and Barbara Harff, Societal-Systems Research Inc, Vienna, VA: http://www.systemicpeace.org/inscrdata.html.

[②] 数据来源为 FORCIBLY DISPLACED POPULATIONS, 1964-2008. United States Committee for Refugees and Immigrants (USCRI), World Refugee Survey (Annual Series). Compiled by Monty G. Marshall, Center for Systemic Peace ＜www.systemicpeace.org＞。2009—2012 年的数据摘自联合国难民署(UNHCR)。

[③] 数据来源为 Political Instability Task Force(PITF)。

附录一 国内冲突中的人道主义灾难

序号	国家	年	难民	死亡人数
1	阿富汗	1978	0	3
2	阿富汗	1979	NA	3.5
3	阿富汗	1980	702	3.5
4	阿富汗	1981	1 519	3.5
5	阿富汗	1982	2 600	4
6	阿富汗	1983	3 304	4
7	阿富汗	1984	3 656	4.5
8	阿富汗	1985	3 486	4.5
9	阿富汗	1986	4 715	4
10	阿富汗	1987	5 715	4
11	阿富汗	1988	5 927	3.5
12	阿富汗	1989	5 934	3.5
13	阿富汗	1990	6 057	3.5
14	阿富汗	1991	6 601	3.5
15	阿富汗	1992	4 286	3.5
16	阿富汗	1993	3 430	
17	阿富汗	1994	2 835	
18	阿富汗	1995	2 328	
19	阿富汗	1996	2 629	
20	阿富汗	1997	2 622	
21	阿富汗	1998	2 600	
22	阿富汗	1999	2 560	
23	阿富汗	2000	3 600	
24	阿富汗	2001	4 500	
25	阿尔及利亚	1997	2	

(续表)

序号	国家	年	难民	死亡人数
26	阿尔及利亚	1998	40	
27	阿尔及利亚	1999	50	
28	阿尔及利亚	2000	50	
29	阿尔及利亚	2001	10	
30	阿尔及利亚	2002	10	
31	安哥拉	1975	NA	2
32	安哥拉	1976	631	2.5
33	安哥拉	1977	635	2.5
34	安哥拉	1978	1 505	2.5
35	安哥拉	1979	NA	2.5
36	安哥拉	1980	178	2.5
37	安哥拉	1981	18	2.5
38	安哥拉	1982	NA	2.5
39	安哥拉	1983	237	3
40	安哥拉	1984	301	3
41	安哥拉	1985	358	3
42	安哥拉	1986	376	3
43	安哥拉	1987	404	3.5
44	安哥拉	1988	396	3.5
45	安哥拉	1989	438	3.5
46	安哥拉	1990	436	3.5
47	安哥拉	1991	443	3
48	安哥拉	1992	404	3.5
49	安哥拉	1993	335	3.5
50	安哥拉	1994	344	3.5

(续表)

序号	国家	年	难民	死亡人数
51	安哥拉	1995	313	
52	安哥拉	1996	220	
53	安哥拉	1997	223	
54	安哥拉	1998	302	3
55	安哥拉	1999	340	3
56	安哥拉	2000	400	3
57	安哥拉	2001	445	3
58	安哥拉	2002	410	3
59	阿根廷	1976	0	1.5
60	阿根廷	1977	0	1.5
61	阿根廷	1978	0	1.5
62	阿根廷	1979	NA	1
63	阿根廷	1980	235	1
64	阿塞拜疆	1993	290	
65	阿塞拜疆	1994	374	
66	阿塞拜疆	1995	390	
67	阿塞拜疆	1996	238	
68	阿塞拜疆	1997	218	
69	孟加拉共和国	1975	NA	
70	孟加拉共和国	1979	NA	
71	孟加拉共和国	1987	50	
72	孟加拉共和国	1988	48	
73	孟加拉共和国	1989	50	
74	孟加拉共和国	1990	75	
75	孟加拉共和国	1991	65	

(续表)

序号	国家	年	难民	死亡人数
76	孟加拉共和国	1992	50	
77	波黑	1992	0	4
78	波黑	1993	0	4
79	波黑	1994	863	2.5
80	波黑	1995	906	3
81	布隆迪	1965	0	2
82	布隆迪	1972	47	4
83	布隆迪	1973	NA	3
84	布隆迪	1988	NA	2.5
85	布隆迪	1991	208	
86	布隆迪	1993	780	3.5
87	布隆迪	1994	330	
88	布隆迪	1995	290	
89	布隆迪	1996	285	
90	布隆迪	1997	248	
91	布隆迪	1998	281	
92	布隆迪	1999	310	
93	布隆迪	2000	420	
94	布隆迪	2001	375	
95	布隆迪	2002	400	
96	布隆迪	2003	355	
97	布隆迪	2004	482	
98	布隆迪	2005	439	
99	柬埔寨	1970	200	
100	柬埔寨	1971	200	

附录一 国内冲突中的人道主义灾难

（续表）

序号	国家	年	难民	死亡人数
101	柬埔寨	1972	200	
102	柬埔寨	1974	35	
103	柬埔寨	1975	NA	5
104	柬埔寨	1976	0	5
105	柬埔寨	1977	25	4.5
106	柬埔寨	1978	102	4
107	柬埔寨	1990	344	
108	柬埔寨	1991	393	
109	柬埔寨	1992	149	
110	柬埔寨	1993	36	
111	柬埔寨	1994	30	
112	柬埔寨	1995	26	
113	柬埔寨	1996	34	
114	柬埔寨	1997	77	
115	中非共和国	2001	22	
116	中非共和国	2002	15	
117	中非共和国	2003	41	
118	中非共和国	2006	30	
119	中非共和国	2007	41	
120	中非共和国	2008	73	
121	中非共和国	2009	98	
122	中非共和国	2010	122	
123	中非共和国	2011	160	
124	中非共和国	2012	162	
125	乍得	1970	2	

(续表)

序号	国家	年	难民	死亡人数
126	乍得	1971	2	
127	乍得	1972	2	
128	乍得	1974	2	
129	乍得	1975	NA	
130	乍得	1979	NA	
131	乍得	1980	9	
132	乍得	1981	396	
133	乍得	1982	NA	
134	乍得	1983	17	
135	乍得	1984	16	
136	乍得	1985	176	
137	乍得	1986	123	
138	乍得	1987	66	
139	乍得	1988	41	
140	乍得	1990	78	
141	乍得	1991	70	
142	乍得	1992	24	
143	乍得	1993	33	
144	乍得	1994	29	
145	乍得	2005	46	
146	乍得	2006	85	
147	乍得	2007	102	
148	乍得	2008	77	
149	乍得	2009	21	
150	乍得	2010	21	

(续表)

序号	国家	年	难民	死亡人数
151	智利	1973	NA	2
152	智利	1974	13	2
153	智利	1975	NA	1.5
154	智利	1976	28	1.5
155	哥伦比亚	1975	NA	
156	哥伦比亚	1979	NA	
157	哥伦比亚	1991	4	
158	哥伦比亚	2000	10	
159	哥伦比亚	2001	25	
160	哥伦比亚	2002	59	
161	哥伦比亚	2003	234	
162	哥伦比亚	2004	264	
163	哥伦比亚	2005	258	
164	哥伦比亚	2006	453	
165	哥伦比亚	2007	579	
166	哥伦比亚	2008	397	
167	哥伦比亚	2009	104	
168	哥伦比亚	2010	113	
169	哥伦比亚	2011	113	
170	哥伦比亚	2012	111	
171	刚果(布)	1997	40	
172	刚果(布)	1998	20	
173	刚果(布)	1999	25	
174	刚果(金)	1964	0	2
175	刚果(金)	1965	25	0

(续表)

序号	国家	年	难民	死亡人数
176	刚果(金)	1967	89	
177	刚果(金)	1977	0	1
178	刚果(金)	1978	0	2.5
179	刚果(金)	1979	NA	0.5
180	刚果(金)	1980	69	
181	刚果(金)	1981	277	
182	刚果(金)	1982	NA	
183	刚果(金)	1983	79	
184	刚果(金)	1984	82	
185	刚果(金)	1992	67	
186	刚果(金)	1993	79	
187	刚果(金)	1994	56	
188	刚果(金)	1995	59	
189	刚果(金)	1996	117	
190	刚果(金)	1997	132	
191	刚果(金)	1998	136	
192	刚果(金)	1999	240	
193	刚果(金)	2000	350	
194	刚果(金)	2001	355	
195	刚果(金)	2002	410	
196	刚果(金)	2003	440	
197	刚果(金)	2004	469	
198	刚果(金)	2005	451	
199	刚果(金)	2006	413	
200	刚果(金)	2007	364	

(续表)

序号	国家	年	难民	死亡人数
201	刚果(金)	2008	361	
202	刚果(金)	2009	455	
203	刚果(金)	2010	476	
204	刚果(金)	2011	491	
205	刚果(金)	2012	509	
206	科特迪瓦	2001	25	
207	科特迪瓦	2002	55	
208	科特迪瓦	2003	45	
209	科特迪瓦	2004	20	
210	科特迪瓦	2005	NA	
211	科特迪瓦	2011	154	
212	克罗地亚	1994	137	
213	克罗地亚	1995	200	
214	吉布提共和国	1993	7	
215	吉布提共和国	1994	10	
216	埃及	1999	3	
217	埃及	2011	7	
218	萨尔瓦多	1979	NA	
219	萨尔瓦多	1980	0	2.5
220	萨尔瓦多	1981	89	2.5
221	萨尔瓦多	1982	250	2.5
222	萨尔瓦多	1983	241	2
223	萨尔瓦多	1984	244	1.5
224	萨尔瓦多	1985	252	1
225	萨尔瓦多	1986	180	1

(续表)

序号	国家	年	难民	死亡人数
226	萨尔瓦多	1987	159	0.5
227	萨尔瓦多	1988	152	0.5
228	萨尔瓦多	1989	61	0
229	萨尔瓦多	1990	237	
230	萨尔瓦多	1991	24	
231	萨尔瓦多	1992	23	
232	赤道几内亚	1969	0	2
233	赤道几内亚	1970	0	2
234	赤道几内亚	1971	0	1.5
235	赤道几内亚	1972	0	0.5
236	赤道几内亚	1973	NA	0.5
237	赤道几内亚	1974	0	1
238	赤道几内亚	1975	NA	1.5
239	赤道几内亚	1976	0	2
240	赤道几内亚	1977	0	1
241	赤道几内亚	1978	0	1
242	赤道几内亚	1979	NA	1
243	埃塞俄比亚	1967	215	
244	埃塞俄比亚	1968	220	
245	埃塞俄比亚	1969	227	
246	埃塞俄比亚	1970	48	
247	埃塞俄比亚	1971	55	
248	埃塞俄比亚	1972	55	
249	埃塞俄比亚	1973	NA	
250	埃塞俄比亚	1974	52	

(续表)

序号	国家	年	难民	死亡人数
251	埃塞俄比亚	1975	NA	
252	埃塞俄比亚	1976	91	1
253	埃塞俄比亚	1977	91	1.5
254	埃塞俄比亚	1978	177	2
255	埃塞俄比亚	1979	NA	1.5
256	埃塞俄比亚	1980	1 529	
257	埃塞俄比亚	1981	1967	
258	埃塞俄比亚	1982	1 050	
259	埃塞俄比亚	1983	883	
260	埃塞俄比亚	1984	1 209	
261	埃塞俄比亚	1985	1 286	
262	埃塞俄比亚	1986	1 230	
263	埃塞俄比亚	1987	1 122	
264	埃塞俄比亚	1988	1 101	
265	埃塞俄比亚	1989	1 036	
266	埃塞俄比亚	1990	1 226	
267	埃塞俄比亚	1991	752	
268	埃塞俄比亚	1999	50	
269	埃塞俄比亚	2000	40	
270	埃塞俄比亚	2007	62	
271	埃塞俄比亚	2008	78	
272	埃塞俄比亚	2009	62	
273	埃塞俄比亚	2010	68	
274	埃塞俄比亚	2011	70	
275	埃塞俄比亚	2012	74	

(续表)

序号	国家	年	难民	死亡人数
276	格鲁吉亚	1991	NA	
277	格鲁吉亚	1992	130	
278	格鲁吉亚	1993	143	
279	格鲁吉亚	1998	23	
280	加纳	1994	5	
281	危地马拉	1973	NA	
282	危地马拉	1975	NA	
283	危地马拉	1979	NA	0.5
284	危地马拉	1980	0	0.5
285	危地马拉	1981	0	2
286	危地马拉	1982	NA	2
287	危地马拉	1983	20	3.5
288	危地马拉	1984	40	1.5
289	危地马拉	1985	48	1
290	危地马拉	1986	52	1
291	危地马拉	1987	48	0.5
292	危地马拉	1988	43	0.5
293	危地马拉	1989	59	0.5
294	危地马拉	1990	183	0.5
295	危地马拉	1991	47	1
296	危地马拉	1992	46	
297	危地马拉	1993	49	
298	危地马拉	1994	45	
299	危地马拉	1995	34	
300	危地马拉	1996	35	

附录一　国内冲突中的人道主义灾难

（续表）

序号	国家	年	难民	死亡人数
301	几内亚	2000	60	
302	几内亚	2001	100	
303	几内亚比绍	1998	11	
304	几内亚比绍	1999	4	
305	海地	1991	7	
306	海地	2004	20	
307	海地	2005	16	
308	海地	2006	15	
309	海地	2007	17	
310	洪都拉斯	1970	40	
311	洪都拉斯	1971	40	
312	洪都拉斯	1972	40	
313	洪都拉斯	1973	NA	
314	洪都拉斯	1974	40	
315	洪都拉斯	1975	NA	
316	洪都拉斯	1979	NA	
317	洪都拉斯	1990	12	
318	印度	1965	75	
319	印度	1966	500	
320	印度	1967	500	
321	印度	1968	500	
322	印度	1969	260	
323	印度	1970	260	
324	印度	1971	260	
325	印度	1972	260	

(续表)

序号	国家	年	难民	死亡人数
326	印度	1973	NA	
327	印度	1974	390	
328	印度	1975	NA	
329	印度	1979	NA	
330	印度	1990	8	
331	印度	1991	10	
332	印度	1996	13	
333	印度	1997	13	
334	印度	1998	22	
335	印度	1999	15	
336	印度	2000	17	
337	印度	2001	17	
338	印度	2002	39	
339	印度	2003	36	
340	印度	2004	12	
341	印度	2005	9	
342	印度	2006	11	
343	印度	2007	3	
344	印度	2008	3	
345	印度	2009	19	
346	印度	2010	17	
347	印度	2011	16	
348	印度	2012	9	
349	印度尼西亚	1965	0	5
350	印度尼西亚	1966	0	4.5

附录一　国内冲突中的人道主义灾难

(续表)

序号	国家	年	难民	死亡人数
351	印度尼西亚	1968	6	
352	印度尼西亚	1969	6	
353	印度尼西亚	1973	NA	
354	印度尼西亚	1975	NA	3.5
355	印度尼西亚	1976	0	3.5
356	印度尼西亚	1977	0	3
357	印度尼西亚	1978	3	3
358	印度尼西亚	1979	NA	2.5
359	印度尼西亚	1980	1	2.5
360	印度尼西亚	1981	1	2
361	印度尼西亚	1982	1	2
362	印度尼西亚	1983	0	2
363	印度尼西亚	1984	0	1.5
364	印度尼西亚	1985	11	1
365	印度尼西亚	1986	0	0.5
366	印度尼西亚	1987	0	1.5
367	印度尼西亚	1988	0	0
368	印度尼西亚	1989	0	0.5
369	印度尼西亚	1990	0	1.5
370	印度尼西亚	1991	7	0
371	印度尼西亚	1992	6	0.5
372	印度尼西亚	1993	9	
373	印度尼西亚	1997	8	
374	印度尼西亚	1998	8	
375	印度尼西亚	1999	8	

(续表)

序号	国家	年	难民	死亡人数
376	印度尼西亚	2000	6	
377	印度尼西亚	2001	5	
378	印度尼西亚	2002	12	
379	印度尼西亚	2003	24	
380	印度尼西亚	2004	24	
381	印度尼西亚	2005	44	
382	伊朗	1979	NA	
383	伊朗	1981	0	1.5
384	伊朗	1982	0	0.5
385	伊朗	1983	2	0.5
386	伊朗	1984	27	0.5
387	伊朗	1985	121	0.5
388	伊朗	1986	479	0.5
389	伊朗	1987	880	0
390	伊朗	1988	349	1.5
391	伊朗	1989	270	1
392	伊朗	1990	211	1
393	伊朗	1991	150	0.5
394	伊朗	1992	65	0.5
395	伊朗	1993	39	
396	伊拉克	1964	2	1.5
397	伊拉克	1965	2	1.5
398	伊拉克	1966	0	1.5
399	伊拉克	1968	0	1
400	伊拉克	1969	0	1.5

附录一 国内冲突中的人道主义灾难

(续表)

序号	国家	年	难民	死亡人数
401	伊拉克	1972	0	0.5
402	伊拉克	1973	NA	0.5
403	伊拉克	1974	80	2.5
404	伊拉克	1975	NA	2.5
405	伊拉克	1976	36	
406	伊拉克	1977	35	
407	伊拉克	1978	36	
408	伊拉克	1979	NA	
409	伊拉克	1980	31	
410	伊拉克	1982	NA	
411	伊拉克	1983	60	
412	伊拉克	1984	60	
413	伊拉克	1985	60	
414	伊拉克	1986	430	
415	伊拉克	1987	400	
416	伊拉克	1988	508	4
417	伊拉克	1989	508	4
418	伊拉克	1990	530	4
419	伊拉克	1991	718	3.5
420	伊拉克	1992	126	
421	伊拉克	1993	135	
422	伊拉克	1994	636	
423	伊拉克	1995	623	
424	伊拉克	1996	608	
425	伊拉克	1997	526	

(续表)

序号	国家	年	难民	死亡人数
426	伊拉克	1998	586	
427	伊拉克	2011	1 428	
428	伊拉克	2012	746	
429	以色列	1965	1 247	
430	以色列	1966	1 329	
431	以色列	1967	949	
432	以色列	1968	955	
433	以色列	1969	860	
434	以色列	1970	843	
435	以色列	1971	1 140	
436	以色列	1972	1 165	
437	以色列	1973	NA	
438	以色列	1974	1 558	
439	以色列	1975	NA	
440	以色列	1976	1 007	
441	以色列	1977	1 007	
442	以色列	1978	1 057	
443	以色列	1979	NA	
444	以色列	1980	1 093	
445	以色列	1981	1 152	
446	以色列	1982	1 196	
447	以色列	1983	1 209	
448	以色列	1984	1 265	
449	以色列	1985	1 308	
450	以色列	1986	1 350	

(续表)

序号	国家	年	难民	死亡人数
451	以色列	1987	1 394	
452	以色列	1988	1 428	
453	以色列	1989	1 473	
454	以色列	1990	1 518	
455	以色列	1991	1 561	
456	肯尼亚	1965	2	
457	肯尼亚	1966	2	
458	肯尼亚	1993	6	
459	肯尼亚	2009	9	
460	老挝	1973	NA	
461	老挝	1976	63	
462	老挝	1977	64	
463	老挝	1978	90	
464	老挝	1979	NA	
465	老挝	1980	NA	
466	老挝	1981	105	
467	老挝	1982	NA	
468	老挝	1983	76	
469	老挝	1984	74	
470	老挝	1985	95	
471	老挝	1986	91	
472	老挝	1987	78	
473	老挝	1988	79	
474	老挝	1989	69	
475	老挝	1990	67	

(续表)

序号	国家	年	难民	死亡人数
476	黎巴嫩	1975	NA	
477	黎巴嫩	1976	372	
478	黎巴嫩	1977	372	
479	黎巴嫩	1978	20	
480	黎巴嫩	1979	NA	
481	黎巴嫩	1980	3	
482	黎巴嫩	1990	110	
483	黎巴嫩	2008	2	
484	利比里亚	1990	730	
485	利比里亚	1991	662	
486	利比里亚	1992	599	
487	利比里亚	1993	701	
488	利比里亚	1994	784	
489	利比里亚	1995	725	
490	利比里亚	1996	755	
491	利比里亚	1997	475	
492	利比里亚	2000	200	
493	利比里亚	2001	215	
494	利比里亚	2002	280	
495	利比里亚	2003	384	
496	利比亚	2011	3	
497	马里	1990	21	
498	马里	1991	53	
499	马里	1992	81	
500	马里	1993	87	

（续表）

序号	国家	年	难民	死亡人数
501	马里	1994	115	
502	马里	1995	90	
503	马里	2012	149	
504	毛里塔尼亚	1975	NA	
505	毛里塔尼亚	1979	NA	
506	墨西哥	2006	6	
507	墨西哥	2007	9	
508	墨西哥	2008	11	
509	墨西哥	2009	6	
510	墨西哥	2010	7	
511	墨西哥	2011	7	
512	墨西哥	2012	8	
513	摩尔多瓦	1991	NA	
514	摩尔多瓦	1992	80	
515	摩洛哥	1975	NA	
516	摩洛哥	1976	20	
517	摩洛哥	1978	50	
518	摩洛哥	1979	NA	
519	摩洛哥	1980	50	
520	摩洛哥	1981	50	
521	摩洛哥	1982	50	
522	摩洛哥	1983	50	
523	摩洛哥	1984	165	
524	摩洛哥	1985	165	
525	摩洛哥	1986	165	

(续表)

序号	国家	年	难民	死亡人数
526	摩洛哥	1987	165	
527	摩洛哥	1988	165	
528	摩洛哥	1989	165	
529	莫桑比克	1984	44	
530	莫桑比克	1985	219	
531	莫桑比克	1986	349	
532	莫桑比克	1987	917	
533	莫桑比克	1988	1 147	
534	莫桑比克	1989	1 354	
535	莫桑比克	1990	1 427	
536	莫桑比克	1991	1 484	
537	莫桑比克	1992	1 725	
538	缅甸	1965	65	
539	缅甸	1966	85	
540	缅甸	1967	30	
541	缅甸	1968	30	
542	缅甸	1969	30	
543	缅甸	1970	30	
544	缅甸	1971	30	
545	缅甸	1972	30	
546	缅甸	1973	NA	
547	缅甸	1974	30	
548	缅甸	1975	NA	
549	缅甸	1978	0	2
550	缅甸	1979	NA	

附录一 国内冲突中的人道主义灾难

（续表）

序号	国家	年	难民	死亡人数
551	缅甸	1985	17	
552	缅甸	1990	51	
553	缅甸	1991	272	
554	缅甸	1992	334	
555	缅甸	1993	290	
556	缅甸	1994	203	
557	缅甸	1995	160	
558	缅甸	1996	184	
559	缅甸	1997	215	
560	缅甸	1998	238	
561	缅甸	1999	240	
562	缅甸	2000	380	
563	缅甸	2001	450	
564	缅甸	2002	510	
565	缅甸	2003	586	
566	缅甸	2004	692	
567	缅甸	2005	727	
568	缅甸	2006	693	
569	缅甸	2007	720	
570	缅甸	2008	754	
571	缅甸	2009	206	
572	缅甸	2010	215	
573	缅甸	2011	214	
574	缅甸	2012	215	
575	尼泊尔	2004	101	

(续表)

序号	国家	年	难民	死亡人数
576	尼泊尔	2005	202	
577	尼泊尔	2006	103	
578	尼加拉瓜	1979	NA	
579	尼加拉瓜	1982	NA	
580	尼加拉瓜	1983	12	
581	尼加拉瓜	1984	23	
582	尼加拉瓜	1985	43	
583	尼加拉瓜	1986	50	
584	尼加拉瓜	1987	55	
585	尼加拉瓜	1988	55	
586	尼加拉瓜	1989	90	
587	尼加拉瓜	1990	64	
588	尼日尔	1996	15	
589	尼日利亚	1967	0	4
590	尼日利亚	1968	0	5
591	尼日利亚	1969	41	5
592	尼日利亚	1970	0	2.5
593	尼日利亚	1997	1	
594	尼日利亚	2000	7	
595	尼日利亚	2001	10	
596	尼日利亚	2002	30	
597	尼日利亚	2003	39	
598	尼日利亚	2004	26	
599	尼日利亚	2005	19	
600	尼日利亚	2006	6	

(续表)

序号	国家	年	难民	死亡人数
601	尼日利亚	2007	3	
602	尼日利亚	2008	7	
603	尼日利亚	2009	12	
604	尼日利亚	2010	15	
605	尼日利亚	2011	16	
606	尼日利亚	2012	18	
607	阿曼	1971	0	5
608	阿曼	1973	NA	
609	阿曼	1975	NA	
610	巴基斯坦	1971	516	
611	巴基斯坦	1973	NA	1
612	巴基斯坦	1974	65	1.5
613	巴基斯坦	1975	NA	1
614	巴基斯坦	1976	0	0.5
615	巴基斯坦	1977	0	0.5
616	巴基斯坦	1987	258	
617	巴基斯坦	1990	250	
618	巴基斯坦	1991	260	
619	巴基斯坦	2001	10	
620	巴基斯坦	2002	10	
621	巴基斯坦	2003	21	
622	巴基斯坦	2004	15	
623	巴基斯坦	2005	10	
624	巴基斯坦	2006	10	
625	巴基斯坦	2007	7	

(续表)

序号	国家	年	难民	死亡人数
626	巴基斯坦	2008	17	
627	巴基斯坦	2009	35	
628	巴基斯坦	2010	33	
629	巴基斯坦	2011	33	
630	巴基斯坦	2012	33	
631	巴布亚新几内亚	1994	3	
632	巴布亚新几内亚	1995	1	
633	巴布亚新几内亚	1996	1	
634	巴布亚新几内亚	1997	1	
635	菲律宾	1972	0	2
636	菲律宾	1973	NA	2.5
637	菲律宾	1974	0	2.5
638	菲律宾	1975	NA	2.5
639	菲律宾	1976	0	2
640	菲律宾	1979	NA	
641	菲律宾	1980	90	
642	菲律宾	1982	NA	
643	菲律宾	1984	90	
644	菲律宾	1985	90	
645	菲律宾	1987	90	
646	菲律宾	1988	90	
647	菲律宾	1998	45	
648	菲律宾	1999	45	
649	菲律宾	2000	57	
650	菲律宾	2001	57	

附录一　国内冲突中的人道主义灾难

（续表）

序号	国家	年	难民	死亡人数
651	菲律宾	2002	59	
652	菲律宾	2003	59	
653	菲律宾	2004	66	
654	菲律宾	2005	68	
655	菲律宾	2006	69	
656	菲律宾	2007	71	
657	菲律宾	2008	72	
658	俄罗斯	2000	38	
659	俄罗斯	2001	18	
660	俄罗斯	2002	59	
661	俄罗斯	2008	19	
662	俄罗斯	1995	10	
663	俄罗斯	1996	6	
664	俄罗斯	1999	23	
665	俄罗斯	2003	49	
666	俄罗斯	2004	39	
667	俄罗斯	2005	26	
668	俄罗斯	2006	26	
669	俄罗斯	2009	19	
670	俄罗斯	2010	108	
671	俄罗斯	2011	109	
672	俄罗斯	2012	110	
673	卢旺达	1964	159	0
674	卢旺达	1990	511	
675	卢旺达	1991	511	

(续表)

序号	国家	年	难民	死亡人数
676	卢旺达	1992	202	
677	卢旺达	1993	275	
678	卢旺达	1994	1 715	5
679	卢旺达	1995	1 545	
680	卢旺达	1996	257	
681	卢旺达	1997	43	
682	卢旺达	1998	12	
683	卢旺达	2001	60	
684	塞内加尔	1992	15	
685	塞内加尔	1993	18	
686	塞内加尔	1994	17	
687	塞内加尔	1995	17	
688	塞内加尔	1996	17	
689	塞内加尔	1998	10	
690	塞内加尔	1999	10	
691	塞尔维亚和黑山共和国	1998	145	1
692	塞尔维亚和黑山共和国	1999	390	2.5
693	塞拉利昂	1991	181	
694	塞拉利昂	1992	200	
695	塞拉利昂	1993	260	
696	塞拉利昂	1994	260	
697	塞拉利昂	1995	363	
698	塞拉利昂	1996	350	
699	塞拉利昂	1997	297	
700	塞拉利昂	1998	480	

附录一　国内冲突中的人道主义灾难

（续表）

序号	国家	年	难民	死亡人数
701	塞拉利昂	1999	460	
702	塞拉利昂	2000	400	
703	塞拉利昂	2001	185	
704	所罗门群岛	2000	NA	
705	所罗门群岛	2001	NA	
706	所罗门群岛	2002	NA	
707	所罗门群岛	2003	NA	
708	索马里	1988	350	3
709	索马里	1989	389	1.5
710	索马里	1990	456	1
711	索马里	1991	718	0.5
712	索马里	1992	865	
713	索马里	1993	491	
714	索马里	1994	457	
715	索马里	1995	480	
716	索马里	1996	467	
717	索马里	1997	486	
718	索马里	1998	421	
719	索马里	1999	425	
720	索马里	2000	370	
721	索马里	2001	300	
722	索马里	2002	300	
723	索马里	2003	277	
724	索马里	2004	325	
725	索马里	2005	328	

（续表）

序号	国家	年	难民	死亡人数
726	索马里	2006	410	
727	索马里	2007	504	
728	索马里	2008	530	
729	索马里	2009	568	
730	索马里	2010	770	
731	索马里	2011	1 075	
732	索马里	2012	1 136	
733	南非	1984	23	
734	南非	1985	28	
735	南非	1990	40	
736	南非	1991	28	
737	南非	1992	11	
738	南非	1993	11	
739	南苏丹	2011	491	
740	南苏丹	2012	558	
741	斯里兰卡	1985	50	
742	斯里兰卡	1986	125	
743	斯里兰卡	1987	125	
744	斯里兰卡	1988	92	
745	斯里兰卡	1989	103	3
746	斯里兰卡	1990	228	1
747	斯里兰卡	1991	210	
748	斯里兰卡	1992	181	
749	斯里兰卡	1993	107	
750	斯里兰卡	1994	104	

（续表）

序号	国家	年	难民	死亡人数
751	斯里兰卡	1995	96	
752	斯里兰卡	1996	100	
753	斯里兰卡	1997	100	
754	斯里兰卡	1998	126	
755	斯里兰卡	1999	110	
756	斯里兰卡	2000	110	
757	斯里兰卡	2001	144	
758	斯里兰卡	2002	155	
759	斯里兰卡	2003	106	
760	斯里兰卡	2004	88	
761	斯里兰卡	2005	79	
762	斯里兰卡	2006	109	
763	斯里兰卡	2007	107	
764	斯里兰卡	2008	123	0.5
765	斯里兰卡	2009	145	3.5
766	苏丹	1964	0	1
767	苏丹	1965	60	3
768	苏丹	1966	86	3.5
769	苏丹	1967	135	3.5
770	苏丹	1968	155	3.5
771	苏丹	1969	178	3.5
772	苏丹	1970	188	3.5
773	苏丹	1971	176	2.5
774	苏丹	1972	208	2.5
775	苏丹	1976	11	

(续表)

序号	国家	年	难民	死亡人数
776	苏丹	1983	5	3
777	苏丹	1984	39	3.5
778	苏丹	1985	72	3.5
779	苏丹	1986	111	3.5
780	苏丹	1987	205	4.5
781	苏丹	1988	355	5
782	苏丹	1989	435	4
783	苏丹	1990	499	4
784	苏丹	1991	202	4
785	苏丹	1992	263	4.5
786	苏丹	1993	373	4.5
787	苏丹	1994	510	4
788	苏丹	1995	448	4
789	苏丹	1996	434	4
790	苏丹	1997	353	4
791	苏丹	1998	352	4.5
792	苏丹	1999	420	3
793	苏丹	2000	460	2.5
794	苏丹	2001	440	2.5
795	苏丹	2002	475	2.5
796	苏丹	2003	600	4
797	苏丹	2004	704	4.5
798	苏丹	2005	671	3.5
799	苏丹	2006	648	3
800	苏丹	2007	540	2.5

(续表)

序号	国家	年	难民	死亡人数
801	苏丹	2008	424	3
802	苏丹	2009	348	1
803	苏丹	2010	379	1
804	苏丹(北)	2011	491	
805	苏丹(北)	2012	558	
806	叙利亚	1979	NA	
807	叙利亚	1981	0	2.5
808	叙利亚	1982	0	3
809	叙利亚	2011	19	
810	叙利亚	2012	728	
811	塔吉克斯坦	1992	52	
812	塔吉克斯坦	1993	153	
813	塔吉克斯坦	1994	165	
814	塔吉克斯坦	1995	170	
815	塔吉克斯坦	1996	216	
816	塔吉克斯坦	1997	32	
817	塔吉克斯坦	1998	15	
818	土耳其	1994	13	
819	土耳其	1995	15	
820	土耳其	1996	15	
821	土耳其	1997	11	
822	土耳其	1998	22	
823	土耳其	1999	31	
824	土耳其	2004	27	
825	土耳其	2005	21	

(续表)

序号	国家	年	难民	死亡人数
826	土耳其	2006	24	
827	土耳其	2007	16	
828	土耳其	2008	16	
829	土耳其	2009	145	
830	土耳其	2010	146	
831	土耳其	2011	139	
832	土耳其	2012	135	
833	乌干达	1971	0	3
834	乌干达	1972	4	3
835	乌干达	1973	NA	3
836	乌干达	1974	3	3
837	乌干达	1975	NA	3
838	乌干达	1976	41	3
839	乌干达	1977	39	3
840	乌干达	1978	18	3
841	乌干达	1981	188	3
842	乌干达	1982	NA	3
843	乌干达	1983	230	3
844	乌干达	1984	310	3.5
845	乌干达	1985	282	3.5
846	乌干达	1986	186	3.5
847	乌干达	1987	97	3
848	乌干达	1988	0	3
849	乌干达	1991	15	
850	乌干达	1992	15	
851	乌干达	1993	20	

附录一 国内冲突中的人道主义灾难

（续表）

序号	国家	年	难民	死亡人数
852	乌干达	1994	15	
853	乌干达	1995	10	
854	乌干达	1996	15	
855	乌干达	1997	10	
856	乌干达	1998	12	
857	乌干达	1999	15	
858	乌干达	2000	20	
859	乌干达	2001	20	
860	乌干达	2002	25	
861	乌干达	2003	28	
862	乌干达	2004	29	
863	乌干达	2005	35	
864	乌干达	2006	26	
865	苏联	1990	NA	
866	越南(北)	1964	900	
867	越南(北)	1965	940	
868	越南(北)	1966	40	
869	越南(北)	1967	60	
870	越南(北)	1968	60	
871	越南(北)	1969	60	
872	越南(北)	1970	40	
873	越南(北)	1971	40	
874	越南(北)	1972	50	
875	越南(北)	1973	NA	
876	越南(北)	1974	50	
877	越南(北)	1975	NA	

(续表)

序号	国家	年	难民	死亡人数
878	越南(南)	1964	900	
879	越南(南)	1965	940	3.5
880	越南(南)	1966	40	3.5
881	越南(南)	1967	60	3.5
882	越南(南)	1968	60	3.5
883	越南(南)	1969	60	3.5
884	越南(南)	1970	40	3.5
885	越南(南)	1971	40	3.5
886	越南(南)	1972	50	3.5
887	越南(南)	1973	NA	3.5
888	越南(南)	1974	50	3.5
889	越南(南)	1975	NA	3.5
890	也门	2009	1	
891	也门	2011	2	
892	也门	2012	2	
893	也门(南)	1986	NA	
894	津巴布韦	1973	NA	
895	津巴布韦	1975	NA	
896	津巴布韦	1976	15	
897	津巴布韦	1977	20	
898	津巴布韦	1978	51	
899	津巴布韦	1979	NA	
900	津巴布韦	1984	4	
901	津巴布韦	1985	4	

附录二　人道主义灾难中的国际干预

变量界定:(1) 序号:数据库观测值,观察值为国家-年格式的混合数据,数据库涵盖的时间年限为 2005—2014,共有 151 个观测值;
(2) 国家:发生人道主义灾难的国家;
(3) 年:人道主义灾难发生的年份;
(4) 难民:人道主义灾难下中的难民数量,是本文的核心自变量之一;①
(5) 难民*:难民的定序变量;②
(6) 军事干预:因变量。③

---

① 数据来源为 FORCIBLY DISPLACED POPULATIONS(1964–2008),United States Committee for Refugees and Immigrants(USCRI),World Refugee Survey(Annual Series),由 Monty G. Marshall 整理 Center for Systemic Peace www.systemicpeace.org; 2009—2014 年的数据来自联合国难民署(UNHCR):http://www.unhcr.org/cgi-bin/texis/vtx/home,上网时间 2017-8-20;国际安全研究开源大数据·全球难民统计(2009—2014)[J]. 国际安全研究,2016,(1):152-160.
② 借鉴 PITF 数据库中对被屠杀人数的操作,将难民数转为定序变量:$0 <= 10\,000$、$1 = 10\,000 \sim 100\,000$、$2 = 100\,000 \sim 200\,000$、$3 = 200\,000 \sim 400\,000$、$4 = 400\,000 \sim 800\,000$、$5 >= 800\,000$。
③ 数据来源为 Pearson, Baumann, Pickering 的 International Military Intervention 的数据库;Major Episodes of Political Violence(MEPV2012n);PITF 数据库和联合国安理会决议。

序号	国家	年	难民	难民*	安理会授权与国际干预
1	埃及	2013	13	1	无干预
2	埃及	2014	16	1	无干预
3	埃塞俄比亚	2007	62	1	联合国埃塞俄比亚和厄立特里亚特派团
4	埃塞俄比亚	2008	78	1	联合国埃塞俄比亚和厄立特里亚特派团
5	埃塞俄比亚	2009	62.8	1	无干预
6	埃塞俄比亚	2010	68.8	1	无干预
7	埃塞俄比亚	2011	70	1	无干预
8	埃塞俄比亚	2012	75	1	无干预
9	埃塞俄比亚	2013	77	1	无干预
10	埃塞俄比亚	2014	87	1	无干预
11	巴基斯坦	2005	10	1	无干预
12	巴基斯坦	2006	10	1	无干预
13	巴基斯坦	2008	17	1	无干预
14	巴基斯坦	2009	35	1	无干预
15	巴基斯坦	2010	40	1	无干预
16	巴基斯坦	2011	36	1	无干预
17	巴基斯坦	2012	50	1	无干预
18	巴基斯坦	2013	49	1	无干预
19	巴基斯坦	2014	316	3	无干预
20	布隆迪	2005	439	4	联合国布隆迪行动
21	俄罗斯	2005	26	1	无干预
22	俄罗斯	2006	26	1	无干预

（续表）

序号	国家	年	难民	难民*	安理会授权与国际干预
23	俄罗斯	2008	19	1	美国的制裁
24	俄罗斯	2009	110	2	无干预
25	俄罗斯	2010	112	2	无干预
26	俄罗斯	2011	110	2	无干预
27	俄罗斯	2012	110.6	2	无干预
28	俄罗斯	2013	74	1	无干预
29	俄罗斯	2014	73	1	无干预
30	菲律宾	2005	68	1	无干预
31	菲律宾	2006	69	1	无干预
32	菲律宾	2007	71	1	无干预
33	菲律宾	2008	72	1	无干预
34	刚果（金）	2005	451	4	无干预
35	刚果（金）	2006	413	4	无干预
36	刚果（金）	2007	364	3	无干预
37	刚果（金）	2008	361	3	联合乌干达、苏丹南方政府对在东北部地区活动的"上帝抵抗军"采取军事行动。
38	刚果（金）	2009	456	4	根据两国协议，卢旺达派兵入境在东部围剿非法武装，行动结束后全部撤离。
39	刚果（金）	2010	476.7	4	联合国组织刚果民主共和国稳定特派团
40	刚果（金）	2011	491	4	联合国组织刚果民主共和国稳定特派团
41	刚果（金）	2012	509	4	联合国组织刚果民主共和国稳定特派团

(续表)

序号	国家	年	难民	难民*	安理会授权与国际干预
42	刚果(金)	2013	500	4	联合国组织刚果民主共和国稳定特派团
43	刚果(金)	2014	516.6	4	联合国组织刚果民主共和国稳定特派团
44	哥伦比亚	2005	258	3	无干预
45	哥伦比亚	2006	453	4	无干预
46	哥伦比亚	2007	579	4	无干预
47	哥伦比亚	2008	397	3	无干预
48	哥伦比亚	2009	390	3	无干预
49	哥伦比亚	2010	395.6	3	无干预
50	哥伦比亚	2011	396	3	无干预
51	哥伦比亚	2012	394	3	无干预
52	哥伦比亚	2013	397	3	无干预
53	哥伦比亚	2014	103	2	无干预
54	海地	2005	16	1	联合国海地维稳特派团
55	海地	2006	15	1	联合国海地维稳特派团
56	海地	2007	17	1	联合国海地维稳特派团
57	科特迪瓦	2011	155	2	联合国科特迪瓦行动
58	马里	2012	150	2	2012年3月马里首都部分军人叛变推翻杜尔特政府,经西非国家经济共同体调解,4月成立过渡政府。
59	马里	2013	153	2	联合国马里多层面综合稳定特派团
60	马里	2014	139	2	联合国马里多层面综合稳定特派团
61	缅甸	2005	727	4	以美国为首的西方国家对缅甸进行政治、军事、经济制裁。

(续表)

序号	国家	年	难民	难民*	安理会授权与国际干预
62	缅甸	2006	693	4	以美国为首的西方国家对缅甸进行政治、军事、经济制裁。
63	缅甸	2007	720	4	以美国为首的西方国家对缅甸进行政治、军事、经济制裁。
64	缅甸	2008	754	4	缅甸飓风,法国要求诉诸 R2P;西方国家对缅进行制裁。
65	缅甸	2009	406.7	4	以美国为首的西方国家对缅甸进行政治、军事、经济制裁。
66	缅甸	2010	415.7	4	以美国为首的西方国家对缅甸进行政治、军事、经济制裁。
67	缅甸	2011	415	4	以美国为首的西方国家对缅甸进行政治、军事、经济制裁。
68	缅甸	2012	415	4	以美国为首的西方国家对缅甸进行政治、军事、经济制裁。
69	缅甸	2013	480	4	以美国为首的西方国家对缅甸进行政治、军事、经济制裁。
70	缅甸	2014	224	3	以美国为首的西方国家对缅甸进行政治、军事、经济制裁。
71	墨西哥	2008	11	1	无干预
72	墨西哥	2014	11	1	无干预
73	南苏丹	2012	87	1	联合国南苏丹共和国特派团
74	南苏丹	2013	114	2	联合国南苏丹共和国特派团
75	南苏丹	2014	616	4	联合国南苏丹共和国特派团
76	尼泊尔	2005	202	3	无干预
77	尼泊尔	2006	103	2	无干预
78	尼日利亚	2005	19	1	无干预

(续表)

序号	国家	年	难民	难民*	安理会授权与国际干预
79	尼日利亚	2009	15.6	1	无干预
80	尼日利亚	2010	15.6	1	无干预
81	尼日利亚	2011	17	1	无干预
82	尼日利亚	2012	18	1	无干预
83	尼日利亚	2013	32	1	无干预
84	尼日利亚	2014	54.5	1	无干预
85	斯里兰卡	2005	79	1	无干预
86	斯里兰卡	2006	109	2	无干预
87	斯里兰卡	2007	107	2	无干预
88	斯里兰卡	2008	123	2	无干预
89	斯里兰卡	2009	145.7	2	无干预
90	苏丹	2005	671	4	联合国苏丹特派团;非盟在苏丹维和
91	苏丹	2006	648	4	联合国苏丹特派团;非盟在苏丹维和
92	苏丹	2007	540	4	联合国苏丹特派团;非盟/联合国苏丹达尔富尔混合行动
93	苏丹	2008	424	4	联合国苏丹特派团;非盟/联合国苏丹达尔富尔混合行动
94	苏丹	2009	368	3	联合国苏丹特派团;非盟/联合国苏丹达尔富尔混合行动
95	苏丹	2010	387	3	联合国苏丹特派团;非盟/联合国苏丹达尔富尔混合行动
96	苏丹	2013	500	4	非盟/联合国苏丹达尔富尔混合行动
97	苏丹	2014	567	4	非盟/联合国苏丹达尔富尔混合行动
98	苏丹(北)	2011	500	4	无干预

附录二　人道主义灾难中的国际干预

(续表)

序号	国家	年	难民	难民*	安理会授权与国际干预
99	索马里	2005	328	3	无干预
100	索马里	2006	410	4	埃塞俄比亚介入索内战,出兵打击伊斯兰青年党武装组织。
101	索马里	2007	504	4	安理会授权非盟组建维和部队,帮助索过渡政府稳定局势。
102	索马里	2008	530	4	非盟索马里特派团
103	索马里	2009	678.3	4	非盟索马里特派团
104	索马里	2010	770	4	非盟索马里特派团
105	索马里	2011	1 077	5	乌干达斡旋与《坎帕拉协议》的达成;非盟索马里特派团
106	索马里	2012	1 137	5	非盟驻索马里特派团
107	索马里	2013	1 122	5	非盟驻索马里特派团
108	索马里	2014	1 106	5	非盟驻索马里特派团
109	土耳其	2005	21	1	无干预
110	土耳其	2006	24	1	无干预
111	土耳其	2007	16	1	无干预
112	土耳其	2008	16	1	无干预
113	土耳其	2009	146.4	2	无干预
114	土耳其	2010	147	2	无干预
115	土耳其	2011	140	2	无干预
116	土耳其	2012	135	2	无干预
117	土耳其	2013	67	1	无干预
118	土耳其	2014	64	1	无干预
119	乌干达	2005	35	1	无干预

(续表)

序号	国家	年	难民	难民*	安理会授权与国际干预
120	乌干达	2006	26	1	无干预
121	叙利亚	2011	20	1	欧盟宣布制裁叙总统;俄罗斯军舰进入叙塔尔图斯港水域;美国"乔治·布什"号航母驶入叙邻近海域,俄罗斯航母赴叙;阿盟先遣特派团抵叙等。
122	叙利亚	2012	729	4	欧盟外长作出决议,再次扩大对叙的制裁;联叙监督团。
123	叙利亚	2013	2 468	5	黎巴嫩真主党参战,海合会、阿盟等援助自由军;联合国调查叙利亚化武和人权状况;联合国-阿盟叙利亚危机联合特别代表抵叙展开斡旋工作。
124	叙利亚	2014	3 866	5	以美国为首的多国部队为打击ISIL在叙利亚境内开展活动。
125	伊拉克	2011	1 428	5	无干预
126	伊拉克	2012	746	4	无干预
127	伊拉克	2013	401	4	无干预
128	伊拉克	2014	370	3	美国派遣军事顾问团,后实施定点空袭和情报搜集。
129	印度	2006	11	1	无干预
130	印度	2009	19.5	1	无干预
131	印度	2010	17.8	1	无干预
132	印度	2011	16	1	无干预
133	印度	2012	14	1	无干预
134	印度	2013	11	1	无干预
135	印度	2014	10	1	无干预

(续表)

序号	国家	年	难民	难民*	安理会授权与国际干预
136	印度尼西亚	2005	44	1	无干预
137	乍得	2005	46	1	法国为逃亡至乍得的苏丹难民提供人道主义援助和保护。
138	乍得	2006	85	1	无干预
139	乍得	2007	102	2	联合国中非和乍得特派团
140	乍得	2008	77	1	联合国中非和乍得特派团
141	乍得	2009	55	1	联合国中非和乍得特派团
142	乍得	2010	53.7	1	联合国中非和乍得特派团
143	中非共和国	2006	30	1	无干预
144	中非共和国	2007	41	1	联合国中非和乍得特派团
145	中非共和国	2008	73	1	联合国中非和乍得特派团
146	中非共和国	2009	160	2	联合国中非和乍得特派团
147	中非共和国	2010	165	2	联合国中非和乍得特派团
148	中非共和国	2011	163	2	无干预
149	中非共和国	2012	164.6	2	非盟等进行调解;联合国宣布撤出所有非必要人员。
150	中非共和国	2013	253	3	非盟主导的国际支助团及法国军队保护平民和维护安全。
151	中非共和国	2014	410	4	联合国中非共和国多层面综合稳定团

参考文献

英文著作

Abramo Fimo Kenneth Organski, *World Politics*, New York: Alfred Knopf, 1968.

Aidan Hehir, *The Responsibility to Protect: Rhetoric, Reality and the Future of Humanitarian Intervention*, London: Palgrave Macmillan, 2012.

Aidan Hehir, *Humanitarian Intervention: An Introduction*, London & New York: Palgrave Macmillan, 2010.

Aidan Hehir, *Hollow Norms and the Responsibility to Protect*, London & New York: Palgrave Macmillan, 2019.

Aidan Hehir, Robert Murray eds., *Libya, the Responsibility to Protect and the Future of Humanitarian Intervention*, London: Palgrave Macmillan, 2013.

Aidan Hehir, *Humanitarian Intervention after Kosovo, Iraq, Darfur and the Record of Global Civil Society*, New York: Palgrave Macmillan, 2008.

Andreas Krieg, *Motivations for Humanitarian Intervention: Theoretical and Empirical Considerations*, Heidelberg: Springer, 2013.

Anne Orford, *International Authority and the Responsibility to Protect*, Cambridge: Cambridge University Press, 2011.

Anne Orford, *Reading Humanitarian Intervention: Human Rights and the Use of Force in International Law*, Cambridge: Cambridge University Press, 2003.

Alan J. Kuperman, Timothy W. Crawford, *Gambling on Humanitarian Intervention: Moral Hazard, Rebellion and Civil War*, New York: Routledge, 2006.

Alex J. Bellamy, Sara E. Davies, Luke Glanville, *The Responsibility to Protect and International Law*, Leiden: Martinus Nijhoff, 2010.

Alex J. Bellamy, *Global Politics and the Responsibility to Protect: From Words to Deeds*, New York: Routledge, 2010.

Amitav Acharya, *Whose Ideas Matter*, New York: Cornell University Press, 2010.

Andrew F. Cooper, Richard A. Higgott, Kim R. Nossal, *Relocate Middle Powers: Australia and Canada in a Changing World Order*, Vancouver: UBC Press, 1993.

Angus Francis, Vesselin Popovski, Charles Sampford eds, *Norms of Protection: Responsibility to Protect, Protection of Civilians and their Interaction*, Tokyo: United Nations University, 2012.

Anthony F. Lang Jr. ed., *Just Intervention*, Washington D.C.: Georgetown University Press, 2003.

Ayse Zarakol, *After Defeat: How the East Learned to Live with the West*, Cambridge: Cambridge University Press, 2011.

Bates Gill, *Rising Star: China's New Security Diplomacy*, Washington D.C.: Brookings Institution Press, 2007.

Brian D. Lepard, *Rethinking Humanitarian Intervention*, University Park: The Pennsylvania State University Press, 2002.

Brisen Erdogan, *Humanitarian Intervention and the Responsibility to Protect*, London & New York: Palgrave Macmillan, 2017.

Bronwen Everill, Josiah Kaplan, *The History and Practice of Humanitarian Intervention and Aid in Africa*, London & New York: Palgrave Macmillan, 2013.

Bruce Gilley, Andrew O'neil eds., *Middle Powers and the Rise of China*, Washington D.C.: Georgetown University Press, 2014.

Carsten Holbraad, *Middle Powers in International Politics*, London: Macmillan Press, 1984.

Catherine Lu, *Just and Unjust Interventions in World Politics*, London: Palgrave Macmillan, 2011.

Cristina Gabriela Badescu, *Humanitarian Intervention and the Responsibility to Protect*, New York: Routledge, 2011.

Damien Kingsbury, *Sri Lanka and the Responsibility to Protect*, New York: Routledge, 2012.

Daniel Fiott, Joachim Koops eds., *The Responsibility to Protect and the Third Pillar*, London: Palgrave Macmillan, 2015.

Daniel Silander, Don Wallace eds., *International Organizations and the Implementation of the Responsibility to Protect*, New York: Routledge, 2015.

David Lanz, *The Responsibility to Protect in Darfur: From Forgotten Conflict to Global Cause and Back*, New York: Routledge, 2020.

Edward Hallett Carr, *The Twenty Years: Crisis 1919–1939: An Introduction to the Study of International Relations*, London: Harper & Row, 1946.

Eric A. Heinze, *Waging Humanitarian War: The Ethics, Law, and Politics of Humanitarian Intervention*, New York: SUNY Press, 2009.

Franziska-Carolin Kring, *Responsibility to Protect (R2P) Revisited*, Berlin: Berliner Wissenshafts-Verlag, 2020.

Gareth Evan, Mohamed Sahnoun et al., *Responsibility to Protect: Report of the International Commission on Intervention and State Sovereignty*, Ottawa: IDRC, 2001.

Gary J. Bass, *Freedom's battle: the Origins of Humanitarian Intervention*, New York: Vintage, 2009.

Gentian Zyberi ed., *An Institutional Approach to the Responsibility to Protect*, Cambridge: Cambridge University Press, 2013.

Hannes Peltonen, *International Responsibility and Grave Humanitarian Crises: Collective Provision for Human Security*, New York: Routledge, 2012.

Heather M. Roff, *Global Justice, Kant and the Responsibility to Protect: A Provisional Duty*, New York: Routledge, 2013.

Hedley Bull, Benedict Kingsbury, Adam Roberts eds., *Hugo Grotius and International Relations*, Oxford: Clarendon Press, 1990.

Ibrahim Seaga Shaw, *Human Rights Journalism: Advances in Reporting Distant Humanitarian Intervention*, London & New York: Palgrave Macmillan, 2012.

James Pattison, *Humanitarian Intervention and the Responsibility to Protect: Who Should Intervene?*, Oxford: Oxford University Press, 2010.

Janne Haaland Matlary, *Values and Weapons: from Humanitarian Intervention to Regime Change*, London & New York: Palgrave Macmillan, 2006.

Jared Genser, Irwin Cotler, *Responsibility to Protect: The Promise of Stopping Mass Atrocities in Our Time*, Oxford: Oxford University Press, 2012.

Jennifer M. Welsh, *Humanitarian Intervention and International Relations*, Oxford: Oxford University Press, 2004.

Jeremy Moses, *Sovereignty and Responsibility: Power, Norms and Intervention in International Relations*, London &. New York: Palgrave Macmillan, 2014.

J. L. Holzgrefe, Robert O. Keohane, *Humanitarian Intervention: Ethical, Legal and Political Dilemmas*, Cambridge: Cambridge University Press, 2003.

Jin-Hyun Paik, Seok-Woo Lee, Kevin Y. L. Tan eds., *Asian Approaches to International Law and the Legacy of Colonialism*, New York: Routledge, 2013.

Jan Nederveen Pieterse, *World Orders in the Making*, New York: St. Martin's Press, 1998.

John Janzekovic, *The Use of Force in Humanitarian Intervention: Morality and Practicalities*, Farnham: Ashgate Publishing, 2006.

Julia Hoffman, Andre Nollkaemper, *Responsibility to Protect: From Principle to Practice*, Amsterdam: Amsterdam University Press, 2012.

Karina Z. Butler, *A Critical Humanitarian Intervention Approach*, London &. New York: Palgrave Macmillan, 2011.

Kurt Mills, David Jason Karp, *Human Rights Protection in Global Politics*, London &. New York: Palgrave Macmillan, 2015.

Luke Glanville, Sara E. Davies, *Protecting the Displaced*, Leiden: Brill Publishers, 2010.

Luke Glanville, *Sovereignty and the Responsibility to Protect: A New History*, Chicago and London: The University of Chicago Press, 2014.

Martha Finnemore, *The Purpose of Intervention: Changing Beliefs about the Use of Force*, New York: Cornell University Press, 2003.

Melissa Labonte, *Human Rights and Humanitarian Norms, Strategic Framing, and Intervention: Lessons for the Responsibility to Protect*, New York: Routledge, 2013.

Michael Walzer, *Thick and Thin: Moral Argument at Home and Abroad*, Notre Dame &. London: University of Notre Dame Press, 1994.

Peter J. Katzenstein ed., *The Culture of National Security: Norms and Identity in World Politics*, New York: Columbia University Press, 1996.

Peter Hilpold ed., *Responsibility to Protect: A New Paradigm of International Law*, Leiden: Brill Nijhoff, 2015.

Pınar Gözen Ercan, *The Reponsibility to Protect Twenty Years On*, London &. New York: Palgrave Macmillan, 2022.

Rajan Menon, *The Conceit of Humanitarian Intervention*, Oxford: Oxford University Press, 2016.

Ramesh Thakur, *The Responsibility to Protect: Norms, Laws and International Politics*, New York: Routledge, 2011.

Ramesh Thakur, *The United Nations, Peace and Security*, Cambridge: Cambridge University Press, 2006.

Ramesh Thakur, William Maley eds., *Theorising the Responsibility to Protect*, Cambridge: Cambridge University Press, 2015.

R. J. Vincent, *Human Rights and International Relations*, Cambridge: Cambridge University Press, 1986.

Richard H. Cooper, Voïnov Kohler Juliette eds., *The Responsibility to Protect: The Global Moral Compact for the 21st Century*, London: Palgrave Macmillan, 2009.

Richard Beardsworth, *Cosmopolitanism and International Relations Theory*, Cambridge: Polity Press, 2011.

Richard Shapcott, *Justice, Community, and Dialogue in International Relations*, Cambridge: Cambridge University Press, 2004.

Robin Dunford and Michael Neu, *Just War and the Responsibility to Protect*, Chicago: Zed, 2019.

Roy Allison, *Russia, the West and Military Intervention*, Oxford: Oxford University Press, 2013.

Samuel James Wyatt ed., *The Reponsibility to Protect and a Cosmopolitan Approach to Human Protection*, London & New York: Palgrave Macmillan, 2019.

Shahrbanou Tadjbakhsh ed., *Rethinking the Liberal Peace*, New York: Routledge, 2011.

Sophie Richardson, *China, Cambodia and the Five Principles of Peaceful Coexistence*, New York: Columbia University Press, 2010.

Steven P. Lee ed., *Intervention, Terrorism, and Torture: Contemporary Challenges to Just War Theory*, Berlin: Springer, 2007.

Susan Breau, *The Responsibility to Protect in International Law: An Emerging Paradigm Shift*, New York: Routledge, 2016.

Theresa Reinold, *Sovereignty and the Responsibility to Protect: The Power of Norms and the Norms of the Powerful*, New York: Routledge, 2013.

Thomas Risse, Stephen C. Ropp, Kathryn Sikkink eds., *The Persistent Power of Human Rights: from Commitment to Compliance*, Cambridge: Cambridge University Press, 2013.

Thomas G. Weiss, *Humanitarian Intervention: Ideas in Action*, Cambridge: Polity Press, 2007.

Thucydides, *History of the Peloponnesian War*, Cambridge: Harvard University Press, 1919.

Yang Razali Kassim, *The Geopolitics of Intervention: Asia and the Responsibility to Protect*, Singapore: Springer, 2014.

Yasmine Nahlawi, *The Responsibility to Protect in Libya and Syria: Mass Atrocities, Human Protection and International Law*, New York: Routledge, 2020.

英文论文

Adam Chapnick, "The Canadian Middle Power Myth", *International Journal*, vol.55, no.2(2000), pp.188-206.

Aidan Hehir, "The Permanence of Inconsistency", *International Security*, vol.38, no.1(2013), pp.137-159.

Aidan Hehir, "The Responsibility to Protect: 'Sound and Fury Signifying Nothing'?", *International Relations*, vol.24, no.2(2010), pp.218-239.

Aidan Hehir, "The Responsibility to Protect in International Political Discourse: Encouraging Statement of Intent or Illusory Platitudes?", *International Journal of Human Rights*, vol.15, no.8 (2011), pp.1331-1348.

Alex J. Bellamy, "From Tripoli to Damascus? Lesson Learning and the Implementation of the Responsibility to Protect", *International Politics*, vol.51, no.1(2014), pp.23-44.

Andrew Garwood-Gowers, "China and the 'Responsibility to Protect': The Implications of the Libyan Intervention", *Asian Journal of International Law*, vol.2, no.2(2012), pp.375-393.

Alex J. Bellamy, "The Responsibility to Protect Turns Ten", *Ethics & International Affairs*, vol.29, no.2(2015), pp.161-185.

Alex J. Bellamy, "Conflict Prevention and the Responsibility to Protect", *Global Governance*, vol.14, no.2(2008), pp.135-156.

Alex J. Bellamy, "Libya and the Responsibility to Protect", *Ethics &*

International Affairs, vol. 25, no. 3(2011), pp. 263-269.

Alex J. Bellamy, Catherine Drummond, "The Responsibility to Protect in Southeast Asia: between Non-interference and Sovereignty as Responsibility", *Pacific Review*, vol. 24, no. 2(2011), pp. 179-200.

Alex J. Bellamy, Mark Beeson, "The Responsibility to Protect in Southeast Asia: Can ASEAN Reconcile Humanitarianism and Sovereignty?", *Asian Security*, vol. 6, no. 3(2010), pp. 262-279.

Alex J. Bellamy, "Realizing the Responsibility to Protect", *International Studies Perspectives*, vol. 10, no. 2(2009), pp. 111-128.

Alex J. Bellamy, "Responsibility to Protect or Trojan Horse?", *Ethics & International Affairs*, vol. 19, no. 2(2005), pp. 31-54.

Alex J. Bellamy, "The Responsibility to Protect and the Problem of Military Intervention", *International Affairs*, vol. 84, no. 4(2008), pp. 615-639.

Alex J. Bellamy, "Whither the Responsibility to protect? Humanitarian Intervention and the 2005 World Summit", *Ethics & International Affairs*, vol. 20, no. 2(2006), pp. 143-169.

Alex J. Bellamy, Sara E. Davies, "The Responsibility to Protect in the Asia-Pacific Region", *Security Dialogue*, vol. 40, no. 6(2009), pp. 547-574.

Alex J. Bellamy, Paul D. Williams, "The New Politics of Protection? Cote d'Ivoire, Libya and the Responsibility to Protect", *International Affairs*, vol. 87, no. 4(2011), pp. 825-850.

Alex J. Bellamy, Robert A. Pape, "Reconsidering the Cases of Humanitarian Intervention", *International Security*, vol. 38, no. 2(2013), pp. 200-202.

Alan J. Kuperman, "A Model Humanitarian Intervention? Reassessing NATO's Libya Campaign", *International Security*, vol. 38, no. 1(2013), pp. 105-136.

Alex de Waal, "Darfur and the failure of the responsibility to protect", *International Affairs*, vol. 83, no. 6(2007), pp. 1039-1054.

Andrei P. Tsygankov, "Self and Other in International Relations Theory: Learning from Russian Civilizational Debates", *International Studies Review*, vol. 10, no. 4(2008), pp. 762-775.

Andrew Garwood-Gowers, "The Responsibility to Protect and the Arab Spring: Libya as the Exception, Syria as the Norm?", *University of New South Wales Law Journal*, vol. 36, no. 2(2013).

参考文献

Ayça Çubukçu, "The Responsibility to Protect: Libya and the Problem of Transnational Solidarity", *Journal of Human Rights*, vol. 12, no. 1 (2013), pp. 40-58.

Branden Little, "Humanitarian Intervention: A History ed. by Brendan Simms and D. J. B. Trim (review)", *Journal of World History*, vol. 24, no. 2 (2013), pp. 443-447.

Catherine Goetze, "The Responsibility to Protect, Rhetoric, Reality and the Future of Humanitarian Intervention (book reviews)", *International Peacekeeping*, vol. 20, no. 3 (2013), pp. 396-397.

Carrie Booth Walling, "Human Rights Norms, State Sovereignty, and Humanitarian Intervention", *Human Rights Quarterly*, vol. 37, no. 2 (2015), pp. 383-413.

Carsten Holbraad, "The Role of Middle Powers", *Cooperation and Conflict*, vol. 6, no. 2 (1971), pp. 77-90.

Carsten Stahn, "Responsibility to Protect: Political Rhetoric or Emerging Legal Norm", *American Journal of International Law*, vol. 101, no. 1 (2007), pp. 99-120.

Charles E. Ziegler, "Contesting the Responsibility to Protect", *International Studies Perspectives*, no. 1 (2016), pp. 1-23.

Chengqiu Wu, "Sovereignty, Human Rights, and Responsibility: Changes in China's Response to International Humanitarian Crises", *Journal of Chinese Political Science*, vol. 15, no. 1 (2010), pp. 71-97.

Corey Ranfordrobinson, "Cosmopolitanism and Liberal Universalism in International Relations Theory: Moralising Politics or Politicising Ethics?", *Millennium — Journal of International Studies*, vol. 42, no. 1 (2013), pp. 247-259.

Cristina G. Badescu, "The Responsibility to Protect: Ending Mass Atrocity Crimes Once and for All", *Human Rights Review*, vol. 12, no. 1 (2011), pp. 133-135.

Cristina Lafont, "Human Rights, Sovereignty and the Responsibility to Protect", *Constellations*, vol. 22, no. 1 (2015), pp. 68-78.

Cristina G. Badescu, "Humanitarian Intervention and the Responsibility to Protect: Security and Human Rights", *Political Studies Review*, vol. 10, no. 3 (2010), pp. 426-427.

Daniel Warner, "The Responsibility to Protect and Irresponsible, Cynical Engagement", *Millennium — Journal of International Studies*, vol. 32, no. 1 (2003), pp. 109-121.

David Berman, Christopher Michaelsen, "Intervention in Libya: Another Nail in the Coffin for the Responsibility-to-Protect?", *International Community Law Review*, vol. 14, no. 4(2012), pp. 337-358.

David Capie, "The Responsibility to Protect Norm in Southeast Asia: Framing, Resistance and the Localization Myth", *The Pacific Review*, vol. 25, no. 1(2012), pp. 75-93.

David Chandler, "The Responsibility to Protect? Imposing the 'Liberal Peace'", *International Peacekeeping*, vol. 11, no. 1(2004), pp. 59-81.

David Miller, "Humanitarian Intervention and the Responsibility to Protect: Who Should Intervene? By James Pattison", *Global Discourse An Interdisciplinary Journal of Current Affairs & Applied Contemporary Thought*, vol. 2, no. 1 (2011), pp. 205-208.

David P. Forsythe, "International Responses to Mass Atrocities in Africa: Responsibility to Protect, Prosecute, and Palliate", *Holocaust and Genocide Studies*, vol. 31, no. 1(2017), pp. 137-140.

Derek Averre, Lance Davies, "Russia, Humanitarian Intervention and the Responsibility to Protect: The Case of Syria", *International Affairs*, vol. 91, no. 4 (2015), pp. 813-834.

Dorota Gierycz, "From Humanitarian Intervention to Responsibility to Protect", *Criminal Justice Ethics*, vol. 29, no. 2(2010), pp. 110-128.

Eckhard F., "Whose Responsibility to Protect?", *Global Responsibility to Protect*, vol. 3, no. 1(2011), pp. 89-101.

Edward C. Luck, "Sovereignty, Choice, and the Responsibility to Protect", *Global Responsibility to Protect*, vol. 1, no. 1(2009), pp. 10-21.

Edward C. Luck, "The Responsibility to Protect: Growing Pains or Early Promise?", *Ethics & International Affairs*, vol. 24, no. 4(2010), pp. 349-365.

Edward Phillips, "Libyan Intervention: Legitimacy and the Challenges of the Responsibility to Protect Doctrine", *The Denning Law Journal*, vol. 24(2012), pp. 39-64.

Ekkehard Strauss, "A Bird in the Hand is Worth Two in the Bush — On the Assumed Legal Nature of the Responsibility to Protect", *Global Responsibility to

Protect, vol. 1, no. 3(2009), pp. 291-323.

Eki Omorogbe, "The African Union, Responsibility to Protect and the Libyan Crisis", *Netherlands International Law Review*, vol. 59, no. 2(2012), pp. 141-163.

Ervin Goffman, "Frame analysis: An Essay on the Organization of Experience", *American Journal of Psychiatry*, vol. 132, no. 10(1981), pp. 1093-a-1094.

Frederic Megret, "Beyond the 'Salvation' Paradigm: Responsibility to Protect vs the Power of Protecting Oneself", *Security Dialogue*, vol. 40, no. 6(2009), pp. 575-595.

Gareth Evans, Ramesh Thakur, Robert A. Pape, "Correspondence: Humanitarian Intervention and the Responsibility to Protect", *International Security*, vol. 37, no. 4(2013), pp. 199-214.

Gareth Evans, "The Responsibility to Protect: An Idea Whose Time Has Come … and Gone?", *International Relations*, vol. 22, no. 3(2008), pp. 283-298.

Gareth Evans, "The Responsibility to Protect: Rethinking Humanitarian Intervention", *Proceedings of the ASIL Annual Meeting*, vol. 98, no. 3(2004), pp. 78-89.

Gelijn Molier, "Humanitarian Intervention and The Responsibility to Protect After 9/11", *Netherlands International Law Review*, vol. 53, no. 1 (2006), pp. 37-62.

Gerard Delanty, "The Prospects of Cosmopolitanism and the Possibility of Global Justice", *Journal of Sociology*, vol. 50, no. 2(2014), pp. 213-228.

Gideon Baker, "Cosmopolitanism as Hospitality: Revisiting Identity and Difference in Cosmopolitanism", *Alternatives Global Local Political*, vol. 34, no. 2 (2009), pp. 107-128.

Immanuel Wallerstein, "Neither Patriotism nor Cosmopolitanism", *Boston Review*, vol. 19, no. 5(1994), pp. 15-16.

Janho Kim, Saeme Kim, "South Korea's Middle Power Diplomacy: Toward an Agenda-Partner based Leadership", *The Korean Journal of Defense Analysis*, vol. 28, no. 2(2016), pp. 317-333.

Jan E. Stets, Peter James Burke, "Identity Theory and Social Identity Theory", *Social Psychology Quarterly*, vol. 63, no. 3(2000), pp. 224-237.

Jarat Chopra, Thomas G. Weiss, "Sovereignty Is No Longer Sacrosanct:

Codifying Humanitarian Intervention", *Ethics & International Affairs*, vol. 6, no. 1(1992), pp. 95-117.

Jennifer M. Welsh, "Implementing the 'Responsibility to Protect'", *Ethics & International Affairs*, vol. 24, no. 4(2010), pp. 415-430.

Jennifer M. Welsh, "The Responsibility to Prevent: Assessing the Gap between Rhetoric and Reality", *Cooperation and Conflict*, vol. 51, no. 2(2016), pp. 1-17.

Jennifer M. Welsh, "Norm Contestation and the Responsibility to Protect", *Global Responsibility to Protect*, vol. 5, no. 4(2013), pp. 365-396.

Jennifer M. Welsh, Maria Banda, "International Law and the Responsibility to Protect: Clarifying or Expanding States' Responsibilities?", *Global Responsibility to Protect*, vol. 2, no. 3(2010), pp. 213-231.

Jeremy Moses, "Sovereignty as Irresponsibility? A Realist Critique of the Responsibility to Protect", *Review of International Studies*, vol. 39, no. 1(2013), pp. 113-135.

Jide Martyns Okeke, "Contextualising the Responsibility to Protect in Darfur", *International Journal of African Renaissance Studies*, vol. 5, no. 1(2010), pp. 65-81.

John W. Holmes, "Most Safely in the Middle", *International Journal*, vol. 39, no. 2(1984), pp. 366-388.

Jonathan Gilmore, "Protecting the Other: Considering the Process and Practice of Cosmopolitanism", *European Journal of International Relations*, vol. 20, no. 3(2014), pp. 694-719.

Jonathan Graubart, "R2P and Pragmatic Liberal Interventionism: Values in the Service of Interests", *Human Rights Quarterly*, vol. 35, no. 1(2013), pp. 69-90.

Jochen Prantl, Ryoko Nakano, "Global Norm Diffusion in East Asia: How China and Japan Implement the Responsibility to Protect", *International Relations*, vol. 25, no. 2(2011), pp. 204-223.

Jun Honna, "Japan and the Responsibility to Protect: Coping with Human Security Diplomacy", *Pacific Review*, vol. 25, no. 1(2012), pp. 95-112.

Jurgen Haacke, "Myanmar, the Responsibility to Protect, and the Need for Practical Assistance", *Global Responsibility to Protect*, vol. 1, no. 2(2009), pp. 156-184.

Kelvin Rowley, "Libya and the Responsibility to Protect", *Dissent*, no. 36 (2011).

Kudrat Virk, "India and the Responsibility to Protect: A Tale of Ambiguity", *Global Responsibility to Protect*, vol. 5, no. 1(2013), pp. 56-83.

Liliana L. Jubilut, "Has the 'Responsibility to Protect' Been a Real Change in Humanitarian Intervention? An Analysis from the Crisis in Libya", *International Community Law Review*, vol. 14, no. 4(2012), pp. 309-335.

Lina Alexandra, "Indonesia and the Responsibility to Protect", *The Pacific Review*, vol. 25, no. 1(2012), pp. 51-74.

Linnea Bergholm, "The United Nations, Peace and Security: From Collective Security to the Responsibility to Protect (book reviews)", *Review of African Political Economy*, vol. 36, no. 122(2006), pp. 662-663.

Liu Tiewa, "China and Responsibility to Protect: Maintenance and Change of Its Policy for Intervention", *The Pacific Review*, vol. 25, no. 1(2012), pp. 153-173.

Liu Tiewa, Zhang Haibin, "Debates in China about the Responsibility to Protect as a Developing International Norm: a General Assessment", *Conflict Security & Development*, vol. 14, no. 4(2014), pp. 403-427.

Luke Glanville, "Ellery Stowell and the Enduring Dilemmas of Humanitarian Intervention", *International Studies Review*, vol. 13, no. 2(2011), pp. 241-258.

Luke Glanville, "Does R2P Matter? Interpreting the Impact of a Norm", *Cooperation and Conflict*, vol. 51, no. 2, 2016.

Luke Glanville, "The Responsibility to Protect Beyond Borders", *Human Rights Law Review*, vol. 12, no. 1(2012), pp. 1-32.

Luke Glanville, "The International Community's Responsibility to Protect", *Global Responsibility to Protect*, vol. 2, no. 3(2010), pp. 287-306.

Mark Levine, Amy Prosser, David Evans et al., "Identity and Emergency Intervention", *Personality and Social Psychology Bulletin*, vol. 31, no. 4(2005), p. 443.

Martin Mennecke, "Genocide Prevention and International Law", *Genocide Studies & Prevention*, vol. 4, no. 2(2009), pp. 167-175.

Mathias Thaler, "The Illusion of Purity", *Philosophy & Social Criticism: An International, Interdisciplinary Journal*, vol. 36, no. 7(2010), pp. 785-800.

Maureen S. Hiebert, "MARO as the Partial Operationalization of R2P",

Genocide Studies & Prevention, vol. 6, no. 1(2011), pp. 52-58.

Michael A. Hogg, Deborah J. Terry, Katherine M. White, "A Tale of two Theories: A Critical Comparison of Identity Theory with Social Identity Theory", *Social Psychology Quarterly*, vol. 58, no. 4(1995), pp. 255-269.

Michael Newman, "Humanitarian Intervention and the Responsibility to Protect: Who Should Intervene?", *Civil Wars*, vol. 13, no. 3(2013), pp. 339-340.

Michael W. Doyle, "International Ethics and the Responsibility to Protect", *International Studies Review*, vol. 13, no. 1(2011), pp. 72-84.

Nicholas J. Wheeler, "Humanitarian Intervention After Kosovo: Emergent Norm, Moral Duty or the Coming Anarchy?", *International Affairs*, vol. 77, no. 1 (2001), pp. 113-128.

Nicolas J. Wheeler, Frazer Egerton, "The Responsibility to Protect: 'Precious Commitment' or a Promise Unfulfilled?", *Global Responsibility to Protect*, vol. 1, no. 2(2009), pp. 114-132.

Paul D. Williams, "The 'Responsibility to Protect', Norm Localisation, and African International Society", *Global Responsibility to Protect*, vol. 1, no. 3(2009), pp. 392-416.

Paul D. Williams, Alex J. Bellamy, "Principles, politics, and prudence: Libya, the responsibility to protect, and the use of military force", *Global Governance*, vol. 18, no. 3(2012), pp. 273-297.

Philip Cunliffe, "Dangerous Duties: Power, Paternalism and the 'Responsibility to Protect'", *Review of International Studies*, vol. 36(2010), pp. 79-96.

Paul D. Williams, "The Responsibility to Protect and the Crisis in Darfur", *Security Dialogue*, vol. 36, no. 1(2005), pp. 27-47.

Ramesh Thakur, "In Defence of the Responsibility to Protect", *International Journal of Human Rights*, vol. 7, no. 3(2003), pp. 160-178.

Rebecca J. Hamilton, "The Responsibility to Protect: From Document to Doctrine — but What of Implementation?", *Harvard Human Rights Journal* (2006).

Richard Beardsworth, "Cosmopolitanism and Realism: Towards a Theoretical Convergence?", *Millennium: Journal of International Studies*, vol. 37, no. 1 (2008), pp. 69-96.

Richard Caplan, "Humanitarian Intervention: Which Way Forward?", *Ethics & International Affairs*, vol. 14, no. 1(2000), pp. 23-38.

Richard Miller, "Humanitarian Intervention, Altruism, and the Limits of Casuistry", *Journal of Religious Ethics*, vol.28, no.1(2000), pp.3-35.

Rizal Sukma, "The ASEAN Political and Security Community (APSC): Opportunities and Constraints for the R2P in Southeast Asia", *The Pacific Review*, vol.25, no1(2012), pp.135-152.

Roland Paris, "The 'Responsibility to Protect' and the Structural Problems of Preventive Humanitarian Intervention", *International Peacekeeping*, vol.21, no.5 (2014), pp.569-603.

Robert A. Pape, "When Duty Calls: A Pragmatic Standard of Humanitarian Intervention", *International Security*, vol.37, no.1(2012), pp.41-80.

Roberto Belloni, "The Tragedy of Darfur and the Limits of the 'Responsibility to Protect'", *Ethnopolitics*, vol.5, no.4(2006), pp.327-346.

Scott Woodward, "The Responsibility to Protect: The Time Is Now", *Mediterranean Quarterly*, vol.23, no.3(2012), pp.82-97.

Sarka Moravcova, "The Controversy over Humanitarian Intervention and Responsibility to Protect", *Perspectives*, vol.22, no.2(2014), pp.65-86.

Stephen John Stedman, "The New Interventionists", *Foreign Affairs*, vol.72, no.1(1992), pp.1-16.

Stevie Martin, "Sovereignty and the Responsibility to Protect", *Foreign Affairs*, vol.93, no.1(2014), pp.177-178.

Theresa Reinold, "The Responsibility to Protect-Much ado about Nothing?", *Review of International Studies*, vol.36, no.S1(2010), pp.55-78.

Thomas G. Weiss, "The Sunset of Humanitarian Intervention? The Responsibility to Protect in a Unipolar Era", *Security Dialogue*, vol.35, no.2 (2004), pp.135-153.

Thomas G. Weiss, "The Responsibility to Protect: Is Anyone Interested in Humanitarian Intervention?", *Third World Quarterly*, vol.25, no.5(2004), pp.977-992.

Thomas G. Weiss, "Military-Civilian Interactions: Humanitarian Crises And The Responsibility To Protect", 2005.

Thomas G. Weiss, Don Hubert, "The Responsibility to Protect: Research, Bibliography, Background", *Journal of Global Marketing*, vol.4(2001), pp.21-38.

Tim Murithi, "The African Union's Transition from Non-Intervention to Non-

Indifference: An Ad hoc Approach to the Responsibility to Protect?", *International Politics & Society*, no.1(2009).

Touko Piiparinen, "Responsibility to Protect: The Coming of Age of Sovereignty-Building", *Civil Wars*, vol.15, no.3(2013), pp.380-405.

Ulrich Beck, Patrick Camiller, "The Truth of Others: A Cosmopolitan Approach", *Common Knowledge*, vol.10, no.3(2004), pp.430-449.

Woosang Kim, "Rising China, Pivotal Middle Power South Korea, and Alliance Transition Theory", *International Area Studies Review*, vol.18, no.3(2015), pp.251-265.

Yan Chen, Sherry Shin Li, "Group Identity and Social Preferences", *American Economic Review*, vol.99, no.1(2009), pp.431-457.

中文著作

［英］A.J.M.米尔恩:《人的权利与人的多样性——人权哲学》,中国大百科全书出版社1995年版。

［英］安东尼·吉登斯:《全球时代的民族国家》,郭忠华编,江苏人民出版社2010年版。

［英］安东尼·吉登斯,菲利普·萨顿:《社会学》,赵旭东等译,北京大学出版社2015年版。

阿奎那:《阿奎那政治著作选》,马清槐译,商务印书馆1997年版。

白桂梅:《国际人权的发展:中国和加拿大的视角》,法律出版社1998年版。

白桂梅等编:《国际法上的人权》,北京大学出版社1997年版。

［美］彼得·伯格,托马斯·卢克曼:《现实的社会构建》,汪涌译,北京大学出版社2009年版。

［美］彼得·卡赞斯坦,罗伯特·基欧汗,斯蒂芬·克拉斯纳:《世界政治理论的探索与争鸣》,秦亚青等译,上海人民出版社2006年版。

蔡拓:《全球问题与当代国际关系》,天津人民出版社2002年版。

蔡拓:《全球问题与新兴政治》,天津人民出版社2011年版。

陈玉刚,袁建华:《超越威斯特伐利亚?》,时事出版社2004年版。

陈一峰:《论当代国际法上的不干涉原则》,北京大学出版社2013年版。

陈拯:《说辞政治与"保护的责任"的演进》,上海人民出版社,2019年版。

杜涛:《框中世界:媒介框架理论的起源、争议与发展》,知识产权出版社2014年版。

［日］大沼保昭:《人权、国家与文明》,舒炜编,王志安译,生活·读书·新知三

联书店 2014 年版。

［美］戴维·莱克：《国际关系中的等级制》，高婉妮译，上海人民出版社 2013 年版。

董云虎、刘武萍编著：《世界人权约法总览》，四川人民出版社 1990 年版。

韩德培主编：《人权的理论与实践》，武汉大学出版社 1999 年版。

［美］汉斯·摩根索：《国家间政治：权力斗争与和平》，徐昕等译，北京大学出版社 2006 年版。

［英］霍布斯(英)：《利维坦》，商务印书馆 1985 年版。

康德：《康德著作全集(第 8 卷)》，李秋零主编，中国人民大学出版社 2010 年版。

［美］科克-肖·谭：《没有国界的正义：世界主义、民族主义与爱国主义》，杨通进译，重庆出版社 2014 年版。

［美］科斯塔斯·杜兹纳：《人权与帝国》，辛亨复译，江苏人民出版社 2010 年版。

贾庆国主编：《全球治理：保护的责任》，新华出版社 2014 年版。

李伯军：《不干涉内政原则研究：国际法与国际关系分析》，湘潭大学出版社 2010 年版。

梁守德：《全球化中的新趋势与新探索》，中央编译出版社 2003 年版。

梁西：《国际法》，武汉大学出版社 2001 年版。

刘波：《秩序与正义之间：国际社会人道主义干预问题研究》，中国社会出版社 2011 年版。

刘杰：《国际人权体制——历史的逻辑与比较》，上海社会科学院出版社 2000 年版。

刘明：《国际干预与国家主权》，四川人民出版社 2000 年版。

刘铁娃主编：《保护的责任：国际规范建构中的中国视角》，北京大学出版社 2015 年版。

罗艳华：《国际关系中的主权与人权：对两者关系的多维透视》，北京大学出版社 2005 年版。

［美］罗伯特·基欧汉，约瑟夫·奈：《权力与相互依赖》，门洪华译，北京大学出版社 2002 年版。

［美］约翰·罗尔斯(美)：《政治哲学史讲义》，杨通进等译，中国社会科学出版社 2011 年版。

［法］卢梭(法)：《社会契约论》，商务印书馆 2003 年版。

［美］玛莎·芬尼莫尔：《干涉的目的：武力使用信念的变化》，袁正清、李欣译，上海人民出版社 2009 年版。

［英］尼古拉斯·惠勒：《拯救陌生人——国际社会中的人道主义干涉》，张德生译，中央编译出版社 2011 年版。

［美］欧文·戈夫曼：《日常生活中的自我》，冯钢译，北京大学出版社 2008

年版。

[美]R. J. 文森特:《人权与国际关系》,凌迪等译,知识出版社1998年版。

[美]欧文·戈夫曼:《污名:受损身份管理札记》,苏国勋主编,商务印书馆2009年版。

王运祥、刘杰:《联合国与人权保障国际化》,中山大学出版社2002年版。

邵津:《国际法》,北京大学出版社2000年版。

[美]小约瑟夫·奈:《理解国际冲突:理论与历史》,张小明译,上海人民出版社2002年版。

王逸舟:《创造性介入:中国之全球角色的生成》,北京大学出版社2013年版。

王逸舟:《中国对外关系转型30年》,社会科学文献出版社2008年版。

王逸舟:《创造性介入:中国外交新取向》,北京大学出版社2011年版。

魏宗雷:《西方人道主义干预理论与实践》,时事出版社2003年版。

徐向东编:《全球正义》,浙江大学出版社2011年版。

亚里士多德:《政治学》,商务印书馆1981年版。

杨成绪主编:《新挑战——国际关系中的"人道主义干预"》,中国青年出版社2001年版。

杨宇冠:《联合国人权公约的机构与经典定义》,中国人民公安大学出版社2005年版。

杨泽伟:《主权论:国际法上的主权问题及其发展趋势研究》,北京大学出版社2006年版。

杨泽伟:《联合国改革的国际法问题研究》,武汉大学出版社2009年版。

[法]伊夫-夏尔·扎尔卡:《重建世界主义》,赵靓译,福建教育出版社2015年版。

[英]詹姆斯·格里芬:《论人权》,徐向东、刘明译,译林出版社2015年版。

[英]詹尼斯·瓦茨:《奥本海国际法(第9版)》,王铁崖等译,中国大百科全书出版社1995年版。

张蕴岭:《世界经济中的相互依赖关系》,中国社会科学出版社2012年版。

周琪主编:《人权与外交》,时事出版社2002年版。

周辅成:《西方伦理学名著选辑(上卷)》,商务印书馆1987年版。

周宪:《文化研究关键词》,北京师范大学出版社2007年版。

曾令良:《国际人权公约的实施及中国的实践》,武汉大学出版社2015年版。

朱锋:《人权与国际关系》,北京大学出版社2000年版。

中文论文

保罗·埃文斯,汪亮:《人的安全与东亚:回顾与展望》,《世界经济与政治》2004年第6期,第43—48页。

蔡拓,程冰:《全球治理中的民族主义》,《教学与研究》2017年,51卷第4期,第65—71页。

陈太明:《我国改革开放以来对外贸易与经济增长关系的实证分析》,《对外经济贸易大学学报》2007年第5期,第32—39页。

陈小鼎,王亚琪:《从"干涉的权利"到"保护的责任"—话语权视角下的西方人道主义干涉》,《当代亚太》2014年第3期,第97—119页。

陈拯:《金砖国家与"保护的责任"》,《外交评论:外交学院学报》2015年第1期,第1—26页。

陈拯:《框定竞争与"保护的责任"的演进》,《世界经济与政治》2014年第2期,第111—127页。

陈拯:《规范阻滞及其策略》,《世界经济与政治》2019年第6期,第65—90页。

陈拯,朱宇轩:《中国政府与"保护的责任"辩论:基于安理会相关辩论发言的分析》,《当代亚太》2015年第5期,第130—155页。

崔小西:《俄罗斯应对叙利亚危机的政策分析》,《阿拉伯世界研究》2014年第2期,第31—41页。

崔洪建:《"人道主义干预"的逻辑、困境及其限度》,《国际论坛》2001年第1期,第48—56页。

方金英:《叙利亚内战的根源及其前景》,《现代国际关系》2013年第6期,第18—24页。

付海娜,姜恒昆:《保护的责任与国家主权的实质:兼论达尔富尔冲突及其出路》,《国际关系学院学报》2012年第2期,第99—107页。

高飞:《俄罗斯介入叙利亚会如何影响中东局势的变化》,《当代世界》2016年第2期,第18—19页。

贺鉴:《"人道主义干涉"与冷战后美国的伊拉克政策》,《当代世界与社会主义》2004年第5期,第93—96页。

何志鹏:《保护的责任:法治黎明还是暴政重现》,《当代法学》2013年第1期,第145—153页。

黄雨果:《俄罗斯为何对利比亚"变脸"》,《学习月刊》2011年第7期,第41—42页。

[美]格伦农:《新干涉主义》,《国外社会科学文摘》1999年第8期,第34页。

郭金华:《污名研究:概念、理论和模型的演进》,《学海》2015年第2期,第99—

109 页。

谷盛开:《西方人道主义干预理论批判与选择》,《现代国际关系》2002 年第 6 期,第 28—34 页。

国际安全研究开源大数据工作组:《全球难民统计(2009—2014)》,《国际安全研究》2016 年第 1 期,第 152—160 页。

顾炜:《"保护的责任":俄罗斯的立场》,《国际政治研究》2014 年第 3 期,第 50—60 页。

海泽龙:《"保护的责任":法治良心与严峻现实——以利比亚冲突为案例》,《国际政治研究》2014 年第 3 期,第 34—49 页。

贺平:《区域性公共产品与东亚的功能性合作——日本的实践及其启示》,《世界经济与政治》2012 年第 1 期,第 34—48 页。

何志工,安小平:《南海争端中的美国因素及其影响》,《当代亚太》2010 年第 1 期,第 131—145 页。

花勇:《人道主义干预的新规范及其结构性困境》,《国外理论动态》2015 年第 8 期,第 126—135 页。

黄仁伟,刘杰:《国际人道主义干预的困境》,《社会观察》2004 年第 4 期,第 18—20 页。

黄超:《框定战略与"保护的责任"规范扩散的动力》,《世界经济与政治》2012 年第 9 期,第 59—72 页。

胡茹葵:《从国际法看"人道主义干预"》,《西南大学学报社会科学版》2005 年,31 卷第 5 期,第 92—95 页。

加雷斯·埃文斯,穆罕默德·萨赫诺恩,朱娟萍:《关于人道主义干预的辩论》,《国外社会科学文摘》2003 年第 3 期,第 23—25 页。

李斌:《〈保护的责任〉对"不干涉内政原则"的影响》,《法律科学》2007 年,25 卷第 3 期,第 131—139 页。

李志永:《规范争论与协商介入:中国对不干涉内政规范的重塑》,《当代亚太》2015 年第 3 期,第 130—155 页。

刘波:《英国学派人道主义干预理论研究》,《国际安全研究》2010 年第 4 期,第 8—15 页。

刘毅:《"保护的责任"可能产生的道德风险及其规制》,《国际问题研究》2013 年第 6 期,第 122—133 页。

罗艳华:《"保护的责任"的发展历程与中国的立场》,《国际政治研究》2014 年第 3 期,第 11—25 页。

罗艳华:《"保护的责任":概念发展与现实问题》,《国际政治研究》2014 年第 3

期,第 9—10 页。

路易斯·亨金(美):《人权概念的普遍性》,《中外法学》1993 年第 4 期,王晨光译,第 37—41 页。

骆明婷,刘杰:《"阿拉伯之春"的人道干预悖论与国际体系的碎片化》,《国际观察》2012 年第 3 期,第 22—26 页。

毛维准,卜永光:《负责任主权:理论缘起、演化脉络与争议挑战》,《国际安全研究》2014 年,32 卷第 2 期,第 42—63 页。

门洪华:《联合国人权机制:一种框架性分析》,《国际政治研究》2000 年第 3 期,第 78—85 页。

潘亚玲:《从捍卫式倡导到参与式倡导——试析中国互不干涉内政外交的新发展》,《世界经济与政治》2012 年第 9 期,第 45—57 页。

潘亚玲:《中国与"保护的责任"原则的发展》,《国际展望》2016 年第 6 期,第 44—57 页。

钱文荣:《"人道主义干预"的事实与真相》,《瞭望》2011 年第 49 期,第 42—43 页。

邱美荣,周清:《"保护的责任":冷战后西方人道主义介入的理论研究》,《欧洲研究》2012 年第 2 期,第 122—138 页。

邱桂荣:《国际人权领域干涉与反干涉斗争回顾》,《现代国际关系》2000 年第 5 期,第 37—40 页。

阙天舒:《论中国对国际规范的塑造》,《国际观察》2017 年第 6 期,第 29—44 页。

曲星:《联合国宪章、保护的责任与叙利亚问题》,《国际问题研究》2012 年第 2 期,第 6—18 页。

任慕:《"保护的责任"的运用及扩散——以规范的发展过程为中心》,《太平洋学报》2014 年,22 卷第 2 期,第 34—41 页。

宋婉贞:《规范争论与东盟对"保护的责任"的不同应对》,《东南亚研究》2020 年第 6 期,第 71—92 页。

阮宗泽:《负责任的保护:建立更安全的世界》,《国际问题研究》2012 年第 3 期,第 9—22 页。

汪舒明:《"保护的责任"与美国对外干预的新变化——以利比亚危机为个案》,《国际展望》2012 年第 6 期,第 64—77 页。

王金岩:《从独裁统治到权威碎裂——利比亚战争爆发四周年》,《当代世界》2015 年第 4 期,第 55—58 页。

王琼:《国际法准则与"保护的责任"》,《西亚非洲》2014 年第 2 期,第 95—

113页。

王震:《2254号决议来了,叙利亚和平还远不远》,《世界知识》2016年第2期,第39页。

王丽萍:《人道主义干预:国际政治中的理想与现实》,《北京大学学报(哲学社会科学版)》2000年第6期,第31—40页。

汪舒明:《"保护的责任"和中国的选择》,《国际论坛》2014年,16卷第6期,第36—40页。

韦宗友:《西方正义战争理论与人道主义干预》,《世界经济与政治》2012年第10期,第32—48页。

吴小勇,黄希庭,毕重增等:《身份及其相关研究进展》,《西南大学学报(社会科学版)》2008年,34卷第3期,第8—13页。

肖文超,王艺儒:《叙利亚库尔德问题的历史成因及特征》,《国际研究参考》2016年第2期,第36—43页。

谢剑南:《"他者的存在"与国际社会的无政府状态分析》,《东方论坛(社会科学版)》2011年第2期,第122—127页。

徐纬地:《摇摆与彷徨中的探索——联合国维和行动面临的困难与挑战》,《世界经济与政治》2005年第5期,第7—13页。

杨永红:《论保护责任对利比亚之适用》,《法学评论》2012年第2期,第120—126页。

杨永红:《从利比亚到叙利亚——保护责任走到尽头了?》,《世界经济与政治论坛》2012年第3期,第69—81页。

袁武:《试论中国在非洲内部冲突处理中的作用——从"保护的责任"理论谈起》,《西亚非洲》2008年第10期,第58—62页。

余万里:《相互依赖研究评述》,《欧洲研究》2003年第4期,第51—61页。

张爱宁:《联合国体系内的人权保护制度》,《外交学院学报》2000年第1期,第81—84页。

张旗:《变革的中国与人道主义干预》,《世界经济与政治》2015年第4期,第103—121页。

张旗:《道德的迷思与人道主义干预的异化》,《国际政治科学》2014年第3期,第61—73页。

张睿壮:《警惕西方以"人道主义干预"为名颠覆现行国际秩序》,《现代国际关系》2008年第9期,第12—13页。

张淑华,李海莹,刘芳:《身份认同研究综述》,《心理研究》2012年,05卷第1期,第21—27页。

张磊:《解析国际法上"保护的责任"理论的发展态势》,《苏州大学学报》2012年第6期,第116—120页。

赵洋,袁正清:《国际组织与国际干涉行为》,《外交评论:外交学院学报》2015年第2期,第104—122页。

赵洲:《保护的责任与"不干涉内政原则"》,《求索》2015年第9期,第4—9页。

赵洲,程保志:《"保护的责任"语境下避难者人权保护问题》,《太平洋学报》2014年,22卷第6期,第21—31页。

曾向红,霍杰:《西方国家对"保护的责任"的选择性适用:影响因素与案例分析》,《欧洲研究》2014年第5期,第14—32页。

曾向红,王慧婷:《不同国家在"保护的责任"适用问题上的立场分析》,《世界经济与政治》2015年第1期,第61—89页。

甄妮,陈志敏:《"不干涉内政"原则与冷战后中国在安理会的投票实践》,《国际问题研究》2014年第3期,第21—36页。

钟实编译:《西方为什么要打击利比亚》,《党建》2011年第6期,第62—63页。

周琪:《中国对联合国维和行动态度的变化及其原因》,《当代中国史研究》2010年第6期,第54—59页。

周士新:《中国对中东变局的建设性介入》,《阿拉伯世界研究》2013年第2期,第40—52页。

祝湘辉:《"保护的责任"中的非军事干预新模式》,《南亚研究》2019年第1期,第117—149页。

邹威华,伏珊:《斯图亚特·霍尔与"他者"理论》,《当代文坛》2014年第2期,第62—66页。

朱世宏:《保护责任中武力使用的合法性辨析——以正义战争理论为视角》,《南京政治学院学报》2015年第1期,第85—91页。

毕业论文

郭志俊:《冷战后国际关系民主化研究》,山东师范大学博士论文,2005年。

邱昌情:《"保护的责任"与国际人权规范建构》,复旦大学博士学位论文,2014年。

许蓓蕾:《从"失败国"到"保护的责任"国际干预对主权规范的挑战》,复旦大学博士学位论文,2009年。

杨宏:《联合国框架下人道主义干预规制研究》,北京外国语大学博士论文,2017年。

张颖:《论"保护责任"在国际法上的地位》,华东政法大学博士学位论文,2014年。

图书在版编目(CIP)数据
保护的责任及其困境研究/李丽著. -- 上海：复旦大学出版社,2025.3. -- ISBN 978-7-309-17771-8
Ⅰ.D5
中国国家版本馆 CIP 数据核字第 2024LA3244 号

保护的责任及其困境研究
李　丽　著
责任编辑/郭　峰

复旦大学出版社有限公司出版发行
上海市国权路 579 号　邮编：200433
网址：fupnet@fudanpress.com　http://www.fudanpress.com
门市零售：86-21-65102580　　　团体订购：86-21-65104505
出版部电话：86-21-65642845
常熟市华顺印刷有限公司

开本 890 毫米×1240 毫米　1/32　印张 11.25　字数 313 千字
2025 年 3 月第 1 版
2025 年 3 月第 1 版第 1 次印刷

ISBN 978-7-309-17771-8/D・1206
定价：79.00 元

如有印装质量问题，请向复旦大学出版社有限公司出版部调换。
版权所有　　侵权必究